权威·前沿·原创

皮书系列为
“十二五”“十三五”国家重点图书出版规划项目

装备制造业蓝皮书

BLUE BOOK OF EQUIPMENT
MANUFACTURING INDUSTRY

中国装备制造业发展报告（2016）

REPORT ON THE DEVELOPMENT OF EQUIPMENT MANUFACTURING INDUSTRY IN CHINA (2016)

主　编 / 徐东华
副主编 / 史仲光　聂秀东　黄必烈
机械工业经济管理研究院 / 编著

社会科学文献出版社
SOCIAL SCIENCES ACADEMIC PRESS (CHINA)

图书在版编目(CIP)数据

中国装备制造业发展报告. 2016 / 徐东华主编. --
北京：社会科学文献出版社，2016. 12
（装备制造业蓝皮书）
ISBN 978 - 7 - 5097 - 9935 - 2

Ⅰ. ①中… Ⅱ. ①徐… Ⅲ. ①制造工业 - 经济发展 -
研究报告 - 中国 - 2016 Ⅳ. ①F426. 4

中国版本图书馆 CIP 数据核字（2016）第 261198 号

装备制造业蓝皮书
中国装备制造业发展报告（2016）

主　　编 / 徐东华
副 主 编 / 史仲光　聂秀东　黄必烈
编　　著 / 机械工业经济管理研究院

出 版 人 / 谢寿光
项目统筹 / 王　绯
责任编辑 / 孙燕生

出　　版 / 社会科学文献出版社 · 社会政法分社（010）59367156
地址：北京市北三环中路甲 29 号院华龙大厦　邮编：100029
网址：www. ssap. com. cn
发　　行 / 市场营销中心（010）59367081　59367018
印　　装 / 三河市尚艺印装有限公司

规　　格 / 开 本：787mm × 1092mm　1/16
印 张：25. 75　字 数：428 千字
版　　次 / 2016 年 12 月第 1 版　2016 年 12 月第 1 次印刷
书　　号 / ISBN 978 - 7 - 5097 - 9935 - 2
定　　价 / 118. 00 元

皮书序列号 / B - 2015 - 477

本书如有印装质量问题，请与读者服务中心（010 - 59367028）联系

版权所有 翻印必究

装备制造业蓝皮书编委会

顾　　问　何光远　包叙定　邵奇惠　王瑞祥　王天凯
王淀佐　陈士能　陆燕荪　孙祖梅　李勇武
张晓林　孙伯淮　高德柱　李寿生　吴仕岩
陈润福　马向辉　冀朝铸　李永安

主　　编　徐东华

副 主 编　史仲光　聂秀东　黄必烈

主要执笔人　徐静冉　吕汉阳　彭建国　李河新　李　鹏
孙　颐　李亚亚　郭文娜　郭一娟　陈刘平
李国栋　范如国　姚丽媛　聂喜荣　陈　枫
胡艳超　童　童　薛　建　刘　宫

主编简介

徐东华 二级研究员、教授级高级工程师、机械工业经济管理研究院院长。曾任中共中央书记处农村政策研究室综合组副研究员、国务院发展研究中心研究员、国务院国资委研究中心研究员。参加了国家“九五”至“十三五”国民经济和社会发展规划研究工作，参加了我国多个工业部委行业发展规划工作、参加了我国装备制造业发展规划工作，撰写的研究报告多次被中央政治局常委和国务院领导同志批转到国家经济综合部委，其政策性建议被采纳。兼任中共中央“五个一”工程奖评委、中央电视台特邀财经观察员、中国机械工业联合会专家委员、中国石油和化学工业联合会专家委员、中国工业环保促进会副会长、中国机械工业企业管理协会副理事长、中华名人工委副主席、原国家经贸委和国家发改委中国国际咨询公司工业项目评审委员、福建省政府等政府部门和机构的经济顾问、中国社会科学院经济研究所博士生答辩评审委员会委员、北京大学光华管理学院博士生答辩评审委员会委员、北京大学商业经济与管理研究所副所长、清华大学经济管理学院和中国传媒大学及北京化工大学等高校兼职教授。在《经济日报》《光明日报》《科技日报》《经济参考报》《求是》《经济学动态》《经济管理》等报刊发表百余篇理论研究文章。

史仲光 机械工业经济管理研究院副院长兼职业发展与评价研究所所长，机械工业职业技能鉴定指导中心执行主任，高级工程师，首都师范大学工商管理专业研究生。具有 31 年机械行业从业经历，在机械企业曾从事产品设计、质量管理、生产管理、战略规划和综合管理工作 16 年，在机关和事业单位从事机械行业、轻工业行业发展规划制订、质量管理、职业技能鉴定工作 15 年。主持和参与了 2015 版《中华人民共和国职业分类大典》（机械部分）和《中国机械工业职业发展观察报告》（2013）的编写，主持并参与了《机械工业职业技能鉴定工作管理体系研究》（2003）、《2004～2010 年机械工业高技能人才队伍建设振兴方案的研究》（2004）、《机械工业标准化职业培训认证体系研究》（2005）、《机械行业国家职业（工种）分类体系研究》（2007）研究课题。主持并参与了《电站锅炉》《电线电缆》《数控机床》中关于劳动定额标准的编审，以及《车工》《铣工》《变压器制造工》《汽车装调工》《轴承制造工》《弹簧工》《数控机床装调维修工》《工程机械维修工》《电梯安装维修工》《模具工》《汽车技术服务师》等百余本国家职业标准和职业培训教程的编写与审定工作，标准及教程由劳动出版社或机械工业出版社出版发行。

聂秀东 机械工业经济管理研究院副院长兼产业经济研究所所长、采购研究中心主任、工业互联网研究中心主任，研究员。北京大学光华管理学院经济学博士，拥有经济管理理论研究和政府采购研究优势，主要研究领域：产业经济、政府采购、国际贸易、区域发展、企业战略、品牌战略等。主持和参加了国家发改委“十二五”和“十三五”发展规划前期重大课题的研究，参与了一些重要产业政策的制定，为我国加入《WTO 政府采购协议》谈判和《两岸经济合作框架协议》谈判提出了谈判策略和出价方案；主持和参与了商务部、工信部、国资委、卫计委等国家级课题70余项，并为多个地方政府和企业制定发展战略。公开发表论文十余篇，其中论文《我国工业产业国际竞争力分析与提升对策》于2009年10月获得商务部“集聚优势转型升级提升产业国际竞争力”征文活动二等奖。参与编写或出版的著作有：《中国保健用品产业发展报告（2013）》，社会科学文献出版社，2012；《我国工业产业国际竞争力分析与提升对策》，中国商务出版社，2009；《中国品牌发展报告（2007）》，北京大学出版社，2007；《中国品牌发展报告（2011）》，北京大学出版社，2011；《中国石油装备产业发展报告（2014）》，机械工业出版社，2014。

摘　要

装备制造业是为国民经济和国防建设生产技术装备的制造业，是制造业的核心组成部分，是现代产业体系的脊梁，是推动工业转型升级的引擎。建立强大的装备制造业，是提高中国综合国力和实现工业化的根本保证。我国是装备制造业大国，但装备制造业“大而不强”已是不争的事实。特别是受国际金融危机及国内经济增速放缓的影响，我国装备制造业面临的形势日趋严峻。未来 30 年是建设制造业强国的关键期，在全球制造业竞争日趋激烈的环境下，中国装备制造业应以强大国家、造福人民、繁荣世界为使命，积极稳步地推进装备制造业的转型升级。因此，全面系统地分析研究装备制造业的发展，对装备制造业乃至整个工业实现结构优化升级、加快转变经济发展方式、抢占未来经济和科技发展制高点、实现由制造业大国向制造业强国转变都有重要意义。

《中国装备制造业发展报告（2016）》包括综合篇、行业篇、企业篇和专题篇四个部分。综合篇介绍了国际装备制造业发展概况，综述了 2015 年中国装备制造业发展情况，并对未来中国装备制造业发展进行展望，还分别针对中国装备制造业的发展提出了建议；行业篇包括了装备制造业的七个主要分行业，主要介绍各行业 2015 年运行情况、面临的问题，以及对发展形势的展望；企业篇分别针对当前技术创新和管理创新企业，明确提出企业的创新点、具体做法和效果，给其他装备制造企业提供参考和启示；专题篇，深入分析解读 2015 年我国发生的装备制造业热点事件，并进行回顾和解析，还对装备制造业军民融合情况进行深度解读。

在综合篇中，该报告认为：2015 年，国际装备制造业生产情况稳中有升，销售收入有所减少，国际装备制造业将朝生产方式智能化、发展模式服务化、绿色化、创新方式网络协同化、组织方式扁平化、经营方式平台化方向发展。2015 年，我国装备制造业整体规模趋稳，行业经营效益放缓，行业和企业之间分化加剧。研究表明，中国装备制造业运行进入中速增长期，转型升级已经

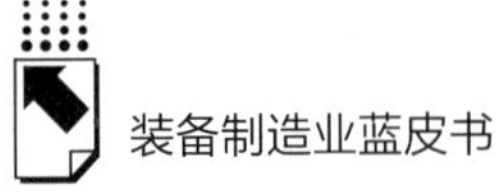

启动并艰难前行；同时，我国装备制造业产能过剩问题依然突出，核心技术亟须突破，装备制造业国有企业改革困难重重，中小型企业面临可持续发展难题。预计2016年，我国装备制造业下行压力有望趋缓趋稳，行业将在“L”形发展底部继续盘整，并将在底部区域继续运行一个较长时期，直至转型升级明显收效，方可进入本轮经济调整的回升阶段，我国装备制造业在智能制造、高端装备、服务型制造、核心基础零部件、绿色化装备五个方面有较好的投资机会。

该报告认为我国装备制造业要实现健康发展，就要积极推动供给侧结构性改革，多管齐下化解行业产能过剩，深化工业化和信息化融合，助力产业补短板；加强科技创新顶层设计，重视自主创新，推动产、学、研、用有机结合，设立科技创新支持基金，壮大行业人才队伍；根据各行业所处阶段制订相应转型战略，加快促进国有企业转型升级，努力增强民营企业竞争力，加快企业整合力度，发挥大企业骨干引领作用，积极推动中小企业发展；加强能源及材料管理，推动产业绿色化健康发展，加强行业节能减排制度建设；加强顶层设计，完善“走出去”“引进来”运行机制，提高企业风险防范意识，提高外向经济质量。

在行业篇中，该报告分别对重型机械、工程机械、农业机械、仪器仪表、机械基础零部件、航空航天、机器人七个分行业进行了分析研究。该报告研究表明，各子行业部分技术已达到国际先进水平，2015年各主要子行业收入和利润总体放缓，而且普遍存在产能过剩、自主创新能力不强、行业间无序竞争、缺乏统一标准等问题，但相信在各种宏观经济政策刺激下，各子行业尤其是高端装备制造业发展前景向好。

在企业篇中，该报告选取四家重点企业，对装备制造业的技术创新情况进行了介绍，并对这些企业的成功经验加以总结，希望能给其他装备制造企业以启示。在对技术创新企业的分析中，该报告发现这些技术创新企业均具有重视人才引进，重视科研投入，重视产、学、研、相结合等特点。

在专题篇中，对热点事件解析部分，该报告选取了五件发生在2015年的装备制造业热点事件进行回顾与解析，该报告认为随着《中国制造2025》相关配套文件的出台和国际产能合作的持续深入，将对整个装备制造业发展带来深远影响。在军民融合产业部分，在总结了国内外装备制造业军民融合发展历程和发展模式的基础上，分析了存在的主要问题，并从政策、创新和产业三方面提出我国装备制造业军民融合发展的相关策略。

2016 年是“十三五”规划开局之年，积极推进供给侧结构性改革，坚定不移去产能，多措并举降成本，全力以赴补短板，切实做好去库存、去杠杆相关工作，加快培育装备制造业新发展动能，要紧紧抓住《中国制造 2025》、“一带一路”、国际产能合作等国家战略发展机遇，努力实现装备制造业向智能化、绿色化、服务化的转型。

Abstract

The equipment manufacturing industry (EMI) provides technology equipment for the national economy and national defense construction. EMI is the core part that EMI is not only the pillar of the modern industry system, but also an engine to impel the transformation and upgrading of industry. Establishing a strong EMI is a fundamental guarantee for strengthening China's comprehensive national power and achieving the industrialization in China. It is no doubt that China's EMI is large but not strong. China's EMI is facing a deteriorating situation especially influenced by the international financial crisis and the slowdown of domestic economic in China. The next 30 years is the key of being a strong manufacturing country. Along with the gradually intense competition in global manufacturing industry, China's EMI should take "strengthening the nation, benefiting the people and blooming the world" as a mission and steadily promote the transformation and upgrading of EMI. Therefore, a comprehensive and systematic analysis of EMI development undertakes an important significance for realizing the optimizing and upgrading of manufacturing industry, speeding up the shift of economic development method, grabbing the future key point of economy and technological progress, as well as realizing a powerful manufacturing nation.

"China EMI Blue Book (2016)" has four parts including general part, industry part, enterprise part and monographic part. General part introduces the present situation of international EMI and summaries the development of China's EMI. It also introduces the forecast and prospect to China's EMI future and proposes several target-oriented suggestions. Industry part presents the 8 main branch industries of EMI and introduces their operating situation in 2015, their facing problems and future trend. Enterprise part aims at the innovation methods and their effects of both technological innovation enterprises and management innovation ones, thus provides references and inspiration for other EMI enterprises. The monographic part analyses and reviews hot spot events related to EMI in 2015 and deeply interprets the nuclear power industry and the civil-military integration.

In the general part, it shows that in 2015, the production of the international EMI steadily increased and the sales revenue of EMI declined. The mode of production of international EMI will move to intellectualized. The development model of EMI is moving towards servitization and environmentally friendly. The innovation model of EMI is cooperative Network. The organization structure of EMI become horizontal and development model of operation model of EMI is moving to platform. In 2015, China's EMI steadily develop, industry business benefit slowdown, and the difference between industries and enterprises increases. Research shows that the operation of China's EMI is in medium-speed growth period. Although the transformation and upgrading of EMI has been started, it is tough to go ahead. At the same time, the overcapacity problem of China's EMI is still serious, thus China's EMI seeks a breakthrough in the EMI core technology. EMI and state-owned enterprises (SOE) are difficult to reform, small and medium enterprises (SMEs) are facing challenges of sustainable development. Forecasting 2016, the economic downturn of China's EMI is expected to slow down, the industry will be in the bottom of the "L" shaped and continue to consolidate and run for a longer period at the bottom area until the effective upgrade of transformation. After that the industry will enter round recovery phase of the economic adjustment. China's EMI has better investment opportunities in five aspects including intelligent manufacturing, high-end equipment, service-oriented manufacturing, the core infrastructure components, and greening of EMI.

The report shows that if China's EMI has to achieve healthy development, China should actively promote the supply-side structural reform. The report also shows that China needs to take multi-pronged approach to solve the overcapacity of the industry and deepen the integration between industrialization and informatization to offset the shortage of industry. Strengthening scientific and technological innovation and Top-Down Design are other ways to achieve healthy development of China's EMI. Moreover, it should emphasize innovation and promote research with the organic integration, build up a foundation to support technological innovation and recruit more professional to form a formidable team. Depending on different stage of various industries, China's EMI need to develop corresponding transformation strategies and accelerate the transformation and upgrade of SOE. China's EMI have to enhance the competitiveness of private enterprises, accelerate the pace of integration of the enterprises. China exerts large enterprises to support and activate the development of SMEs. Also, China has to strengthen the management of energy and materials management and promote green industries into healthy areas. It enhances the EMI energy saving and reduces the emissions. China's EMI needs to strengthen Top-Down design to improve the "going out", "bringing in" operational mechanism and improve the risk awareness and the foreign economic quality.

In the industry part, it is the 8 branches analysis including nuclear power equipment manufacturing industry, heavy machinery, construction machinery, agricultural machinery, mechanical basic component, machinery components, aviation technology and robot industry. This report shows that the technology of these 8 branches has reached the international level. In 2015, there are some problems still in China's industry. The revenues and profits of these 8 branches slow down. Problem of overcapacity is still common in China. The ability of innovation is weak. There is disorderly competition between industries and there are no standards on the issues. But it is believed the stimulation of different macroeconomic policies, these 8 branches, especially high level EMI, expect to be better.

In the enterprise part, the report introduces four key enterprises of EMI in technological innovation areas. It also summarizes the successful experiences of these enterprises in order to give some enlightenments to other EMI. In the analysis of technological innovation enterprises, the report shows that these enterprises emphasize importing professionals, research and development investments, and combination of research and so on.

In the monographic part on hot event analysis, the report selected five hot events of EMI which occurred in 2015 to review and analyze. The report believe that along of the "Made in China 2025" the introduction of related supporting documents and thorough international industrial capacity cooperation, it will have a profound and lasting influence on entire EMI. In the nuclear part of EMI, the report believe that although the overall development of China's nuclear power industry is not ideal, with the increasing domestic and international demand for nuclear power, the future of nuclear power market will become larger and there are innumerable investment opportunities. In the part of the civil-military integration industry, it summarizes the development process and model of domestic and foreign military and civilian integration of EMI and analyses the main problems. Based on policy, industry and innovation areas, it puts forward related strategies in military and civilian integration of EMI.

2016 is the first year of "13th Five-year Plan" . China should actively promote the supply-side structural reform, reduce overcapacity, and differently reduce costs. Moreover, China should whole-heartedly compensate and recover China's economic shortage, destock real state and deleverage economy and so on. China need to enhance the cultivation on new development of EMI and grip the development opportunities from international cooperation such as "Made in China 2025" and "One Belt, One Road" to strive to achieve EMI become intellectualized, environmentally friendly and service-oriented transformation.

目　录

Ⅰ　总报告

Ⅱ　行业篇

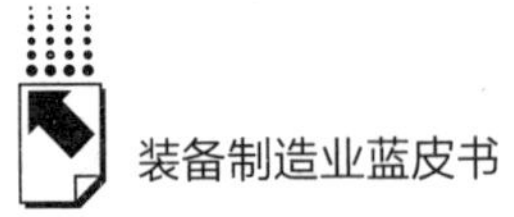

Ⅲ 企业篇

Ⅳ 专题篇

皮书数据库阅读**使用指南**

总 报 告

General Reports

B.1 2015年国际装备制造业发展概况

徐东华*

摘 要： 2015 年国际装备制造业生产情况稳中有升，主要国家实现销售收入 69409.8 亿美元，同比下降 2.2%，各主要分行业增长出现分化，未来国际装备制造业将朝着生产方式智能化、发展模式服务化、绿色化、创新方式网络协同化、组织方式扁平化、经营方式平台化方向发展。2015 年世界主要装备制造业大国美国、德国、日本三国的销售收入均出现下降，但各国在装备制造业上均制定了多项国家战略，努力抢占技术高地，同时在智能装备、机器人、3D 打印等多个装备制造领域实现突破。

关键词： 国际装备制造业 经济运行 发展趋势 政策措施

* 徐东华，研究员，机械工业经济管理研究院院长。

一 2015年国际装备制造业的发展现状

（一）国际装备制造业经济运行情况

1. 国际装备制造业生产情况稳中有升

2015 年，国际装备制造业生产情况稳中有升。根据机械工业联合会发布的 2015 年世界机械工业生产指数可以看出，2015 年机械工业生产指数比 2014 年有所提升，2015 年 12 月，世界机械工业生产指数为 121. 30，比上月回落 4. 20 点，但与 2014 年基本持平。分月份看，尽管 2015 年 5 月和 8 月世界机械工业生产指数两次探底分别仅为 120. 50 和 116. 80，但都高于 2014 年同期水平，而且 2015 年有 10 个月的生产指数都保持在 120 以上，明显高于 2014 年（见图 1 – 1）。

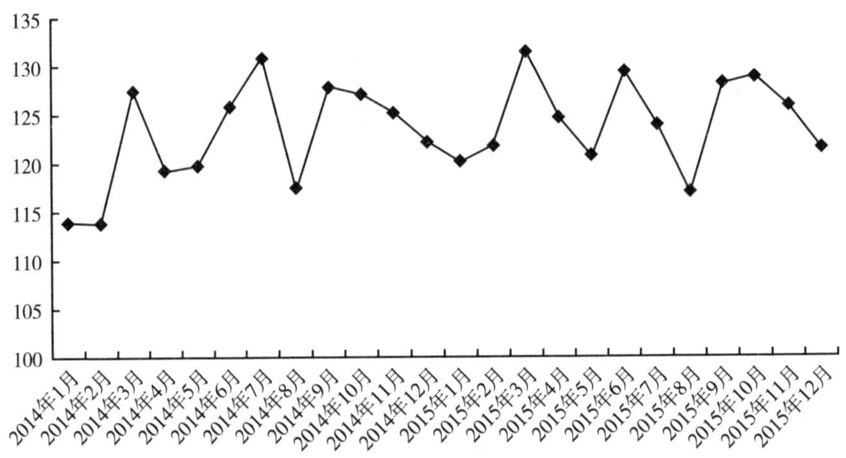

图 1 – 1　2014 ~ 2015 年世界机械工业生产指数

2015 年 12 月，美国机械工业生产指数为 120. 10，较 11 月回落 4. 80 点；德国机械工业生产指数为 106. 90，较 11 月回落 15. 50 点；日本机械工业生产指数为 101. 30，较 11 月回落 0. 3 点。此外，英国和南非 12 月的机械工业生产指数分别为 96. 70 和 68. 00，较 11 月分别回落 10. 40 和 56. 40 点；法国、印度和韩国机械工业生产指数分别为103.40、113.20和118.50，较11月分别提高5.60、13.00和6.50点①（见表1－1）。

表1－1　2015年世界主要国家机械工业生产指数

月份 \ 国家	美国	德国	日本
1月	123.30	101.00	100.00
2月	126.60	110.70	101.80
3月	130.50	126.20	119.00
4月	128.90	115.50	99.80
5月	127.70	106.60	93.30
6月	129.20	122.90	110.10
7月	118.50	123.00	110.30
8月	127.30	99.00	90.10
9月	126.40	123.60	110.60
10月	129.60	123.80	105.60
11月	124.90	122.40	101.60
12月	120.10	106.90	101.30

资料来源：机械工业联合会。

2. 国际装备制造业销售收入减少

2015年，世界主要装备制造业国家共实现销售收入69409.80亿美元，同比下降2.21%。分月份看，除3月、5月、7月、9月的减速高于3%外，其他月份的负增长趋势较小（见图1－2）。

（1）汽车行业

2015年全年，世界汽车行业实现销售收入22376.00亿美元，同比增长1.14%。分月份看，2015年除5月、7月和8月为负增长外，其他月份均实现了正增长，其中6月、10月和11月增速都在2%以上（见图1－3）。

（2）电工电气行业

2015年全年，世界电工电气行业实现销售收入11884.00亿美元，同比增

① 机械工业联合会：《机械工业经济运行与市场分析》2016年第3期，第28页。

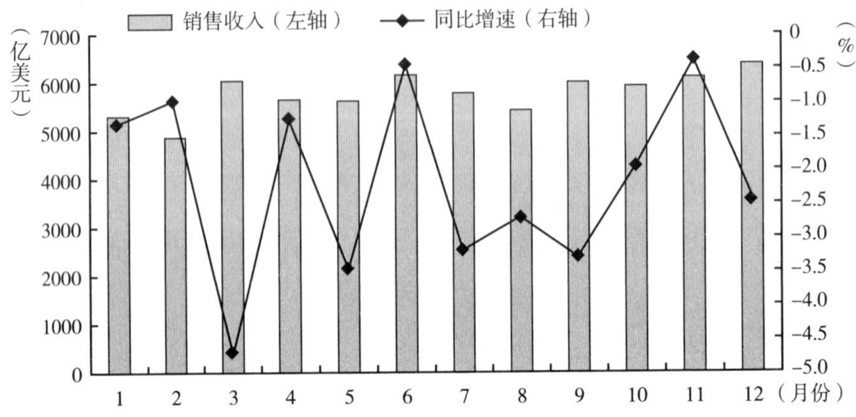

图1-2　2015年世界装备制造业月度销售收入及同比增长

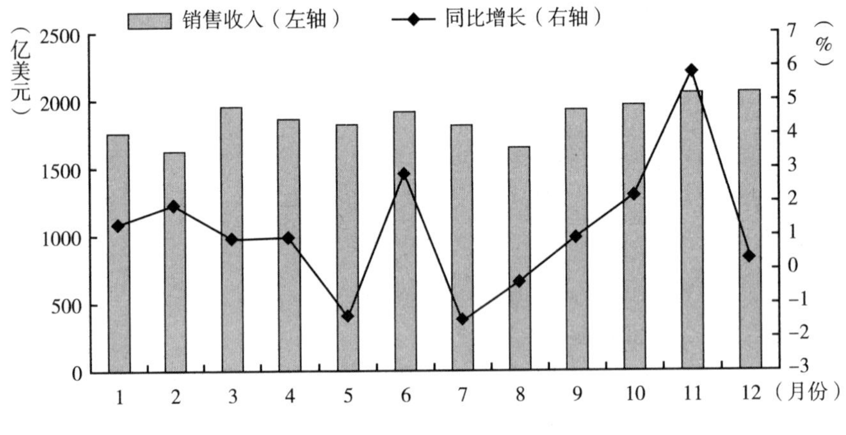

图1-3　2015年世界汽车行业月度销售收入

长0.3%。分月份看，5月、6月、7月和12月的同比增长超过2%，而1月份和3月份同比增速为负数，且在-3%左右（见图1-4）。

（3）仪器仪表行业

2015年全年，世界仪器仪表行业实现销售收入3318.00亿美元，同比增长8.82%。分月份看，4月、7月和10月同比增长12%以上，增长最快；2月、3月同比增长3%左右，增长最低（见图1-5）。

（4）重型矿山机械行业

2015年全年，世界重型矿山机械行业（包括重型矿山和工程机械两个行

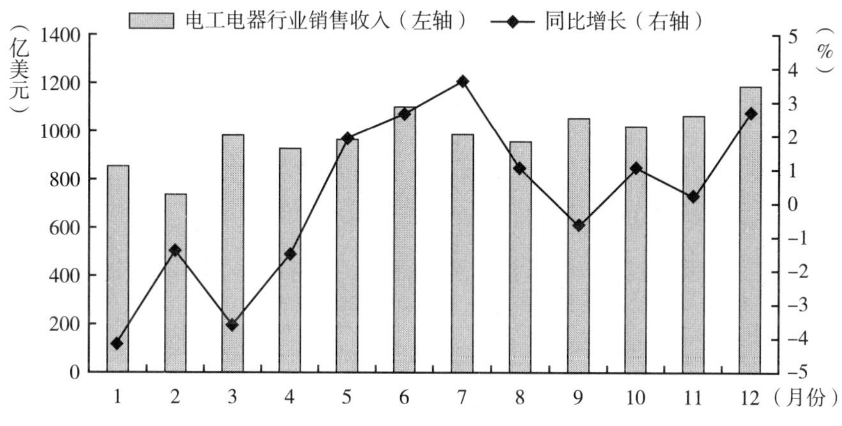

图1－4　2015年世界电工电气行业月度销售收入情况

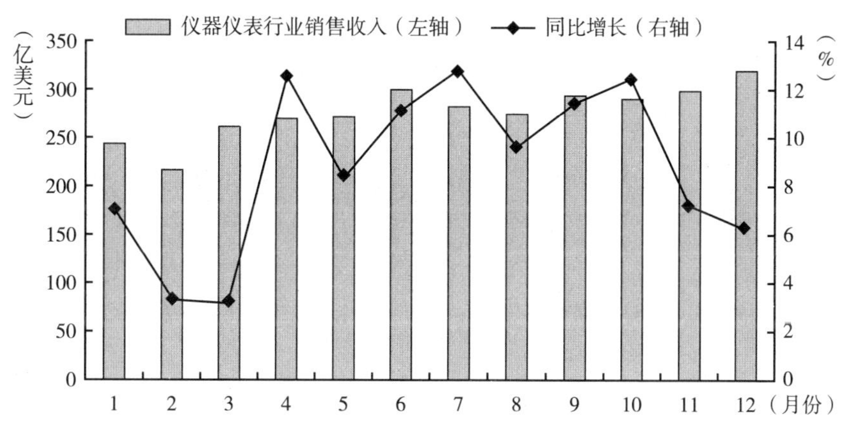

图1－5　2015年世界仪器仪表行业月度销售收入情况

业）实现销售收入4145亿美元，同比减少8.53%。分月份来看，1月、2月和6月份同比减少不足5%以内，其他月份同比减少均高于10%（见图1－6）。

（5）石化通用行业

2015年全年，世界石化通用行业实现销售收入4769亿美元，同比减少2%。分月份看，6月和11月为零增长，2月为正增长，其他月份均为负增长（见图1－7）。

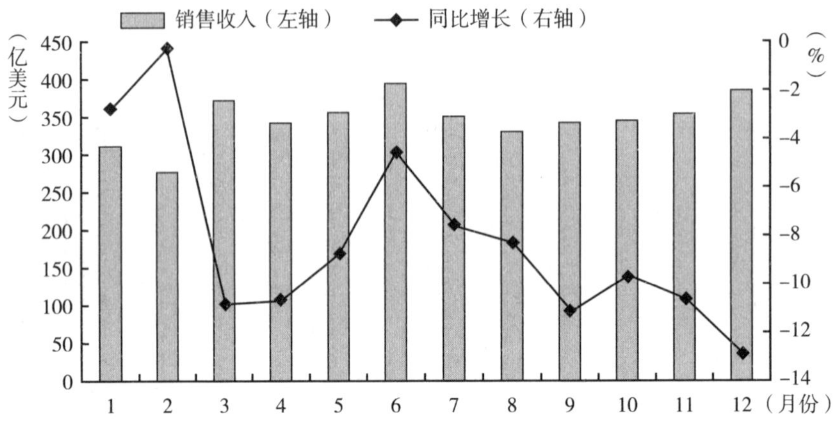

图 1-6　2015 年世界重型矿山机械行业月度销售收入及同比增长

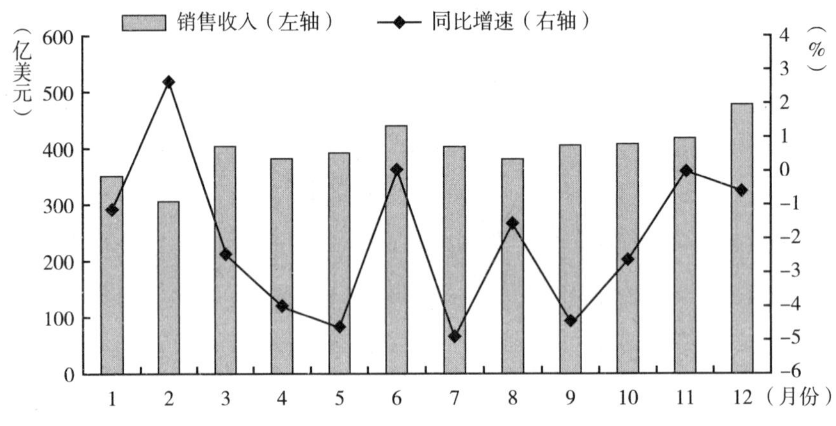

图 1-7　2015 年世界石化通用行业月度销售收入及同比增长

（6）机床工具行业

2015 年全年，世界机床工具行业实现销售收入 2305.00 亿美元，同比增长 0.17%。分月份看，除 4 月、5 月、11 月和 12 月同比减少外，其他月份均实现了正增长（见图 1-8）。

（二）国际装备制造业区域分布情况

根据 2015 年机械工业经济管理协会发布的《世界机械 500 强》名单，大致可以了解国际装备制造业的区域分布情况。

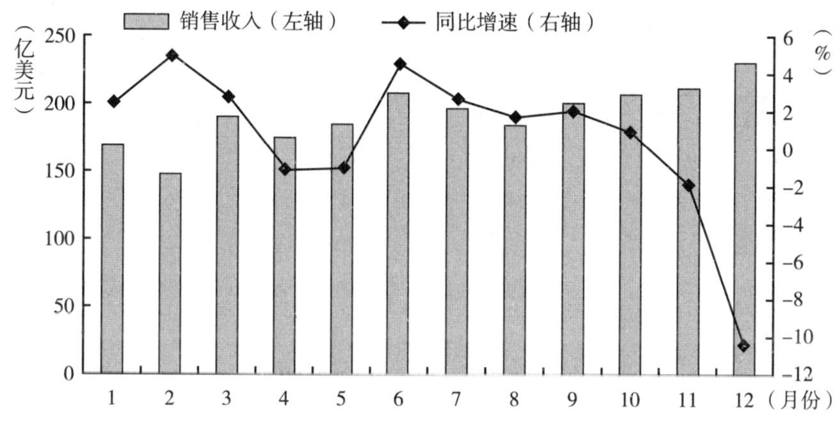

图 1－8　2015 年世界机床工具行业月度销售收入及同比增长

从行业来看，世界装备制造企业遍布 17 个行业，以电工电器行业为首，机动车及零部件制造行业紧随其后，这两大行业优势明显，包揽了总榜单前十位中的九席。其中，排名第三的三星电子依旧稳坐电工电器行业的头把交椅；而位居榜首的德国大众和排名第二的丰田汽车则占据了机动车及零部件制造行业的前两位。

从区域来看，装备制造企业分布于 34 个国家和地区，具体情况如表1－2所示。其中美国、日本、中国大陆、德国、法国、瑞士居于前六位，接着将对除中国大陆外的五个国家进行具体分析。

1. 美国

2015 年，美国以 141 家上榜企业数位居各国之首，且 17 个行业均有企业分布，占有较大优势的类别仍然为电工电器（28 家企业）、其他民用机械（20 家企业）、通用机械（15 家企业）和机动车及零部件（15 家企业）制造业。其中，其他民用机械、通用机械、机动车及零部件、文化办公设备、航空设备这五个行业中排位最高的企业分别为卡地纳健康、通用电气、通用汽车、惠普及波音公司。

从总量上来看，美国的上榜企业数少于 2014 年的 145 家。虽然美国在工程器械、石油化工机械行业上榜企业数相比 2014 年都增加了一家，但是在电工电器、通用器械、航空设备、国防设备、机械基础件和其他民用机械行业企业数都有所减少。

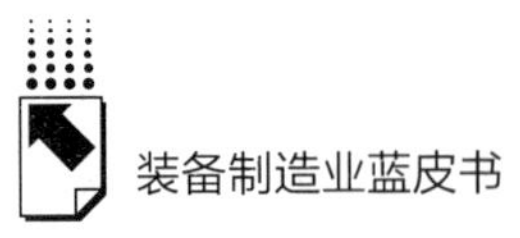

表 1 -2　2015 年国际装备制造业主要区域分布

单位：个

国家或地区	企业数	国家或地区	企业数
美国	141	土耳其	2
日本	101	芬兰	2
中国大陆	91	中国香港	2
德国	36	加拿大	2
法国	17	以色列	2
瑞士	14	马来西亚	2
韩国	13	丹麦	2
英国	13	百慕大	2
中国台湾	10	比利时	2
瑞典	9	墨西哥	1
荷兰	8	奥地利	1
印度	5	西班牙	1
新加坡	4	智利	1
意大利	3	沙特阿拉伯	1
巴西	3	卢森堡	1
俄罗斯	3	菲律宾	1
爱尔兰	3	埃及	1

资料来源：《2015 年世界机械 500 强》。

2. 日本

日本以 101 家上榜企业数居第二位，分布于除航空设备、国防设备、农业机械、重型矿山机械、食品包装机械之外的 12 个行业。在上榜行业中，电工电器仍然是日本的优势行业，入榜企业数量达到 28 家，和美国并列第一；机动车及零部件制造行业的企业为 26 家，在该行业占有领先优势，且丰田汽车、本田汽车分别排在榜单的第二、第十一位，实力雄厚；仪器仪表行业中排名最高的理光集团也属于日本。

相比 2014 年，日本上榜企业总量减少了三家，主要在电工电器、机动车及零部件制造、综合类行业这三个行业，各减少了一家企业，其他行业则没有发生变化。

3. 德国

2015 年世界机械 500 强中，德国共有 36 家企业上榜，它们主要分布在机动车及零部件、电工电器、综合、工程机械、通用机械等 13 个机械行业。在德国所有上榜行业中，机动车及其零部件制造企业上榜数量最多，达九家，其中以汽车及汽车配件生产为主营业务的大众汽车集团继续领跑全球，此外，德国的另一家汽车生产商戴姆勒公司（总榜单排名第五）的实力也不容小觑；总榜单排名第七的德国意昂集团依然稳坐电工电器行业的第二把交椅，而机械基础件和综合行业的最高排名为德国的蒂森克虏伯集团及西门子公司。

德国上榜企业数相比 2014 年减少了五家，主要在通用机械、工程机械、机床工具、机械基础件行业，其中工程机械行业减少最多，从 2014 年的四家减少为 2015 年的两家，其他三个行业各减少了一家。

4. 法国

2015 年世界机械 500 强中，法国共有 17 家企业上榜，它们分布于机动车及零部件、电工电器、航空设备和机床工具等八个行业。其中，机动车及其零部件、电工电器两个行业上榜企业数量最多，均达到四家，其中法国著名的汽车生产商标致汽车排位最高，在世界机械 500 强中排名第 23 位，比 2014 年提升了一位；在机床工具行业，法国的圣戈班磨料磨具公司遥遥领先，位居该行业的榜首。

法国的上榜企业数比 2014 年增加了两家，使它在全球的排名超过韩国，从第六位成功上升到第五位。虽然在国防设备行业减少了一家，但在机床工具、综合和其他民用机械行业分别新增了一家上榜企业。

5. 瑞士

瑞士以 14 家上榜企业数居全球第六位，它们分布于电工电器、通用机械、石油化工器械、仪器仪表等六个行业。在六个行业中，上榜企业最多达四家的行业为电工电器，瑞士的 ABB 集团位列该行业的第五；在其他民用机械行业，瑞士的罗氏集团仅次于美国的卡地纳健康，排名第二（总榜单第三十四位）。

相比于 2014 年，瑞士的上榜企业数量没有发生变化，由于韩国上榜企业的减少，其从第七位成功上升到了第六位。其中，各行业的上榜企业数量与 2014 年保持不变。

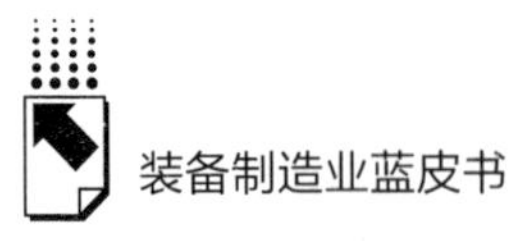

二　国际装备制造业发展趋势

（一）生产方式

智能制造成为装备制造业变革的核心。不管是美国的先进制造伙伴计划、德国的工业4.0，还是新工业法国计划等发达国家制造业发展战略都将智能制造作为发展和变革的重要方向。智能制造包括智能化的产品、装备、生产、管理和服务，主要载体是智能工厂和智能车间。信息物理系统（CPS）是实现智能制造的重要手段，这一系统通过集成计算、通信与控制于一体，实现大型物理系统与信息交互系统的实时感知和动态控制，使得人、机、物真正融合在一起。

智能制造除了能够简单地提高工作效率外，很多企业已开始在业务流程和客户体验等各个业务环节都逐步实现智能化。未来的智能化并非意味着人类将失去工作或是被机器取代。领先企业开展了很多尝试，通过利用智能自动技术提升人机互动的效率。未来，企业必须系统性地利用智能自动技术，持续推动自身和本行业的产品、服务乃至业务模式转型，方可成功实现增长，进而引领行业发展。

（二）发展模式

绿色化、服务化成为装备制造业转型发展的新趋势。绿色发展主要体现在两个方面：一方面，太阳能光伏、页岩气等新能源技术不断进步，清洁能源应用日渐成熟，制造业进一步向低能耗、低污染方向发展；另一方面，欧美的“绿色供应链”“低碳革命”、日本的“零排放”等新的产品设计和生产理念不断兴起，节能环保产业、再制造产业等产业链不断完善，“增材制造”日益普及，进一步丰富了制造业绿色发展的内涵和方式。

装备制造业也正在向服务化转型。其核心要求是投入和产出的服务化，但绝不是鼓励装备制造企业跨界开展与主业无关的其他服务。在经营导向上，客户导向和需求导向开始贯穿整个生产组织；在价值实现上，实体价值和服务价值都成为重要的价值来源；在生产组织上，面向客户的主动协同成为企业运作的重要模式。

（三）创新方式

网络协同创新将重构传统装备制造业创新体系。装备制造业技术创新体系正面临重构，正从单个企业创新向跨领域多主体的协同创新转变。在传统的创新活动中，新技术、新产品的推出很大程度上依赖单个企业的技术研发和产业化等活动。随着产业分工日益细化，产品复杂程度不断提升，装备制造企业的产品被嵌入日益复杂的技术网络中，大大减少了单个企业完全主导新技术的机会，单个企业难以也无法覆盖全部创新活动。这就要求企业能够善于利用外部技术资源，与不同创新主体联合，实现创新资源的优化配置，如网络化的众包、众创、众筹、线上到线下（O2O）等新型创新方式的密集涌现都体现了时代的要求。

装备产品由大量的子系统和元件构成，其技术深度和宽度超过大规模制造产品，具有显著的技术关联性和集成性。上下游技术关联性非常强，技术链的构建过程涉及的技术知识必然是跨领域、多交叉学科知识的综合，其中某一环节的技术薄弱对下一环节产品生产都可能会产生影响；供应商、产品用户、产品标准及行业管制机构也经常需要参与到装备产品的创新和系统集成过程中。

（四）组织方式

内部组织扁平化和资源配置全球化成为装备制造企业培育竞争优势的新途径。一方面，从企业内部管理看，技术除了带来对传统的颠覆，更将推动员工、项目，乃至整个企业转型，成为能够不断适应环境及自我调整的柔性团队。很多企业运用互联网开放、协作与分享的特点，减少了企业管理的内部层级结构，在产业分工中更加注重专业化与精细化，企业的生产组织更富有柔性和创造性。另一方面，从企业外部资源配置来看，制造业全球化步伐加快，生产、流通以及全球贸易方式都发生了巨大变化，企业通过网络将价值链与生产过程分解到不同国家和地区，技术研发、生产及销售的多地区协作日益加强。

（五）经营方式

平台经济成为装备制造业新的增长机遇。通过平台经济这种新的商业模式，从根本上改变了企业开展业务的方式，推动了自工业革命以来全球宏观经济最为深刻的变革。平台最重要的价值在于为企业开辟了全新的增长空间。许多装备制造业领先企业正在加快应用数字技术和云计算，踏出了平台建设的第一步，采用新兴平台战略的企业包括：菲亚特（车联网）、凯泽永久（数字医疗）、迪士尼（魔力手环）、卡特彼勒（互联机器）、施耐德电气（智慧城市、建筑和家居）等，可谓不胜枚举。飞利浦公司在医疗设备制造领域中推出了 Health Suite 平台，作为一项建立平台商业模式的重要技术支撑，该平台汇集了 Salesforce、亚马逊 AWS 物联网以及阿里云这三大云合作伙伴。借助云平台前所未有的规模、速度和全球覆盖等优势，该公司得以从患者管理、数据收集，一直到消费和家用设备等各方面发掘市场机遇。

三 主要国家和地区装备制造业概况

（一）美国装备制造业发展概况

1. 美国装备制造业销售收入增速放缓

2015 年，美国装备制造业销售收入为 16295.10 亿美元左右[①]，同比增长 2.85%，增速同比上升 1.20 个百分点。分月份来看，呈现总体降低的趋势，直到 12 月出现负增长。最高增速出现在 1 月份，为 6.83%（见图 1－9）。

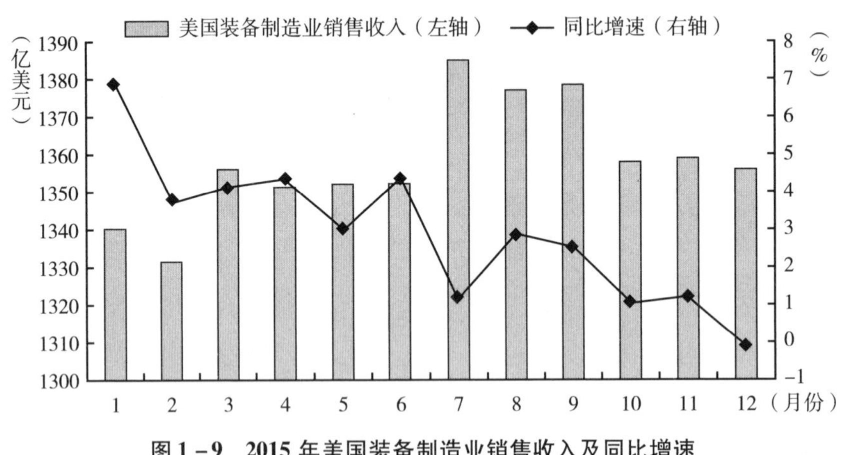

图 1－9 2015 年美国装备制造业销售收入及同比增速

① 由于没有统计美国、德国、日本三个国家的铁路、船舶、航空航天等运输行业的销售收入，导致美、德、日三个国家装备制造业的销售收入要明显小于中国大陆。

2. 美国装备制造业进口增速快于出口

2015 年，美国装备制造业进出口总额 10459.68 亿美元，同比增长 1.13%，比 2014 年增速下降 3.36 个百分点。其中，出口额 4605.27 亿美元，同比下降 3.56%；进口额 5854.41 亿美元，同比增长 5.15%（见图 1－10）。2015 年，美国装备制造业始终处于贸易逆差状态，逆差额为 1249.14 亿美元，贸易逆差 456.78 亿元。

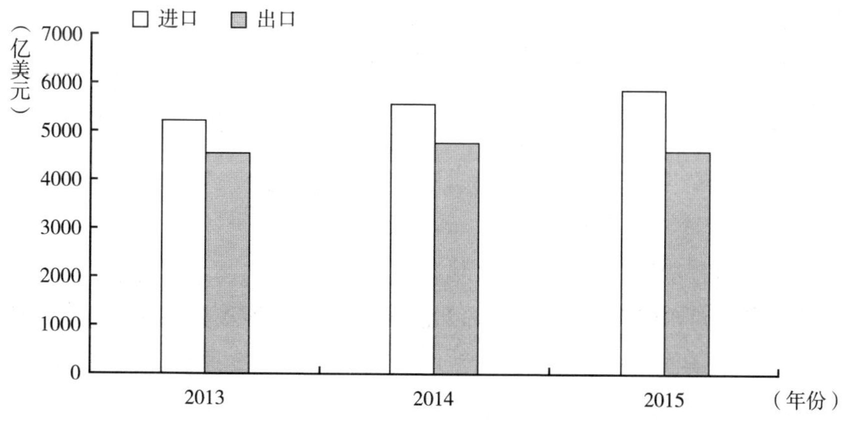

图 1－10　2013～2015 年美国装备制造业进出口贸易情况

3. 美国装备制造业政策措施

（1）加强装备制造业顶层政策设计

发布 2015 年版《美国国家创新战略》。2015 年 10 月，美国国家经济委员会（NEC）与白宫科技政策办公室（OSTP）联合发布了 2015 年版《美国国家创新战略》。战略指出，美国作为先进的经济体，其经济增长的源泉是创新。不同于其他国家可以通过现有技术和商业管理获得经济增长，美国必须不断创新。美国未来经济增长和竞争力的获得有赖于自身创新能力。美国创新战略共包括三大创新要素和三大创新战略（见图 1－11）。

振兴美国制造业的路径包括：建立国家制造创新网络（NNMI），联合政企生产创新机构，发展并使用先进制造业的关键技术，培养高质量制造业员工；进行生产链创新的再投资；支持技术密集型制造业初创企业实现规模扩张。

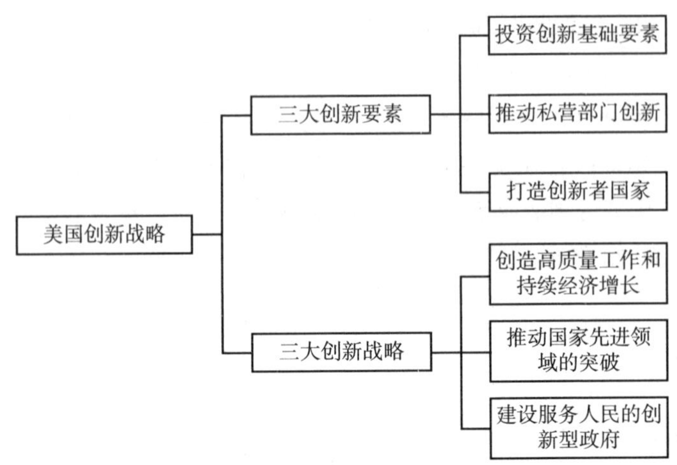

图 1－11　2015 年的美国创新战略

（2）着力打造世界领先的先进制造研发中心

2016 年 2 月 19 日，美国商务部部长、总统行政办公室、国家科学与技术委员会、先进制造国家项目办公室，向国会联合提交了首份《国家制造创新网络年度报告和战略计划》（NNMI）（见图 1－12）。

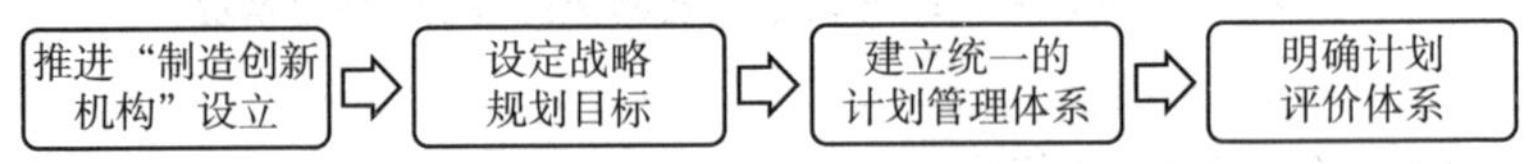

图 1－12　美国国家制造创新战略计划

首先，推进“制造创新机构”设立的核心内容：在有战略性和发展前景的制造业领域，形成制造创新机构网络，使美国制造业处于全球优势地位，巩固已有的制造业地位。2015 年以来已有的机构包括美国制造、电力美国等机构，另有两家机构在建设之中（见表 1－3）。其次，设定战略规划目标具有四层含义（见图 1－13）。最后，战略计划还需要建立统一的计划管理体系和评价体系。

（3）军方积极参与国防装备制造政策制定

国防部发布“国家制造创新网络”信息征询书（RFI）。2016 年 2 月 16 日，美国国防部通过空军研究实验室发布了“国家制造创新网络”信息征询书，为 2016 年建设的两家制造创新机构聚焦的技术领域征集建议。信息征询书考虑了六大潜在技术领域（见图 1－14）。

表 1－3 2015 年以来美国制造创新机构

机构名称	机构地点	技术领域	成立时间	管理机构	牵头部门	联邦经费
先进复合材料制造创新机构	田纳西州诺克斯维尔	先进纤维增强聚合物复合材料	2015 年 6 月	田纳西大学	美国能源部	0.7 亿美元
AIM 光子	纽约州罗彻斯特	集成光子电路制造	2015 年 7 月	纽约州立大学研究基金会	美国国防部	1.1 亿美元
下一代柔性	加利福尼亚州圣何塞	半导体与柔性电子器件的制造和集成	2015 年 8 月	柔性科技联盟	美国国防部	0.7 亿美元
革命性的纤维和纺织品创新机构		光纤科技、商业化的纤维和纺织品等新产品的前沿创新技术	在建		美国国防部	0.75 亿美元
智能制造创新机构		先进传感器、控制、平台和模具等的制造	在建		美国能源部	0.7 亿美元

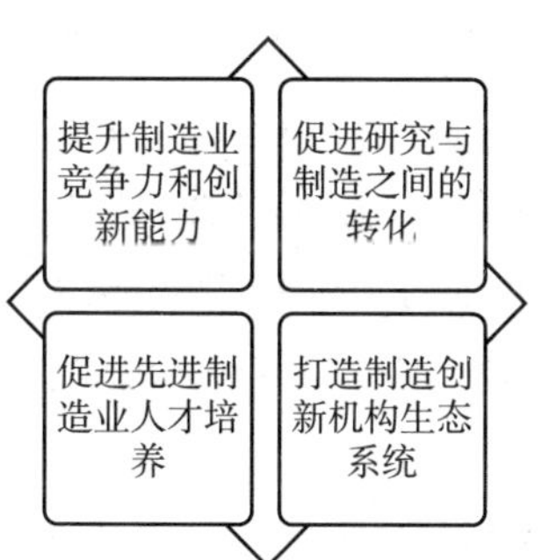

图 1－13 战略规划四层目标

海军发布《2015 年海军制造技术计划》。2015 年 1 月，美国海军研究署（ONR）发布了《2015 年海军制造技术计划》（Man Tech），计划根据海军对平台、系统和设备的生产和维修需求制定，旨在通过开发、成熟化和转化关键制造技术和工艺，达到降低采购成本和使用成本的目的。

潜在技术领域	面向再生医学的生物工程
	跨行业的生物打印
	面向制造的赛博安全
	先进机床和控制系统
	认证、评价和鉴定
	辅助的和柔软的机器人

图 1－14　六个潜在技术领域

陆军发布2016财年《陆军制造技术规划报告》。2015年11月12日，美国陆军发布2016财年《陆军制造技术规划报告》。报告重点从项目目标、实施方案、成果、效益、受影响的武器系统等方面，对陆军制造技术规划主要投资的空中平台、地面机动平台、杀伤性武器平台、创新使能技术、单兵/分队作战装备、指挥/控制/通信/情报（C3I）系统六大领域的31个正在实施的重点项目进行了分析①。

（4）科研学会和机构提供政策方针和开展创新项目

2015年2月，布鲁金斯学会经过长期研究发布了报告——《美国高端产业：定义、布局及其重要性》。该报告对美国高端产业给出了两个界定标准：一是产业中每个工人的研发支出超过450美元，或者大于或等于全行业标准的80%；二是产业中获得STEM（科学、技术、工程和数学）学位的人数必须高于全国平均水平，或者在本产业中所占的份额达21%。一个行业只有同时符合这两个标准才被认定为高端产业。根据报告，美国同时满足这两项标准的有50个行业（见表1－4）。报告认为，高端产业对美国未来影响巨大（见图1－15）。报告从三个方面提出了优先发展高端产业，振兴美国经济的建议（见图1－16）。

科研机构开展制造业科研项目。2015年10月，美国数字化制造与设计创新机构（DMDII）宣布授予第一批五个合同项目研究基金。这五个项目资金总和超过700万美元，由14个DMDII机构成员获得，用于资助先进数字制造与设计领域的研究项目。2015年12月，美国柔性混合电子研究所开启首轮项目招标，设定服务于面向制造的技术战略、技术平台展示和劳动力开发三大目标，加速新技术应用。

① 国防科技信息网，http://www.dsti.net/Information/News/97045。

表 1－4　美国高端产业领域的 50 大行业

制造业	能源业	服务业	
航空航天产品及零部件	汽车	电力产生、转换和分配设备	建筑和工程
农业、建筑和矿山用机械	导航、测量和控制仪器	金属矿开采	有线电视及其他订阅节目
铝生产和加工	其他化工产品	石油和天然气开采	计算机系统设计
音频和视频设备	其他电气设备和组件		数据处理和托管
基础化学品	其他通用机械		医疗和诊断实验室
黏土制品	其他杂项制造		管理、科学和技术咨询
商业和服务业机械	其他非金属矿物制品		其他信息服务
通信设备	其他运输设备		其他电信服务
计算机及周边设备	农药、化肥等农用化学品		卫星通信
电子照明设备	石油和煤炭产品		科学研究与发展
电气设备	制药与医药		软件出版业
发动机、涡轮机和电力转换设备	铁路机车车辆		无线电信运营业
铸造设备	树脂和合成橡胶、纤维和长丝		
家用电器	半导体和其他电子元件		
工业机械	船舶和造船		
钢铁及铁合金	医疗设备和用品		
机动车车体及拖车	磁性介质记录再现设备和其他光学介质		
汽车零部件			

资料来源：Brookings Institution，“America's Advanced Industries：What They Are，Where They Are，and Why They Matter，”2015 年 2 月。

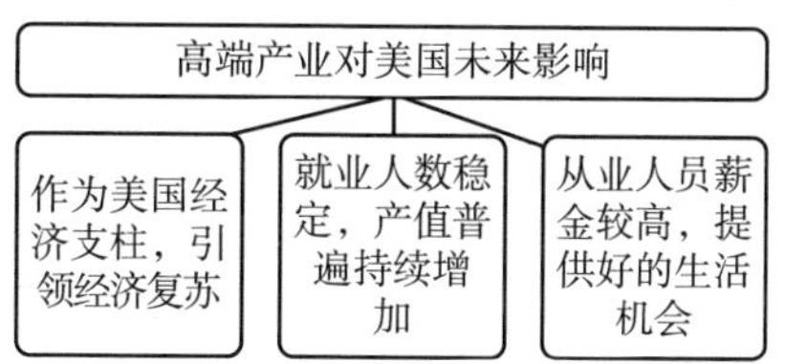

图 1－15　高端产业对美国未来的影响

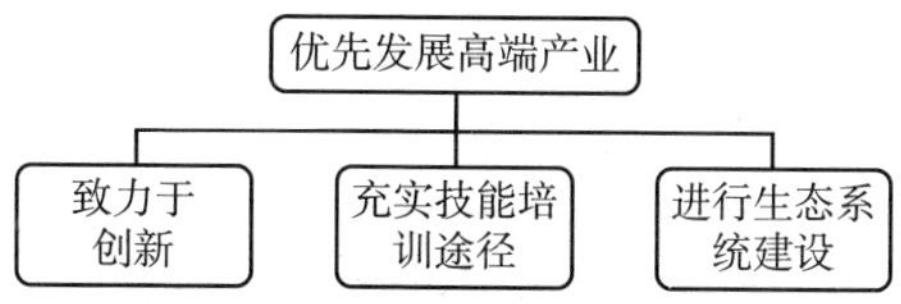

图 1－16　振兴美国经济的建议

(5) 企业积极参与政策制定并开展项目研究

一是企业提出制造业指导规划。2014 年末，美国通用电气公司（GE）发布《2015 工业互联网观察报告》，强调大数据分析在工业互联网中的作用，针对赛博安全、数据孤岛和系统集成等方面的挑战，提出了解决思路和行动指南。2016 年 4 月 6 日，德勤发布《2016 全球制造业竞争力指数》提出，先进的技术和创新发展将是未来制造业的主要特征，制造业目前正处于一个可持续、智能、安全和迅速崛起的阶段，而美国将是这一行业转型的领导者。二是产学研联合开展创新项目。2015 年美国产学研联合开展研究项目（见表 1 -5）。

表 1 -5　美国产学研联合开展研究项目

联合机构	成立时间	联合项目	研究目的
美国造	2015 年 3 月	启动开源增材制造软件的开发项目	为金属选区激光熔融(SLM)工艺开发能够在不同增材制造设备上工作的标准化软件，降低业界应用门槛
GE			
劳伦斯·利弗莫尔国家实验室(LLNL)			
通用动力电船公司	2015 年 5 月	改进现有的模块化钻孔系统	降低弗吉尼亚级潜艇(VCS)和俄亥俄级替代型潜艇(OR)的建造成本
美国海军			
达索系统公司	2015 年 9 月	合作成立先进制造中心	关注先进产品开发与制造的使能技术及下一代制造材料与技术
威奇托州立大学国家航空研究院(NIAR)			
洛克达因(Aerojet Rocketdyne)公司	2015 年 11 月	联合开展“3D 打印金属零部件设计与教育培养”计划	通过确保采用经济可承受的、商业化的技术能力生产国防必备品
美国田纳西大学(UT)工程学院			
国家橡树岭实验室(ORNL)制造演示中心(MDF)			
Atlantic Precision 公司等			
美国空军研究实验室(AFRL)	2015 年 12 月	共建新的增材制造实验室	用于发动机组件、工装、原型、设计迭代的增材制造和零件生产
中央州立大学(CSU)			
通用技术公司			

4. 美国装备制造业科技发展状况

(1) 生产线技术发展改进

2015 年 4 月，普惠公司通过位于康涅狄格州米德尔顿和佛罗里达州西棕榈滩的最新自动化水平组装生产线，组装首台静洁动力发动机，并采用改善人体工程的方法进行组装，这是一个技术创新上的里程碑。水平组装线为组装团队带来人体工程学的收益，工作人员能够适应发动机上下的理想工作高度，并能够旋转发动机到达每一个不同区域。新的生产线完全无须梯子和平台，安全系数更高。水平组装系统具有垂直升降和旋转能力，组装工作人员采用创新的工作方式组装发动机，也为团队提供了自动化的生产线，能够适应产量增长并满足客户需求。

（2）数控机床加工设备升级

2015 年 5 月，美国首次通过对传统数控机床加工设备的升级改造，实现一台机床同时具备增材和减材功能，使其能够采用激光工程化净成形（LENS）实现金属 3D 打印。研究者通过采用模块化设计方式嵌入最新的控制系统轨迹规划系统和质量监控系统，能够将任意的数控机床升级，使其具备 3D 打印功能，从而经济有效地实现了增材和减材制造工艺的有机结合。

（3）微型无人机研发创新

2015 年 7 月，美国海军研究实验室测试一种仅为光盘大小的微型无人机，这种无人机装有特殊的声学、气象和化学检测传感器，可前往危险地区执行监测任务。它不依靠摄像头或光电传感器，而是通过天气传感器、声学探测技术或生化探测设备。5～6 架该种无人机可以组成一个立方体，从而更好地执行区域拒止和大面积监测任务。它们可以用于检查目标区域是否存在化学或生物污染、测量暴风雨区域的相关气象参数，避免人员过于接近危险区域。

（二）德国装备制造业发展概况

1. 德国装备制造业销售收入持续下滑

2015 年，德国装备制造业销售收入为 8906.10 亿美元左右，同比下降 13.2%，下降速度相比 2014 年同期有所收窄。分月份看，增速呈现大致上升的趋势，直到 12 月下降速度最小为 7.8%，最高减速为 5 月的 21.1%（见图 1－17）。

2. 德国装备制造业进出口均呈负增长

2015 年，德国装备制造业进出口总额为 7766.24 亿美元，同比下降 10.13%，比 2014 年增速下降 14.13 个百分点。其中，出口额为 5272.30 亿美元，同比下降 9.95%；进口额为 2493.94 亿美元，同比下降 10.51%（见图

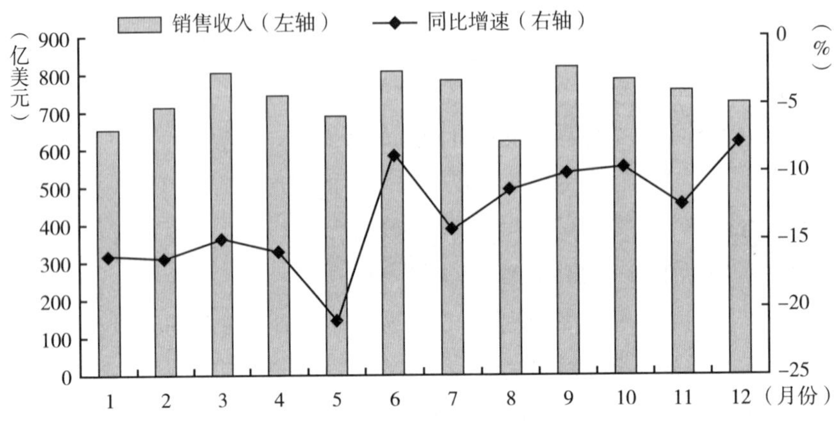

图 1-17　2015 年德国装备制造业销售收入及同比增速

1-18）。2015 年，德国始终处于贸易顺差状态，顺差额为 2778.36 亿美元，贸易顺差幅度收窄为 289.83 亿美元。

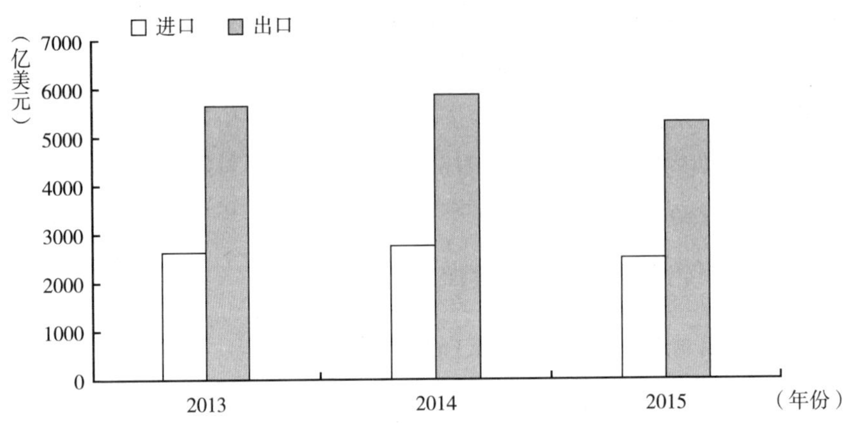

图 1-18　2013～2015 年德国装备制造业进出口贸易情况

3. 德国装备制造业政策措施

（1）工业 4.0 战略继续推进

电气电子行业协会（ZWEI）确定工业 4.0 参考架构（RAMI4.0）。2015 年 3 月，工业 4.0 的参考架构（RAMI4.0）及工业 4.0 组件（Industrie 4.0-Komponente）得以明确。RAMI4.0（见图 1-19）运用三维模型展示了工业

4.0 涉及的所有关键要素，借此模型识别现有标准在工业 4.0 中的作用以及缺口和不足。

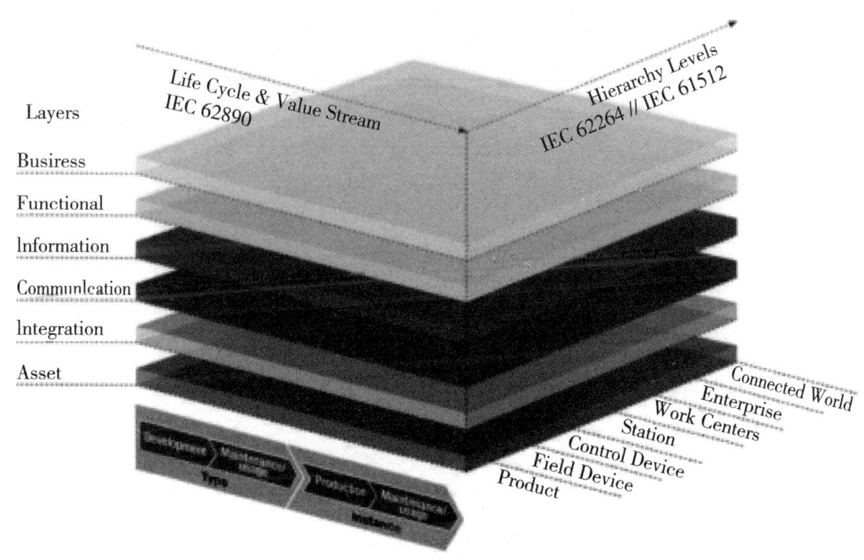

图 1－19　德国工业 4.0 的参考架构

RAMI4.0 模型的第一个维度（垂直轴）借用信息和通信技术中的分层概念。各层功能相对独立，同时下层为上层提供接口，上层使用下层的服务。从下到上代表其主要功能（见图 1－20）。①

RAMI4.0 模型第二个维度（左侧水平轴）描述全生命周期及其相关价值链。RAMI4.0 模型进一步将生命周期划分为样机开发（Type）和产品生产（Instance）两个阶段，以强调不同阶段考虑的重点。RAMI4.0 模型的第三个维度（右侧水平轴）描述工业 4.0 不同生产环境下的功能分类。工业 4.0 在这一维度的底层增加了“产品”层，在工厂顶层增加了“互联世界”层。

政府部门联合启动升级版“工业 4.0 平台”建设。2015 年 4 月，德国经济和能源部、德国教育和研究部接管由德国机械及制造商协会（VDMA）、德

① 欧阳劲松、刘丹、汪烁、丁露：《德国工业 4.0 参考架构模型与我国智能制造技术体系的思考》，《自动化博览》2016 年第 3 期，第 63 页。

RAMI4.0模型垂直轴
资产层+集成层
数字化表示现实世界的各种资产
通信层
实现通信协议，传输数据和文件
信息层
包含相关的数据
功能层
形式化定义必要的功能
业务层
映射相关的业务流程

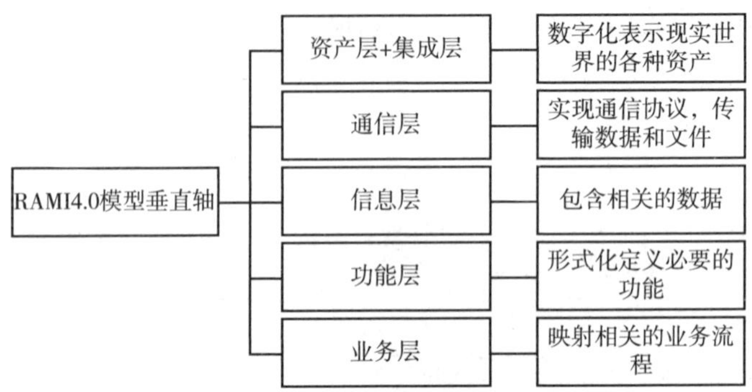

图 1－20　RAMI4.0 模型的垂直轴的功能

国电气电子（ZWEI）和信息技术协会（BITKOM）负责的工业 4.0 平台，并公布现有平台首期成果（见图 1－21）①。还发布了《工业 4.0 实施战略计划》，对工业 4.0 进行了较为严格的定义。

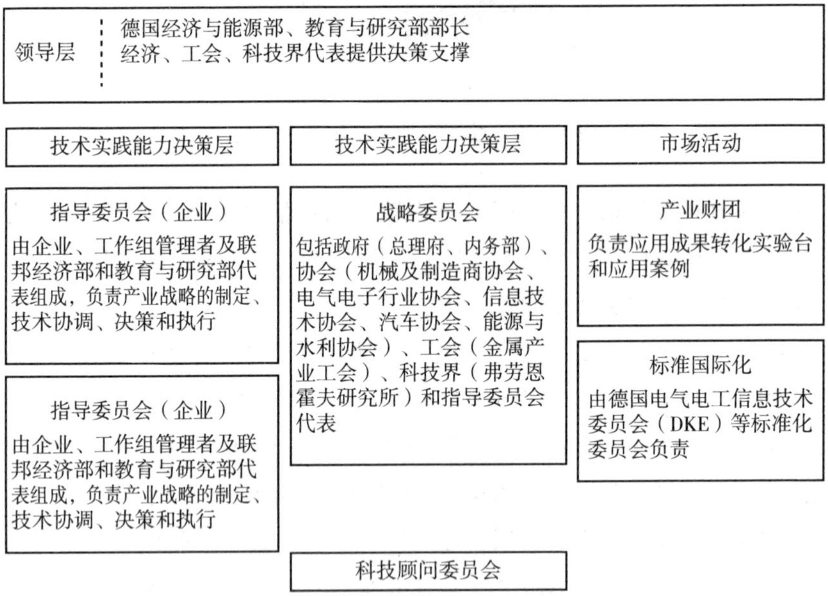

领导层
德国经济与能源部、教育与研究部部长
经济、工会、科技界代表提供决策支撑
技术实践能力决策层
技术实践能力决策层
市场活动
指导委员会（企业）
由企业、工作组管理者及联邦经济部和教育与研究部代表组成，负责产业战略的制定、技术协调、决策和执行
战略委员会
包括政府（总理府、内务部）、协会（机械及制造商协会、电气电子行业协会、信息技术协会、汽车协会、能源与水利协会）、工会（金属产业工会）、科技界（弗劳恩霍夫研究所）和指导委员会代表
产业财团
负责应用成果转化实验台和应用案例
指导委员会（企业）
由企业、工作组管理者及联邦经济部和教育与研究部代表组成，负责产业战略的制定、技术协调、决策和执行
标准国际化
由德国电气电工信息技术委员会（DKE）等标准化委员会负责
科技顾问委员会

图 1－21　德国新工业 4.0 平台组织架构

① 赵秋艳：《德国工业 4.0 启示录》，《装备制造》2015 年第 5 期，第 71 页。

推动制定工业4.0标准。德国工业界与该国标准化领域权威机构在2016年4月25日开幕的汉诺威工业展上准备正式设立“工业4.0标准化理事会”（成员见图1－22），以提出工业4.0数字化产品的相关标准，并协调其在德国和全球范围内落地。通过理事会的设立，德国将形成“工业4.0平台”“工业4.0实验室网络”和“工业4.0标准化理事会”三大平台共同推进工业4.0从德国走向全球。①

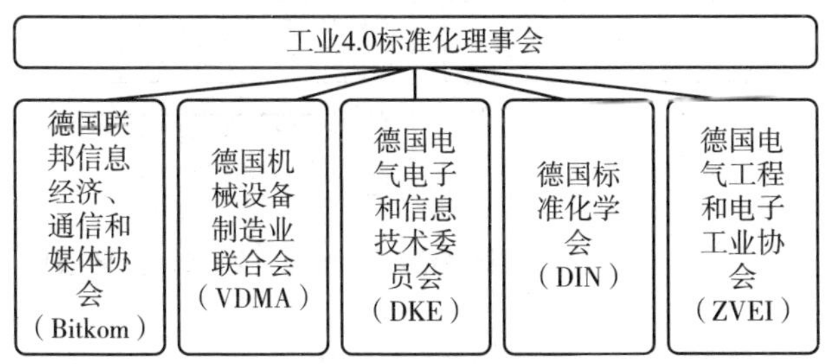

图1－22　德国工业4.0标准化理事会组织框架

（2）汉诺威工业博览会促进研究成果转化

2015年的汉诺威工业博览会以“产业集成化——加入网络大家庭”为主题，关注智能化生产、人机协作、创新型分包解决方案，以及智能能源系统等主题。现场展示的智能工厂解决方案可直接应用于客户的工厂，机器人速度敏捷、精度高、力量惊人，而分散式发电机——将包括风能发电、太阳能发电、水力发电和沼气发电并入一个智能电网，并将电能合理地分配给用户。

（3）政府和科研单位进行资金和科研支持

一是科研经费持续提升。2015年，德国联邦政府投入1490亿欧元科研经费（D&R），比2014年度增加2.6亿欧元，相比2005年增加了65%。德国联邦教研部是最大的出资部门，投入达880亿欧元。经费主要用于资助关于未来社会发展、经济增长和提高国民生活水平的科学研究。②

① 《德国将推动制定工业4.0标准　协调其全球落地》，中国机械工业教育网，2016年4月22日，http：//www.cmedc.com/ShowContentAspx.aspx？ContentID＝1738&ColumnID＝79&ZTID＝1。

② 《2015年度德国教育科研大事记》，2016年1月13日，中国驻联邦德国使馆教育处网站，http：//www.de－moe.edu.cn/article_read.php？id＝12014－20160113－2906。

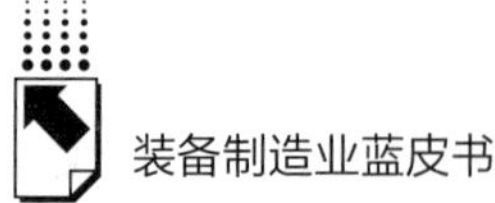

二是中小企业创新核心项目（ZIM）计划继续实施。2015 年 1 月，联邦经济与能源部发布了最新的中小企业创新核心项目（ZIM）计划实施方针，扩大了受资助中小企业的范围并提高了资助资金的数额。ZIM 计划资助的项目分为三类（见图 1－23）。①

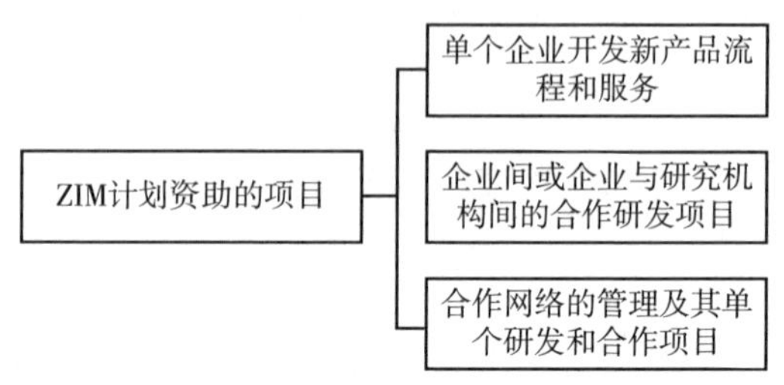

图 1－23　中小企业创新核心项目计划（ZIM）资助项目

三是给予汽车产业科研经费支持。2015 年 9 月，德国联邦教研部（BMBF）婉卡部长在 2015 年 9 月 22 日的法兰克福国际汽车展（IAA）上将逾 800 万欧元的第一项资助通知交付“auto SWIFT”项目组。在该项目中，科技界和产业界（参与方有卡尔斯鲁厄信息研究中心、博世和奥迪公司等）正一起参与一项计划，将最新技术更快地应用在汽车上。德国联邦教研部也认为未来需要不断提升技术要求。在汽车中采用更多的电子化系统，也要求更高的可靠性和安全性，以及抗高温、抗恶劣天气影响和抗电子干扰信号的能力。②

四是启动涡轮机械制造研发中心建设项目。2015 年 12 月，德国弗劳恩霍夫生产技术（IPT）和激光技术研究所（ILT）、亚琛大学机床与生产工程实验室（WZL）和激光技术主席与 19 家工业伙伴一同在亚琛启动了涡轮机械制造国际中心（ICTM）。该中心将聚焦对涡轮机械制造和维修的研究，新网络中的工业伙伴包括涡轮制造商和价值链上的大中小企业。弗劳恩霍夫 IPT 主任、亚琛大学制造技术主席表示，ICTM 将加速创新，连接专家，聚合力量，提供优

① 史世伟、向渝：《高科技战略下的德国中小企业创新促进政策研究》，《德国研究》2015 年第 4 期，第 103 页。

② 《德国联邦政府开始“自动驾驶汽车”研究》，2015 年 10 月 27 日，中国驻联邦德国使馆教育处网站，http：//www. de－moe. edu. cn/article_ read. php? id＝12016－20151027－2758。

良的研发条件。

4. 德国装备制造业科技发展状况

（1）弗劳恩霍夫研究所科研带动效果显著

例如，成功地将纤维增强复合材料应用于医疗设备制造，开发新型涂层工艺，显著降低了发动机燃油消耗，利用光谱学方法开发动作感应的人机技术等（见表1－6）。①②③

表1－6 弗劳恩霍夫研究所科研成果

科研成果	时　间	科研突破	应用领域
纤维增强复合材料应用于医疗设备制造	2015年1月	一种微型拉绕工艺，生产出直径小于1毫米的多层微观结构的导丝、套管和导管	医学设备和磁共振成像
新型涂层工艺显著降低发动机燃油消耗	2015年6月	一种激光电弧方法，具有很高的喷涂效率，可实现大厚度涂层	发动机零部件表面喷涂
新型动作感应的人机技术	2015年11月	符合人机工程学的工作场所，重点为车辆、人机协作和知识性工作提供辅助系统	大脑状态准确识别

（2）其他科研机构科研成果显著

2015年，德国其他科研机构也在装备制造业领域取得显著成果，例如，研发利用压缩空气消除发动机风扇噪声技术、研制成功使激光焊接获突破性进展的新型高速激光反射镜和开发新型高精确度石墨烯光学探测器等④（见表1－7）。

（3）企业注重科研创新

2015年，德国装备制造企业同样在科研创新方面取得了一系列成果，例如，研发新一代碲化镉太阳能电池、为微制造3D打印实现最高精度、推出

① 《德国研究机构成功将纤维增强复合材料应用于医疗设备制造》，中国玻璃纤维复合材料信息网，2015年1月16日，http://www.cnbxfc.net/news/1_echo.php?id=63810。

② 李晓红：《德国弗劳恩霍夫研究所开发新型涂层工艺　显著降低发动机燃油消耗》，国防科技信息网，2015年6月30日，http://www.dsti.net/Information/News/94957。

③ 张慧：《德国科学家利用光谱学方法开发动作感应的人机技术》，国防科技信息网，2015年11月6日，http://www.dsti.net/Information/News/96900。

④ 黄庆红：《德国推出CMOS工艺制备锗锡激光器》，国防科技信息网，2015年11月29日，http://www.dsti.net/Information/News/97312。

玻纤复合材料平板房车车身和全球首架碳纤维电动飞机试飞成功等（见表1－8）。

表1－7　2015年其他科研机构科研成果

科研成果	研究单位	时　间	科研突破	应用领域
消除发动机风扇噪声技术	德国航宇中心（DLR）	2015年3月	利用压缩空气主动噪声消除方法，降低风扇转子叶片和下游静子导向叶片间干涉产生的噪声	整合涡扇发动机
新型高速激光反射镜	夫琅禾费研究院	2015年6月	新型硅蚀刻微机电系统（MEMS）反射镜能显著提高输出功率，使激光焊接获突破性进展	切削焊接和表面硬化加工
新型高精确度石墨烯光学探测器	亥姆霍兹德累斯顿罗森多夫（HZDR）研究中心	2015年11月	单个检测器首次实现监测光谱范围从可见光到红外辐射，并一直到太赫兹辐射	两个自由电子激光器的精确同步
CMOS工艺制备锗锡激光器	尤里希研究中心	2015年12月	硅基直接带隙锗锡（GeSn）微盘激光器是朝集成硅光子学发展的重要一步	集成电子器件领域

表1－8　2015年德国装备制造企业科研创新成果

科研成果	研究公司	时　间	科研突破
新一代碲化镉太阳能电池	Calyxo公司	2015年	新一代太阳能电池产品，孔径面积转换效率大于14.3%。每单位安装面积将产生更多的能量①
最高精度的微制造3D打印	Nanoscribe公司	2015年3月	光子专业级GT3D打印机可自由定义层距和亚微米级制造的结构细节，这使其可能打印具有光学质量的物体表面②
全球首架碳纤维电动飞机试飞成功	卡起码技术公司	2015年3月	全球首架电动直升飞机“VC200”，为日后推动电动直升机发展奠定基础③
玻纤复合材料平板房车车身	LAMILUX公司	2015年4月	玻璃纤维复合材料平板房车车身，保证了产品稳定性和高品质④
批量生产铜铟镓硒光伏模块的转换效率达16%	德国Manz AG公司	2015年4月	采用下一代CIGS半导体材料实现了电池性能增长，在玻璃基板上对CIGS材料施行共蒸发工艺，能够持续减少光损失⑤
无人机新型防撞单元	AEVO股份有限公司	2015年5月	AECAS的电子单元能够接收障碍物信息和无人机操控信息，并基于这些信息独立地生成一套修正命令，从而避免无人机与障碍物发生碰撞

续表

科研成果	研究公司	时间	科研突破
抗辐射多模光纤	莱尼电缆	2015 年 6 月	一种抗辐射,机械稳定性强,功能完整的多模光纤,具有良好的易操作性和黏结性⑥
半自动高键合力晶片键合机	苏斯微技术公司	2015 年 9 月	XB8 晶片键合平台使系统适合于先进的工艺开发,XB8 的高度自动化和可靠性能够保证较高的工艺稳定性⑦

①黄庆红:《德国 Calyxo 公司的新一代碲化镉太阳能电池转换效率达到 14. 3%》, 国防科技信息网, 2014 年 12 月 18 日, http: //www. dsti. net/Information/News/92084。

②《德国卡起码技术公司全球首架碳纤维电动飞机试飞成功》, 中华纺织网, 2015 年 3 月 4 日, http: //www. texindex. com. cn/Articles/2015 - 03 - 04/328527. html。

③《德国 LAMILUX 公司推出玻纤复合材料平板房车车身》, 中国玻璃纤维复合材料信息网, http: //www. cnbxfc. net/1_ echo. php? id = 64538。

④黄庆红:《德国 Manz 公司创立批量生产铜铟镓硒光伏模块转换效率 16% 新纪录》, 国防科技信息网, 2015 年 5 月 5 日, http: //www. dsti. net/Information/News/94161。

⑤谷全祥:《德国一家公司推出无人机新型防撞单元》, 国防科技信息网, 2015 年 5 月 27 日, http: //www. dsti. net/Information/News/94491。

⑥《德国莱尼电缆发布抗辐射多模光纤》, 电缆网, 2015 年 6 月 26 日, http: //news. cableabc. com/gc/20150626005152. html。

⑦张慧:《德国苏斯微技术公司研发出半自动高键合力晶片键合机》, 国防科技信息网, 2015 年 9 月 21 日, http: //www. dsti. net/Information/News/96245。

(三)日本装备制造业发展概况

1. 日本装备制造业销售收入持续下降

2015 年, 日本装备制造业销售收入为 7431. 90 亿美元左右, 同比下降 14. 50%, 下降速度相比 2014 年同期有所加大。分月份看, 增速呈一直上升的趋势, 直到 11 月下降速度最小为 5. 8%, 最高减速出现在 3 月, 为 22. 2% (见图 1 - 24)。

2. 日本装备制造业进出口贸易均下降

2015 年日本装备制造业货物进出口 3453. 17 亿美元, 同比下降 8. 45%, 增速比 2014 年下降 7. 03 个百分点。其中, 出口 2656. 37 亿美元, 同比下降 8. 74%; 进口 796. 80 亿美元, 同比下降 7. 47% (见图 1 - 25)。2015 年, 日本装备制造业贸易顺差 1859. 58 亿美元, 贸易顺差幅度收窄 190. 11 亿美元。

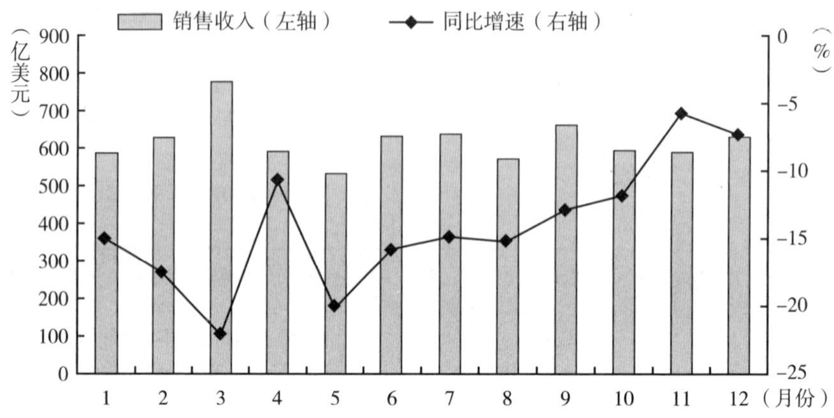

图1－24　2015年日本装备制造业销售收入及同比增速

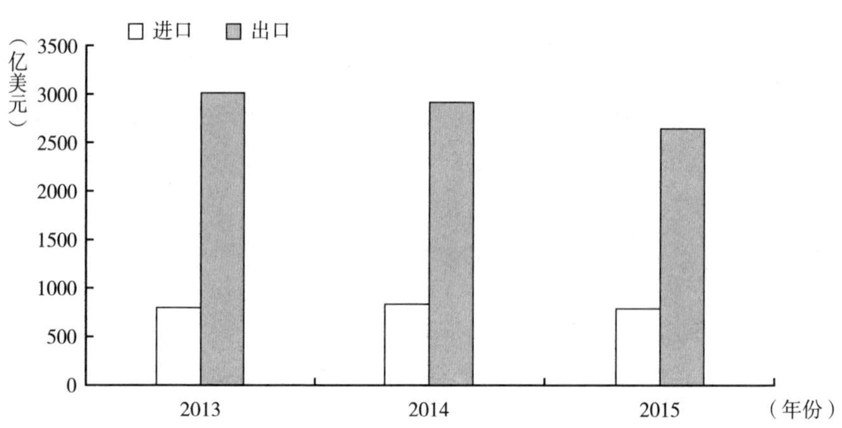

图1－25　2013～2015年日本装备制造业进出口贸易情况

3. 日本装备制造业政策措施

（1）发布“机器人新战略”

2015年1月23日，日本政府发布“机器人新战略”，制定了五年行动计划和六大重要举措，实现日本的机器人革命，以应对日益突出的老龄化、自然灾害频发等问题，以提升日本制造业的国际竞争力，获取大数据时代的竞争优势。其主要内容包含以下几点。

首先，日本政府对机器人未来发展趋势进行判断。[①] 认为机器人的发展趋势是自主化、信息化和网络化，未来的发展方向是易用性、柔性制造、关系调整、领先性与概念更新。

其次，提出三大核心目标和五年计划。三大核心目标包括世界机器人创新基地、世界第一的机器人应用国家、迈向世界领先的机器人新时代（见图1－26）。[②] 为实现三大核心目标，实施五年计划（见图1－27），旨在确保日本在机器人领域的世界领先地位。

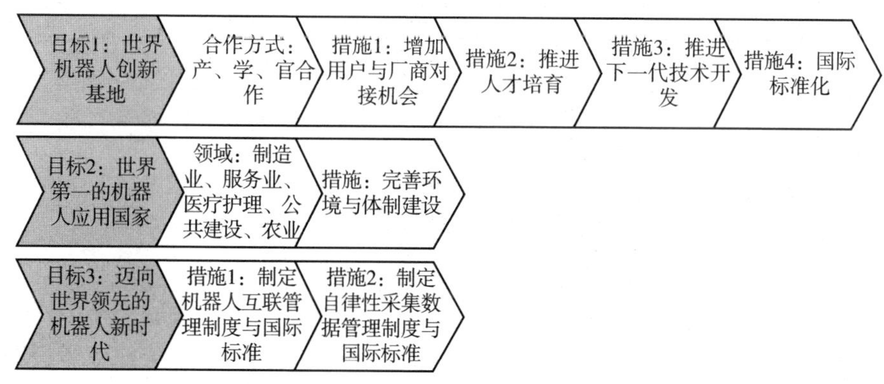

图1－26　日本机器人新战略三大核心目标

（2）提出一系列制造创新战略举措

一是确定《科技创新综合战略2015》。2015年6月，日本政府确定将《科技创新综合战略2015》作为国家科技相关政策的指导性文件。该战略主要讨论针对研究经费不足、人才机制不健全、研发投资效率低下、国际合作不充分等问题采取的弥补措施。其中，关注的重点是清洁能源的供应稳定与降低成本。在核能科技创新上，该战略指出按照能源战略计划积极进行核能技术创新，特别是提出开发改进核安全与安保的技术、开发产生放射性废物处理处置技术、开发核设施退役技术、严格执行核设施相关管理规定等目标。[③]

---

① 赛迪智库：《日本机器人新战略透析》，新华网，2015年7月28日，http：//www.js.xinhuanet.com/2015－07/28/c_ 1116066783_ 2.htm。

② 王喜文：《日本〈机器人新战略〉概述》，《物联网技术》2015年第2期，第6页。

③ 孙晓飞：《日本内阁确定有关核能的2015科技创新全面战略》，国防科技信息网，2015年7月2日，http：//www.dsti.net/Information/News/95007。

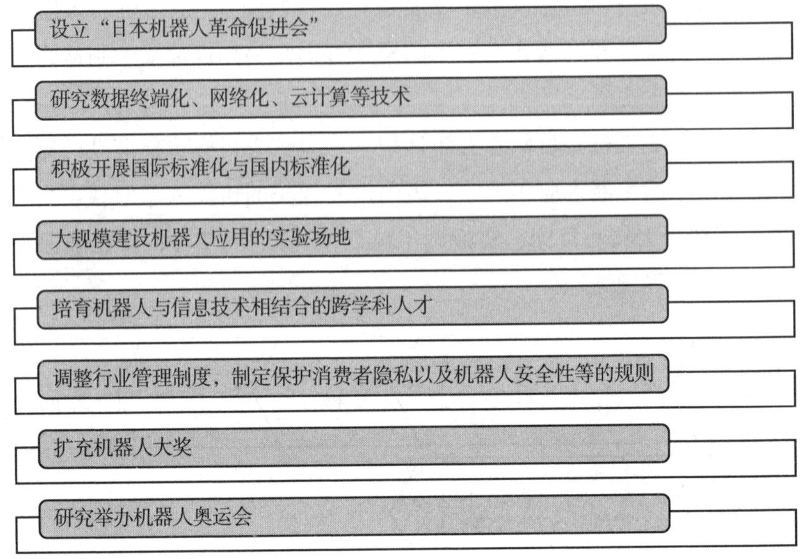

图 1－27　五年计划的主要行动计划

二是公布《2015 年版制造白皮书》。2015 年 6 月，日本经济产业省公布《2015 年版制造白皮书》，认为日本制造业目前主要存在三个方面问题（见图 1－28），要求日本制造业积极发挥 IT 作用，建议转型为利用大数据的“下一代”制造业。①

图 1－28　日本制造业目前存在的问题

三是通过“第五期科学技术基本计划”。2015 年 12 月 18 日，“第五期科学技术基本计划”在日本综合科学技术与创新会议上最终确定。计划提出了

① OFweek：《日本力推“工业 4.0”：发布〈2015 年版制造白皮书〉》，3D 打印网，2015 年 8 月 20 日，http：//3dprint. ofweek. com/2015－08/ART－132109－8440－28995365. html。

目标和四大主干政策（见图1－29）。此外，提出“超智能社会”概念，即能够将所需的物品、服务在所需之时按所需之量提供给所需之人，能够精细化地应对社会各种需求，使每个人都能享受高质量服务，形成一个充满活力、适宜生活的社会。[①] 为期5年的“第五期科学技术基本计划”投入资金总额约26万亿日元，每年投入的金额相当于名义国内生产总值（GDP）的1%，超过2015年预算的约0.7%。[②]

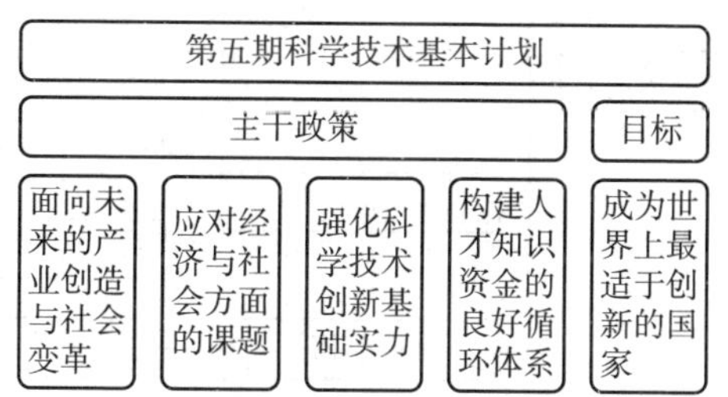

图1－29　日本科学技术基本计划的政策和目标

（3）切实推动科技创新

一是成立机器人革命倡议协议会。2015年5月，日本在“新机器人战略”框架下成立产官学一体化的“机器人革命倡议协议会”。该协会由企业用户、公立研究机构、学会等组成，有超过200家公司和机构参加。丰田汽车、日产汽车和本田等使用机器人设备的大企业，新能源产业技术综合开发机构（NEDO）等研发机构及大学等加入成为会员[③]。其旨在通过建立举国体制，使日本在机器人的应用与出口中处于世界领先水平。

二是“物联网升级制造模式工作组”召开第一次会议。参会成员有工业控制设备厂商、IT企业及工业企业等（见图1－30）。工作组的主要目标：政

① 永野博：《日本内阁通过第五期科学技术基本计划提倡建设超智能社会》，日本信息平台，2016年2月25日，http：//www.keguanjp.com/kgjp_keji/kgjp_kj_etc/pt20160225142530.html。

② 《日本政府5年研发投资拟达到GDP的1%》，日经中文网，2015年11月2日，http：//cn.nikkei.com/politicsaeconomy/economic－policy/16722－20151102.html。

③ 科技部：《日本为推动〈机器人新战略〉将成立“机器人革命倡议协议会”》，科技部网站，2015年8月10日，http：//www.most.gov.cn/gnwkjdt/201508/t20150807_121057.htm。

府与民营企业通力合作，跟踪全球制造业发展趋势，实现物联网技术对日本制造业的变革。①

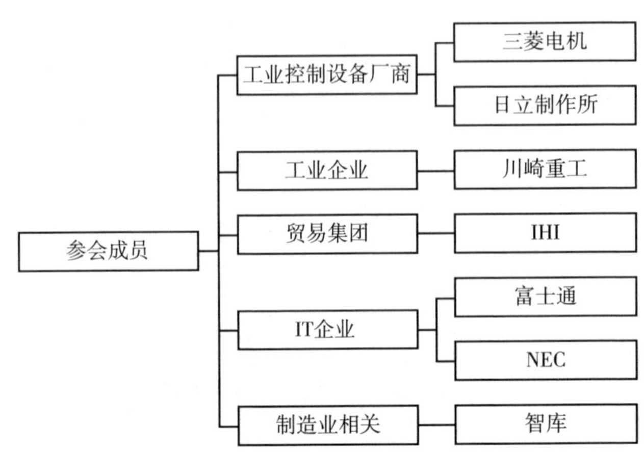

图 1－30　日本“物联网升级制造模式工作组”会议主要参会成员

三是支持汽车产业创新发展。第一，推动大型车企联合开发自动驾驶技术。日本经济产业省和国土交通省在 2015 年 2 月底，召集汽车企业巨头及汽车零部件厂商共同讨论，在控制自动驾驶汽车的 IT 技术方面，要求各厂商实现共通化；防止借助自动驾驶车的控制装置进行非法入侵；促进自动驾驶车的普及和道路等基础设施建设。② 第二，缩短加氢站建设审查。2015 年 3 月，日本经济产业省放宽对给燃料电池车补给氢的加氢站的安全审查。③ 第三，为自动驾驶扫清法律障碍。日本警察厅针对既无驾驶员又无须掌握方向盘的自动驾驶汽车引发事故的责任归属等问题，展开法律层面的讨论。④

四是进行财政支持。第一，将相关预算重点分配给汽车自动驾驶和农业自

① 王喜文：《日本成立官方工作组应对德国“工业 4.0”》，《中国电子报》2015 年 7 月 31 日，第 5 版。

② 王欢：《日政府将推动大型车企联合开发自动驾驶技术》，环球网，2015 年 2 月 27 日，http：//auto. huanqiu. com/globalnews/2015 －02/5757012. html。

③ 驻日本代表处：《日本将缩短加氢站建设审查》，山东省商务厅网站，2015 年 3 月 16 日，http：//www. shandongbusiness. gov. cn/public/html/news/201503/339103. html。

④ 《日本要为自动驾驶扫清法律障碍》，日经中文网，2015 年 10 月 15 日，http：//cn. nikkei. com/politicsaeconomy/economic －policy/16517 －20151016. html。

动化研究机构。在汽车自动驾驶方面，重点推进开发在发生交通事故时，从自动驾驶切换为人为驾驶的机制。在农业机械领域，将推进开发在农作时帮助搬运重物的可穿戴型机械。① 第二，发放补贴推动机器人应用。2015 年 6 月，日本经济产业省以机器人尚未普及的企业为对象，补贴引进费用的 1/2 至 2/3。经济产业省从食品、药品和干洗等各种行业的 140 家企业申请中，选择有望提高生产效率的 80 家进行补贴，补贴总额达近 20 亿日元，每家企业将获得 2450 万日元（约合人民币 123 万元）。②

（4）开展军事领域相关活动和推进合作项目

一是与其他国家加强合作。先后与英国、法国、印度尼西亚和泰国在军事、国防和武器方面开展合作，合作项目涉及内容众多，对日本的军事领域发展具有巨大促进作用（见表 1 –9）。

表 1 –9　日本与其他国家在军事领域的合作

合作国家	时　间	合作内容	具体内容
英国	2015 年 1 月	军事训练、武器研发及赛博安全	新型空空导弹的可行性研究和生化技术的研究①
法国	2015 年 3 月 13 日	国防贸易和技术	开发和生产水下无人车、机器人技术等②
印度尼西亚	2015 年 3 月 23 日	国防装备与技术	赛博防御、教育、培训和科研的开发③
泰国	2015 年 6 月 24 日	军事技术的防务	国防装备研发、技术和国防工业④、军事训练、教育项目

①王迪：《英国日本加强军事合作》，国防科技信息网，2015 年 1 月 28 日，http：//www. dsti. net/Information/News/92698。

②田涵：《日本与法国进一步加强国防工业合作》，国防科技信息网，2015 年 3 月 18 日，http：//www. dsti. net/Information/News/93404。

③闵睿：《日本与印度尼西亚签署国防装备和技术合作协议》，国防科技网，2015 年 3 月 27 日，http：//www. 81tech. com/news/guofangkejigongye/139564. html。

④齐梦晓：《日本与泰国加强防务关系与技术贸易》，国防科技信息网，2015 年 6 月 26 日，http：//www. dsti. net/Information/News/94913。

① 《日本科技创新要主推自动驾驶与农业自动化》，日经中文网，2015 年 5 月 28 日，http：//cn. nikkei. com/politicsaeconomy/economic – policy/14577 – 20150528. html。

② 《日本将发放补贴促进餐饮企业等使用机器人》，日经中文网，2015 年 6 月 15 日，http：//cn. nikkei. com/politicsaeconomy/economic – policy/14814 – 20150615. html。

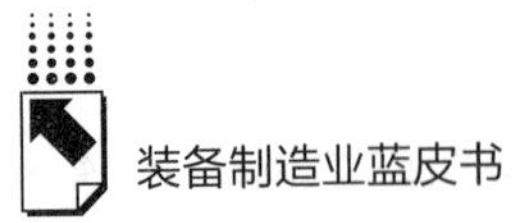

二是开展军学共同研究。允许新能源产业技术综合开发机构（NEDO）开展军事领域的研究工作和支持高校从事军用技术研发活动（见表1－10）。

表1－10　日本开展的军学共同研究项目

军学同研项目	时　间	实施内容	目　的
新能源产业技术综合开发机构(NEDO)开展军事领域研究	2015年5月	开展军事领域的研究工作	提高日本对外出口的军用技术水平①
高校从事军用技术研发活动	2015年10月	批准项目意见书且每年从国防预算中拨出资金	促进国防研发能力②

①袁成：《日本的DARPA将首次开展军事领域的研究工作》，国防科技信息网，2015年6月8日，http：//www.dsti.net/Information/News/94656。

②田涵：《日本支持高校从事军用技术研发活动》，国防科技信息网，2015年10月26日，http：//www.dsti.net/Information/News/96691。

三是加强国防供应链管理。2015年10月，日本防卫省表示，采取措施加强对工业供应链的控制，促进国防工业发展，确保国防采购安全。防卫省针对国防供应商信息系统开展审查，要求供应商提供产品细节，包括产品研制生产涉及的分包商资料。同时，为保证供应链信息系统安全，制定相关指南，明确必要措施，对硬件的可追溯性设备进行调查，确保防卫省建立“弹性国防生产和技术基地”。[①]

（5）企业加强自身能力提升

一是组织提出“工业价值链倡议”。二是进行工厂现代化升级。其中包括三菱重工的生产调整和富士通公司的平台建设（见表1－11）。

表1－11　日本企业自身能力提升案例

企业项目	时　间	参与企业	具体内容
提出“工业价值链倡议”	2015年7月	三菱电机、富士通、日产汽车、松下	组建产业价值链主导权，探讨工厂互联的技术标准化①

① 风蔚：《日本采取措施加强国防供应链管理》，国防科技信息网，2015年10月12日，http：//www.dsti.net/Information/News/96498。

续表

企业项目	时　间	参与企业	具体内容
进行工厂现代化升级	2015 年 7 月	日本三菱重工	调整工厂生产，提高生产效率，提升企业竞争力②
	2015 年 9 月	富士通公司	提出“工厂可视化”试验平台（FOVI）③

①欣阳：《日本企业成立联盟机制追赶工业 4.0》，国防科技信息网，2015 年 7 月 10 日，http：//www. dsti. net/Information/News/95128。

②晓雪、弈丹：《日本军工巨头三菱重工公布生产重大调整》，国防科技信息网，2015 年 7 月 24 日，http：//www. dsti. net/Information/News/95328。

③金坚敏：《日本如何应对工业 4. 0/工业物联网（IIoT）的冲击》，中国大数据产业观察网，2016 年 5 月 3 日，http：//www. cbdio. com/BigData/2016 – 05/03/content_ 4878942. htm。

4. 日本装备制造业科技发展状况

（1）电池新技术不断出现

2015 年，日本在电池技术方面的突破主要体现在以下几个方面：研制新型光伏电池；① 研制电极采用硫黄的锂电池；② 研制快速充电的钾离子电池；③ 研制转换效率提升的铜铟硒薄膜太阳能电池（见表 1 – 12）。④

表 1 – 12　日本电池新技术

新型电池	研究时间	研究单位	具体内容
新型光伏电池	2015 年 1 月	日本国际尖端技术综合研究所	在漆黑环境中也能发电的光伏电池
采用硫黄电极的锂电池	2015 年 8 月	日本产业技术综合研究所	通过在锂离子电池的电极中采用硫黄，将电池容量增加 4 ~ 5 倍的技术

① 《光伏电池在黑暗中也能发电?》，日经中文网，2015 年 1 月 9 日，http：//cn. nikkei. com/industry/scienceatechnology/12525 – 20150109. html。

② 《日本研制电极采用硫黄锂电池　容量可增 4 倍》，日经中文网，2015 年 8 月 24 日，http：//cn. nikkei. com/industry/scienceatechnology/15848 – 20150824. html。

③ 王欢：《充电速度快 10 倍　日本钾离子电池研发有突破》，环球网，2015 年 11 月 16 日，http：//tech. huanqiu. com/original/2015 – 11/7985079. html。

④ 黄庆红：《日本 Solar Frontier 公司创造铜铟硒薄膜太阳能电池转换效率 22. 3% 新纪录》，国防科技信息网，2015 年 12 月 10 日，http：//www. dsti. net/Information/News/97510。

续表

新型电池	研究时间	研究单位	具体内容
快速充电钾离子电池	2015 年 11 月	日本东京理科大学	新型电池有望比锂离子电池的充放电速度提高 10 倍,有效降低成本,并且可对应高强度电流,输出更大电力
转换效率提升的铜铟硒薄膜太阳能电池	2015 年 12 月	Solar Frontier 公司、日本新能源产业技术综合开发机构(NEDO)	开发出标准尺寸的 0.5 平方厘米薄膜太阳能电池,该电池能量转换效率创造 22.3% 的新纪录

（2）智能机器人领域发展迅速

2015 年日本在智能机器人领域发展迅速，主要体现在：研发可灵活移动的机器人①、研发自带机械臂做手术的内窥镜②、研发辅助重物装卸的可穿戴式机器人③、研发行走物流机器人④、研发农业采摘机器人⑤（见表 1－13）。

表 1－13　2015 年日本新型机器人技术

新型机器人	研究单位	具体内容
可灵活移动的机器人	日本横滨国立大学	模仿人类双脚交替蹬地动作向前移动
自带机械臂做手术的内窥镜	奥林巴斯	在体内抓住大肠壁或胃壁等,再利用高频电流切除肿瘤等组织
辅助重物装卸的可穿戴式机器人	松下	在电动机的驱动下支撑人的上半身,可减轻搬运物体时对腰部的负担,在完全充电后最长可运行 8 小时
行走物流机器人	日立制作所	可在物流仓库内移动并自动装卸和搬运货物
农业采摘机器人	松下	番茄采摘机器人,搭载图像传感器,实现番茄无人采摘

① 《机器人也会玩轮滑了》，日经中文网，2015 年 1 月 12 日，http：//cn. nikkei. com/industry/scienceatechnology/12664－20150112. html。

② 《日本开发新型内窥镜　带机械臂会做手术》，中国新闻网，2015 年 6 月 4 日，http：//www. chinanews. com/gj/2015/06－04/7322278. shtml。

③ 《松下推出可穿戴式机器人　助人轻松搬重物》，日经中文网，2015 年 7 月 2 日，http：//cn. nikkei. com/industry/scienceatechnology/15059－20150702. html。

④ 王欢：《日立宣布研发行走物流机器人　可装卸多种货物》，环球网，2015 年 8 月 27 日，http：//tech. huanqiu. com/original/2015－08/7362312. html。

⑤ 吴倩：《日本现可采摘番茄的机器人　智能感应效率高》，中国新闻网，2015 年 12 月 4 日，http：//www. chinanews. com/gj/2015/12－04/7656434. shtml。

(3) 电子器件开发推陈出新

2015 年，日本电子元器件开发不断推陈出新，主要体现在：研制出毫米波雷达用 CMOS 单片收发机①；推出 3.5GHz 氮化镓晶体管②；开发出超小新型传感器③；研制出 1.2 千伏阻断电压氮化镓场效应管④；开发出亮度提升 2 倍的液晶模块⑤；研发出波长可调激光器⑥（见表 1-14）。

表 1-14 日本新型电子器件技术

新型电子器件	研究时间	研究单位	具体内容
毫米波雷达用 CMOS 单片收发机	2015 年 3 月	松下和比利时微电子研究中心(IMEC)	可工作在 79GHz、适用于相位调制连续波雷达的互补金属氧化物半导体(CMOS)单片收发机芯片
3.5GHz 氮化镓晶体管	2015 年 3 月	日本三菱公司	工作在 3.5GHz、可为 4G 基站收发台(BTS)提供高等级输出功率和效率的氮化镓(GaN)高电子迁移率晶体管(HEMT)
超小新型传感器	2015 年 7 月	日立制作所	一种米粒大小的超小型传感器,用于搜集产品所有零部件数据,捕捉零部件产生的细微变化,进而改善产品功能和防止故障发生
1.2 千伏阻断电压氮化镓场效应管	2015 年 8 月	丰田株式会社研发总部	1.2 千伏纵向结构的氮化镓场效应晶体管表现出极佳性能,其导通阻抗低于每平方厘米 2 毫欧
亮度提升 2 倍的液晶模块	2015 年 9 月	日本显示器(JDI)	该模块采用“白色魔法”(White Magic),以及根据图像各部分调整背照灯光量的技术,即使在白天的室外,也能清晰观看屏幕
波长可调激光器	2015 年 11 月	日本东北大学和情报通信研究机构(NICT)	使用步进电机控制器将量子点光学放大器和波长可调滤波器对接在一起,完成器件集成

① 张倩：《IMEC 联合日本松下公司研制出毫米波雷达用 CMOS 单片收发机》，国防科技信息网，2015 年 3 月 5 日，http://www.dsti.net/Information/News/93158。

② 王巍：《日本三菱电子公司开发将推出 3.5GHz 氮化镓晶体管》，国防科技信息网，2015 年 3 月 16 日，http://www.dsti.net/Information/News/93367。

③ 吴涛：《日立研发传感器大小如米粒 或改变物联网》，中国新闻网，2015 年 7 月 8 日，http://www.chinanews.com/it/2015/07-08/7392534.shtml。

④ 王巍：《日本丰田公司研制出 1.2 千伏阻断电压氮化镓场效应管》，国防科技信息网，2015 年 8 月 28 日，http://www.dsti.net/Information/News/95850。

⑤《日本显示器开发出亮度提升 2 倍的液晶模块》，日经中文网，2015 年 9 月 28 日，http://cn.nikkei.com/industry/scienceatechnology/16281-20150928.html。

⑥ 张慧：《日本采用量子点和硅光子学技术研发出波长可调激光器》，国防科技信息网，2015 年 11 月 17 日，http://www.dsti.net/Information/News/97060。

B.2
2015年中国装备制造业发展概况

聂秀东　彭建国*

摘　要：　本章分别从发展现状、发展特点和存在问题三个方面介绍了2015年我国装备制造业的发展概况。2015年，我国装备制造业整体规模趋稳，行业经营效益放缓，行业和企业之间分化加剧；企业自主创新能力不断加强，技术改造取得积极成效；民营及中小型装备制造企业表现突出，兼并重组规模再创新高；2015年我国装备制造业进出口双双下降，对外投资合作力度加大，各地加大装备制造业对外开放力度。同时，通过本章研究发现，在经济发展新常态背景下，我国装备制造业仍面临着：经济下行压力较大，产能过剩问题依然突出；核心技术亟须突破，基础研究投入仍显不足，新产品开发周期过长；装备制造业国有企业改革尚未完成，中小企业可持续发展面临问题，兼并重组面临体制机制和政策障碍；进出口产品结构仍需调整、外商直接投资制度尚待完善，对外投资存在较大阻力等问题。

关键词：　中国装备制造业　发展现状　新常态　存在问题

* 聂秀东，研究员，博士，机械工业经济管理研究院副院长，产业经济研究所所长。彭建国，研究员，国资委研究中心副局长。

一　2015年装备制造业①产业规模情况

（一）工业增加值增速趋稳

2015 年，我国工业增加值为 228974 亿元，同比增长 5.9%。规模以上工业增加值增长 6.1%，机械工业增加值增长 5.5%。分月份看，机械工业增加值自 2015 年 4 月起增速波动并趋向稳定（见表 2－1）。

表 2－1　2015 年工业和机械工业增加值增速

单位：%

月份	工　业		机械工业	
	本月	累计	本月	累计
2 月	0	6.8	0	6.8
3 月	5.6	6.4	5.3	6.3
4 月	5.9	6.2	4.6	5.3
5 月	6.1	6.2	4.2	5.5
6 月	6.8	6.3	6.4	5.7
7 月	6	6.3	3.9	5.5
8 月	6.1	6.3	3.7	5.3
9 月	5.7	6.2	4	5.1
10 月	5.6	6.1	5.3	5.2
11 月	6.2	6.1	6.7	5.3
12 月	5.9	6.1	6.6	5.5

资料来源：国家统计局网站和机经网。

2015 年，经济发展延续新常态。与 2014 年相比，我国装备制造业主要行业增速均有所下降。通用设备制造业和专用设备制造业增加值增速低于 5%，

① 全书所指装备制造业按照《国民经济行业分类与代码》（GB/T/4754－2011）分类，主要包括：34通用设备制造业，35专用设备制造业，36汽车制造业，37铁路、船舶、航空航天和其他运输设备制造业，38电气机械和器材制造业，40仪器仪表，43金属制品、机械和设备修理业。按照传统行业管理分为农业机械行业、内燃机行业、工程机械行业、仪器仪表行业、文化办公设备行业、食品包装机械行业、石化通用行业、重型机械行业、机床工具行业、电工电器行业、汽车行业、通用基础件行业、铁路设备制造业、船舶制造业、航空航天业、其他运输设备制造业，其他民用机械行业17个行业。

汽车制造业和电气机械及器材制造业增加值增速在5%～10%。通用设备制造业和汽车制造业增加值下降较大，超过5%，说明装备制造业主要行业在进行产业升级调整中，增加值增速受到一定影响（见表2－2）。

表2－2　2015年我国装备制造业工业主要行业增加值对比

单位：%

行业中类	增　速	同比增减
通用设备制造业	2.9	－6.2
专用设备制造业	3.4	－3.5
汽车制造业	6.7	－5.1
电气机械及器材制造业	7.3	－2.1

资料来源：国家统计局网站。

（二）资产规模稳定提升

2015年，我国装备制造业资产规模达208990.29亿元，同比增长8.65%，增幅高于2014年，提升幅度达2.68个百分点。分月份来看，2015年全年装备制造业资产规模增速在3月之后呈现波动趋稳的走势（见图2－1）。

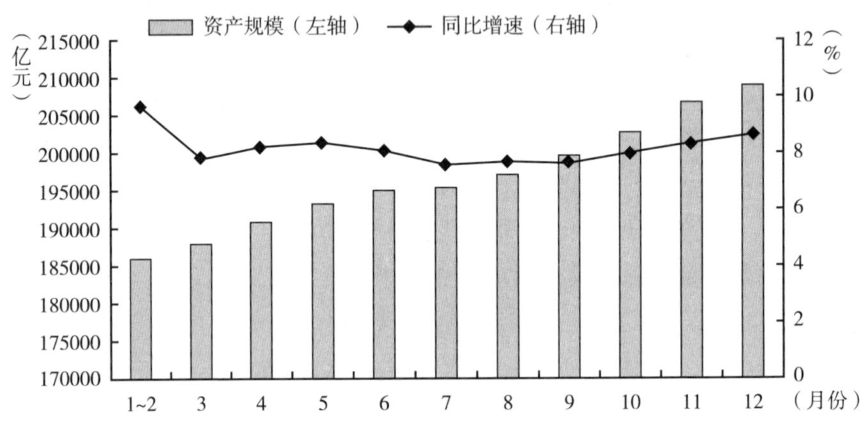

图2－1　2015年我国装备制造业资产规模及同比增速

资料来源：国家统计局网站。

（三）固定资产投资增速回落

2015 年，我国装备制造业累计完成固定资产投资 92057.12 亿元，同比减少 0.28%。相较 2014 年下降 9.86 个百分点。分月份看，2015 年 11 月的固定资产投资同比增速最快，6 月固定资产投资额增速最慢，为 -3.03%，之后又有回暖（见图 2-2）。

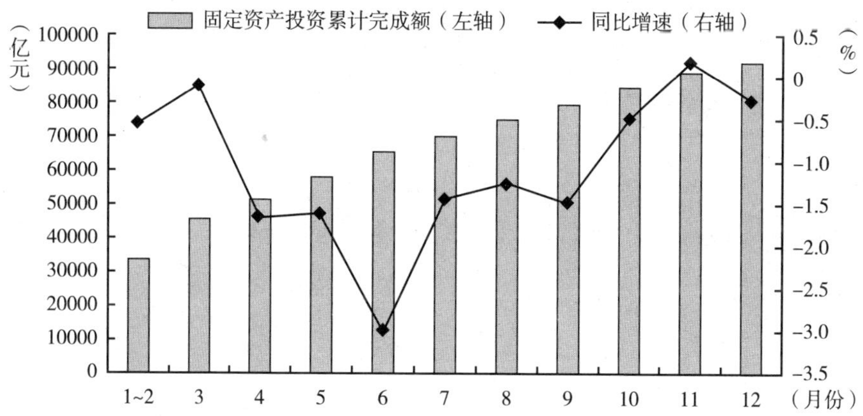

图 2-2　2015 年我国装备制造业固定资产投资累计完成额及同比增速

资料来源：国家统计局网站。

（四）产品产量普降

2015 年全年累计，我国装备制造业在 25 个主要类别中：同比增长的有 10 种，占 40%；同比下降的有 13 种，占 52%。具有代表性的产品包括以下种类。

工业锅炉 2015 年累计产量为 438878.1 蒸发量吨，同比减少 7.3%。发动机产量为 203179.4 万千瓦，同比减少 2.9%。汽车产量为 2483.8 万辆，同比增长 2.7%。电工仪器仪表产量为 17717.2 万台，同比增长 18.5%，是同比增长最高的行业。小型拖拉机产量为 140.1 万台，同比减少 15.3%，是同比降幅最大的行业。

二 2015年装备制造业经济运行情况

（一）总体运行情况良好

1. 主营业务收入增速回落明显

2015 年，我国装备制造业主营业务收入为 246059.95 亿元，同比增长 3.5%，增速同比下降 4.14 个百分点，但高于制造业主营业务收入增速（0.89%）2.61 个百分点，由此可见，装备制造业主营业务收入情况较好。分月份看，我国装备制造业主营业务收入单月增速 3 月呈现大幅下滑，为全年最低（见图 2－3）。

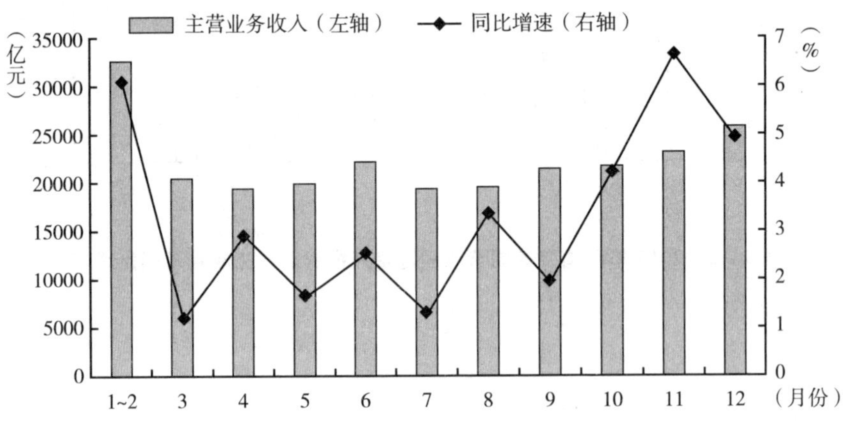

图 2－3 2015 年我国装备制造业主营业务收入及同比增速

2. 主营业务成本增速高于收入

2015 年，我国装备制造业主营业务成本为 209148.88 亿元，同比增长 4.00%，增速同比下降 3.81 个百分点，但主营业务成本增速快于收入，而且高于制造业主营业务成本增速（1.03%）2.97 个百分点，装备制造业主营业务成本增长较快。分月份看，装备制造业主营业务成本单月增速 3 月出现大幅下滑，10 月和 11 月增速出现大幅回升，基本与 2 月持平，7 月增速为全年最低（见图 2－4）。

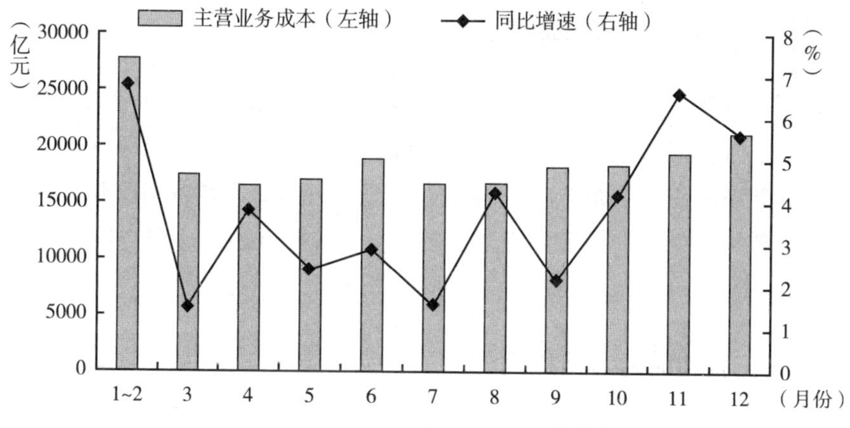

图2-4 2015年我国装备制造业主营业务成本及同比增速

3. 利润增速低于主营业务收入

2015年，我国装备制造业实现利润16992.38亿元，同比增长2.7%，比2014年增速下降7.04个百分点，而2015年制造业利润总额同比下降2.27%，由此可见，装备制造业的总体运行情况良好。分月份看，装备制造业总利润单月增速从1月开始呈现下滑趋势，5月增速为全年最低，之后出现上升趋势，8月略有回落，从9月开始再次呈现上升趋势，11月增速为全年最高（见图2-5）。

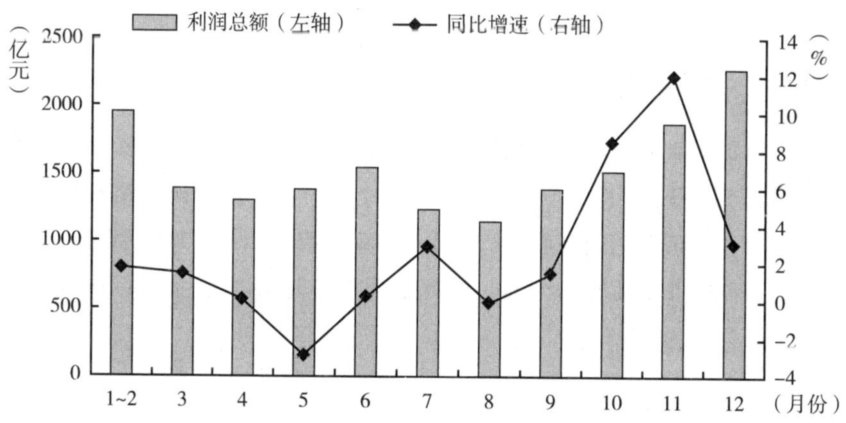

图2-5 2015年我国装备制造业利润总额及同比增速

（二）营运能力有待提高

总资产周转率较低。2015 年，我国装备制造业总资产周转率为 11.9%，比 2014 年增长 0.9 个百分点，远远低于制造业总资产周转率（129.18%），由此可见，装备制造业总资产周转率较低。分月份看，2 月装备制造业总资产周转率最大值为 18.1%，之后呈现下滑趋势，从 3 月开始，总资产周转率趋于平稳。

（三）盈利能力有待提高

1. 总资产利润率小幅回升

2015 年，我国装备制造业总资产利润率为 0.85%，比 2014 年增长 0.07 个百分点。与制造业总资产利润率 7.28% 相比，装备制造业资产利润率较低，盈利能力有待提高。分月份看，装备制造业总资产利润率第一季度逐月下降，第二季度略有回升，12 月达到年度最高值，为 1.18%。

2. 主营业务成本率持续下降

2015 年，我国装备制造业主营业务成本率为 85.00%，略高于 2014 年，同比增长 0.33%。与制造业主营业务成本率（85.76%）基本持平。分月份看，装备制造业主营业务成本率上半年呈现小幅波动，9 月开始持续下降，12 月主营业务成本率为全年最低，为 82.62%。

（四）偿债能力略有提升

资产负债率有所下降，偿债能力略有提升。2015 年，我国装备制造业资产负债率为 55.39%，比 2014 年下降 0.61 个百分点，偿债能力略有提升。装备制造业资产负债率比制造业资产负债率（54.85%）高 0.54 个百分点。分月份看，装备制造业偿债能力在第一季度呈现上升趋势，之后持续下降，12 月达全年最低值，为 54.52%。

三　2015年装备制造业产业结构现状

（一）细分行业结构

1. 大部分行业资产较快增长

2015 年，我国装备制造业资产规模实现较快增长。农业机械行业、仪器仪表行业和其他民用机械行业等 10 余个行业的资产总额呈现上升趋势。从资产规模看，汽车行业积极寻求转型升级，资产规模最大，为 60267.43 亿元。从资产增速看，内燃机行业受整体经济下行压力影响，资产规模虽有小幅下挫，但仍保持了良好的发展态势，其行业增速最快，为 30.61%，相比 2014 年上升了 50.37 个百分点。受经济下行影响，投资项目和基建项目短缺，铁路、船舶、航空航天和其他运输设备制造业为增速降幅最大的行业，下降 22.69%，相比于 2014 年下降了 27.78 个百分点（见表 2－3）。

表 2－3　2015 年我国装备制造业细分行业资产对比

行业分类	资产总计(亿元)	同比增减(%)
农业机械行业	2783.80	10.95
内燃机行业	2789.44	30.61
工程机械行业	6380.14	－1.34
仪器仪表行业	7650.35	12.66
文化办公设备行业	1256.18	5.28
石化通用行业	20293.03	9.11
重型矿山行业	12297.92	1.38
机床工具行业	8873.36	7.59
电工电器行业	47464.04	9.44
通用基础件行业	13731.03	5.47
食品包装机械行业	696.91	13.04
汽车行业	60267.43	10.95
其他民用机械行业	8185.25	1.77
铁路、船舶、航空航天和其他运输设备制造业	16321.40	－22.69

资料来源：国家统计局、机经网。

2. 各行业收入逐年上升

2015 年，我国装备制造业行业收入逐年上升，农业机械行业、仪器仪表行业和食品包装机械行业等 7 个行业收入增加。从主营业务收入看，由于市场需求持续增加，汽车行业主营业务收入最高，为 73381.61 亿元。从收入增速看，食品包装机械行业受经济波动影响较小，发展迅速，增速最快，为 13.45%，相比 2014 年上升了 6.54 个百分点。在国内外市场双重压力下，工程机械行业和铁路、船舶、航空航天和其他运输设备制造业降幅最大，分别为 -8.44% 和 -10.34%（见表 2-4）。

表 2-4　2015 年装备制造业细分行业收入对比

行业分类	主营业务收入(亿元)	同比增减(%)
农业机械行业	4523.60	8.20
内燃机行业	2291.73	3.00
工程机械行业	5253.18	-8.44
仪器仪表行业	8598.10	6.18
文化办公设备行业	1789.46	-7.91
石化通用行业	21808.55	1.34
重型矿山行业	12435.04	-0.64
机床工具行业	10696.89	5.24
电工电器行业	55991.06	5.12
通用基础件行业	19682.83	3.09
食品包装机械行业	794.39	13.45
汽车行业	73381.61	5.05
其他民用机械行业	12533.01	-2.33
铁路、船舶、航空航天和其他运输设备制造业	16280.50	-10.34

资料来源：国家统计局、机经网。

3. 各行业成本增幅较大

2015 年，我国装备制造业行业主营业务成本基本持平，而主营业务收入增速较快的企业成本也增幅明显。农业机械行业、仪器仪表行业和汽车行业等 8 个行业成本呈增加态势，其他细分行业成本呈现不同幅度的减少。从成本费用规模上看，汽车行业成本费用规模最大，为67383.51亿元。从成本增速看，食品包装机械行业的增速最快，为14.24%。随着信息化办公的发展，文化办公设备行业降幅最大，为-8.24%（见表2-5）。

表2-5　2015年我国装备制造业细分行业成本对比

行业分类	成本费用总额(亿元)	同比增减(%)
农业机械行业	4236.17	8.15
内燃机行业	2143.55	5.96
工程机械行业	5042.23	-7.08
仪器仪表行业	7898.61	6.35
文化办公设备行业	1701.40	-8.24
石化通用行业	20389.04	2.14
重型矿山行业	11639.47	-0.59
机床工具行业	10002.04	5.63
电工电器行业	52452.58	5.06
通用基础件行业	18391.17	3.26
食品包装机械行业	739.54	14.24
汽车行业	67383.51	6.27
其他民用机械行业	11754.84	-2.19
铁路、船舶、航空航天和其他运输设备制造业	14024.00	-10.36

资料来源：国家统计局、机经网。

4. 各行业利润出现下降

2015年，我国装备制造业利润总体呈下降趋势。除了仪器仪表行业、机床工具行业、电工电器行业、通用基础件行业、食品包装机械行业和汽车行业外，其他细分行业均出现利润下降。从利润规模看，汽车行业利润最高，为6283.62亿元。从利润增速看，下游行业的高需求使重型矿山机械行业增速最大，为11.99%。工程机械行业降幅最大，为-39.16%，且在2014年的-8.21%的基础上又下降了30.95个百分点。由于市场需求的扩大，内燃机行业增幅最快，比2014年提高了20.14个百分点（见表2-6）。

表 2-6　2015 年装备制造业细分行业利润对比

行业分类	利润总额(亿元)	同比增减(%)
农业机械行业	259.76	10.58
内燃机行业	174.85	9.27
工程机械行业	210.07	-39.16
仪器仪表行业	731.31	7.03
文化办公设备行业	89.85	-2.60
石化通用行业	1374.08	-7.10
重型矿山行业	772.65	11.99
机床工具行业	663.17	3.59
电工电器行业	3461.31	11.21
通用基础件行业	1204.45	2.21
食品包装机械行业	52.35	10.79
汽车行业	6283.62	1.54
其他民用机械行业	714.91	-2.67
铁路、船舶、航空航天和其他运输设备制造业	1000.00	-7.34

资料来源：国家统计局、机经网。

（二）企业规模

2015 年，我国装备制造业①大型企业仅 2005 家，而小型企业数量达 71983 家，中型企业共 11659 家。

1. 小型企业资产增速最快

2015 年，大型企业资产总额为 81318.03 亿元，同比增加 7.55%，资产规模最大；中型企业资产总额为 49575.91 亿元，同比增长 8.74%；小型企业资产总额为 61774.95 亿元，同比增长 9.83%，资产增速最快（见图 2-6）。

2. 中型企业主营业务收入上升幅度最大

2015 年，大型企业完成主营业务收入 80326.86 亿元，同比提高 1.63%；中型企业和小型企业分别完成主营业务收入 57462.17 亿元和 91990.43 亿元，

① 这里的装备制造业统计数据不包括铁路、船舶、航空航天和其他运输设备制造业大中小企业数据。

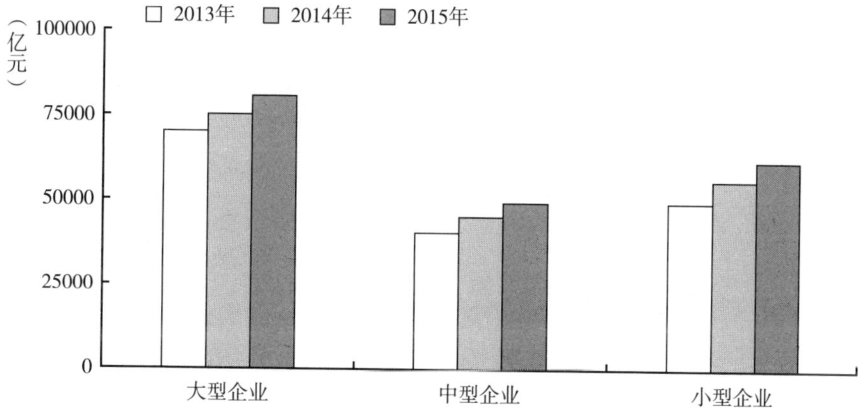

图 2-6 2013~2015 年我国装备制造业不同规模企业资产对比

同比分别增长 5.18% 和 3.99%，其中，小型企业主营业务收入占比最大，占装备制造业主营业务收入的 40.03%（见图 2-7）。

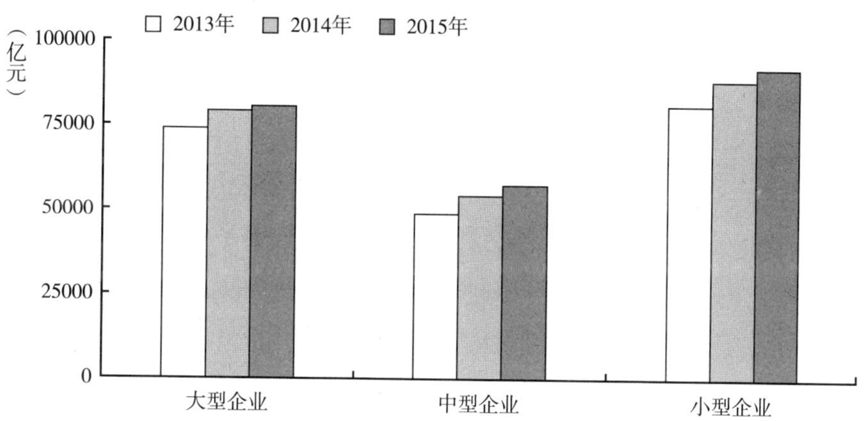

图 2-7 2013~2015 年我国装备制造业不同规模企业主营业务收入对比

3. 中型企业主营业务成本增幅最高

2015 年，大型企业主营业务成本为 74121.66 亿元，同比增长 2.78%；中型企业和小型企业的主营业务成本分别为 53624.47 亿元和 86028.04 亿元，同比分别增长 5.12% 和 4.32%，其中，中型企业主营业务成本增速最快，小型企业主营业务成本规模最大，占比达 40.24%（见图 2-8）。

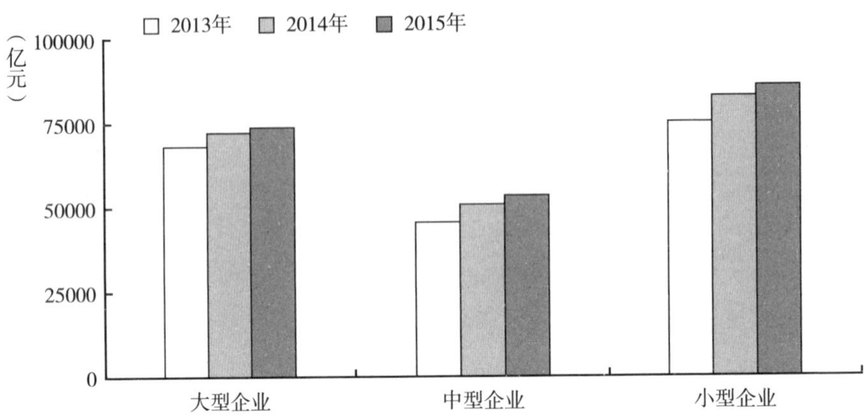

图 2-8　2013~2015 年我国装备制造业不同规模企业主营业务成本对比

4. 大型企业利润呈下降趋势

2015 年，我国装备制造业大型企业利润呈现下降趋势，利润总额为 6580.83 亿元，同比下降 0.12%，但利润总额仍为最高；中型企业和小型企业利润呈现逐年增长的态势，利润总额分别为 3868.56 亿元和 5543 亿元，同比分别增长 6.62% 和 3.25%，中型企业利润总额增幅最快（见图 2-9）。

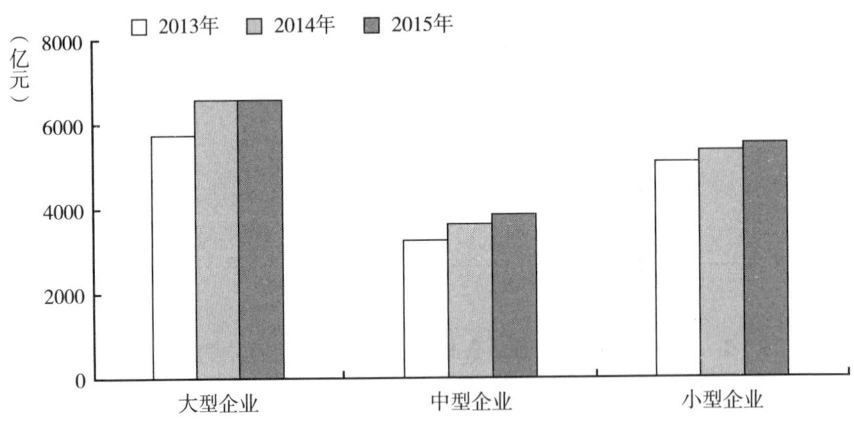

图 2-9　2013~2015 年我国装备制造业不同规模企业利润对比

（三）企业所有制结构

2015 年，我国装备制造业民营企业数量最多，共 70391 家，其次是三资企业，共11659家，国有企业数量最少，共3554家。

1. 民营企业资产增速较快

2015年，国有企业资产总额为64352.90亿元，同比增长5.84%，平均资产总额为18.11亿元；民营企业资产总额为99618.10亿元，同比增长11.26%，增长速度最快，平均资产总额为1.42亿元；三资企业资产总额为37302.43亿元，同比增长2.82%，平均资产总额为3.20亿元（见图2－10）。

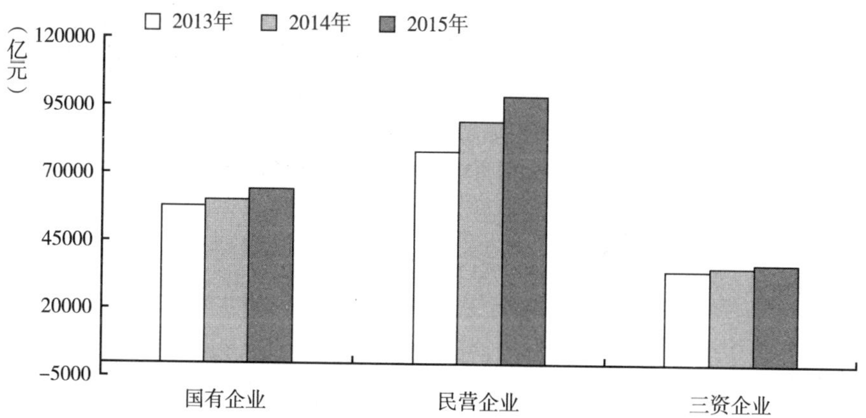

图2－10　2013～2015年我国装备制造业不同所有制企业资产对比

2. 民营企业收入逐年上升

2015年，国有企业完成主营业务收入50759.09亿元，同比下降0.82%，平均业务收入为14.28亿元；民营企业和三资企业分别完成主营业务收入141453.56亿元和43446.10亿元，同比分别增长6.70%和0.09%，平均业务分别收入为2.01亿元和3.73亿元，其中民营企业收入占比较大，占装备制造业收入的60.02%（见图2－11）。

3. 国有企业成本增幅高于收入

2015年，国有企业和三资企业主营业务成本分别为42301.49亿元和36317.85亿元，同比增长分别为0.58%和0.11%，平均业务成本分别为11.90亿元和3.73亿元；民营企业主营业务成本为121705.50亿元，同比增长6.80%，平均业务成本为2.01亿元，民营企业主营业务成本占比达60.74%（见图2－12）。

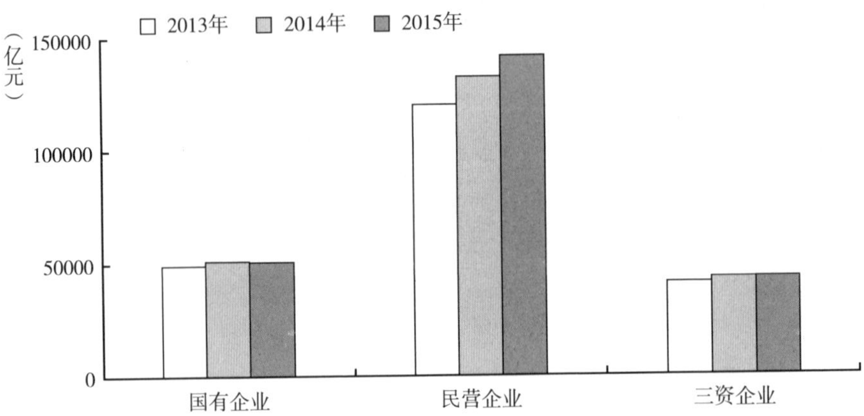

图 2-11　2013～2015 年我国装备制造业不同所有制企业主营业务收入对比

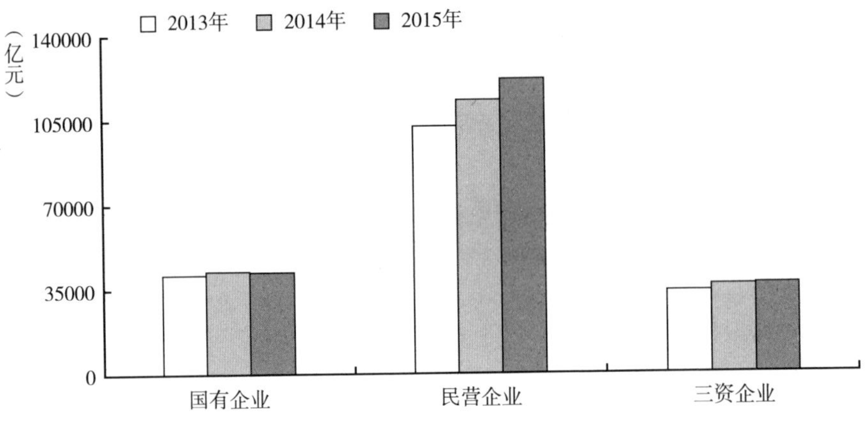

图 2-12　2013～2015 年我国装备制造业不同所有制企业主营业务成本对比

4. 国有企业利润出现下降

2015 年，我国装备制造业国有企业利润呈下降趋势，利润总额为 3715.84 亿元，同比下降 2.57%，平均企业利润为 1.05 亿元。民营企业利润呈现逐年增长的态势，实现利润总额 9231.93 亿元，同比增长 8.65%，平均企业利润为 0.13 亿元；三资企业利润同样呈下降趋势，利润总额降至 3354.85 亿元，同比减少 3.04%，平均企业利润为 0.29 亿元（见图 2-13）。

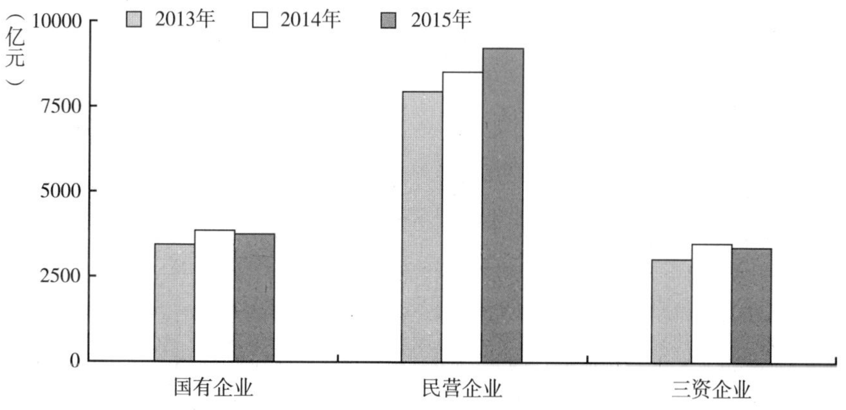

图 2－13　2013～2015 年我国装备制造业不同所有制企业利润对比

四　中国装备制造业贸易形势分析

（一）装备制造业进出口双双下降

2015 年，我国装备制造业进出口总额为 8738.74 亿美元，同比下降 8.14%，增速较 2014 年下降 16.48 个百分点；实现进出口贸易顺差为 1183.87 亿美元，比 2014 年增加 553.44 亿美元。

2015 年，我国装备制造业出口为 4961.30 亿美元，同比下降 2.18%，增速较 2014 年下降 9.66 个百分点。分月份看，3 月出口增速波动较大，4 月份以后出口额较为平稳，增速略有波动，12 月出口增速回升（见图 2－14）。

2015 年，我国装备制造业进口额为 3528.04 亿美元，同比下降 14.95%，增速较 2014 年下降 24.4 个百分点。分月份看，装备制造业进口额增速呈波浪式下降，8 月同比增速最低，11 月又有所回升（见图 2－15）。

从分行业看，2015 年进出口总额最高的三个行业分别是：铁路、船舶、航空航天业，电工电器业和汽车业，分别是 4515.11 亿美元、1549 亿美元、1210 亿美元。从进出口增速看，2015 年各行业增速均为负值，食品包装业下降最慢，为－0.77%，汽车业下降最快，为－14.85%（见图 2－16）。

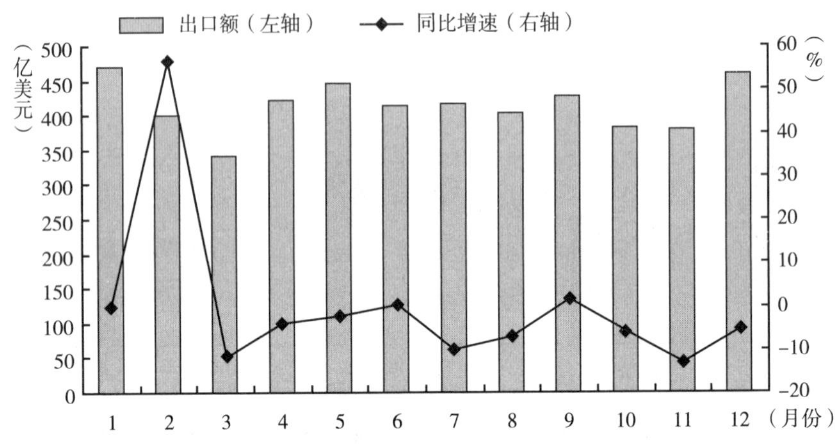

图 2－14　2015 年我国装备制造业出口额及同比增速

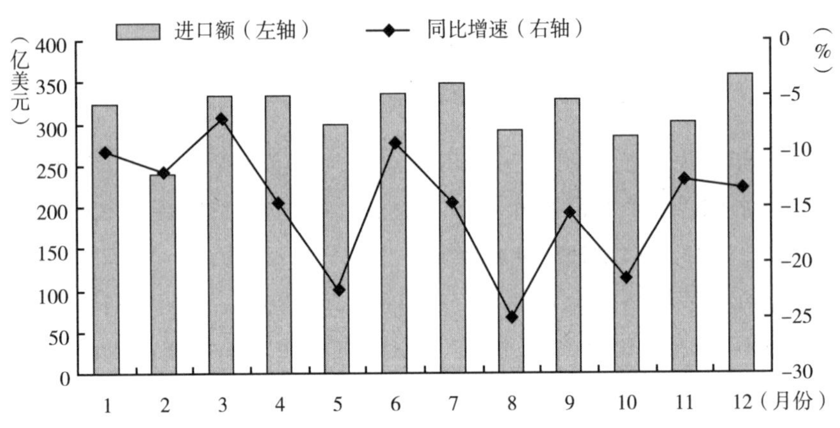

图 2－15　2015 年我国装备制造业进口额及同比增速

2015 年实现贸易顺差前三位的是：电工电器业，石化通用业，铁路、船舶、航空航天业，分别为 525.42 亿美元、390.96 亿美元和 169.69 亿美元。2015 年贸易差额为负的行业为仪器仪表业、机床工具业和汽车业，贸易逆差分别为：－120.32 亿美元、－38.90 亿美元和－163.66 亿美元（见图 2－17）。2015 年大部分装备制造业子行业贸易差额为正，对外贸易表现良好。

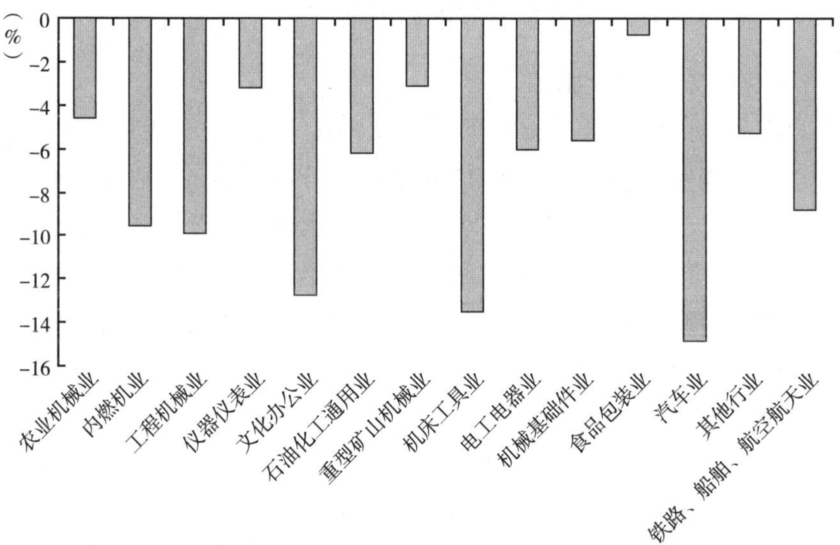

图 2-16　2015 年我国主要装备制造行业进出口增速对比

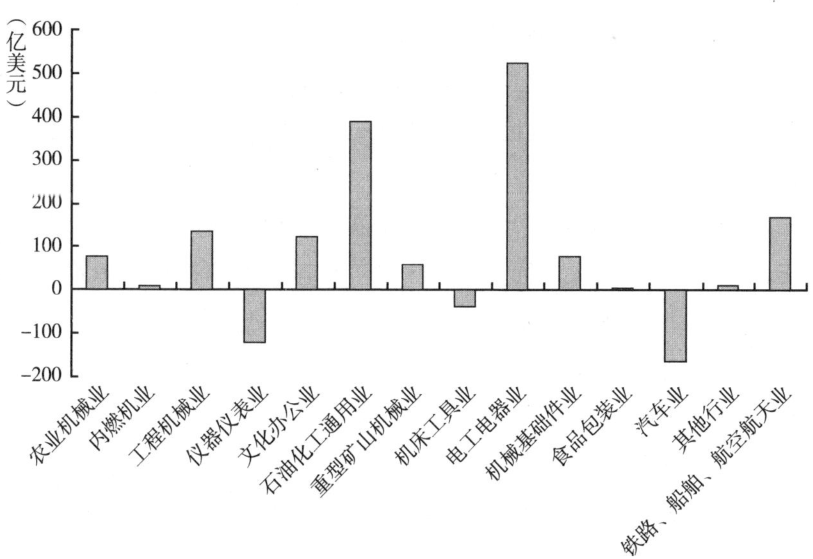

图 2-17　2015 年我国主要装备制造行业贸易差额对比

（二）我国装备制造业对外投资情况

1. 对外投资合作力度加大

2015 年，中国对外非金融类直接投资达 1180.20 亿美元，同比增长 14.70%，实现对外直接投资连续 13 年增长[①]。其中，装备制造业对外直接投资 70.40 亿美元，同比增长 154.20%。同期，大型成套设备出口额同比增长 10.00%。11 月，中国对外承包工程新签合同额在 5000 万美元以上的项目有 590 个，合计 1345.40 亿美元，占新签合同总额的 82.50%；1 亿美元以上的项目 342 个，较上年增加 40 个[②]。主要分布在交通运输、房屋建筑、电力工程、通信工程、石油化工等领域，装备制造业借势获得增长。

2. 对不同国家和地区投资合作偏向有差别

一是对美国投资重点为汽车行业。2015 年，中国在美国投资总额达到 150 亿美元，同比增长 30%。直接投资最多的三个州为：纽约州、加利福尼亚州和得克萨斯州。汽车行业是其中的投资重点。投资项目与装备制造业相关的主要包括华创投资和中信资本牵头的中国财团投资 19 亿美元收购半导体公司豪威科技（Omnivision），海航集团以 60 亿美元竞购英格雷姆麦克罗公司（Ingram Micro），海尔集团以 54 亿美元收购通用电气的家用电器部门，中联重科以 34 亿美元竞购美国起重机制造商 Terex，吉利汽车旗下的沃尔沃在南卡来罗纳州设厂，等等[③]。

二是对欧洲装备制造业投资主要集中在英、德两国。2015 年，中国在欧洲投资总额达 230 亿美元，同比增长 37%。中国对欧洲投资最多的三个国家为：意大利、法国、英国，但是，投资项目集中在化工、基础设施和旅游方面。装备制造业投资比重相对较小，且主要集中在英国和德国。

2015 年，中国企业在英国完成并购（参股）和绿地投资（创建投资）22

---

① 财经网：《今年中国对外投资预计增长 16% FDI 预计增长 6%》，网易财经，2016 年 1 月 25 日，http://money.163.com/16/0125/10/BE5VTNV700253B0H.html。

② 中国新闻网：《商务部：2015 年中国对外投资合作保持平稳较快增长》，中国新闻网，2016 年 1 月 7 日，http://www.chinanews.com/cj/2016/007/7706377.shtml。

③ 和讯名家：《2016 中国对美国投资报告：中国对外投资达到历史新高》，2016 年 4 月 15 日，http://news.hexun.com/2016-04-15/183331455.html。

起，装备制造行业投资量加大，株洲南车以2.29亿英镑全资收购英海洋工程企业SMD，向海洋工程深海装备领域拓展；吉利集团投资3亿英镑在英建设融研发和生产为一体的全新工厂，生产下一代纯电动和超低排放的“伦敦出租车”；山东永泰投资2800万英镑，在英国收购日本本田旗下的UYT汽配工厂；中国港湾公司中标英国斯旺西湾潮汐发电项目等。2015年，中国在德投资项目达260个，为全球第一，投资主要领域为机械制造（15%）、电子与半导体（13%）、汽车（11%）及信息通信和软件（8%），其中，北京控股以约14亿欧元收购德国最大的垃圾发电企业EEW，美的集团拟以40亿欧元持股德国工业机器人巨头库卡的30%以上股份①。除英国和德国外，其他欧盟国家也积极与中国合作，2015年9月，罗马尼亚政府与中国华电共建一座600兆瓦燃煤发电厂；2015年11月，中国与匈牙利政府就匈塞铁路匈牙利段的开发、建设与融资合作达成协议②。

三是加大对“一带一路”沿线地区投资合作力度。2015年我国企业共对“一带一路”相关的49个国家进行了直接投资，投资额合计为148.20亿美元，同比增长18.2%，占总额的12.6%③。从国家层面看，2015年中国超越阿联酋，成为巴基斯坦最大的投资来源国，两国在装备制造业方面加大合作，上海电气在塔帕克地区投资建设1320MW燃煤电站项目，中国电建与阿联酋金属投资控股公司合作，在卡拉奇卡西姆港建设燃煤电站。④

四是对拉美基础设施投资重视度提高。2015年中国对拉美地区投资为290亿美元，较2014年翻一番，投资主要集中在巴西、委内瑞拉和厄瓜多尔。2015年11月，三峡集团以37亿美元中标巴西伊利亚和朱比亚两座水电站的特

---

① 中国网：《中国连续两年保持在德国投资项目最多国家》，2016年5月21日，凤凰财经网，http://finance.ifeng.com/a/20160521/14404709_0.shtml。

② 《人民日报》：《欧洲成为中企投资并购新热点　去年对欧投资升44%》，商务部网站，2016年2月26日，http://fec.mofcom.gov.cn/article/ywzn/xgzx/guonei/201602/20160201263178.shtml。

③ 人民网：《商务部：2015年我国企业对一带一路国家投资增18.2%》，搜狐网，2016年1月20日，http://business.sohu.com/20160120/n435187445.shtml。

④ 驻卡拉奇总领馆经商室：《中国投资将巴基斯坦吸引外资水平推上新高度》，商务部网站，2016年3月16日，http://fec.mofcom.gov.cn/article/ywzn/xgzx/guonei/201603/20160301276219.shtml。

许经营权，成为三峡集团迄今最大的海外并购项目，这也是当年巴西最大的并购项目[①]，该项目对国内装备制造业出口拉美拉动作用巨大。中国与委内瑞拉合作建设委内瑞拉国内公共交通系统，这包括宇通客车在亚拉圭州建设客车厂生产线[②]。除此之外，由中国企业承揽的阿根廷基什内尔－塞佩里克水电站和贝尔格拉诺货运铁路改造、巴西美丽山特高压输电二期工程、玻利维亚鲁雷纳瓦克公路、哥伦比亚马道斯高速公路等重大项目已经或即将实施。其中，哥伦比亚马道斯高速公路项目是中国企业在拉美地区中标的第一个 PPP 基础设施项目，对于推动中拉基础设施合作转型升级具有深远意义[③]。

3. 各行业中主要企业行动步伐加快

一是国产汽车行业进行海外扩张。吉利投资5000万英镑在英国建设前沿技术研发中心和新工厂，计划研发和生产 9 种不同车型，包括新能源商用车，所产车型出口全球市场。长城汽车在俄罗斯投资兴建海外第一家全工艺整车工厂。奇瑞海外投资力度不断加大，截至 2015 年，其工厂已覆盖亚洲、欧洲、非洲、拉丁美洲，拥有 14 个海外生产基地，累计出口量已超过 110 万辆[④]。

二是铁路、船舶、航空航天行业对外发展顺利。在铁路方面，中国高铁 2015 年对外发展成果丰硕。2015 年 6 月 18 日，中俄签订俄罗斯莫斯科－喀山段高铁规划设计合同；2015 年 10 月 16 日，中印签署雅万高铁合资协议；2015 年 11 月 13 日，中老铁路项目签约仪式在北京举行；2015 年 12 月 19 日，中泰铁路合作项目启动仪式在泰国举行；等等[⑤]。在船舶方面，中国船舶工业集团

① 新华社：《2015 年外资在巴西成并购主力》，新华网，2016 年 1 月 14 日，http：//news.xinhuanet.com/fortune/2016－01/14/c_ 1117772645.htm。

② 委国新闻：《在中国帮助下，2015 年委内瑞拉扩大城市交通建设》，委国新闻网，2016 年 1 月 1 日，http：//www.vennews.com/thread－25453－1.html。

③ 华讯财经：《去年中国对拉美非金融类直接投资 214.6 亿美元》，“走出去公共服务平台”，2016 年 2 月 4 日，http：//fec.mofcom.gov.cn/article/ywzn/xgzx/guonei/201602/20160201251569.shtml。

④ 《经济观察报》：《从“走出去”到“走进去”中国制造海外扩张》，“走出去公共服务平台”，2016 年 2 月 15 日，http：//fec.mofcom.gov.cn/article/ywzn/xgzx/guonei/201602/20160201254647.shtml。

⑤ 中国国际经济合作学会：《中国高铁“走出去”硕果累累》，中国国际经济合作学会，商务部网站，2016 年 1 月 13 日，http：//cafiec.mofcom.gov.cn/article/zqzhw/201601/20160101233213.shtml。

公司收购芬兰瓦锡兰旗下的二冲程发动机业务；烟台中集来福士海洋工程有限公司运用“中国制造+中国资本+中国运营”模式为波斯湾、里海、墨西哥湾和俄罗斯等国家和地区打造多个高端海洋工程装备总包项目①。

三是主要机械制造行业加快海外发展步伐。三一重工、中联重科等企业先后收购了全球混凝土机械领先企业；山东潍柴动力收购为全球第二大叉车企业的德国凯傲公司，获得全球领先的高端液压元件生产技术和工艺；徐工集团初步建立了全球化运营体系并相继成立了欧洲、美国研发中心，还在德国、巴西、美国、印度等国拥有了制造基地②。京西重工在捷克海布市建设生产乘用车减震器的工厂，将在2017年正式投产③。

（三）外资对装备制造业投资状况

1. 高技术制造业引进增长较快

2015年，吸收外资规模再创新高，质量优化，高技术制造业增长迅速。2015年制造业实际使用外资2452.30亿元人民币（折395.40亿美元），与上年基本持平，在全国总量中的比重为31.40%。其中，高技术制造业继续增长，实际使用外资583.50亿元人民币（折94.10亿美元），同比增长9.5%，占制造业实际使用外资总量的23.80%④。

2. 各地加大装备制造业对外开放力度

一是自由贸易试验区为装备制造业招商引资提供优良环境。截至2015年11月，广东、天津、福建自贸试验区共设立外商投资企业6040家，合同外资4458.1亿元人民币，其中通过备案新设外商投资企业5088家，合同外资3326.60亿元人民币，占比分别为84.20%、74.60%，为高端装备制造业进入

① 《中国船舶报》：《2015年船舶工业经济运行分析》，中国船舶网，2016年1月21日，http://www.chinaship.cn/shipbuilding/2016/0121/6821.html。

② 《经济日报》：《“走出去”屡接大单》，“走出去”公共服务平台，2015年10月19日，http://fec.mofcom.gov.cn/article/ywzn/xgzx/guonei/201511/20151101171489.shtml。

③ 驻捷克经商参处：《京西重工在捷工厂破土动工》，“走出去”公共服务平台，2015年9月28日，http://fec.mofcom.gov.cn/article/ywzn/xgzx/guonei/201511/20151101171455.shtml。

④ 商务部新闻办公室：《商务部外资司负责人谈2015年吸收外资情况》，“走出去”公共服务平台，2016年1月18日，商务部网站，http://fec.mofcom.gov.cn/article/ywzn/xgzx/guonei/201601/20160101236106.shtml。

我国提供良好的技术、运输、服务环境。

二是广东省借力自贸试验区着眼先进装备制造业。2015 年 11 月，相关负责人组成广东经贸代表团出访英国、德国和法国，分别在三国举办了“广东自贸区推介暨高端服务业和先进装备制造业招商会”①。

三是天津市加速走出去进行装备制造业招商引资。武清开发区中欧产业园以生物医药、先进制造业、新材料为主导产业，引入了欧文托普、伍尔特、哈尼克斯、克罗尼、格立莫、阿玛松等一批欧洲产业项目，打造欧企发展新平台②。津南区共引进落地项目 1334 个，内容涵盖高端制造业、生物医药、机器人制造、电子信息、电商物流、城市综合体等多个领域，明确园区发展定位，完善区域发展规划③。

四是沈阳积极建设中德装备园。沈阳中德高端装备制造产业园受到德国政府、商协会、企业的广泛关注。德国工商大会、德国国际合作机构、德国机械设备制造业联合会、德国商会、德国中小企业联合会等德国商会协会纷纷与园区进行了深入接触，诗道芬集团、史太白经济促进基金会、SAP 公司、弗朗霍夫研究所等中介机构、企业也与园区建立联系，并在项目投资、工业 4.0 合作、“双元制”职业教育等众多领域开展合作④。2015 年 6 月 12 日，“德国企业沈阳行暨中德智能制造创新论坛”成功举办，包括 60 家德国企业在内的 200 余家中外企业派出 300 多名代表出席活动。2015 年 9 月 18 日，德国库卡机器人公司考察中德装备园，洽谈设立产品展览展示和技术培训中心项目。

3. 各行业招商引资差异明显

装备制造业引进项目占制造业引进总数比重较大。2015 年，装备制造业

---

① 广东自由贸易试验区工作办公室：《广东自贸试验区推介暨高端服务业和先进装备制造业招商会在英、德、法三国成功举办》，广东省商务厅官网，2015 年 11 月 18 日，http://www.gddoftec.gov.cn/detail.asp?channalid=1328&contentid=20927。

② 中国天津商务：《武清开发区中欧产业园引进欧洲项目 13 个》，中国天津商务，天津商务委员会官网，2015 年 12 月 4 日，http://www.tjcoc.gov.cn/html/2015/zhaoshangyinzi_1204/36044.html。

③ 中国天津商务：《天津市津南区今年引进落地项目 1334 个》，中国天津商务网，2015 年 12 月 7 日，http://www.tjcoc.gov.cn/html/2015/zhaoshangyinzi_1207/36063.html。

④ 《国际商报》：《德国政商界关注中德装备园 2015 大事记》，中国经济网，2015 年 12 月 28 日，http://intl.ce.cn/sjjj/qy/201512/28/t20151228_7890883.shtml。

细分行业计划引资总数达 463 项，占制造业计划引资总数的 40.69%。其中，铁路、船舶、航空航天和其他运输设备制造业计划引资项目最多，为 176 项，占装备制造业引进项目总数的 38.01%，紧随其后的为专用设备制造业，为 146 项，占装备制造业引进项目总数的 31.53%（见图 2－18）。其他行业计划引资数较少，汽车制造业仅有 7 项，通用设备制造业 53 项，电气机械和器材制造业有 73 项，仪器仪表制造业有 6 项，金属制品、机械和设备修理业最少，只有 2 项。

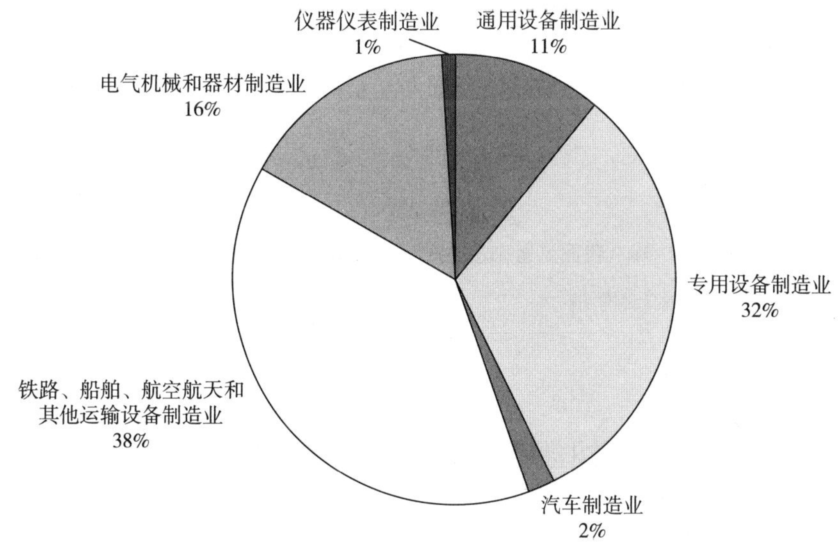

图 2－18　我国装备制造业七大行业 2015 年计划引资项目数比例分布

资料来源：商务部网站。

计划总引资金额较高，铁路、船舶、航空航天和其他运输设备制造业资金需求旺盛。2015 年，装备制造业细分行业计划总引资金额达 1535.37 亿美元，其中，铁路、船舶、航空航天和其他运输设备制造业计划引资金额为 617.84 亿元，占比为 40.26%，为七大行业最高；专用设备制造业计划引资金额为 546.56 亿美元，紧随其后；金属制品、机械和设备修理业计划引资金额最小，仅有 1.06 亿美元（见图 2－19）。

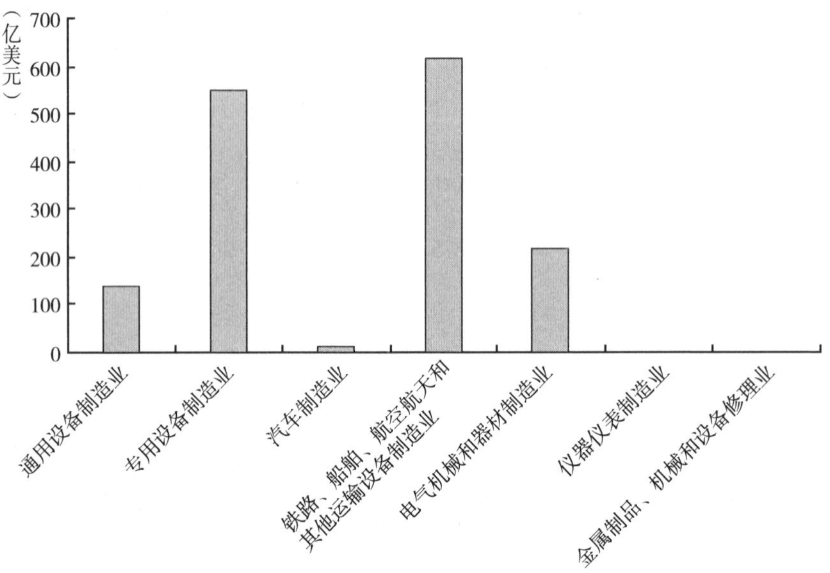

图2－19　我国装备制造业七大行业2015年计划引资金额

资料来源：商务部网站。

五　中国装备制造业技术创新现状

（一）研发投入稳步增长

1. 研发经费内部投入整体趋增

研发经费内部支出总额及各行业数额普遍增长。2014年装备制造业规模以上企业研究与开发（R&D）经费内部支出总额为3476.72亿元，同比增长12.70%。装备制造业规模以上企业研究与开发（R&D）经费内部支出均有所提升。其中，支出最高的行业为电气机械和器材制造业，支出额达922.85亿元；增速最快的为金属制品、机械和设备修理业，同比增长28.92%。

日常性支出仍为主要内部经费支出。从支出方向看，R&D经费内部支出包括日常性支出和资产性支出两部分。2014年，我国装备制造业日常性支出为3113.01亿元，同比增长13.23%，占研发经费内部支出的89.54%；资产性支出为 363.7 亿元，同比增长 8.31%，占研发经费内部支出的 10.46%。

资金主要来源于企业。R&D 经费内部支出资金来源（以下简称资金来源）主要包括政府资金、企业资金、国外资金和其他资金。2014 年，企业资金来源为 3204.30 亿元，同比增长 12.99%，占研发经费内部支出资金来源的 92.16%；政府资金来源为 211.24 亿元，同比增长 10.49%，占资金来源的 6.08%；国外资金来源为 23.63 亿元，同比下降 8.06%，占资金来源的 0.68%；其他资金来源 37.55 亿元，同比增长 16.62%，占资金来源的 1.08%（见图2－20）。

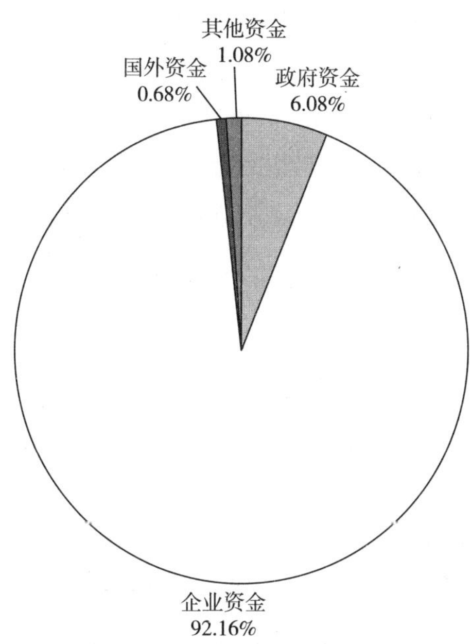

图 2－20　2014 年我国装备制造业企业资金来源占比分布

2. 研发经费外部投入波动趋增

研发经费外部支出总额稳定增长。2014 年装备制造业规模以上企业 R&D 经费外部支出总额为 190.31 亿元，同比增长 6.29%。其中，经费外部支出总额最高的行业为汽车制造业，支出额为 73.67 亿元，增速最快的为电气机械和器材制造业，较 2013 年增长 26.02%，增速下降最快的为金属制品、机械和设备修理业，较 2013 年下降 73.41%。

对国内研究机构和高校的支出仍为最主要的外部支出。从支出方向来看，R&D 经费外部支出包括对国内研究机构和高校的支出、对境外的支出和其他支出三个部分。2014 年，对国内研究机构和高校的支出为 93.63 亿元，同比增长 5.56%，占研发经费外部支出的 49.2%。

3. 项目投入增加显著

2014 年，装备制造业规模以上企业项目为 14.71 万项，同比增长 9.83%；项目人员折合全时当量为 96.56 万人，同比增长 6.35%；项目经费支出 3053.46 亿元，同比增长 13.55%。

项目人均经费支出均处于增长状态。从项目效率的角度分析，2014 年规模以上装备制造业行业 R&D 项目平均每个项目每人经费支出最高和最低的行业分别为汽车制造业与金属制品、机械和设备修理业，分别为 36.89 万元和 20.43 万元。增速均为正值，增长最快的为金属制品、机械和设备修理业，增速达到 41.84%；增长最慢的为通用设备制造业，增速为 1.93%（见图 2－21）。

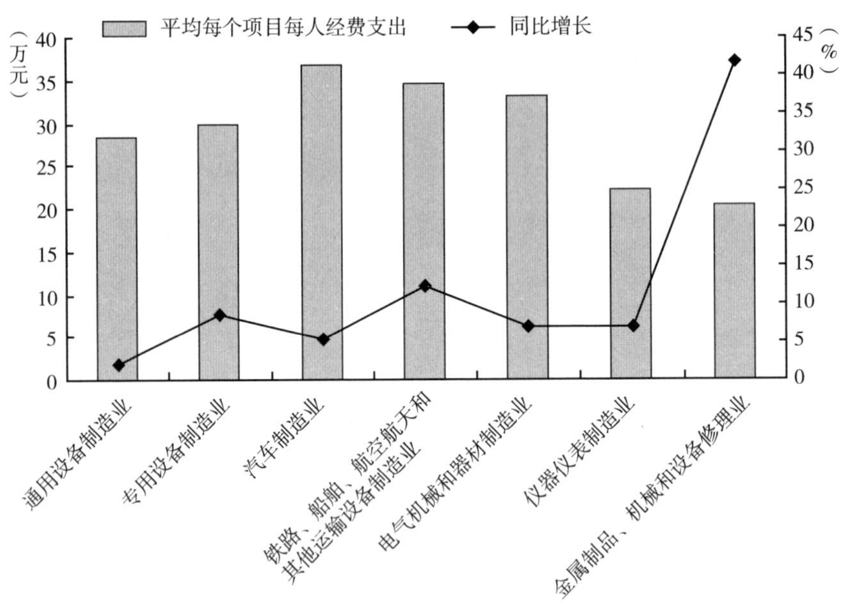

图 2－21　2014 年我国规模以上装备制造业行业 R&D 项目平均每个项目每人经费支出及同比增长

资料来源：《中国科技统计年鉴 2014》《中国科技统计年鉴 2015》。

4. 新产品开发与生产态势良好

2014 年我国装备制造业规模以上企业新产品开发项目总数达 17.03 万项，同比增长 6.62%；新产品开发经费总支出为 4095.76 亿元，同比增长 10.22%；新产品销售总收入为 55664.91 亿元，同比增长 14.89%；出口总额达 6723.40 亿元，同比增长 15.66%。

（二）组织化程度提升

1. 研发机构建设进程加快

2014 年，我国装备制造业研发机构总数为 21895 个，同比增长 10.52%；机构经费总支出为 2372.86 亿元，同比增长 7.22%；仪器和设备原价总额为 1987.14 亿元，同比增长 14.12%。2014 年装备制造业研发机构人员为 102.30 万人，同比增长 3.93%；其中博士和硕士为 11.39 万人，同比增长 8.35%，占研发机构总人数的 11.13%。

2. 人员部署渐趋合理

2014 年我国装备制造业规模以上企业 R&D 人员总数为 144.34 万人，同比增长 8.09%；R&D 人员全时当量总额为 105.85 万人，同比增长 5.63%；研究人员总数为 30.65 万人，同比为 -0.18%。

（三）国内技术逐步成为重要来源

1. 企业专利研发脚步加快

2014 年我国装备制造业专利申请总数达 28.84 万件，同比增长 11.74%；发明专利数量为 9.23 万件，较 2013 年增长 18.03%；有效发明专利数为 16.97 万件，较 2013 年增长 37.10%，增幅明显。

2. 企业技术获取和技术改造势头放缓

2014 年，我国装备制造业技术获取和技术改造支出为 1261.06 亿元，同比下降 7.69%，表明企业技术获取和技术改造势头有所放缓。

企业技术获取和技术改造“重引进，轻消化”。从来源看，技术获取和技术改造支出可分为引进技术经费支出、消化吸收经费支出、购买国内技术经费支出和技术改造经费支出。2014 年，技术改造经费支出为 923.38 亿元，同比下降 10.5%，占技术获取和技术改造支出的 73.22%；引进技术经费支出为 227.46

亿元，同比增长 1.39%；购买国内技术经费支出为 55.73 亿元，同比增长 11.61%；消化吸收经费支出为 54.50 亿元，同比下降 9.43%（见图 2－22）。

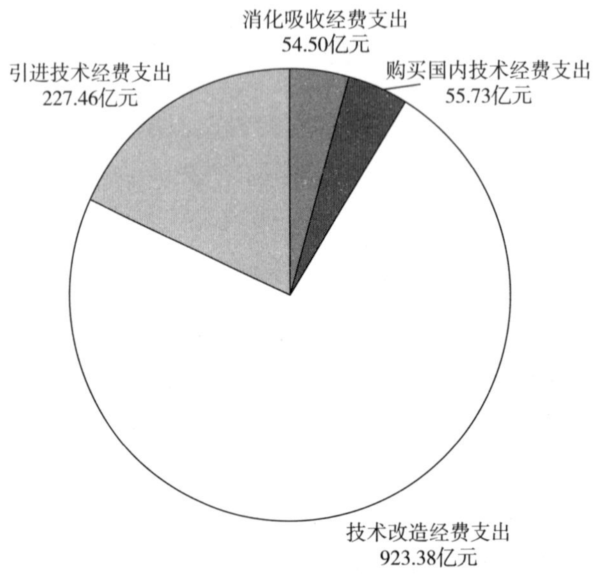

图 2－22　2014 年我国规模以上装备制造业行业企业技术获取和技术改造资金分配

资料来源：《中国科技统计年鉴 2014》《中国科技统计年鉴 2015》。

3. 企业开发课题数量显著增加

2014 年我国规模以上装备制造企业课题开发状况总体趋好，R&D 课题数总数为 2655 项，同比增长 17.79%；投入人员总计 7377 人，同比增长 3.75%；投入经费总计 32.21 亿元，同比增长 18.08%。

六　中国装备制造业存在的问题

（一）中国装备制造业经济运行中存在的问题

1. 经济运行下行压力大

（1）主要行业呈现下行趋势

2015 年我国装备制造业增加值总体呈现上升趋势，但与 2014 年相比，装备制造业主要行业增速均有所下降。通用设备制造业和专用设备制造业增加值增速低于5%，汽车制造业和电气机械及器材制造业增加值增速在5%～10%。通用设备制造业和汽车制造业增加值下降幅度较大，超过5%，出现了明显的回落，行业发展呈下行趋势。

（2）投资需求持续回落

2015年装备制造业累计完成固定资产投资同比减少0.28%，增速较2014年有所下降。2015年，我国装备制造业固定资产投资占制造业固定资产投资额的一半以上，但是增速低于制造业平均水平。固定资产投资增速下降，说明投资需求减少，固定资产投资的需求回落成为影响装备制造业经济下行的主要原因，在利润偏低、去产能化等多重因素的叠加影响下，装备制造业的投资明显低于制造业的固定资产的投资增速。

（3）进出口额下降明显

2015年我国装备制造业进出口总额同比下降8.14%，增速较2014年下降，由于进口增速下滑幅度大于出口，贸易顺差同比增长87.8%，可见装备制造业对外依存度升高。目前，全球经济复苏缓慢造成外需对装备制造业出口的带动作用有限，同时，进口额的下降反映了内需不足，装备制造业的经济下行压力进一步显现。

（4）企业亏损形势严峻

2015年装备制造业企业亏损面同比增长2%，亏损企业亏损额同比增长19.49%①。装备制造业企业亏损面的进一步扩大，亏损企业亏损额的增长，表明装备制造业企业整体经营情况不容乐观。

2. 产能过剩形势依然严峻

（1）产品价格指数回落

中低端产品产能过剩、市场需求不足导致装备制造业产品订货下降、价格低迷。数据显示，2015年装备制造业主要行业生产者出厂价格出现回落。从中类行业看，泵、阀门、压缩机制造，采矿、冶金、建筑设备制造，汽车制造，电机制造，电线电缆光缆及电工器材制造，通用仪器仪表制造及专用仪器仪表制造等行业企业的出厂价格指数均出现明显回落，这说明，在“新常态”

---

① 数据来源：国家统计局网站，http：//data.stats.gov.cn/easyquery.htm？cn=A01。

下，中国经济增速放缓，经济结构不断优化升级，经济增长动力不足，装备制造业持续疲软，部分关键行业存在严重的产能过剩问题，对产品价格形成下行压力。

（2）资产利用效率仍较低

2015年我国装备制造业总资产利润率为0.85%，比2014年增长0.07个百分点。但与制造业总资产利润率7.28%相比，装备制造业资产利润率较低，资产的利用效率仍然有待提高，说明装备制造行业产能过剩问题依然严峻，同时，产能过剩问题反过来也会给利润率带来下行压力。

（3）产成品存货持续增加

2015年我国装备制造业产成品存货为9891.27亿元，与2014年相比增加398.43亿元，同比增长4.2%①，与制造业产成品存货增速（1.58%）相比，装备制造业产成品存货增速较快，这说明装备制造业产能过剩形势依然严峻。

3. 劳动力市场形势严峻

（1）劳动力供求关系趋于紧张

根据中国人力资源市场信息监测中心对就业服务机构市场供求信息的统计分析显示，2015年第四季度，33.9%的企业用人需求集中在制造业，与2014年同期相比下降了14.5%，用人需求减少较多。②

此外，市场对具有技术等级和专业技术职称劳动者的需求均大于供给。其中，高级工程师、技师、高级技师求人倍率较大，分别为1.99、1.90、1.89。与2014年同期相比，除对技师的用人需求增长9.10%外，对初级、中级、高级专业技术职称的用人需求均下降，下降幅度分别为29.70%、9.10%、8.00%。

（2）劳动力规模增速持续回落

农村剩余劳动力数量下降是装备制造业劳动力规模增速回落的重要原因。2011年以来农民工总量增速持续回落。根据国家统计局发布的《2015年农民工监测调查报告》显示，2015年，全国农民工总量为27747万人，同比增长

---

① 数据来源：国家统计局网站，http：//data. stats. gov. cn/index. htm。

② 数据来源：中国就业网，http：//www. lm. gov. cn/DataAnalysis/content/2016－01/29/content_1138761. htm。

1.30%，比2011年回落0.6个百分点。[①]

（3）劳动力流向第三产业

随着我国经济步入“新常态”，产业结构不断升级，城镇化加速发展，农民工的就业结构、就业方式都在发生变化，除了建筑业和制造业，第三产业正在成为更多农民工就业的重要选择。

根据国家统计局发布的《2015年农民工监测调查报告》显示，农民工在第二产业中从业的比重为55.1%，同比下降1.5个百分点。其中，从事制造业的农民工比重为31.1%，同比下降0.2个百分点。农民工在第三产业就业的比重为44.5%，比2014年提高1.6个百分点。本地农民工从事第二产业的比重为49.9%，比2014年下降1.2个百分点。其中，从事制造业的占27.7%，同比提高0.2个百分点。外出农民工从事第二产业的比重为60.2%，比2014年下降1.6个百分点。其中，从事制造业的占34.4%，下降0.6个百分点。

4. 成本压力继续加大

（1）企业经营成本增加

装备制造业企业的经营成本压力增加主要来自主营业务成本、销售费用及管理费用的增加。根据国家统计局公布的数据显示，2015年我国装备制造业主营业务成本同比增长4.0%，增速同比下降3.81个百分点，但主营业务成本增速快于收入，并且高于制造业主营业务成本增速（1.03%）近3个百分点，装备制造业主营业务成本增长较快，企业经营成本压力增大。

（2）劳动力成本持续上升

最低工资标准的提高和农民工工资上涨是装备制造业劳动力成本上升的直接原因。2015年，先后有湖南、海南、西藏、天津、深圳、北京等28个省份宣布提高最低工资标准，平均增幅为14.09%，而2014年仅有19个地区调整了最低工资标准。2015年，在28个调整最低工资标准的地区中，增幅最高的为黑龙江，增幅达到27.59%，增幅20%以上的有3个地区。

2015年农民工人均月收入为3072元，比2014年增长7.2%。[②]“十二五”

① 数据来源：国家统计局《2015年农民工监测调查报告》，http：//www.stats.gov.cn/tjsj/zxfb/201604/t20160428_1349713.html。

② 数据来源：国家统计局《2015年农民工监测调查报告》，中国统计局官网，http：//www.stats.gov.cn/tjsj/zxfb/201604/t20160428_1349713.html。

期间，农民工人均月收入年均增长12.7%。[①] 其中，制造业农民工人均月收入比2014年增长4.9%。人力资源和社会保障部劳动工资研究所的《农民工薪酬课题报告》指出，未来几年，我国农民工工资仍有较大上升空间，工资水平增速可望达10%左右。

（3）税费负担继续加重

2015年装备制造业主营业务税金及附加为2643.45亿元，同比增长2.62%，应交增值税为6973.97亿元，同比增长5.65%。而2015年制造业主营业务税金及附加同比增长13.62%，应交增值税同比增长0.37%。[②] 由此可见，2015年装备制造业主营业务税金及附加和应交增值税双双增长，尤其是应交增值税的增速较快，远远超过制造业的增长速度，装备制造业的税金负担继续加重。

（二）中国装备制造业在技术创新方面存在的问题

1. 创新体系不完善

（1）产业共性技术创新体系尚在探索发展

我国缺乏宏观的产业共性技术支撑战略，产业共性技术研发政策支持效力不够。产业技术创新资源分散，针对共性技术创新的系统、稳定、持续的投入机制尚未形成。产业共性技术各类创新主体角色模糊，产业共性技术研发供给体系存在功能性缺陷。产学研合作良性互动机制尚未形成，产业共性技术研发与供给之间存在脱节。技术市场发育相对落后，有利于产业共性技术创新的市场环境尚未形成。高层次、复合型科技创新人才缺乏，制约了产业共性技术创新水平的提升。

（2）核心技术比例过低

虽然我国装备制造业发展迅速，自主技术取得巨大进步，但是与工业发达国家相比依旧有不小差距。比如，我国装备制造企业工艺装备水平低、产品结构集中在中低端、机械基础件和核心零部件制造能力差、重大装备项目的成套设备系统集成与工程技术能力薄弱等问题一直存在，没有摆脱技术引

① 数据来源：人力资源和社会保障部劳动工资研究所《农民工薪酬课题报告》。

② 数据来源：国家统计局网站，http：//data. stats. gov. cn/easyquery. htm？cn = A01。

进、模仿创新的模式。

例如，我国100%的光纤制造装备、80%以上的集成电路制造装备和石油化工装备、70%的数控机床产品都要依靠进口。[①] 关键材料、核心零部件严重依赖进口，基础技术能力依然薄弱，严重制约我国装备制造业整机和系统的集成能力。

（3）自主创新能力弱

装备制造企业是资本密集型企业，但多数大型企业没有建立起较强的技术中心，与装备制造业的战略地位极不相称。真正体现行业竞争力的高精尖加工工艺和重大技术装备仍比较薄弱。体现综合科技创新能力和制造实力的重大技术装备与发达工业化国家相比存在较大差距。许多关键设备不能制造，特别是高新技术装备、微细加工设备几乎全部依靠进口，装备中技术含量高的相关配套产品也大量依靠国外供给，这已成为我国装备制造业转型升级的“瓶颈”。国产装备对国内市场的整体满足度不到60.0%，有自主知识产权的产品工业增加值率仅为2.6%，远低于美国的49.0%、日本的38.0%和德国的48.5%。[②]

2. 基础性研究投入过少

基础性研究投入的多少，反映科技创新的发展程度，技术创新来源于基础性研究成果转化。2014年，我国装备制造业基础性研究支出占内部支出的比重仅为4.41%，远低于西方发达国家的15%～25%的水平[③]。2014年我国装备制造业中专用设备制造业和仪器仪表制造业的基础性研究支出占内部支出的比重，更是分别仅有2.82%和2.16%，发展水平严重落后。原隶属于各工业部门的院所改制后，不再从事共性技术的研发，更多的人力、物力、财力开始向应用技术和商业化领域转移，这导致产业共性技术的研发和产业化主体缺失。另外，由于拥有不同的评价机制和利益导向，导致高校、科研院所与企业创新活动的目的严重分化，产学研合作创新的有效机制尚未形成。

---

① 国家制造强国建设战略咨询委员会、中国工程院战略咨询中心编著《服务型制造》，第27页。

② 赛迪顾问：《体系构建：我国装备制造业自主创新能力提升的必由之路》，赛迪顾问在线，2010年7月5日，http：//en.ccidconsulting.com/cn/gdzb/fxs/webinfo/2010/07/1341364617377880.htm。

③ 华龙网：《我国基础性研究经费仅为发达国家三分之一　政协委员呼吁国家重视知识创新》，2016年3月12日，http：//cq.cqnews.net/html/2016－03/12/content_36510546.htm。

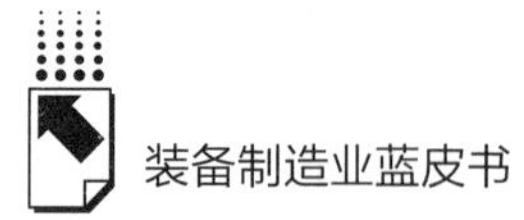

缺少推动学科发展的重大科学发现、鲜有引领产业变革的原理性突破、缺乏破解制约发展的关键科学问题的知识积累等，是制约我国装备制造业发展的深层次原因。因此，提高基础性研究投入，重视基础性学科建设，迫在眉睫。

3. 科研支出研发强度不足

2014 年，我国装备制造业规模以上企业内部支出研发强度略有提升，其中铁路、船舶、航空航天和其他运输设备制造业研发支持强度最大，达 2.35%；汽车制造业研发强度最小，仅有 1.16%；大部分行业研发强度集中在 1% 至 2%。而制造业跨国公司的内部支出研发强度比重一般为 5% 左右，有的甚至高达 10% ~15%。[①] 由此可见，虽然我国装备制造业的研发强度在逐渐提升，但是与发达国家相比，研发投入强度依然较低，原始创新能力仍然相对较弱。

4. 人均科研产出能力尚待提高

2014 年装备制造业规模以上企业项目人均经费支出处于增长状态，其中以汽车制造业项目人均经费支出最高，达 36.89 万元，增速最快的为金属制品、机械和设备修理业，达到 41.84%。但是，汽车制造业课题开发数目却同比减少 22.54%，金属制品、机械和设备修理业在有效发明专利上仅增长 10.61%，这与项目人均支出的投入不成正比。有的企业虽然项目人均支出提升，却没有带来科学技术的推广应用，科技转换能力有待提高，人均科研产出能力尚有较大提升空间。

5. 研究人员占 R&D 人员比重下降

我国装备制造业每 100 名从业人员中，研发人员仅占 2.8%，比发达国家低 3 个百分点，因此，研究人员总量占比不占优势。[②] 2014 年我国装备制造业规模以上企业研究人员占 R&D 人员比重达 21.23%，较 2013 年下降 7.65%，其中金属制品、机械和设备修理业下降幅度最大，为 -13.16%。相较于 R&D 人员的快速增长（8.09%），处于 R&D 人员核心位置的研究人员出现下降趋势。这反映我国装备制造业在发展壮大过程中，研究人员比例管理失衡，科研机构总人数上升，机构规模扩大，研究人员增速则处于滞后状态。这也与高校

① 付保宗：《当前我国装备制造业竞争力现实特征及影响因素》，《中国经贸导刊》2013 年第 19 期，第 52 页。

② 李连仲：《装备制造业高端突破仍有较大空间》，中国工业新闻网，2011 年 4 月 26 日，http：//www.cinn.cn/xw/rw/232687.shtml。

教育与现实脱轨、企业培养机制落后、人员管理不当、人才流失加重等原因相关。

6. 消化吸收技术的重视程度不足

2014 年，我国装备制造业规模以上企业在引进技术、消化吸收、购买国内技术和技术改造上的经费支出比例为 73∶4∶5∶18。其中在消化吸收技术上的经费支出比例最低，仅为 4%。各大行业在消化吸收技术的支出上，相较于 2013 年增速减慢，专用设备制造业降幅较大（-33.29%）。消化吸收技术力度不强的客观原因有：技术输出国留给技术输入国的技术消化吸收时间较短；核心技术攻关难度较大，短期转化困难；专利保护机制不完善，剽窃现象频发等。消化吸收技术力度不够的主观原因主要为：企业消化吸收的目的性不强，缺乏长远发展目标；政府的干预和鼓励力度不够；消化吸收的理论和方法少、作用小。

（三）中国装备制造业产业结构方面存在的问题

1. 行业结构存在的问题

（1）高端装备供给能力不足

一是高端装备制造业产业链尚不完整。高端装备制造业产业链包括：上游设计端、中部生产端和下游消费端，尽管我国高端装备制造业规模不断扩大，但拥有产品设计能力的企业非常少，而下游企业的割裂发展也不利于高端制造业的转型升级，在缺少设计与对市场需求调查的情况下，加重了高端装备制造企业首台（套）设备的推广难度，导致我国高端装备制造生产形成升级改造进程缓慢、发展层次不高的局面。

二是鼓励高端装备国产化发展政策不完善。为贯彻促进装备制造业由大变强的总体要求，加快推进重大技术装备的研制和推广应用，我国出台《首台（套）重大技术装备推广应用指导目录（2015 年版）》，但由于首台（套）设备往往没有市场业绩，存在运行风险，市场销售非常困难。虽然我国政府已出台优先采购国产产品的政策和促进“首台套”采购的政策，但缺乏实施细则，现实中难以操作。

（2）服务型装备制造供给能力不足

一是企业能力不足。装备制造企业还普遍禁锢于传统生产模式，重生产轻服务，重视经营而轻个性化定制。发展服务业务的转型能力不足，企业普遍感觉缺乏满足服务业务需要的技术、资本与人才储备，面对市场的不确定性时难以抉择。

二是服务型装备制造业的利润贡献率还很低。《2014 中国装备制造业服务创新调查》显示，只有 6% 的企业服务收入占比超过 20%，与全球制造业平均 26% 的调查数据差距较大。就净利润而言，81% 的被调查企业服务的净利润贡献率不足 10%，其余企业的服务净利润贡献率基本上在 10% ~20% 徘徊。由于调查取样困难，我国装备制造业的实际服务收入和贡献水平可能还更低。

三是发展水平不均。在不同领域、不同地域和不同规模的装备制造企业中，服务型制造的开展方式和应用深度差距很大。很多装备制造的领军企业和特色优势企业已将研发设计和整体解决方案等作为重要业务，但大部分企业仍处于满足基本服务阶段而并未开展深度服务。经济发达地区企业开展服务型制造的主动性强，而中西部很多省份由于发展阶段和基础条件的限制，开展服务型制造的意愿不强。

（3）产品质量不高

一是质量基础薄弱。我国标准体系建设整体水平落后、结构不合理、标准更新速度缓慢，以及标准的研制能力相对薄弱。国际话语权不强，据统计，我国主导制定的国际标准占比不到 0.5%，“标龄”高出德国、美国、英国、日本等发达装备制造国家 1 倍以上。

二是质量竞争力不强。我国装备制造业缺乏世界知名的品牌和跨国企业，一方面，装备制造业品牌化建设滞后，品牌设计、品牌建设和品牌维护方面投入严重不足，近 10 年来，我国装备制造企业进入世界品牌 500 强的屈指可数。另一方面，装备制造产品质量不高，每年因质量问题和技术性贸易措施给装备制造业带来了严重损失。

三是质量信誉不高。一些缺乏质量诚信的装备制造企业通过降低标准、偷工减料等办法千方百计降低成本，有些行为甚至成为“潜规则”，假冒高端装备制造品牌现象屡禁不止，造假科技含量日益增高。

2. 企业所有制结构存在的问题

（1）国有企业整体效益不佳

2015 年，我国装备制造业国有企业主营业务收入为 50759.09 亿元，利润总额为3715.84亿元，同比分别下降0.82%和2.57%。主营业务收入和利润的双双下降，说明国有企业面临效益不佳的问题。由于市场需求不足导致装备制造业国有企业的生产和销售明显减速，另外，成本居高不下，导致国有装备制造企业整体效益下滑。尽管国有大中型企业从低息贷款和其他政策保护下得到大量补贴，但由于存在企业社会负担重、体制机制不合理等问题，部分国有大中型装备制造业亏损状况未见改善。

（2）民营企业融资难问题仍未解决

我国民营装备制造企业存在固定资产投资资金不足、流动资金短缺等问题，由于我国金融市场融资渠道狭窄，而企业很难取得公开发行上市资格，这进一步加重了企业融资的国难。

首先，融资方式单一、渠道狭窄。由于我国直接融资市场不发达，使装备制造业企业很难在直接融资市场获得所需资金。目前，我国装备制造企业的融资方式仍以银行贷款为主。

其次，担保机制不健全。由于装备制造业存在高新技术发展的不确定性，且资金需求量较大，资金周转相对较慢，经营活动和资金使用涉及范围较宽，装备制造业的资金使用风险也相应增加。由于项目贷款需要项目本身的高投资回报率或第三方抵押，但有些装备制造项目本身的前景难以预估，这加大了第三方抵押担保的风险，因此很难获得风险担保。

3. 企业组织结构存在的问题

（1）大型企业存在“大而全”问题

大型装备制造企业“大而全”的问题，导致企业不能够专注于发展优势产业，造成企业效率低下。我国的大型企业集中度较差，与国际装备制造业巨头相比，我国大型企业体量不足，规模不够大。目前，我国装备制造业企业仍以国有大中型企业为主体，部分企业盲目追求企业自配和区域范围内的配套，同时零部件自制率较高，这些问题的存在致使大型企业不能专注于整机的生产，资源的分散使企业不足以承载大额、长期的研发投入，这就降低了企业效率，阻碍了企业的长远发展，同时也阻碍了中小企业专业化程度的提高，从根本上限制了装备制造业高端化发展道路。

（2）中小企业发展环境亟待改善

近年来，我国出台了一系列扶持中小企业发展的政策，但是实施效果不佳。首先，政策环境需要改善。随着中小企业发展越来越受到重视，政府对中小企业的帮助和扶持力度逐渐加强，但是，企业仍然不可避免地面临沉重的行政成本、税收负担。在政策落实方面，缺乏细则，造成许多扶持政策只是流于形式。其次，市场环境需要改善。在市场准入方面，中小企业首先面临办事程序与审批手续裁而不减的问题。在市场竞争秩序方面，企业自身经营不规范、信用差等问题又进一步恶化了市场环境。此外，小型微型企业在发展过程中仍旧面临来自大企业的挤出效应，尤其在宏观经济环境不景气的状况下，各种公共资源和市场资源向大型企业倾斜更加明显，从而挤压了小微企业的生存空间。

（四）中国装备制造业节能减排方面存在的问题

1. 能耗总量与污染物排放水平仍然较高

我国装备制造业发展速度较快，但在能耗与污染物排放方面仍有不足。2014 年我国装备制造业能源消耗总量为 12600. 18 万吨标准煤，与 2013 年相比能耗增加 6. 1% 。①

尤其在废水排放方面，2014 年装备制造业的工业废水排放量为 61442 万吨，比 2009 年增长了 289% ，远远高于工业行业 -10. 6% 的增长率，可见装备制造业在废水排放方面与其他行业仍有较大差距。如果要保证装备制造业的节能减排目标顺利实现，必须要先在总体上将能源消耗量与污染物的排放量降下来。

2. 材料、能源利用效率较低

我国装备制造业在材料、能源利用效率方面仍有一定差距，例如，内燃机耗油指标平均比国际先进水平高 10 个百分点；发电设备每千瓦时煤耗比国外多 50g 以上，相当于一年多烧 1×10^8t 煤；工业锅炉运行热效率只有 65% 左右，比工业发达国家平均低 15% ~20% ；大部分电动机运行效率与国外先进水平相比低 10 ~30 个百分点②。

在材料利用率方面，机床制造行业资源浪费及低效利用现象也非常明显。废旧机床是一种非常具有回收和循环利用价值的机电产品，很多零部件都可以

---

① 数据来源：《中国统计年鉴 2015》，中国统计出版社，2015。

② 渠时远：《我国机械工业节能的形式及任务》，《中外能源》2013 年第 8 期，第 994 页。

在废旧机床报废后被循环利用，据统计，如果对旧机床进行充分的回收再利用，可比制造新机床节能80%以上，污染物排放将降低90%以上。[①] 而目前我国机床制造行业对废旧或闲置设备的回收利用率非常低，废旧机床不做任何处理就被直接堆积在厂房内，造成原材料的极大浪费。

3. 能源管理方法落后

目前，我国许多装备制造企业在能源管理方面仍需通过人工采集、电话调查等传统方式进行信息管理，采取“月底采集、月初分析”的方式，由工人定时定点将企业能源使用情况逐级上报。这种传统的能源管理方法主要存在以下几点不足。

一是工作效率较低。虽然现在许多装备制造业企业的信息化程度不断得到提升，但由于传感器技术尚未普及，大部分企业在生产能耗数据采集时仍采取人工方式，这就延长了能源使用信息汇总的周期，不仅增加了企业的人力成本，还降低了能源管理的效率。同时，在人工操作过程中，将不可避免地出现漏报和错报的现象，对数据分析的准确性造成一定影响。

二是数据不能实现实时监控。由于在装备制造业企业中存在多种能源介质，在不同生产制造环节还会伴随新能源的产生及旧能源的回收利用，这就需要相关部门能及时、全面地获得能源信息，动态地掌握企业能源消耗情况。但在传统能源管理中，信息上报周期长、程序烦琐，不利于信息在企业内部的高效流动。

三是缺乏对能源大数据的深度分析。进入大数据时代，良好的数据管理可以进一步提高管理效率。但在装备制造业企业中，由于缺乏对能源使用大数据的深度分析与挖掘，使企业管理者在决策时，不能对能源利用、优化与再回收程度做出准确、有效的判断，因而造成企业能源的大量浪费。[②]

4. 节能减排技术落后

由于我国装备制造业的节能减排工作起步较晚，虽然行业内各企业对该工作高度重视，但与国外企业的技术相比仍有一定的差距。同时，国内许多装备

① 张旭刚：《废旧机床再制造性评估与再制造工艺方案决策方法研究》，武汉科技大学博士学位论文，2014。

② 王佳玢：《大数据环境下的装备制造企业能源管理信息系统研究》，河北工业大学硕士论文，2014。

制造业企业设备老化，其投资量与设备更新的速度都无法满足节能减排技术的需要，由于节能减排技术在装备制造业企业中使用较晚，从而使节能减排工作面临巨大挑战。

在工业废气治理方面，2014 年装备制造业企业共有工业废气治理设施 21726 套，占工业行业的 8.3%，但工业废气治理设备的处理能力仅为工业行业的 2.8%。

在工业废水治理方面，装备制造业企业共有工业废水治理设施 6651 套，在整个工业行业中占比为 8.1%，但其工业废水治理设施的处理能力却仅为工业行业的 1.39%。① 可见装备制造业企业在节能减排技术方面与其他工业企业相比仍较为落后。

5. 缺乏有效的监管及评估机制

近年来，我国政府一直非常重视对节能减排的监管与考核，相继出台了一系列管理办法、实施方案。由于装备制造业的行业特征，并不能完全适用国家的监管体系，至今装备制造业尚未在行业内建立一套科学、完善、统一的节能减排指标体系和有效的评估机制，导致行业管理部门不能及时掌握行业内企业节能减排的相关数据，难以对各企业的节能减排效果做出准确的评估。

同时，装备制造行业的污染检测手段也较为落后，监督与检查多采取短期、突击性的专项行动，缺乏长效监督管理机制。由于各地区许多技术要素市场管理部门被精简甚至合并，导致我国节能减排相关技术与服务市场监管力度不足，无法实现对企业节能减排工作的有效管理。另外，在能耗统计方法方面也不健全，没有出台相关的高能耗产品的节能设计规范与能耗标准，使装备制造企业在新增产能时，无法在能耗方面得到有效控制。

（五）中国装备制造业对外贸易方面存在的问题

1. 进出口贸易存在的主要问题

（1）出口产品技术含量较低

我国装备制造业的核心部分，也是处于国际竞争焦点的大型、高技术成套设备和重点产品，由于技术相对落后，竞争力还比较差，尚处于模仿制造、替

---

① 数据来源：《中国环境统计年鉴 2015》，中国统计出版社，2015。

代进口的阶段。同时，由于国外装备制造业先进企业向中国转移的产业多属于低端的劳动力密集型企业，无法带动产业技术水平的提升。

（2）出口产品结构单一

我国装备制造业发展初期，政策导向往往关注扩大规模，导致传统产品生产能力猛增，使不少产品生产能力过剩，供过于求，但产品种类不够丰富，因此，我国出口产品种类单一，重复生产，竞争力低下。此外，我国装备制造业企业开拓国际市场能力较差，不了解输入国产品需求状况，无法及时推广自身的先进产品，造成产品出口不力。

（3）贸易摩擦呈增长态势

中国对外贸易的快速发展，导致中外贸易摩擦增多。贸易摩擦行业从轻工、纺织、钢铁等传统劳动密集型产业，逐步向机电、设备等资本和技术密集型的装备制造产业扩展。制造类企业经常遭遇“反倾销、反补贴”立案调查。相关国家制定国家贸易保护主义政策，频繁针对我国企业提出“双反”诉讼，这对装备制造业对外贸易的健康、稳定发展形成一定考验。

2. 外商直接投资存在的主要问题

（1）外商直接投资质量有待提高

我国引进的外资项目以亚洲区域投资方居多，其投资项目多属劳动密集型和成熟型技术项目。① 欧美投资方近些年呈增多趋势，相较亚洲投资方，其项目偏向资本密集型和技术密集型，但是总体而言，技术和知识密集的外商投资项日数量偏低，质量有待提升。

（2）外商直接投资结构不尽合理

外商直接投资的行业存在显著的不平衡性。外商直接投资行业以制造业为主，在装备制造业投资上，偏重于劳动密集型的加工工业，技术和资金密集型产业投资量较低。随着我国劳动力成本的提升，劳动密集型装备制造业发展优势逐渐消失，急需调整外商直接投资结构，引进技术和资金密集型装备制造业是当务之急。

（3）外商直接投资来源地较为集中

由于地域上的亲缘特性及共同的文化背景，华人地区始终是我国获得外商

① 傅元海：《中国利用FDI质量问题的研究》，华中科技大学博士学位论文，2007，第47页。

直接投资的主要来源地，而作为全球投资主力的欧洲和北美洲对华直接投资始终处于较低水平。[①] 来源地集中，不利于外商直接投资的稳定性，不利于装备制造业的多样化发展，潜伏着主要外资来源地对我国国内市场形成控制的危险。

（4）外商直接投资环境需进一步改善

部分地区的土地和电力等基础资源配置不均。东部沿海地区土地和电力资源紧张，影响外商直接投资的顺利开展；中西部地区土地和电力资源充盈，需要加大力度开展对外商投资宣传，促进装备制造业的发展升级。同时，高质量人才供给不足，劳动力价格提升，制约了外商的投资。高等院校和科研机构在人才培养方面，与实际需要缺乏充分交流，导致供给和需求不对口，无法适应外资装备制造企业对技术专业人才的需求；东部发达地区劳动力成本随着经济发展水平的提升，逐年提高，对外资投资的吸引力下降。

3. 对外直接投资存在的主要问题

（1）企业对外投资能力有待加强

企业在国际市场的运营能力不足，参与国际价值分工网络程度较低，受传统体制影响，缺乏统一有效的协调机制，造成信息交流障碍，无法整合优势资源，对外形成合力。在对外投资建设过程中，产业链条覆盖程度不够，无法获取高端价值，无法形成产品研发、技术创新、管理技能和人力资源的协同效应。

（2）企业风险控制能力不足

企业对外直接投资面临政治风险、文化风险和法律风险等。政治风险包括政治动荡、暴乱、无政府主义、混乱等；文化风险在于不同的文化背景影响着人们的消费模式、满足欲望的条件、生活价值观和工作努力程度等方面，进而对企业境外直接投资的活动产生不确定性；境外直接投资企业在投资阶段面临的法律风险主要包括东道国对外商投资的政策限制、反垄断和国家经济安全审查、本国对外商直接投资的法律约束、投资项目相关的法律规范等多方面。[②]

---

① 张亮：《金融市场发展、劳动市场不完全与外商直接投资》，南开大学博士学位论文，2013，第 54 页。

② 韩师光：《中国企业境外直接投资风险问题研究》，吉林大学博士学位论文，2014，第 62 页。

多种风险并存，给企业风险控制带来巨大压力，企业风险控制能力亟须提升。

(3) 企业的国际化水平仍有待提高

在企业对外投资的过程中，过于强调开拓市场、对外合作，对企业的国际化水平重视不够，尚未形成装备制造业的品牌国际化。部分企业开始提升品牌意识，但仍停留在职能管理阶段，职责不明晰，品牌建设无法与国际接轨，在国际上认知度不高，竞争力低下，影响装备制造业的国际化水平。

(4) 对外直接投资产业技术水平低、区域过于集中

在产业上，我国装备制造业还基本处于全球产业链的末端，利润率较低，缺乏足够资金投入研发，以至于对外直接投资产业集中于生产同质产品和低质量产品上，关键技术和部件仍旧依赖进口，无法形成自身核心竞争力。在区域中，中国制造业对外直接投资的区位分布不合理，主要分布在避税地国家和地区，在亚洲的对外直接投资份额过高，在欧洲和北美的投资比例很低。①

① 张兵：《中国制造业对外直接投资的动因、区位选择及绩效》，南开大学博士学位论文，2013，第69页。

B.3

中国装备制造业发展展望

黄必烈　李河新*

摘　要：　本报告分别对我国装备制造业的发展前景、投资形势、投资风险进行预测和展望。通过对国内外经济形势的分析，本报告认为，2016年装备制造业下行压力有望趋缓趋稳，行业将在“L”形底部继续盘整；通过对2015年我国装备制造业投资特点的分析，本报告认为，我国在智能制造、高端装备、服务型制造、核心基础零部件、绿色化装备五个领域有更多投资机会和更高投资价值；最后，本报告还进一步分析了我国装备制造业面临的宏观调控风险、市场风险、技术风险和经营管理风险。

关键词：　发展前景　投资机会　投资风险

一　中国装备制造业发展前景展望

（一）国内外经济形势分析

1. 国际经济形势分析

主要发达经济体经济缓慢复苏。2015年末，发达经济体的GDP增长了1.9%，同比上涨0.1个百分点，经济呈缓慢复苏状态。2015年，美国GDP增长2.40%，增速与2014年持平；欧元区GDP增长1.60%，同比上升0.70%，

* 黄必烈，总会计师，中国外运长航集团有限公司副总裁；李河新，博士，机械工业经济管理研究院发展战略研究所所长。

经济逐渐步入稳定复苏阶段；日本经济较2014年有所增长，2014年全年GDP没有增长，而2015年增长了0.50%。

新兴市场和发展中经济体经济运行出现分化。欧洲新兴市场和发展中经济体、印度、南非等经济保持稳定增长状态。2015年，欧洲新兴市场GDP增长3.50%，同比上涨0.7个百分点；印度GDP增长7.3个百分点，继2014年上涨后，2015年同比又上涨0.1个百分点；南非GDP增长达1.3个百分点，比2014年提高0.2个百分点。沙特阿拉伯、尼日利亚经济增长放缓。2015年，沙特阿拉伯GDP增长3.4个百分点，同比增速降低了0.2个百分点；尼日利亚的GDP比2014年增幅减少3.6个百分点，仅增长2.7%。俄罗斯、巴西的经济则呈现负增长。2014年俄罗斯的GDP增长0.7个百分点，受能源价格下降和西方制裁的影响，2015年出现3.7%的负增长；巴西经济持续衰退，2015年巴西的GDP也出现了3.8%的负增长。

世界贸易增长速度再次放缓。2014年，IMF统计世界贸易量增长率为3.50%，已明显低于国际金融危机前7%的平均水平，而2015年，世界贸易量增长率再次降低，仅为2.80%，同比下降了0.7个百分点。其中，发达经济体进口增幅明显提高，达4.30%，同比提高0.8个百分点；出口增长出现轻微下降，为3.40%。新兴市场和发展中经济体的进口增长速度出现大幅降低，仅为0.50%，同样，出口增速也逐渐回落，为1.70%。

主要发达经济体国家投资增长乏力。受全球经济增速放缓、大宗商品价格低迷、美元强势的影响，外海市场需求疲软，美国工业行业增长受挫，从GDP中的固定资产投资情况来看，投资并未显著提升。欧洲进一步复苏的一大隐忧是欧元区固定资产投资的增长非常不稳定。2015年，欧元区固定资产总投资额四季度分别环比增长1.58%、0.22%、0.69%和1.56%，相对欠发达的意大利等国，固定资产投资增长低迷，拖累整体经济。

美国和欧元区个人消费增长加快。2015年，受就业带动作用影响，美国个人支出环比均在稳步上升，个人消费支出增长3.10%，比上年加快0.40个百分点，消费者的消费意愿已经出现明显的改善，在全球经济增长疲弱的背景下，美国国内贸易已经表现出一定的弹性。欧元区个人消费支出增速加快，自2013年第四季度起，同比加速增长，至2015年第三季度同比增长1.70%。2015年，日本民间最终消费支出下降1.20%，降幅比上年增加0.3个百分点。

全球通胀水平涨幅回落。2015 年，世界、发达国家和发展中国家居民消费价格指数（简称 CPI）同比分别上涨 2.00%、1.00% 和 4.30%，比上年回落 0.5 个、0.7 个和 0.2 个百分点。其中，美国 2015 年 12 月 CPI 环比上涨 0.20%，为 2015 年最大涨幅；2015 年 12 月，欧元区 CPI 通胀率为负的 0.20%，2015 年全年欧盟整体通胀率都维持在 0 附近；德国 CPI 同比上升 0.10%，基本保持稳定；日本通胀率呈明显回落，同比减少了 2.2 个百分点，仅为 0.20%，创 2014 年 5 月以来最低。

大宗商品价格大幅下跌。国际市场大宗商品价格大幅下跌。能源价格和非能源价格均连续 4 年下跌，2015 年，能源价格同比暴跌 45.10%，非能源价格同比下跌 15.10%。其中，农产品价格下跌 13.00%，原材料下跌 9.40%，肥料下跌 5.10%，金属和矿产下跌 21.10%。2015 年 12 月 21 日，纽约期货市场轻质原油价格为 33.98 美元/桶，创 2015 年最低水平。

三大经济体就业形势均有所改善。2015 年，美国、日本、欧元区失业率分别为 5.30%、3.40% 和 10.90%，同比下降 0.9 个、0.2 个和 0.7 个百分点。2015 年 12 月，美国的非农就业人数达 28 万人，环比减少了 1.5 万人，表明美国就业整体有所改善。

2. 国内经济形势分析

（1）国民经济发展新常态

2015 年，我国 GDP 为 676708 亿元，比上年增长 6.9%，增速较 2014 年下降 0.4 个百分点。与过去我国经济的高速增长相比，尽管增速略有放缓，但从世界范围看，6.9% 的增速在全球主要经济体中仍然是高的。从近 20 年的统计数据中可以看到,[①] 中国经济在 2007 年 GDP 增速达到了一个阶段性峰值（14.2%），接近上一个峰值（1992 年的 14.3%），在 2007 年后开始下行，虽在 2010 年又回到了 10.6%，但此后并未反弹到原来的高度，近几年持续回落。中国经济正在由高速增长转为中高速增长，并将在未来一段时间保持“L”形，这说明中国迈入经济发展的新常态（见图 3 - 1）。

（2）工业增长呈现减速态势

2015 年我国全部工业增加值为 228974.00 亿元，比上年增长 5.9%，增速

---

① 数据来源：2015 年《国民经济和社会发展统计公报》。

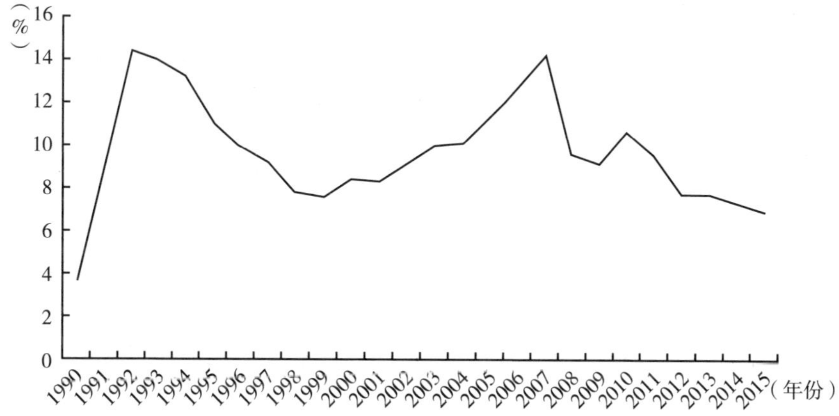

图 3-1　1990～2015 年我国 GDP 年度增速

较 2014 年下降 1 个百分点。2011～2014 年各年工业增加值分别为 191571.00 亿元、204540.00 亿元、217264.00 亿元、228123.00 亿元，同比增长分别为 10.8%、6.8%、6.2% 和 5.0%，增速持续回落（见图 3-2）。2015 年规模以上工业增加值增长 6.10%，在规模以上工业中，按经济类型看，国有控股企业增长 1.40%，集体企业增长 1.20%，股份制企业增长 7.30%，外商及港澳台商投资企业增长 3.70%，私营企业增长 8.60%。按门类看，采矿业增长 2.70%，制造业增长 7.00%，电力、热力、燃气及水生产和供应业增长 1.40%。

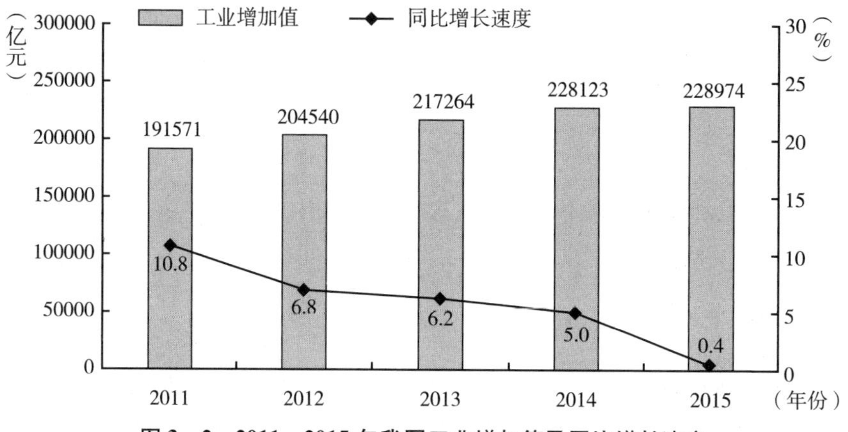

图 3-2　2011～2015 年我国工业增加值及同比增长速度

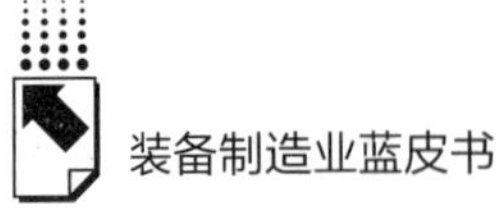

（3）制造业增长缓慢

2015 年的制造业 PMI 指数[①]如图 3－3 所示，自 2015 年 8 月开始已连续 5 个月低于荣枯线，这说明制造业增长存在一定的压力。

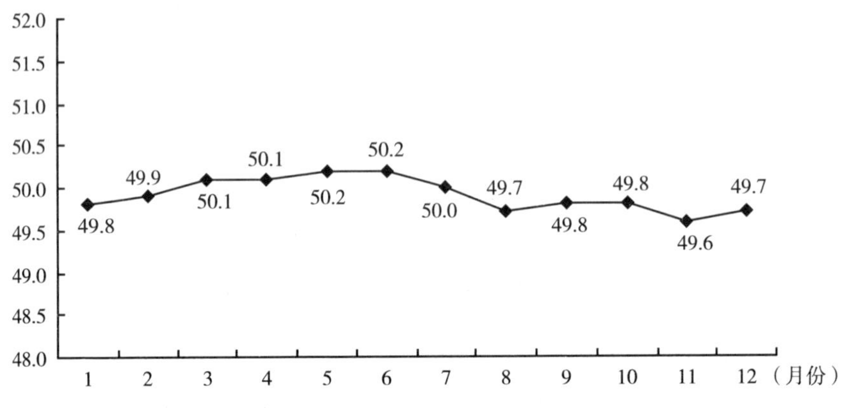

图 3－3　2015 年我国制造业 PMI 指数

（4）经济结构和增长动力发生变化

产业结构优化，转型升级步伐加快。2015 年高技术产业和装备制造业的增加值分别同比增长了 10.20% 和 6.80%，占规模以上工业增加值的比重分别为 11.80% 和 31.80%。在信息化、居民消费升级的多重因素推动下，服务业的增长势头强劲。第三产业增速比第二产业高 2.3 个百分点，增加值占国内生产总值的比重比第二产业高了 10 个百分点。我国经济正处在向中高端演化的过程中，并将持续这一过程，充分表明了我国高端制造业和现代化服务业正在蓬勃地发展。

增长动力从投资出口驱动向消费驱动转变。中国经济进入新常态以来，投资和出口的拉动作用明显不足，消费在经济发展中的作用逐步增强。2015 年，最终消费对经济增长的贡献率达到 66.40%，比 2014 年提高了 15.4 个百分点，

① 数据来源：中国金融信息网。制造业 PMI 指数是基于对样本企业采购经理的月度问卷调查所得数据合成得出，对生产、新订单、雇员、供应商配送与库存五项类指标加权计算得到制造业 PMI 综合指数。PMI 指数 50 为荣枯分水线。一般来说，汇总后的制造业综合指数高于 50，表示整个制造业经济在增长，低于 50 表示制造业经济下降。

成为经济增长的重要驱动力。中国成功实现经济增长由投资和外贸拉动为主向由内需特别是消费拉动为主的重大转型。

价格水平下降平稳。2015 年，固定资产投资价格下降 1.80%，工业生产者出厂价格同比下降 5.20%；其中生产资料工业生产者出厂价格自 2012 年 2 月以来已经同比连续下降 47 个月，生活资料工业生产者出厂价格没有下降。2015 年 12 月工业生产者购进价格同比下降 6.8%，自 2012 年 4 月，同比连续下降 45 个月（见图 3－4 和图 3－5）。

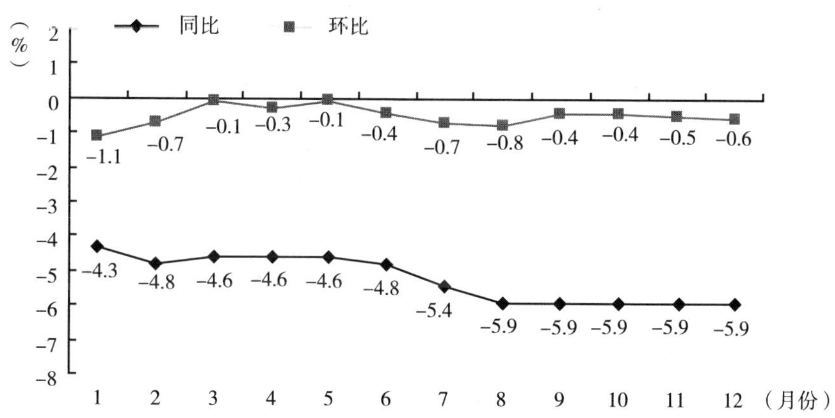

图 3－4　2015 年我国工业生产者出厂价格指数变化趋势

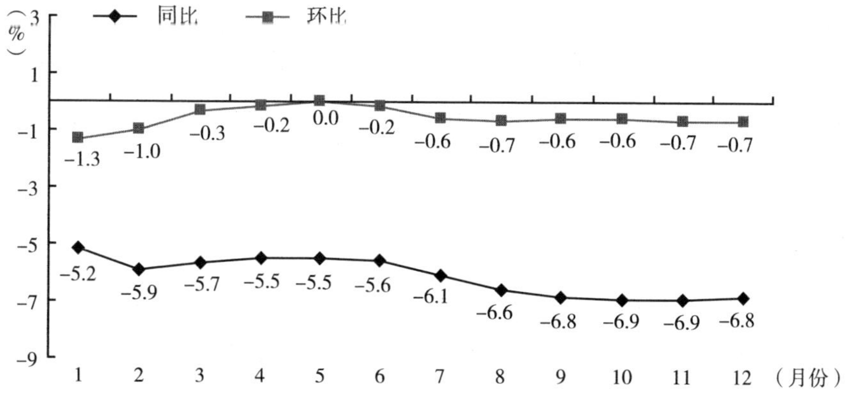

图 3－5　2015 年我国工业生产者购进价格指数变化趋势

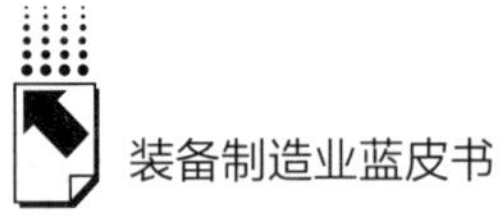

对外经济低速增长。服务贸易占整体外贸的比重进一步提高。2015 年，中国货物贸易进出口总值为 24.55 万亿元，比 2014 年下降 7.00%。中国服务贸易进出口总额为 7130.00 亿美元，同比增长 14.60%，增速较 2014 年提高 2 个百分点。2015 年，中国服务贸易占对外贸易总额（货物和服务进出口之和）的比重达 15.30%，比 2014 年提高 3 个百分点。

制造业外商投资增速不变。2015 年，实际使用外商直接投资金额为 7814.00 亿元（折 1263.00 亿美元），同比增长 6.40%。其中，制造业实际使用外商直接投资金额为 2452.30 亿元（折 395.40 亿美元），与上年基本持平，在全国总量中的比重为 31.40%。制造业对外投资增速加大。2015 年，我国对外直接投资额合计为 148.20 亿美元，同比增长 18.20%；其中，制造业对外直接投资额为 70.40 亿美元，同比增长 154.20%。

固定资产投资增速放缓。2015 年，全社会固定资产投资为 562000.00 亿元，比上年增长 9.80%。按领域分，制造业投资占主体，同比增长 8.10%，占全社会固定资产投资的 32.70%；信息传输、软件和信息技术服务业固定资产投资额增速最快，同比增速高达 34.50%。

（二）我国装备制造业发展前景预测

展望 2016 年，装备制造业下行压力有望趋缓趋稳，预计行业将在“L”形底部继续盘整，并将在底部区域继续运行一个较长时期，直至转型升级明显收效，方可进入本轮经济调整的回升阶段。2016 年将延续 2015 年以来的低位趋稳态势，即不会出现大幅增长，也不会出现大幅下降，全年增速将与 2015 年相近。装备制造业真正的挑战仍在于结构调整与转型升级能否积极推进。

2016 年装备制造业将努力保持与国民经济发展同步。但考虑到装备制造业经济总量已经很大，在“去库存、去产能、去杠杆、降成本、补短板”的背景下，对装备制造业的拉动有限，结构调整与转型升级仍是主基调，装备制造业将处于较长时期的结构调整、转型升级过程，经济增速将以低速平稳运行为主。具体而言，2016 年全年我国装备工业增加值有望保持在 7.00% 左右，主营业务收入增速在 3.5% 左右，利润增速在 2% ~2.7%。出口方面，“十三五”时期我国将把装备工业作为新的出口主导产业培育发展，因 2015 年出口基数下降，同时行业进出口受人民币兑美元下行影响，出口增速有望由负转正，出口交货值将实现同比增长，预计全年累计增幅在 5% 左右。

根据机械工业经济管理研究院编制的装备制造业景气指数，分别对我国装备制造行业的一致指标和先行指标进行分析。根据景气指数标准，当景气指数高于 100 时，表明我国装备制造业活动处于扩张态势，低于 100 则表明我国装备制造业处于萎缩态势（见图 3 –6）。

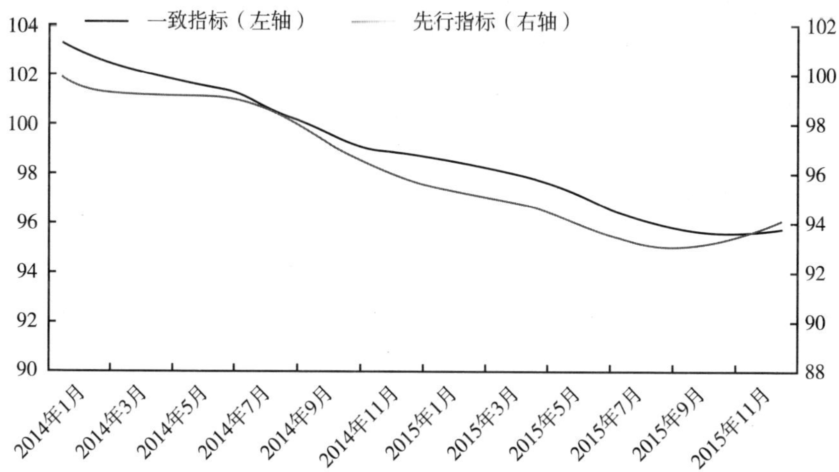

图 3 –6　2014 ~ 2015 年我国装备制造业景气指数

一致指标整体处于低位运行。2015 年以来，我国装备制造业一致指标整体处于低位运行，下降趋势明显。2015 年 1 月，一致指标最高值为 95. 45，之后一直处于下降通道，9 月一致指标达到最低值 93. 01，12 月略有回升，为 94. 07，这表明 2015 年我国装备制造业整体上仍处于萎缩态势。

先行指标略低于一致指标。2015 年以来，我国装备制造业先行指标整体处于低位，但略低于一致指标。尽管 2015 年 11 月以来，先行指标略有上行趋势，但受整个宏观经济形势影响，装备制造业未来仍将在低位盘整。

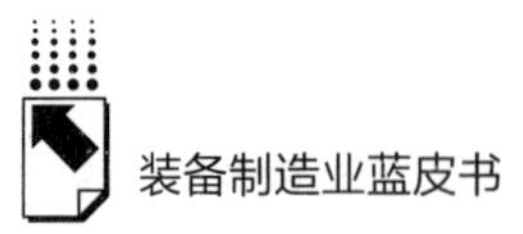

二　2016年中国装备制造业投资机会分析

（一）2015年装备制造业投资现状分析

1. 创业投资[①]市场表现

根据投资中国数据终端统计[②]，2015年装备制造业在创业投资市场（简称创投）中共披露投资案例134起，披露投资金额的有82起，披露总投资规模达10.14亿美元，平均投资金额1236.59万美元，与2014年相比，2015年披露金额的案例减少28起，披露总投资规模提高164.64%。分月份看，2015年9月单月投资规模为5.33亿美元，排名第一，11月单月投资金额1.09亿美元，排名第二。从案例数量看，7月案例数量最多，达到13起，4月、6月和9月案例数量紧随其后，都达到了9起（见图3－7）。

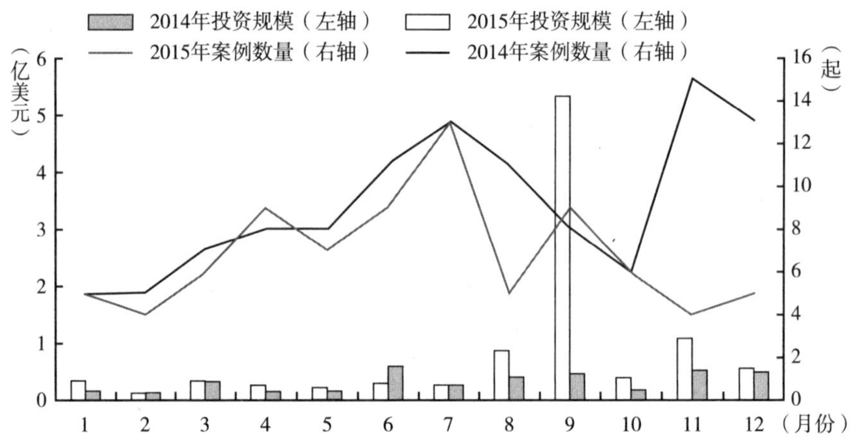

图3－7　2014～2015年我国装备制造业创业投资市场投资规模和案例数

注：本部分除特别说明外，所有投资金额均采用美元计值，单位为亿美元。

（1）汽车制造业在投资规模方面居首位

从行业分布来看，汽车制造业和电气机械及器材制造业是投资者看好、大

① VC：Venture Capital，国内一般翻译为创业投资、风险投资，本文中简称创投。

② 如果没有特殊说明，本部分数据均来自投资中国网，http：//www.cvsource.com.cn/index.jsp。

力追捧的行业，2015 年全年披露的汽车制造业投资规模高达 6.13 亿美元，占整个制造行业的 60.45%；电气机械及器材制造业全年披露的投资案例 14 起，排名第一（见表 3-1）。与 2014 年相比，医疗仪器设备及器械制造业投资规模由排名第一下降至第二，汽车制造业投资规模提高了 45 倍，主要是因为中国电动汽车厂商蔚来汽车（NextEV）从红杉资本和愉悦资本等处获得了约 5 亿美元的融资。

从投资规模看，紧随汽车制造业的是医疗仪器设备及器械制造业和铁路、船舶、航空航天和其他运输设备制造业，投资规模分别是 0.94 亿美元和 0.66 亿美元。从投资案例看，医疗仪器设备及器械制造业以披露案例 13 起排名第二，环保、社会公共安全及其他专用设备制造业和仪器仪表及文化、办公用机械制造业以披露 10 起投资案例，排名第三。

表 3-1　2015 年我国装备制造业创业投资市场分行业的投资规模和案例数

单位：亿美元，起

行　业	案例数量	融资金额
汽车制造业	6	6.13
医疗仪器设备及器械制造业	13	0.94
铁路、船舶、航空航天和其他运输设备制造业	6	0.66
环保、社会公共安全及其他专用设备制造业	10	0.51
机械和设备修理业	4	0.41
仪器仪表及文化、办公用机械制造业	10	0.40
电气机械及器材制造业	14	0.36
风机、衡器、包装设备等通用设备制造业	2	0.29
泵、阀门、压缩机及类似机械的制造业	3	0.18
电子和电工机械专用设备制造业	5	0.08
锅炉及原动机制造业	1	0.05
非金属矿物制品业	2	0.04
化工、木材、非金属加工专用设备制造业	3	0.04
烘炉、熔炉及电炉制造业	1	0.04
起重运输设备制造业	1	0.0091
农、林、牧、渔专用机械制造业	1	0.0048

资料来源：CVSource 投中数据终端。

（2）北上广投资依旧最活跃

从投资地域分布来看，2015 全年投资最活跃的地区依旧是上海、广东、浙江、北京和江苏，投资案例数目分别是 9 起、22 起、9 起、14 起和 9 起；融资规模分别为 5.63 亿美元、1.44 亿美元、0.94 亿美元、0.82 亿美元和 0.38 亿美元。与 2014 年相比，上海地区投资规模提高了 11.80 倍，占前 10 名地区融资金额的 56.64%，广东地区案例数量减少 9 个，但仍然是 2015 年投资最活跃地域（见表 3－2）。

表 3－2　2014～2015 年我国装备制造业创业投资市场不同地域融资规模和案例数的前 10 名

单位：亿美元，起

2015 年			2014 年		
地区	案例数量	融资金额	地区	案例数量	融资金额
上海	9	5.63	广东	31	1.01
广东	22	1.44	北京	19	0.51
浙江	9	0.94	江苏	21	0.46
北京	14	0.82	上海	10	0.44
江苏	9	0.38	天津	2	0.30
四川	2	0.34	黑龙江	1	0.28
宁夏	1	0.15	四川	7	0.27
天津	2	0.09	浙江	5	0.19
山东	4	0.08	山东	3	0.11
安徽	2	0.07	陕西	4	0.06

资料来源：CVSource 投中数据终端。

（3）A 轮投资占主导①

从投资轮次来看，2015 年全年，A 轮融资为 61 起，投资规模为 3.71 亿美元，B 轮融资为 14 起，投资规模为 5.50 亿美元（见表 3－3）。从案例数量和规模来看是首轮融资占主导，每个轮次的融资金额相差较大，与 2014 年相比，

① VC-Series A：创业投资的 A 轮融资，主要是种子期；VC-Series B：创业投资的 B 轮融资，主要是种子期融资后，进行二轮融资，可能发生在种子期，也可能发生在成长期；VC-Series C：创业投资的 C 轮融资，一般发生在成熟期，上市前最后一轮融资；也有个别企业需要进行 D、E 轮融资。

除了D轮融资，2015年创投的各个轮次的案例数量均减少，但是，投资规模分别有不同程度的提高，特别是B轮融资，投资规模高达5.50亿美元。从披露的创投案例数目来看，种子期的投资案例数目比成长期和成熟期之和的一倍还多，可见投资者对早期阶段企业的投资热衷程度。

表3-3 2014~2015年我国装备制造业创业投资类型分布

单位：亿美元，起

VC类型	2015年		2014年	
	案例数量	融资金额	案例数量	融资金额
VC-Series A	61	3.71	79	2.46
VC-Series B	14	5.50	21	0.67
VC-Series C	6	0.91	8	0.64
VC-Series D	1	0.02	2	0.06
总　计	82	10.14	110	3.83

资料来源：CVSource投中数据终端。

2. 私募股权市场表现

2015年装备制造业在私募股权市场（简称PE）共披露的投资案例数为131起，披露金额的投资案例有121起，投资规模高达50.01亿美元，与2014年相比，投资案例数量减少28起，但投资规模提高14.77亿美元。按月度看，2015年2月单月披露案例仅4起，但投资规模高达16.44亿美元，占全年的32.87%，投资规模为全年之首；2015年7月披露的案例达13起，披露的案例数量为全年之首（见图3-8）。

（1）仪器仪表及文化、办公用机械制造业投资规模最大

从2015全年PE投资的行业分布来看，PE投资涉及子行业众多，其中仪器仪表及文化、办公用机械制造业投资规模最大，电气机械及器材制造业案例数量最多。

从投资规模来看，仪器仪表及文化、办公用机械制造业投资规模高达16.85亿美元，占全行业融资金额的比重为33.69%，居首位，比2014年提高了近30倍，这主要是由一起16亿美元的投资案例形成；紧随其后的是电气机械及器材制造业和汽车制造业，投资规模分别为14.57亿美元和2.30亿美元，两者分别占全行业融资金额的29.13%和4.60%（见表3-4）。

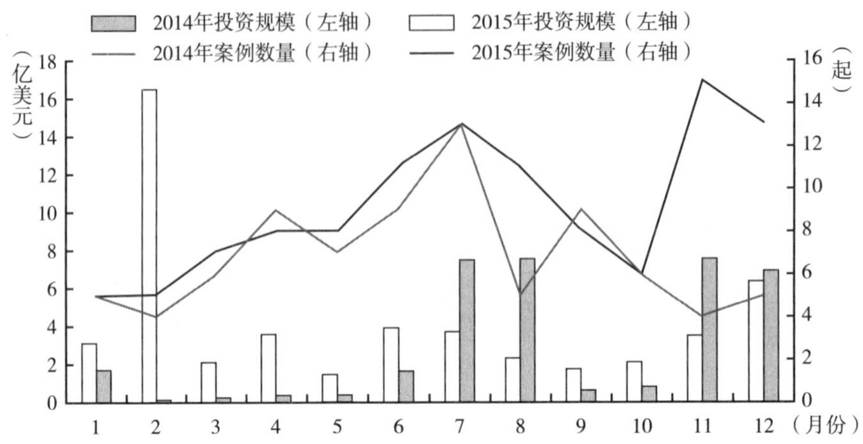

图 3－8　2014～2015 年我国装备制造业私募股权市场投资规模和案例数量

从投资案例来看，电气机械及器材制造业的投资案例 34 起，占全行业的投资案例的 28.09%，居首位，仪器仪表及文化、办公用机械制造业和汽车制造业紧随其后，分别为 12 起和 11 起。

表 3－4　2015 年我国装备制造业私募股权投资市场不同行业的融资规模

单位：亿美元

行　业	融资金额	平均单笔案例融资金额
仪器仪表及文化、办公用机械制造业	16.85	1.40
电气机械及器材制造业	14.57	0.43
汽车制造业	2.30	0.21
金属加工机械制造业	1.97	0.28
环保、社会公共安全及其他专用设备制造业	1.96	0.22
矿山、冶金、建筑专用设备制造业	1.94	0.39
风机、衡器、包装设备等通用设备制造业	1.71	0.43
机械和设备修理业	1.50	0.37
烘炉、熔炉及电炉制造业	1.35	1.35
电子和电工机械专用设备制造业	1.33	0.67
医疗仪器设备及器械制造业	1.22	0.20
泵、阀门、压缩机及类似机械的制造业	0.86	0.17
非金属矿物制品业	0.85	0.17
铁路、船舶、航空航天和其他运输设备制造业	0.57	0.14

续表

行业	融资金额	平均单笔案例融资金额
起重运输设备制造业	0.52	0.52
印刷、制药、日化生产专用设备制造业	0.24	0.24
农、林、牧、渔专用机械制造业	0.14	0.07
锅炉及原动机制造业	0.07	0.03
食品、饮料、烟草及饲料生产专用设备制造业	0.02	0.01
纺织、服装和皮革工业专用设备制造业	0.02	0.02
金属制品业	0.02	0.006

资料来源：CVSource 投中数据终端。

（2）“北上广”投资最活跃

从投资地区分布来看，2015 年装备制造业私募股权投资案例分布最多的三个地区分别为广东、上海和北京，案例数分别为25 起、16 起和12 起，江苏和浙江排在北京之后，依然是投资热门地区，案例数均为 11 起（见表 3－5）。与 2014 年相比，2015 年全年的投资案例数量增加了 37 起，总共完成 96 起；投资规模提高了 39.95%，实现投资规模 47.54 亿美元。

表 3－5　2014～2015 年我国装备制造业私募股权投资不同地域融资规模及案例数前 10 名

单位：亿美元，起

2015 年			2014 年		
地区	案例数量	融资金额	地区	案例数量	融资金额
北京	12	19.29	江苏	15	7.64
广东	25	5.03	北京	10	7.42
上海	16	4.22	福建	3	6.15
吉林	3	4.16	山东	4	5.97
江苏	11	3.17	上海	5	2.27
浙江	11	3.16	广东	11	1.62
山东	7	3.16	安徽	1	1.13
福建	4	2.41	江西	2	0.70
四川	3	2.08	辽宁	4	0.55
湖北	4	0.86	浙江	4	0.52

资料来源：CVSource 投中数据终端。

从投资规模看，投资规模最大的三个地区分别是北京、广东和上海，其中上海获得注资金额较大是因为2015年广电电气获得注资1.25亿美元，投资方是华信世纪。另外，2015年2月13日，国家集成电路产业投资基金股份有限公司以16.13亿美元收购紫光集团，成为装备制造行业私募股权市场中的最大收购案。

（3）成长型①投资占主流

从投资类型来看，成长型（PE-Growth）投资依然是私募投资的主流类型，2015年，装备制造业成长型投资披露的投资案例共71起，投资规模最大，为23.39亿美元，分别占比约58.68%和46.78%。已上市的企业（PE-PIPE）投资也有突出表现，投资案例有44起，投资规模与成长型投资基本持平，为23.23亿美元，分别占比为36.36%和46.45%。从投资类型可看出，投资成长期和上市获利后的装备制造企业更受投资者追捧（见表3－6）。与2014年相比，成长型投资和已上市的企业投资的投资规模和案例数量都有所增加。

表3－6　2014～2015年我国装备制造业私募股权市场融资类型分布

单位：亿美元，起

PE类型	2015年		2014年	
	案例数量	融资金额	案例数量	融资金额
Buyout	6	3.39	7	6.75
Growth	71	23.39	45	12.11
PIPE	44	23.23	21	16.37
总计	121	50.01	73	35.23

资料来源：CVSource投中数据终端。

3.新股发行情况分析

（1）首次公开募股（IPO）情况分析

2015年装备制造业IPO发行主要集中在上半年。根据CVSource投中数据

① PE-Growth：投资扩张期及成熟期企业；PE-PIPE（private investment in public equity）：投资已上市企业；PE-Buyout：企业并购，为欧美许多著名私募股权基金公司主要业务，属于控股型投资。

终端统计，随着2014年装备制造企业IPO的过渡，2015年装备制造企业上市的数量有所增长，融资规模与2014年基本持平。2015年共87家装备制造企业披露上市信息，其中83家成功上市，同比增长66.00%，募集资金54.55亿美元，同比减少4.63%；2014年，42%的企业集中在最后三个月上市，而2015年78.31%的装备制造企业在2015年上半年上市，这主要是因为2015年7月4日证监会发布公告暂停IPO，于2015年11月发布公告重启IPO。

从月度数据看，3月和4月装备制造业分别有18家企业上市，成为2015年IPO企业数最多的两个月。从融资金额看，4月融资金额达9.86亿美元，高居全年之首，3月融资金额以9.73亿美元紧随其后，6月的融资金额达到9.65亿美元，位列第三（见图3-9）。

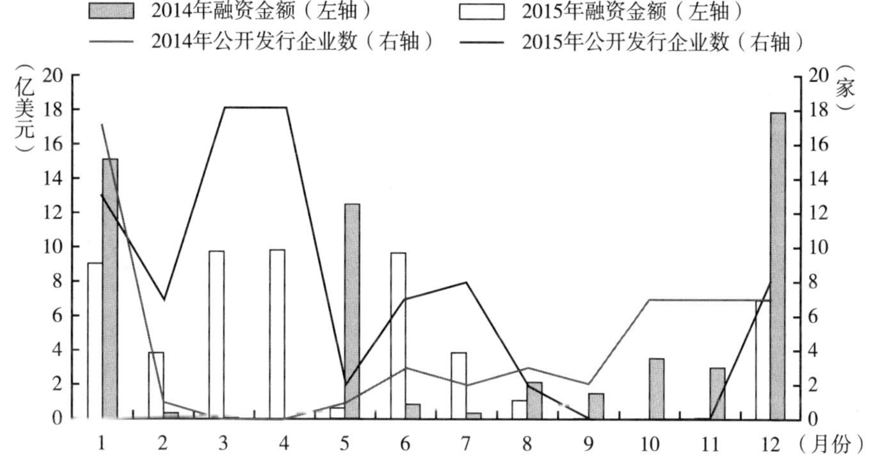

图3-9　2014~2015年我国装备制造业全球资本市场融资规模及上市企业数

从分行业IPO数量看，2015年83家IPO的装备制造企业中，属于电气机械及器材制造业和仪器仪表及文化、办公用机械制造业企业的各为15家，为IPO数量最多的两个行业，汽车制造业和环保、社会公共安全及其他专用设备制造业都以9家上市企业紧随其后。

从分行业融资规模上看，2015年融资金额最高的仍为电气机械及器材制造业，融资总额达8.39亿美元，占据2015年装备制造业融资金额的15.38%，其中圣阳股份和可立克融资金额都超过1亿美元，分别为1.26亿美元和1.0

亿美元（见表3－7），而2014年，汽车制造业融资金额最高，达16.64亿美元，其中北京汽车在香港证券交易所上市，单笔融资金额达到14.58亿美元。

表3－7　2015年我国装备制造业IPO融资市场不同行业的投资规模

单位：亿美元，起

行　业	案例数量	融资金额
电气机械及器材制造业	15	8.39
汽车制造业	9	7.90
铁路、船舶、航空航天和其他运输设备制造业	2	7.39
仪器仪表及文化、办公用机械制造业	15	6.75
环保、社会公共安全及其他专用设备制造业	9	4.38
化工、木材、非金属加工专用设备制造业	4	3.43
泵、阀门、压缩机及类似机械的制造业	3	2.49
矿山、冶金、建筑专用设备制造业	2	2.18
机械和设备修理业	4	2.17
起重运输设备制造业	3	1.63
电子和电工机械专用设备制造业	4	1.57
医疗仪器设备及器械制造业	3	1.33
金属制品业	3	1.13
风机、衡器、包装设备等通用设备制造业	2	1.11
纺织、服装和皮革工业专用设备制造业	1	0.92
农、林、牧、渔专用机械制造业	1	0.91
金属铸、锻加工业	2	0.73
金属加工机械制造业	1	0.33

资料来源：CVSource投中数据终端。

76家装备制造企业在国内A股上市。2015年，装备制造业在A股市场共有76家企业上市，募集资金44.9亿美元，创业板上市企业达42家，融资金额20.21亿美元，占比分别为55.26%和45.01%。

从月度数据看，3月和4月企业上市数量达到18家，融资金额分别为9.73亿美元和9.86亿美元，为全年最高的两个月，1月以13个上市企业排名第二，但融资金额为全年最高，达9.01亿美元，9月以后，A股IPO进入3个月的暂停期，进入12月后，A股IPO再次恢复（见图3－10）。

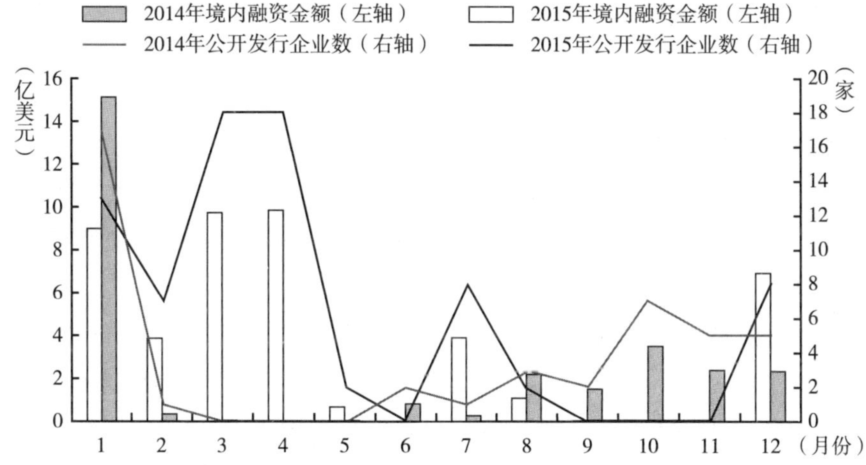

图 3－10　2014～2015 年我国装备制造业 IPO 市场境内新股融资规模及上市企业数

从上市板块来看，装备制造企业在创业板 IPO 融资规模领先，IPO 企业数量也最多。2015 年，创业板上市 42 家，募集金额 20.21 亿美元，平均募集金额 0.48 亿美元；上交所共 24 家企业上市，募集金额 19.76 亿美元，平均募集金额 0.82 亿美元；深交所共 10 家企业上市，募集金额 4.93 亿美元，平均融资金额 0.49 亿美元。与 2014 年相比，创业板和上交所上市企业成倍增加，募集资金也有大幅度增长。

2015 年 12 月 8 日，证监会官网发布消息称，两年内，授权对拟在沪深交易所上市交易的股票公开发行实行注册制度。未来，一旦注册制开启，A 股将进入以信息披露为核心的时代，发行速度也将大大提高，A 股 IPO 将在企业 IPO 中扮演越来越重要的角色。

7 家装备制造企业选择港交所上市。2015 年全年共有 7 家企业在香港上市，并且全部集中在 6 月，募集资金 9.65 亿美元，平均募集资金 1.38 亿美元。其中 2015 年 6 月 12 日，阜新德尔和蓝黛传动在港交所进行 IPO，融资金额分别为 3.60 亿美元和 3.59 亿美元，成为装备制造企业中融资规模最大的两起 IPO 事件。与 2014 年相比，香港上市企业虽然增加了 2 家，但融资金额大幅下降，减少了 66.48%。这主要是由于 2014 年有两起企业融资超过 10.00 亿美元，分别为北京汽车融资 14.58 亿美元，中国北车融资 12.45 亿美元，而同期 A 股市场并没有企业上市。2015 年，港交所 IPO 平均募集金额 1.38 亿美元，A 股 IPO 平均募集金额仅 0.59 亿美元，相差 2 倍多。

（2）非公开发行募资情况分析

2015 年，有 82 家装备制造业企业进行了非公开发行，披露金额的有 75 起，同比增长 59.57%；募集金额 112.22 亿美元，同比增长 36.65%；平均融资金额 1.50 亿美元。与 2014 年相比，2015 年非公开发行募资的企业主要集中在后半年。

从月度数据来看，2015 年 5 月有 19 家装备制造企业进行非公开发行募资，融资金额达 16.76 亿美元，属于活跃度最高的月份。从案例数量上看，紧随其后的是 12 月和 6 月，分别为 16 例和 10 例。从融资金额上看，8 月以 23.5 亿美元融资额排名第一，12 月排名第二，融资金额为 18.47 亿美元，5 月以 16.76 亿美元排名第三（见图 3－11）。

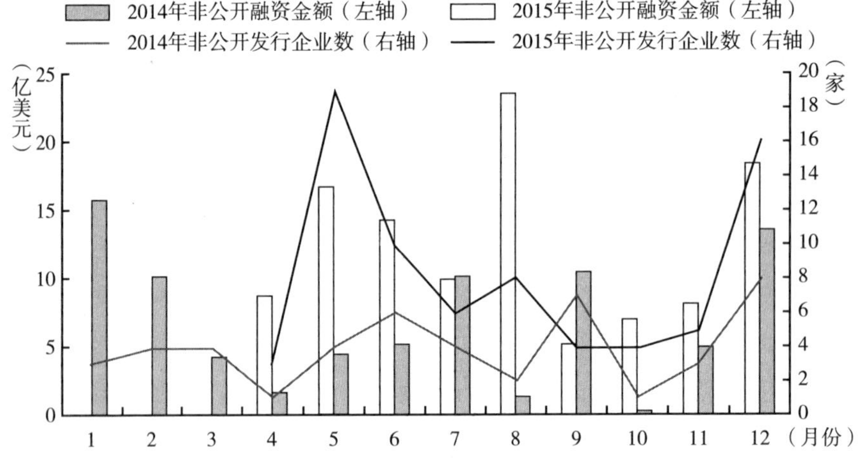

图 3－11　2014～2015 年我国装备制造业全球非公开融资规模及发行企业数

电气机械及器材制造业数量最多，融资规模最大。分行业融资数量来看，2015 年，共有 23 家电气机械及器材制造业企业进行非公开发行，为数量最多的行业；汽车制造业排名第二，有 12 家企业进行非公开发行；仪器仪表及文化、办公用机械制造业排名第三，有 7 家企业进行了非公开发行。与 2014 年相比，数量最多的三个行业非公开发行企业数量同比增长 90.9%。从融资规模看，电气机械及器材制造业企业融资高达 26.46 亿美元，占全行业的 23.58%，汽车制造业企业非公开发行融资金额达 19.12 亿美元，排名第二；印刷、制药、日化生产专用设备制造业企业融资 17.16 亿美元，排名第三，这主要是因为金风科技公司非公开发行，募资 16.94 亿美元，是 2015 年装备制造业非公开发行募资最大的一起融资案（见表 3－8）。

表 3－8　2015 年装备制造业非公开发行市场分行业投资规模

单位：亿美元，起

行　业	案例数量	融资金额
电气机械及器材制造业	23	26.46
汽车制造业	12	19.12
印刷、制药、日化生产专用设备制造业	2	17.16
机械和设备修理业	5	11.16
仪器仪表及文化、办公用机械制造业	7	9.52
风机、衡器、包装设备等通用设备制造业	5	5.25
矿山、冶金、建筑专用设备制造业	3	5.06
烘炉、熔炉及电炉制造业	1	3.48
环保、社会公共安全及其他专用设备制造业	3	2.87
轴承、齿轮、传动和驱动部件的制造业	2	2.79
金属加工机械制造业	2	2.55
泵、阀门、压缩机及类似机械的制造业	3	2.39
医疗仪器设备及器械制造业	2	1.90
起重运输设备制造业	2	1.29
非金属矿物制品业	2	0.94
金属制品业	1	0.28

资料来源：CVSource 投中数据终端。

2015 年 A 股定向增发资金募资金额大幅增加。2015 年有 72 家装备制造企业在 A 股市场通过非公开发行募资达 109.62 亿美元，平均募资 1.52 亿美元。与 2014 年相比，企业数量增加了 58.7%，募资总额增加了 35.38%。

从月度数据看，8 月为融资规模最大的月份，募资 23.50 亿美元；从案例数量看，5 月共有 19 家装备制造企业进行非公开发行，融资金额 16.76 亿美元，12 月以 16 家企业进行非公开发行排名第二，8 月排名第三，有 8 家企业进行非公开发行（见图 3－12）。

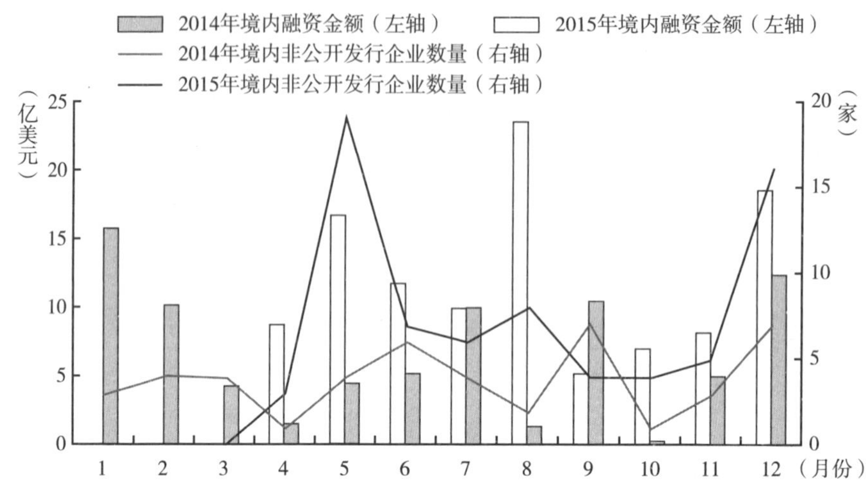

图 3－12　2014～2015 年我国装备制造业非公开发行市场境内新股融资规模

在非公开发行市场的板块分布上，装备制造企业在深交所进行非公开发行的企业数量最多，融资金额也最大，进行非公开发行的企业有 38 家，占全部板块的 52.78%，融资金额 64.20 亿美元，占全部板块的 58.57%。上交所有 18 家企业进行非公开发行，融资金额 35.21 亿美元，平均融资金额 1.96 亿美元；创业板块有 16 家企业进行非公开发行，融资金额 10.21 亿美元，平均融资金额 0.64 亿美元。

2015 年港股市场上，共有三家装备制造企业进行了非公开发行融资，是电气机械及器材制造业的杭州先锋、天成自控和日机密封，分别融资 9318 万美元、8989 万美元和 7635 万美元。

4. 企业并购情况分析

2015 年装备制造业在兼并收购市场（简称兼并）中共披露投资案例 1317 起，披露金额的有 1073 起，披露总投资规模达 347.10 亿美元，与 2014 年相比，案例数目同比增加 37.56%，投资规模同比增加 47.21%。分月度看，8 月投资规模达 58.04 亿美元，兼并案例数量为 108 起，是兼并活动最活跃的月份。分投资规模看，9 月排名第二，投资规模为 38.17 亿美元，12 月以 37.08 亿美元的投资规模排名第三。从案例数量看，7 月案例数量最多，达到 167 起，8 月和 12 月案例数量紧随其后，分别为 108 起和 106 起（见图 3－13）。

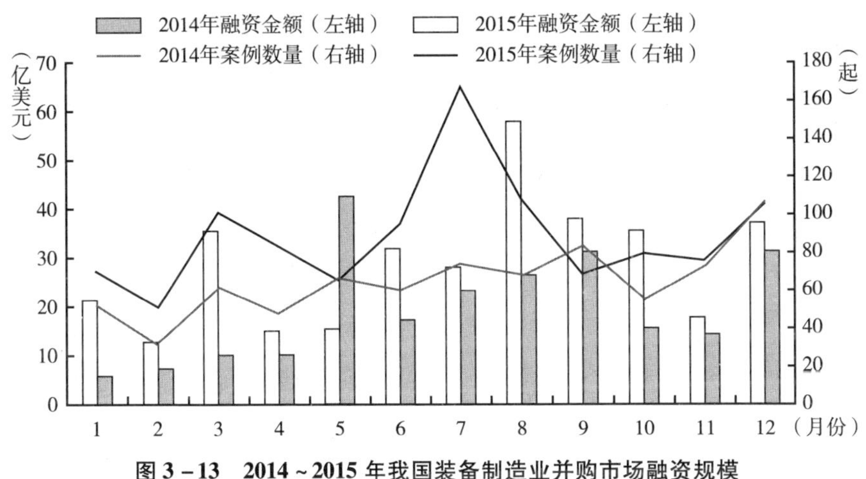

图 3－13　2014～2015 年我国装备制造业并购市场融资规模

（1）电气机械及器材制造业在投资规模和活跃度方面均居首位

从 2015 全年兼并收购的行业分布看，并购涉及全部子行业，其中，电气机械及器材制造业不论在投资案例的数量还是规模方面，都远远高于其他行业，是竞争较为激烈的行业，2015 年全年披露的电气机械及器材制造业并购交易 344 起，披露金额高达 102.58 亿美元，分别占整个装备制造行业的 32.06% 和 29.55%。与 2014 年相比，并购数量增加 68.63%，并购规模提高 116.60%。

从并购规模来看，紧随其后的是汽车制造业和环保、社会公共安全及其他专用设备制造业，投资规模分别是 61.91 亿美元和 23.17 亿美元。按并购数量看，汽车制造业以披露案例 143 起排名第二，环保、社会公共安全及其他专用设备制造业排名第三，兼并案例为 105 起（见表 3－9）。

表 3－9　2015 年我国装备制造业并购市场分行业的投资规模

单位：亿美元，起

行　业	案例数量	融资金额
电气机械及器材制造业	344	102.58
汽车制造业	143	61.91
环保、社会公共安全及其他专用设备制造业	105	23.17
医疗仪器设备及器械制造业	60	19.87
机械和设备修理业	45	19.52
化工、木材、非金属加工专用设备制造业	22	17.60

续表

行　业	案例数量	融资金额
铁路、船舶、航空航天和其他运输设备制造业	44	16.26
锅炉及原动机制造业	19	15.01
仪器仪表及文化,办公用机械制造业	71	10.60
泵、阀门、压缩机及类似机械的制造业	20	9.65
电子和电工机械专用设备制造业	43	9.51
矿山、冶金、建筑专用设备制造业	29	8.79
金属制品业	15	7.08
金属加工机械制造业	12	6.24
风机、衡器、包装设备等通用设备制造业	28	5.44
起重运输设备制造业	10	4.35
纺织、服装和皮革工业专用设备制造业	9	3.40
非金属矿物制品业	22	3.14
印刷、制药、日化生产专用设备制造业	11	1.15
轴承、齿轮、传动和驱动部件的制造业	9	1.05
农、林、牧、渔专用机械制造业	2	0.40
金属铸,锻加工业	7	0.31
烘炉、熔炉及电炉制造业	3	0.07

资料来源：CVSource 投中数据终端。

（2）境内并购交易依旧最活跃

2015 年境内并购交易规模大幅增加。2015 年有 982 家装备制造企业在境内并购，并购规模达 311.09 亿美元，平均募资 3168 万美元。与 2014 年相比，并购数量增加了 28.53%，募资总额增加了 33.65%。

从月度数据看，8 月为并购规模最大的月份，共投资 46.02 亿美元；从并购交易数量上看，7 月共有 152 起并购事件发生，投资金额 26.40 亿美元，12 月以 100 家企业进行并购排名第二，8 月排名第三，有 99 家企业选择在该月进行并购（见图 3－14）。

91 家装备制造企业选择跨境并购。2015 年全年装备制造业发生 91 起跨境并购交易，并购金额达 36.01 亿美元，与 2014 年相比，跨境并购数量提高约 6 倍，并购金额是 2014 年的 21 倍。其中，共有 70 起出境并购交易，并购金额为 27.63 亿美元，在总量中占比分别为 76.92% 和 76.73%。从月度数据看，8 月并购交易规模最大，达 7.12 亿美元，交易数量为 8 起，平均交易额为 8900 万美元，9 月以 4.64 亿美元交易额紧随其后，3 月排名第三（见图3－15）。

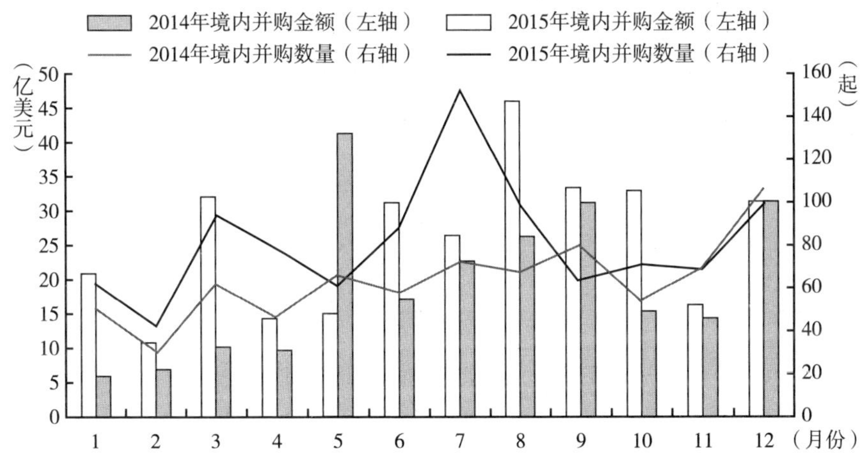

图3-14　2014~2015年装备制造业并购市场境内并购融资规模

2015年入境并购交易21笔，并购金额8.38亿美元，在总量中占比分别为23.08%和23.27%。

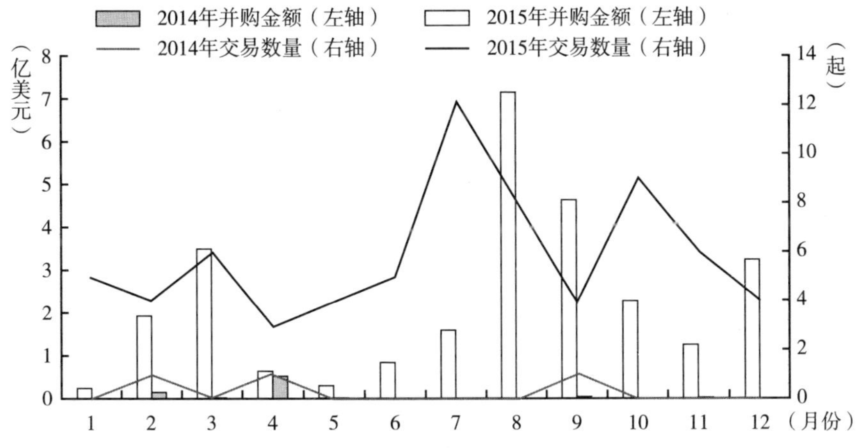

图3-15　2014~2015年我国装备制造业并购市场出境并购融资规模

（3）并购市场交易多数案例为进行中的状态

2015年装备制造业并购市场交易完成案例数量大幅提升，交易规模有小幅回落。根据CVSource投中数据终端显示，并购市场交易完成案例数量为485起，同比增加25%，披露金额为152.21亿美元，同比减少5.49%；进行中的案例为580起，同比增加53.85%，已失败的案例为8起，同比减少50%。从实际完成的并购案例来看，2015年3月新疆机械研究院股份有限公司收购明日宇航，为本年完成交易中规模最大的一起，资金规模达5.87亿美元（见表3-10）。

表3-10　2014~2015年装备制造业并购市场不同交易状态融资规模

单位：亿美元

交易状态	2015年		2014年	
	案例数量	融资金额	案例数量	融资金额
进行中	580	192.66	377	44.84
已失败	8	2.23	12	28.58
已完成	485	152.21	388	161.05
总　计	1073	347.10	777	234.47

资料来源：CVSource投中数据终端。

（二）2016年装备制造业投资机会展望

1. 智能制造继续加速发展

2015年以来，智能制造受到前所未有的政策重视。《中国制造2025》、"互联网+"行动重点部署智能制造，提出大力发展智能制造，开展智能制造试点示范，实施智能制造重大工程，实现新一代信息技术与制造装备融合的集成创新和工程应用。中德智能制造和工业4.0合作迈入实际性阶段，经常性工作机制正式建立。以智能工厂、数字化车间、增材制造技术应用及大规模个性化定制、网络协同开发、在线监测、远程诊断与云服务等为代表的新业态新模式快速发展，工业机器人、服务机器人、新型传感器、智能仪器仪表与控制系统、可穿戴设备、智能家电、智能电网等智能装备和产品的应用不断拓展，需求规模呈快速扩大的态势。

2016年，随着"十三五"将智能制造提高到新的高度，各领域智能制造推进路线进一步明确，以及中德合作的进一步加深，国家将构建开放、共享、协作的智能制造产业生态，推动生产装备智能化升级、工艺流程优化改造、基础数据全方位共享及关键智能装备和产品、核心部件技术不断突破，促进新一代信息通信技术、节能与新能源汽车、电力装备、农机装备、新材料、生物医药及高性能医疗器械等产业不断发展壮大，逐步形成新型制造体系。并进一步依托智能制造创新产业业态和发展模式，培育出行业的新增长点。

2. 高端装备创新发展出现新起色

“十三五”规划纲要草案提出，为实现制造强国战略，未来五年，中国将实施高端装备创新发展工程，内含航空航天装备等八大重点方向；同时，高端装备制造业也是工信部“十三五”期间聚焦的三个重点领域之一。《中国制造2025》中提出十大重点领域，其中有七个是高端装备，说明高端装备是核心、是重中之重；同时《中国制造 2025》还明确将高端装备创新工程作为政府引导推动的五个工程之一，提出组织实施大型飞机、航空发动机及燃气轮机、民用航天、智能绿色列车、节能与新能源汽车、海洋工程装备及高技术船舶、智能电网成套装备、高档数控机床、核电装备、高端诊疗设备等一批创新和产业化专项、重大工程。目的是集中资源，统筹推进，突破瓶颈，提高创新发展能力和国际竞争力，抢占竞争制高点。

2016 年，高端装备创新发展成为未来制造业发展的主要趋势越发明显。我国深入实施创新驱动发展战略，着力打造发展新引擎和支撑平台，加快培育经济增长新动力。以科技创新为核心，以公共服务平台为支撑，以重大专项为抓手，以产业化应用为目标的高端装备创新发展加快推进，一批标志性、带动性强的重点产品和重大装备加快布局，自主设计水平和系统集成能力、核心部件研制技术水平逐步提升，产业创新能力不断增强。一批首台（套）高端装备将在国民经济建设、社会生产生活和国防建设相关领域开展应用试点和示范，产业发展路径和模式将取得突破，带动传统产业结构调整和转型升级，为构建我国制造业竞争新优势、建设制造强国奠定更为扎实的基础。

3. 服务型制造成为重要转型方向

《中国制造 2025》将积极发展服务型制造和生产性服务业作为九大任务之一。《中国制造 2025》旨在驱动在商业模式上向服务型制造演变，提升制造业内生效率，优化制造业和服务业关系，加快制造与服务的协同发展，推动商业模式创新和业态创新，促进生产型制造向服务型制造转变，从而推动中国制造业产业结构的调整与优化。同时，在“互联网 +”的大环境下，由于传统的装备产品在设计、制造和售后服务等过程中不断加以整合，使制造业和服务业

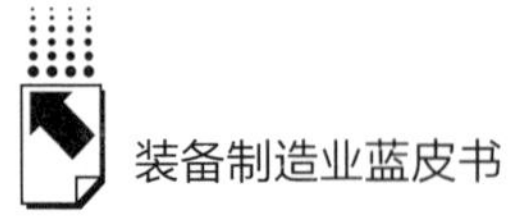

的界限越来越模糊，逐渐形成服务型制造这种新模式，该模式有助于整合制造业和服务业的核心优势，提高整体的行业竞争力。

“十三五”期间，我国将启动一系列重大工程，一大批高铁、核电、海洋工程项目的实施，都要求装备制造业提供全面的解决方案，这为服务型装备制造业的发展提供了广阔的市场空间。目前，我国装备制造业具备了发展服务型制造的基础。巨大的产业规模为装备制造业发展服务型制造奠定了良好的经济基础；一批装备制造产业集聚区的加快形成，为服务型制造的实施提供了良好的产业组织基础；科技创新能力的不断提高，为装备制造业发展服务型制造提供了良好的人才基础。

4. 核心基础零部件

工业核心基础零部件和元器件是装备制造业的基础，是装备制造业创新的前提，是国家发展的战略物资，直接决定装备制造产品的性能、水平、质量和可靠性，直接影响经济和国防安全，具有很强的产业辐射力和影响力，其价值通常是自身价格的几十倍，具有十分重要的战略地位。《中国制造 2025》将强化工业基础能力列在九大战略任务、五大重大工程之中，其中核心基础零部件（元器件）是“四基”（核心基础零部件、先进基础工艺、关键基础材料、产业技术基础）之首。

2016 年乃至未来一段时间，核心基础零部件将以数字化技术为基础，在互联网、物联网、云计算、大数据等信息技术的支持下，发生革命性变化。以资本配置为纽带的集团式架构将形成大集成，企业功能将集研发、制造、销售、服务于一体，生产工艺布局实现“专、精、特”，将通盘考虑顶层设计，科学布局集成创新，合理安排生产调度，同时向上下游延伸，形成上下游联手，紧密合作，有效利用社会资源，双赢多赢的新局面。

5. 绿色化装备制造产品

党的十八届五中全会提出了“创新、协调、绿色、开放、共享”五大发展理念，其中系统阐述了绿色发展的目标、原则、重点任务、实现路径和保障措施。《中国制造 2025》明确提出全面推行绿色制造，实施绿色制造工程，并将其列入九大战略任务、五大重大工程之中。

当前，产能过剩给装备制造市场形成压力，但转型升级又对装备提出新的要求，新理论、新技术、新工艺、新材料促进了装备水平和竞争力的提升。2016 年乃至未来一段时间，装备制造业的绿色化要立足装备制造产品的全生命周期，即从设计、制造、运行、再制造、再制造等阶段入手提升技术、运行和智能化水平，同时，考虑与生产过程的和谐适应，确保装备制造产品自身和生产过程的安全、节能、节材和环保，实现装备制造产品全寿命周期内的绿色化。

三　2015年中国装备制造业发展风险分析

（一）宏观调控风险

1. 国际经济放缓

全球经济增长依旧乏力。根据 IMF2016 年 4 月的全球经济预测数据，IMF 将对 2016 年全球经济增速的预测值下调至 3. 2%，目前，对 2017 年经济预测为增长 3. 5%。对发达经济体的 GDP 增速预测与 2015 年实际经济增速持平，对新兴市场和发展中经济体的经济增速预测为 4. 1%。据世界银行 2016 年 1 月 6 日最新预测，按汇率法 GDP 加权，2015 年世界经济将增长 2. 4%，2016 年将增长 2. 9%，均比 6 月预测值下调 0. 4 个百分点。随着各经济体 2015 年实际发展状况的明朗和对 2016 年前景预判继续降低，世界各大官方和分析机构，在过去的一年接连下调对全球经济增速的中长期判断，表明对全球的经济信心在下降。通过对数据图表的观察，总的来说，2016 年发达国家经济确实在逐步复苏，但是复苏状况并不稳定，风险依旧不容忽视；新兴市场经济引擎失速，风险同样存在。

新兴市场资本流入将继续放缓。据 IMF 统计数据显示，截至 2015 年第四季度末，新兴市场经济体的资本流入继五年持续下降后，目前依然低落。由于新兴市场经济体增长前景减弱，资本总流入下降和总流出增长造成净流入放缓，但因不同国家的结构和国内政策因素的不同，造成各国受影响程度不同。IMF 再次下调新兴市场经济体 2016 年 GDP 增长率，其前景持续减弱，将进一步减缓资本流入量。

全球物价形势将持续低迷。2015 年主要国家物价水平持续下降的主要原因是大宗商品价格的下跌和总需求的不足。2016 年，大宗商品价格仍将低位震荡，总体看只有小幅度上行的可能，这难以推动全球物价水平上涨。美联储加息将抑制本国需求扩张，同时，欧元区、日本和其他经济体实行宽松货币政策的效果也将因为受到美联储加息的影响而减弱。新兴市场和发展中经济体增长放缓的局面仍将持续，经济金融风险加大还将进一步抑制新兴市场和发展中经济体的需求扩张。

全球贸易低增长局面难以得到根本扭转。自 2012 年开始，世界货物出口增长率急剧下降。至 2014 年，保持在 3% 左右。2015 年，全球贸易低迷状况进一步恶化，全球货物出口出现较大幅度的负增长。由于全球需求不旺、世界经济增长从主要依靠制造业转向主要依靠服务业，全球价值链扩张趋势放慢，国际贸易谈判进展缓慢等原因导致全球贸易低迷，这几个因素在 2016 年仍将继续抑制国际贸易增长。全球贸易增长持续低迷，将提高贸易保护和竞争性汇率贬值的风险。

跨境资本流动将更为活跃。2015 年，全球并购活动开始增加，国际直接投资有趋稳势头。2016 年，国际直接投资很难大幅度扩张，将基本维持稳定增长，但跨境资本流动的活跃度将逐渐提高。这主要是因为受欧元区、日本等量化宽松政策的影响，全球市场将会持续注入流动性；受美联储进一步加息的时间、力度与速度不确定的影响，跨国资本将更倾向于短期化配置；受国际货币多元化程度提高，跨国资本币种配置空间加大，以及受发行国际货币经济体的宏观形势、政策变动及外汇市场的变动的影响，引起跨国资本重新配置的规模和频率会加大。

2. 国内宏观调控风险

（1）制造业进入底部盘整

我国处于“三期”叠加阶段，经济进入新常态，前期拉动经济快速增长的“三驾马车”均处于下行趋势中，而新的经济增长点仍未发展起来，消化前期政策作用，调整经济结构，寻求经济增长突破点是一个漫长且艰辛的过程，这决定我国经济不可能出现探底后迅速回升，也就是出现“V”形走势，我国正处于并将在未来不短的时间内仍处于“L”形经济运行态势，装备制造业作为重要支柱产业也进入“L”形运行走势的底部盘整时期。2015 年我国制造业 PMI 全年有 7 个月低于枯荣线 50% 的水平，制造业整体增长速度缓慢，发展压力较大，预计 2016 年后较长一段时间制造业将进入底部盘整时期。

（2）企业生产经营仍困难

2015 年我国工业品出产价格指数（PPI）持续负增长，而企业面临的要素成本、环境成本和社会负担在不断增加，企业成本压力大，利润空间变小；受工业品出产价格下降的影响，工业产成品库存逐月走高，企业产品销售困难，去库存压力大；此外，企业融资压力不断增加，在央行多次降准、降息的情况下，工程机械等行业融资难、融资成本高的问题仍突出。预计 2016 年我国装备制造业企业生产经营仍将面临较大困难。

（3）信用风险累积

2015 年，我国爆发多起信用事件，公开发行市场共发生信用风险事件 20 余起，8 只债券发生违约，涉及煤炭、水泥、钢铁、机械等行业，违约主体也从民营企业向国有企业蔓延，① 随着供给侧改革力度的加大，在打破刚兑和清理“僵尸企业”时，债券违约或将频发，此外，我国地方债务集中到期，政府债务置换任务多、压力大，银行不良贷款率将持续攀升，这表明，我国信用风险在持续累积。

（二）市场风险

2015 年我国经济处在新旧动能转换的进程中，经济运行整体平稳，但受汽车等主要行业市场下行波动及需求低迷的影响，我国装备制造业增加值增速较缓慢。2016 年在“十三五”规划等一系列政策的助推下，将深入落实我国三大区域发展战略和中长期制造强国建设战略，同时加快国际产能和装备制造合作，以新的增长点带动我国装备制造业高速发展，促使大量投资者进入装备制造领域，尤其是新能源汽车、智能制造等行业，装备制造业的市场竞争日趋激烈，诸多风险也在影响着我国装备制造业市场的发展。我国装备制造业面临的市场风险主要表现在以下几个方面。

1. 供需风险

现阶段我国装备制造业市场持续低迷，市场总需求发生较大回暖的概率较低，市场面临着严重的供需矛盾。一方面，汽车行业、民用航空装备和高端智

① 2015 年度信用风险分析汇总报告，http：//www. cenet. org. cn/index. php? siteid = 1&a = show&catid = 1514&id = 68872。

能装备需求较多，其产品要求技术水平较高，而国内企业技术水平较低，无法满足对高端产品的需求，因此，目前我国高端装备还主要依靠进口，装备制造业进口量持续增加；另一方面，在国家政策及发展战略的助推下，企业将投资重点纷纷转向装备制造业，导致一些新兴行业投资过热，还有一些企业发展粗放式经济，盲目扩大生产造成严重的低层次产能过剩。低层次产能过剩对于投资来说无疑是一种浪费，同时也给企业发展带来了很大风险。

2. 行业竞争

近几年，我国装备制造业已经发展成为规模宏大、体系完整的成熟产业，相比国内其他行业，装备制造业也具有较高的发展水平，足以参与国际竞争，但与其他国家相比，我国装备制造业自主创新力不足，仍处于较低水平。同时，我国装备制造业的发展和其他行业关联密切，有些原料的价格和质量对装备制造业设备产品的价格和质量都有较大影响，装备制造业原有的低成本优势正在减弱。因此，我国装备制造业企业不仅面临国内其他行业的市场竞争，在“走出去”时更要与国外先进企业激烈竞争，在此过程中势必淘汰一些管理方式落后、技术水平较弱的企业，未来我国装备制造业面临一定的行业竞争风险。

3. 区域发展

装备制造业是一个周期长、投资较大的行业，其发展需要得到国家的大力推动和支持，但在鼓励其发展的同时，也要避免区域性重复投资的行为。有些地方企业投入大量要素，但缺乏核心竞争力，从而导致区域结构趋同化，同时，由于过分追求地方财政增长，因而加剧了区域内重复投资，造成产能过剩，给地方和企业发展都带来了投资风险。

4. 国际市场

自 2012 年以来，我国装备制造业海外并购热潮呈井喷式发展。2015 年，中国装备公司并购四家德国公司，并购规模和金额屡创新高。但国际市场需求仍然持续低迷，各国发展不平衡，投资贸易保护主义日渐升温。在这种背景下，我国装备制造业投资风险增加，装备制造业企业需要对并购风险进行谨慎的审视，及时做好风险防范。

（三）技术风险

“十二五”期间，我国装备制造业发展迅速，成功跻身制造大国。但是我国不是制造强国，核心技术的缺失仍然阻碍我国装备制造业的进一步发展。我国装备制造产品品类多、规模大，但是，大部分产品还是中低端产品，国家发展需要的高端产品还是依赖进口。由此，引发大量外资以技术入股的方式在我国装备制造行业中获得丰厚的利润，而我国本身的资金投入只能获得加工、装备等环节的低附加值利润。我国装备制造业核心技术缺失，专利技术缺乏，技术力量薄弱，这些都会对行业进一步发展产生很大的风险。

2015 年，我国加大了装备制造业的技术创新投入，实行自主研发、设计和制造，自主创新能力不断提高，产品技术含量增加，但同时制造难度增大，随之而来的企业用工成本增加，装备制造业的低成本优势越来越弱。尤其是我国高端装备制造行业，高端技术开发难度大，关键技术难以突破，所需基本产品设备缺乏等，造成发展水平相对滞后，这种技术上的落后性和不确定性加大了我国装备制造业投资风险。

（四）经营管理风险

目前，我国装备制造业企业经营管理水平不高，特别是小型企业，存在诸多经营管理问题，例如，管理体制不健全、经营模式不合理等。大型设备生产企业的经营模式大多为以销定产，企业通过与客户沟通，签订合同，根据客户的生产规模等条件设计产品，但传统的管理程序难以快速响应客户订单调整，这在很大程度上制约了行业经营管理模式的转型升级。此外，很多企业缺乏服务理念，尤其是缺乏国际化服务理念。当前，信息化已经渗入装备制造业，并与互联网深度融合，但未来电商的模式及思维方式和经营手段都需要进一步发展成熟，以带来更多经营模式上的转变，而不仅仅是基于互联网思维的经营理念。我国应重点转型与升级制造业和服务业的结合，改造用户体验和信息化结合的模式，避免上述问题给企业发展带来经营管理风险。

B.4
中国装备制造业发展政策建议

徐静冉　薛 建*

摘　要：本章主要针对我国装备制造业的经济运行、技术创新、产业结构、节能减排、对外经济等方面发展中存在的问题，向我国政府及相关决策机构提出改进的政策建议。在经济运行方面，我国装备制造业应积极推动供给侧结构性改革，多管齐下化解行业产能过剩，深化“两化”融合助力产业补短板。在技术创新方面，装备制造业应加强科技创新顶层设计、重视自主创新、推动产学研用有机结合、设立科技创新支持基金、壮大行业人才队伍。在产业结构方面，应根据各行业所处阶段制定相应转型战略，加快促进国有企业转型升级，努力增强民营企业竞争力，加快企业整合力度，发挥大企业的骨干引领作用，积极推动中小企业发展，提高专业协作化水平。在节能减排方面，应加强能源及材料管理，推动产业绿色化健康发展，加强行业节能减排制度建设。在对外贸易、对外投资和外商投资方面，应加强顶层设计，完善“走出去”“引进来”运行机制，提高企业风险防范意识，提高对外经济质量。

关键词：供给侧结构性改革　技术创新　结构转型　对外经济

* 徐静冉，助理研究员，博士，就职于机械工业经济管理研究院产业经济研究所；薛建，北京市产业经济研究中心副主任。

一　中国装备制造业经济运行方面的政策建议

（一）推动供给侧结构性改革

1. 增进市场机能，推动产业政策转型

随着中国经济发展进入新常态，政府为主导的产业政策已经不能适应新的形势，也难以应对新的挑战。尤其是装备制造业面对经济运行下行压力及产能严重过剩的形势，迫切需要以增进市场机能、扩展市场作用范围与补充市场不足为特征的以市场为主导的产业政策的扶持。以市场为主导的装备制造业产业政策需要从直接干预微观经济行为为主，转向通过培育市场机制，以间接引导市场主体行为，同时，通过加强顶层设计和规划引领，不断优化产业发展环境。

2. 完善质量管理体系，推进企业品牌建设

一是加快质量法治建设。着力从提高产品质量、明确质量责任、加强质量监管三个方面构建完善、系统、协调的质量法治体系。要创新质量执法的新机制，建立质量主管部门的权利清单制度，建立质量信息互通共享机制、质量执法和刑事司法相衔接的新机制。加强社会联动，建立质量共治的司法制度，形成以民事诉讼为核心的社会质量机制。

二是完善质量管理机制。发挥市场主导作用，建立质量管理、标准制定、检验检测、计量标准、职业培训等公共服务平台。完善质量宏观管理，建立优化产业结构的质量分析体系，创新宏观质量效益度量和监测体系。实施质量安全风险管理，强化质量安全监管。健全质量信用信息收集与发布制度，健全质量诚信体系。

三是培育国际知名品牌。将质量提升、技术进步、品种改善、服务优良、文化创意作为品牌培育的核心内容，加强品牌设计和品牌建设。完善品牌建设国家标准体系，制定品牌价值国际标准，规范品牌价值评价活动，推进中国品牌价值评价的国际化进程。

四是强化国家质量基础。建立新型标准体系，增强强制性标准的权威性、统一性，大幅减少强制性标准的数量。提升国家量传溯源体系技术能力，强化计量基础保障能力。有序开放检验检测认证市场，建立科学、公正、权威的第

三方检验检测认证体系，提高检验检测认证的支撑作用。

3. 加大税收优惠力度，降低企业经营成本

降成本作为供给侧结构性改革的经济任务之一，主要体现在税收优惠力度的进一步加大。在税收政策方面，结合财税体制改革，进一步扩大减税范围和强度，对符合产业发展规划、符合创业创新要求的企业和项目实施减税，有利于进一步减轻企业的负担。同时，进一步加大装备制造业“营改增”力度，加快费改税步伐，降低制度性交易成本，从而降低企业经营成本。

4. 优化企业金融环境，降低行业杠杆率

金融支持对供给侧结构性改革和稳增长、调结构、增效益的促进作用，主要体现在一系列支持产业转型升级、降本增效的具体金融政策措施。做好与供给侧结构性改革相适应的金融风险管理，为结构性改革营造中性适度的货币金融环境，应根据不同企业的规模、所有权特征、行业特征及区域特征，合理管控杠杆水平，健全完善政府、银行、企业风险处置合作机制，优化信贷资源的均衡配置。同时，加大金融对供给侧结构性改革和装备制造业稳增长、调结构、增效益的支持力度，具体的金融政策包括：通过差别准备金、利率、再贷款、再贴现等政策，引导金融机构加大对装备制造企业的支持力度。

（二）多管齐下化解行业产能过剩

1. 开展国际合作，转移部分过剩产能

产业转移是缓解产能过剩和转移国内长线生产能力的有效途径，产业转移必须和产业升级相结合。对于我国装备制造业来说，已进入产业发展成熟阶段，存在着产能过剩和过度竞争的现象。装备制造企业通过联合建立境外工业园区、开拓国际市场空间等方式，开展国际产能合作，向海外进行产业转移，有助于对过剩产能的消化和带动产业的优化升级。同时，在发展“一带一路”的大背景下，加快实施“走出去”战略，推动铁路、电力、通信等中国装备走向世界，鼓励装备制造优势企业在欧美发达国家设立技术和工程研发中心，在市场潜力大、产业配套强的国家设立生产、分销、运营维护中心，并建立完善的“走出去”服务体系和跨境产业合作机制。

2. 支持兼并重组，提升产业集群效应

借助资本市场开展并购重组，是化解产能严重过剩矛盾、调整优化产业结

构、提高发展质量效益的重要途径，有利于优化资源配置、推动经济结构调整、促进产业转型升级。在政策层面，应做好企业兼并、重组财税及投融资、土地、社保等相关政策的贯彻落实，积极稳妥开展并购贷款和并购基金试点，加大企业并购的金融扶持力度。在企业层面，以增强核心竞争力和实现可持续发展为目标，以资本为纽带，进行强强联合、横向并购或产业链上下游整合，改变一些企业规模小而散、无序竞争的状况，提升装备制造业产业集群效应。

3. 淘汰“僵尸企业”，坚决去掉过剩产能

按照企业主体、政府推动、市场引导、依法处置的办法，充分发挥市场机制的倒逼作用，研究制定全面配套的政策体系，因地制宜、分类有序地处置经营难以维持的“僵尸企业”。建立健全优胜劣汰的市场机制，使“僵尸企业”能够依据市场规则顺利退出，以有利于加大产业重组、化解产能过剩。重点做好人员安置和资产处置工作，加大资金投入，完善下岗分流人员的安置政策，加强技能培训，使失业人员能够顺利再就业；采用市场的办法处置资产，支持商业银行对不良贷款的加快处置，鼓励金融资产管理公司按照市场化原则积极参与破产企业的债权债务处理。

（三）深化“工业化和信息化”融合助力产业补短板

1. 拓展价值链，推动服务化转型

一是大力发展基于装备制造的专业社会化服务。具有核心技术和专业优势的装备制造企业，应逐步依托自身资源和核心优势，积极发展面向装备制造市场的研发设计、检验检测、售后服务等专业性服务，形成专业化社会化服务模式。

二是推广装备制造业流程外包。引导和支持装备制造企业在核心业务基础上发展零部件外包、业务流程外包、协同设计和制造模式，采购专业化社会化的研发设计等生产性服务，从而形成协同制造网络化分工。

三是促进装备制造业协同创新。大型企业可以与孵化器相融合形成“天使+孵化”协同创新模式，实现内部创新资源与外部创新要素的相融相通，产生“1+1>2”的效果；传统装备制造企业可以设立开放式创新平台，在平台上发布技术需求，提交技术方案，寻求合作与创意灵感，以及组建创业团队；加强与研发机构的协同创新，实现科技创新、孵化、融资、运营管理等科

技创新全链条服务，并由此诞生诸多新型协同创新研究机构与网络。

四是开展产品全生命周期管理。未来装备制造企业的产品服务模式将逐步由简单的“产品+服务”过渡为全生命周期管理模式，实现从产品需求、规划、设计、生产、经销、运行、使用、维修保养到回收再利用等产品全生命周期的运营管理。

2. 探索新模式，推动制造过程智能化

利用大数据、云计算、物联网等信息技术，创新装备制造业与信息技术的融合模式，例如，开展个性化定制、按需制造、异地协同设计等应用模式。创新装备制造业的制造模式，推动以生产者、产品和技术为中心的制造模式加速向社会化和用户深度参与的转变。创新装备制造业的研发设计、生产制造、经营管理、销售服务等全生命周期，以用户思维和用户需求探索互联网时代的新模式，加快发展集成化、精密化、绿色化、高端化的智能制造装备，构建开放共享协作的智能制造产业生态。

二　中国装备制造业技术创新方面的政策建议

（一）加强科技创新顶层设计

1. 优化政策环境

注重创新政策的统筹配合，发挥协同效用，由部门政策转向综合政策，为装备制造业科技创新提供可持续发展的政策。一方面，加强跨部门的政策协调，把技术创新政策融合到产业政策、贸易政策，以及教育、财政、金融等各项政策中，各部门政策要体现创新目标；另一方面，加强中央与地方的政策和行动协调，保证中央各部门政策在实施过程中得到地方政府的支持和配合。[①]。

2. 加强科技法律建设

健全国家自主创新法律体系，推动科技进步法成为国家科学研究与技术创新的基本法。修订相关法律，完善技术创新法律体系，根据装备制造业科技创

① 韩向宏：《提升我国装备制造业自主创新能力仍需政策领航》，赛迪顾问在线，2011 年 7 月 5 日，http：//en. ccidconsulting. com/cn/gdzb/fxs/webinfo/2011/07/1341364617370838. htm。

新需求，开展对新型法律法规的研究探讨，从法律上保护科技创新和发明专利。

3. 加强知识产权保护

健全知识产权法律体系，根据目前中国技术创新领域的新问题及时修订和完善知识产权法律。注重产研结合，快速有效实现专利技术的转化，以实践为基础研发满足市场需求的专利技术，组建专业专利技术转让中介机构，搭建规范转让平台①。强化企业知识产权意识，实施知识产权相关战略，营造全社会重视知识产权的外部大环境，及时为企业提供知识产权方面的相关政策法规。

（二）重视自主创新

1. 加快构建产业共性技术创新体系

一是搭建共性技术研发平台。汇集装备制造企业、高校、科研院所、国家实验室和非营利性组织共同参与，围绕装备制造业重点发展领域，统筹建立一批国家级装备制造业创新中心、公共服务平台、产业技术基础数据中心，形成完善的装备制造业共性技术和公共服务供给体系（见图 4－1）。

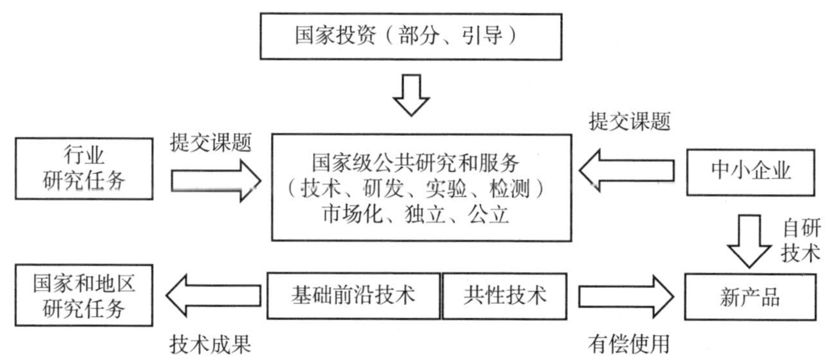

图 4－1　搭建国家级跨行业的共性技术实体研发平台

二是依据产业集中度，构建装备制造业共性技术创新体系（见表4－1）。

① 坚德慧、李毅：《日本知识产权战略对我国装备制造业发展的启示》，《凿岩机械气动工具》2015 年第 2 期，第 49 页。

表 4－1　装备制造业共性技术创新体系

行业特征	行业	共性技术创新体系
产业集中度高	航空航天、高铁、核电	建立以行业骨干企业技术研发机构为主导的产业技术创新支撑体系
产业集中度不高	传统装备制造业	构建以企业研发机构为内部主导，科研机构（含有实力的转制后科技型企业，其工业化继续推进，资源采取分类管理、分类考核）、大学、重点实验室、国家工程中心、专业技术公司、产业技术创新联盟等外部支撑的产业技术创新支撑系统
	智能装备、电动汽车、高端装备制造等新兴装备制造业	利用新型互联网技术，将跨行业和跨领域的科研及生产资源已形成创新载体的整合起来（如国家重点实验室、工程研发中心），构建虚拟网络－实体物理系统（类似虚拟创新战略联盟），形成从研发、中试、工程化到产业化的全新共性技术创新链条

三是设立"国家共性技术创新基金"。将分散在政府不同部门的产业共性技术创新资源统一起来，优化配置，设立"国家共性技术创新基金"，用于持续、稳定、集中地支付国家共性技术创新研究院及装备制造各行业共性技术创新基金，开展重大产业共性创新活动。

2. 依托"智能制造"，发展先进技术

借助《中国制造 2025》要求，促进制造业创新发展，推进智能制造，满足社会和国防对重大技术装备的需求，注重发展高端装备制造业，掌握核心技术，拥有自主知识产权技术和创新能力；注重引进先进技术，在学习吃透的基础上进行自主创新；注重参与国际分工合作，利用全球创新资源，突破关键核心技术，掌握知识产权，强化自身创新能力，提高自身核心竞争力。

3. 参与"工业强基"，研发关键基础零部件

一是参与工业强基工程，加快产业化步伐。加大技术改造力度，以重大装备的关键基础零部件开发为突破口，积极申报工业强基示范工程，建设产业技术基础示范服务平台，实现关键基础零部件的产业化突破，解决大批量关键基础零部件生产的性能差、质量差问题。

二是推动产用互动，实现产需对接。推动整机企业与零部件企业的战略合作，建立上下游密切合作、分工明确、利益共享的一体化产业组织模式。在研制阶段，建立基础零部件企业与整机用户的协同创新机制。建立基础零部件的统一标准体系，降低企业成本，加快企业生产速度，提高产品质量的可靠性和

匹配性。在重大工程、重大项目的主机、整机的政府采购中，鼓励企业优先使用国内自主化的基础零部件。

三是促进产业集约集聚。引导基础零部件企业向产业园区集聚，支持和鼓励园区建立产业公共服务平台，形成一批专业特色明显、品牌形象突出、服务体系完善的产业集聚区。

（三）推动产学研用有机结合

1. 重视多领域的产学研用合作

建立以企业为主体、产学研用相结合的协同创新体系，强化企业的主体地位，提高创新设计能力①。鼓励支持装备制造行业领军企业组建产业技术创新联盟；支持重点领域大型装备制造企业集团开展产融结合的创新试点；鼓励工业、通信业、互联网企业等进行跨界整合，组建产业联盟；推动政府、企业、高校和相关机构紧密结合，促进科技成果产业化、资本化。

2. 建立多种形式的长效合作模式

实现校企联合招生、联合培养创新人才；实施校企互动，开展创新教育，培养创新思维，开展创新实践，将创新意识培养和社会实践培养纳入人才培养方案，形成长期的人才培养合作关系。加强校企合作实践基地建设，推动现场教学，发挥基地辐射、共享、孵化作用，进一步增强对人才的操作能力、专业实践能力、工作适应能力的培养，构建多层次、开放性、工程化的创新实践教育体系②。

3. 完善产学研用合作中的利益保障机制

产学研用合作机制的组建也面临着错综复杂的利益关系，因此，合理的组织架构和利益分配机制的建立在创新中心组建过程中尤为重要。要保证科研资源的合理流动，鼓励企业与高校和科研机构根据市场需求，健全企业委托培养人才、企业设立高校奖学金、校企联合培养人才等资金使用的长效模式；明确产学研用各方合作工程中的义务与职责，尤其在科技成果定价问题、技术成果

① 胡祖铨：《对装备制造业固定资产投资的基本认识》，国家信息中心，2015 年 9 月 22 日，http：//www. sic. gov. cn/News/459/5248. htm。

② 何星蓉、苏泊城：《沈阳现代装备制造业产学研协同创新研究》，《中国科技信息》2015 年第 23 期，第 76 页。

的归属及享用问题、利益分享方式等问题上[①]，应按照法律和合同要求，进行科学划分，维系产学研用合作的良性运转。

（四）设立科技创新支持基金

1. 设立产业专项投资基金

对于产业化类项目，财政资金不再参与分钱分项目，而是按照“围绕产业链部署创新链、围绕创新链部署资金链”的要求，发挥行业骨干企业的主导作用和高等学校、科研院所的基础作用，设立产业专项投资基金，引导社会资本参与重大技术和重大装备，以及共性关键技术的引进消化吸收和再创新，按照市场规律和创新规律加强合作，将国家的经济发展战略、技术创新和产业现实相结合，使创新研发成果与市场需求实现充分对接，最终从技术和市场层面抢夺装备制造业的制高点。

2. 设立科技孵化基金

顺应国家设立科技孵化基金、引导基金的倡议，设立关键技术科技孵化基金和高新装备制造业产业金融引导基金，重点支持关键技术、创新工艺的发展，重点支持高端装备制造业的发展。各地应根据地区特点和优势，实施重点产业、重点方向基金项目，建设创新创业产业园区，打造智能制造产业科技成果转化、科技企业孵化、科技型人才培育的具备集聚效应的创新基地平台，提升原有装备制造业技术水平，发展新型高端装备制造业企业。

（五）壮大行业人才队伍

1. 完善人才培养管理机制，提高行业人员素质

一是优化学科结构，对接学科群和产业。注重实践育人和能力培养，重构课程体系，做到基础、知识、实践相结合，夯实基础课程的核心作用，做到校内实践和企业实践相结合以了解装备制造业行业发展走向，积极培养学生创新思维，提升创新能力，实现创新素养的提高。结合高校的教育教学与企业的工程实践，对接学科群和产业，促进封闭教育向开放教育转变，建立校企双方有效合作的共赢机制，加深交流，实现共赢。

---

① 洪霄：《产学研合作的模式与机制创新研究》，《江苏高教》2011 年第 6 期，第 66 页。

二是协调学历教育和非学历教育。积极解决教育结构不合理、教育理念与现实脱轨等问题，在学历教育中发展专业教育和职业教育，在非学历教育中发展技能教育和素质教育。提高装备制造业创新能力和技术水平的关键在人才，应通过学历教育和非学历教育，搭建多层次的人才培养平台，助力装备制造业转型升级。积极响应“春潮行动”，组织开展农民工培训，提升装备制造业农民工的职业技能。通过开展岗位练兵、技术比武等活动，不断提高装备制造业专业技术人才的技能水平。

2. 弘扬工匠精神，重视高级技工人才

一是在政府或行业层面。积极响应国家高技能人才振兴计划，重点培养装备制造业高级技能人才，不断提升装备制造业高级技工人才的质量素养，树立精益求精、追求质量的工匠精神。通过设立行业和区域范围的奖项，引导企业、行业乃至全社会对技术工人的认知。

二是在企业层面。首先，引进、培养创新型科技人才。开辟高层次人才引进的绿色通道，鼓励企业引进科技领军人才、学科带头人和工程化人才。建立人才培养基地，注重人才的综合素质培养，加强创新型人才、复合型人才和高技能人才的培养[①]。改革培养形式，加强企业员工交流，由核心技术人员定期对其他人员进行培训，通过提问和讨论深化培训效果；推动高技能人才参与继续教育，通过报销培训费用、工资晋级等方式，提升员工技能。其次，建立科学的人才激励方案和晋升途径。采取多形式的人才激励方案，以业绩和能力为导向，形成科学的考核评价系统，注重薪酬、奖金等实物激励手段。加大精神激励力度，在职位晋升、职业规划、绩效考核过程中，注重对员工的肯定评价。注重人才晋升多元化，根据员工特点，设置个性化发展和晋升渠道。

三　中国装备制造业产业结构方面的政策建议

（一）行业结构问题的对策

1. 扶持高端装备制造业

一是支持规模化应用。完善首台（套）重大技术装备保险补偿机制，充

① 《体系构建：我国装备制造业自主创新能力提升的必由之路》，赛迪顾问在线，2010 年 7 月 5 日，http：//en. ccidconsulting. com/cn/gdzb/fxs/webinfo/2010/07/1341364617377880. htm。

分发挥财政资金“四两拨千斤”的杠杆作用，撬动保险市场，打开高端装备制造业市场，实现多方受益。在按照《首台（套）重大技术装备推广应用指导目录》，做好对申报企业及其装备合规性审核的同时，减少不必要的审批，简化流程，提高工作效率，把政策落实好、用到位。

二是支持科技攻关。增强高端装备制造业的自主创新能力和产业化水平。各地政府可以联合金融机构，支持合适的装备制造企业到海外并购获得先进技术、知识产权和高端品牌，支持本地企业到海外设立研发中心，借力来推动技术创新，实现加速发展。有条件的地方可以到海外招商引资，将高端装备制造企业吸引到国内来设厂生产，既满足国内需要，又可成为出口基地。

2. 保持领先型装备制造业

我国的高铁、核电、船舶等装备制造业已经处于世界领先或接近世界最高水平，其主要任务是解决最后“一公里”的问题，未实现国产化的部分应加强对技术的消化吸收力度，通过加快国家制造业创新中心的建设，保持领先型装备制造业的发展。有针对性地支持领先型装备制造业“走出去”，加强上下联动，鼓励企业抱团出海，帮助企业解决实际困难。

3. 支持“弯道超车型”装备制造业

我国的智能终端设备、新能源汽车、无人机等装备制造产品正处于“弯道超车”阶段，要充分发挥我国国内市场巨大、科技人才多、生产加工能力完备、能够迅速把概念变成产品的优势，在提供孵化基地、加强知识产权保护、鼓励风险投资、制定优惠人才和税收政策等方面发力，支持创新型人才创业，将一些创意迅速转变成产业，甚至发展成地方的主导产业。

4. 优先发展战略型装备制造业

对航空航天装备、高档数控机床和机器人、集成电路及专用装备行业，国家应优先发展、重点扶持。通过实施重大技术专项，同时，鼓励地方政府支持配套产业发展，并改善基础设施、子女教育、生活环境等条件，吸引战略型装备制造企业落地，以实现战略型装备制造业的发展和各地产业转型升级。

5. 发展服务型装备制造企业

一是以客户为导向。从传统的“产品导向”转向“客户导向”，从挖掘客户更深层次的需求出发，提升产品内涵，最终提升产品市场竞争力；将产品售出作为企业与客户建立持久良好关系的开端，将更多服务传递到客户；更加重视产品质量和相关服务质量，满足客户的个性化需求。

二是关注产品全生命周期。企业不仅要考虑产品的出售，更要考虑产品的使用，既要估计产品的全生命周期和成本，也要考虑全生命周期质量；注重客户实际支出的购买成本、使用成本、维修成本及报废成本，让客户获得最低的全生命周期成本，以加强企业自身产品的市场竞争力。

三是形成“产品 + 服务”模式。将产品全生命周期的服务分为四个层次，即产品生产前层次，以及产品生产之后进入市场的购买服务层、使用服务层和回收服务层。在产品生产前服务阶段，关注产品的研发设计服务和定制服务；在购买服务层关注与产品销售相关的运输服务、安装服务、租赁服务、融资服务、工程服务和退换货服务等；在回收服务层关注产品的回收服务和再制造服务等。

四是推动发展信息服务。采用互联网、移动互联网、物联网技术，依靠云计算和大数据分析技术等，搭建面向客户的主动服务平台；借助信息平台，实时跟踪和采集产品使用信息，实现产品远程监控和及时维护，提高服务水平；通过网上交易系统，与客户联系沟通，搜集客户需求信息，实现按需设计产品，实现柔性生产、定制服务和主动服务，满足产品多样化和市场细分的需求。

五是进行跨产业分化与融合。利用自身内部部门自营服务业务，节约交易成本和提高专业性；外包服务业务给专业化的第三方服务企业，以获取更专业、更高水平和更低成本的配套服务。

（二）企业所有制结构问题的对策

1. 加快促进国有企业转型升级

一是明确国有装备制造企业分类。在装备制造企业中，民营企业不论在数量、规模，还是在收入、利润方面均已占据绝对优势，由此可以判断装备制造行业属于充分竞争行业，但不可否认的是国有资本在装备制造行业中仍发挥着重要作用，对装备制造业的创新、技术进步、国家安全等方面发挥着重要作用，国有企业和国有资本是推动装备制造业健康发展的重要力量。

二是积极推动国有装备制造企业混合所有制改革。对主业处于充分竞争的装备制造企业，实行公司制股份制改革，积极引入其他国有资本或各类非国有资本实现股权多元化。同时，对于航空航天等主业关系国家安全、承担重大专项任务的重要行业或关键领域，要保持国有资本控股地位，支持非国有资本参股。对特殊业务和竞争性业务实行业务板块有效分离，独立运作、独立核算。

三是激活隐形装备制造国有资本。装备制造业的国有改革不是把企业一窝蜂地从传统产业推到新兴产业，而是要改变粗放式生产，通过精细化、集约化的管理，通过创新，不断提高产品质量和品牌价值，将企业手中掌握的资源价值最大化，发现和有效利用“隐形国资”就是其中一个重要着眼点。一方面，可以通过大数据、电商平台等“互联网+”方式，唤醒装备制造类国企沉睡的数字资产。提高对数据的“整合能力”，通过“整合”实现数据的“增殖”，国企凭借手中掌握着的优质数据资源，将分析应用范围更加深入地锁定到产业的设计、制造甚至是技术的创新环节。另一方面，积极开辟技术新蓝海。军工类装备制造企业研发的各类尖端技术不仅可以保家卫国，还可以投入民用，从而产生巨大的价值，可以在国有企业内部设计“双创”平台，激发科研人员活力。

2. 增强民营企业竞争力

（1）营造创新创业发展的良好氛围

一是构建创新创业的良好政策环境。首先，进一步完善政府职能。完善公平竞争市场环境，增加公共产品和服务供给，为创业者提供更多机会。逐步清理并废除妨碍创业发展的制度和规定，加快出台公平竞争审查制度，建立统一透明、有序规范的市场环境。依法反垄断和反不正当竞争，消除不利于创业创新发展的垄断协议和滥用市场支配地位，以及其他不正当竞争行为。进一步清理和规范涉企收费项目，完善收费目录管理制度，制定事中事后监管办法。其次，加快社会信用体系建设，开展重点高新技术企业信用评级试点工作，建立高新技术企业信用报告制度，开展信用融资。最后，完善基层创业支撑服务，加强城乡基层创业人员社保、住房、教育、医疗等公共服务体系建设，完善跨区域创业转移接续制度。健全职业技能培训体系，加强远程公益创业培训，提升基层创业人员的创业能力。

二是建立健全产权保护机制，研究商业模式等新形态，研究对创新成果的知识产权保护办法，加强对重点产业、关键核心技术、基础前沿领域知识产权的保护力度。完善知识产权快速维权与维权援助机制，缩短确权审查、侵权处理周期。加强专利执法、商标执法和版权执法，加强行政执法部门与司法机关之间的信息互联互通。加大对反复侵权、恶意侵权等行为的处罚力度，探索实施惩罚性赔偿制度。积极推进知识产权交易，加快建立全国知识产权运营公共服务平台。支持企业、产业技术联盟构建“专利池”，建设基于互联网的研究开发、技术转移、检测认证、知识产权与标准和科技咨询服务的平台。加强对各类企业法人财产权的保护，依法保护企业家创新收益。企业以法人财产权依法自主经营、自负盈亏，有权拒绝任何组织和个人无法律依据的要求。

（2）完善金融政策

一是设立政策性小额贷款公司。通过政策扶持，出台专门针对小额贷款公司的税收减免政策和其他优惠政策，同时，地方政府也应出台相应的退税、奖励措施，降低和减免有关费用，与金融机构建立合作机制，改善小额贷款公司的经营环境，以低成本周转贷款的方式，为经营正常、短期资金周转困难的中小企业提供低息转贷资金，降低企业融资成本，解决中小企业转贷融资需求。

二是建立政策性融资担保机制。政府出资设立政策性再担保公司和行业性专业担保公司，采取“政府政策扶持、市场化方式运作”模式，设立担保专项资金。完善国有资本持续补充机制，支持符合条件的政策性融资担保机构在多层次资本市场上市，建立资本市场股权融资长效机制，不断提升担保能力。集中现有各类政府性中小企业扶植补贴资源，统一为政策性担保及再担保公司提供风险补偿。

三是做实股权交易中心。扶持中小微企业的政策应向交易中心汇集，推动股权交易中心作为有政府公信力的平台积极探索资产证券化产品的发行和交易，以及对股权众筹业务的设计和推广，并支持小额、多次、快速的私募融资，对接各类财富管理机构。在中心加挂中小微企业投融资服务中心和企业上市实训基地牌子，搭建社会资金与实体经济直接对接的平台，满足不同企业多种融资需求。

四是开展中小微企业贷款保证保险。组织实力较强、信誉良好、经营管理经验丰富的银行和保险机构参与创新，保险公司建立共保体，主承保公司牵头成立“小额贷款保证保险运营中心”，为小微企业贷款提供“一站式”服务。实施银保风险共担，形成担保公司、银行和政府的风险分担机制，通过推动“银政担”合作帮助中小企业增信。同时，政府设立小额贷款保证保险风险补偿机制，对保险公司未能追回的风险损失给予一定比例的风险补偿。

（3）完善财税政策

一是完善税收优惠政策。继续加大对小微企业等税收优惠政策的落实力度，确保符合条件的纳税人应享尽享，提高月销售额起征点，扩大政策的覆盖范围，继续加大对小型微利企业的所得税减半优惠力度，将小型微利企业减半征税的年应纳税所得额由20万元扩大到30万元，并延长政策执行期限，进一步扶持小微企业发展。出台对高端科技人才的个人所得税实行减免的政策，或先征后返的政策。同时，降低众创空间等孵化服务机构税收优惠政策准入门槛。

二是统一小微企业标准与行业免税标准。尽快统一属于税收层面的“小微企业”的定义，依据《中小企业划型标准规定》（工信部联企业［2011］300号）来划分大型、中型、小型和微型企业，再依据不同税种和不同标准给予小微企业不同的税收优惠，避免征纳双方产生歧义，以增加政策的可操作性。制定行业免税标准，分行业对小微企业制定免税政策，根据不同行业划分不同的免税额度。

（三）企业组织结构问题对策

1. 加大行业企业整合力度

一是提高产业集中度。解决企业规模过小、集中化程度过低的市场结构问题，促进重大装备制造业优势企业的形成；扶持主导产业发展，提高产业国际竞争力；针对成熟行业，实行反垄断政策，防止经济力量过分集中，以维持市场健康运行①。

二是促进企业的兼并和联合。通过推行企业的并购重组，特别是大型央企，重塑产业生态，抑制企业间过度竞争，让中国装备制造业告别“丛林时代”，将“产融结合”作为推动并购重组的基本模式，提高市场集中度以实现优化制造业组织结构，发挥规模经济效益。企业联合主要采用建立装备制造业企业间的专业化分工协作关系和培育、兼并企业集团两类方式，借此达到企业间业务分工协作及财务最优化设计的目标。

① 孙麟：《中国有色金属产业整合研究》，武汉理工大学博士学位论文，2012，第146页。

2. 发挥大企业的骨干和引领作用

一是积极培育大型装备制造企业。大型装备制造企业在技术创新、标准制定、品牌培育等方面加快发展步伐，为中国装备制造业迈向中高端增添核心驱动力。各级政府可以结合本地产业优势，研究梳理重点行业的骨干企业，建立重点培育和指导企业名单库，全面加强对大型装备制造企业的跟踪、指导和服务，打造一批叫得响、立得住的航母级装备制造企业。

二是积极推进国际产能合作。大型装备制造企业不仅要瞄准国内，更要放眼世界，牢固树立全球思维，在推进国际产能合作方面做文章。注重质量信誉品牌服务的提升，注重装备标准技术管理，注重自身发展以带动产业链整体提升，通过“走出去”，深度参与国际竞争，倒逼国内装备制造业转型升级，促进产业对外开放。同时，金融部门要加大对装备制造业“走出去”的扶持力度，推动“产业＋金融”组成联合体，实现集群式发展，带动产业链走出去。

3. 推动中小企业发展①

扶持中小企业和创业企业，着力培养一大批高成长性中小企业，激发中小企业创业创新活力，通过做大中间企业群体，发展一批主营业务突出、竞争力强、成长性好、专注于细分市场的专业化“小巨人”企业。

充分运用互联网，强化中小企业公共服务平台网络建设，发挥大企业的辐射和带动作用，运用众创、众包、众扶和众筹等新理念和新模式，利用云设计、网络制造，以及开源软硬件和开源社区，支持企业开展研发活动，推动大众创业、万众创新。突出“专、精、特、新”路径引导，设立支持小微企业创新转型的专项资金。聚焦全方位拓展融资服务体系，组建缓解中小企业过桥融资困难的转贷引导基金。对小企业产业园和创业基地建设进行科学规划，发挥中外中小企业合作园区示范作用，利用双边、多边中小企业合作机制，支持中小企业走出去和引进来。促进装备制造业中小企业与高校毕业生有效对接，广泛吸纳高校毕业生到装备类中小企业就业。

4. 提高专业协作化水平

一是重视协作体系的建立和完善。以立法促进合作关系的建立，并以法律形式规范中小企业与大企业合作的公平、顺利运行。

---

① 阿里研究院：《互联网＋：从 IT 到 DT》，机械工业出版社，2015，第51～61页。

二是鼓励形成“大中小企业共生”的竞争合作关系。促进分工发达、竞争合作的企业共生网络的建设，促使寡头垄断企业利用规模经济优势和市场影响力形成市场优势[①]，帮助专业化水平较高的中小企业适应市场的多样化需求并降低社会生产成本。

三是开展不同形式的合作。大企业与中小企业开展配套协作，有效降低成本；中小企业之间进行相互合作[②]，促进各成员间生产、销售及其他方面的交流。

四 中国装备制造业节能减排方面的政策建议

（一）加强能源及材料管理

1. 提高能源材料利用率

一是简化产品设计。在对装备制造业的相关产品进行设计时，应大力提倡简约化设计理念，通过减少零件数量、减轻零件重量、易于拼接及拆卸、简化工艺流程等办法，不仅可以减少原材料的使用量，减少不必要的材料消耗，还可提高材料、产品的回收率，减少对环境的再次污染。

二是优化产品工艺。一方面要淘汰高耗能、高耗材、污染排放量大、排放物危害程度高的制造工艺，如尽量减少或简化用热处理工艺加工材料，可以选择用低淬透性钢、低碳马氏体钢、贝氏体钢等热处理工艺相对简化的钢材代替普通钢材，提高产品的节能效果。[③] 另一方面要优化传统工艺。通过优化工艺参数、工艺设备和相关工艺材料等方式，促进传统工艺升级，提高材料的使用率，减少不必要的能源消耗。

三是提高产品回收利用率。应建立产品回收利用制度，对于老化报废的产品，应及时送到相关单位进行拆卸回收，对可重复利用的零部件要通过翻新、修复等手段再次循环使用。同时，要通过对大型废钢破碎剪切、稀贵金属精细

---

① 徐田华：《中国产业组织合理化问题研究》，中共中央党校博士学位论文，2014，第145页。

② 梅强、席国平：《江苏省大中小企业专业化协作现状及发展对策研究》，《科技管理研究》2011年第20期，第126页。

③ 刘志红：《装备制造企业发展与低碳经济》，《现代机械》2012年第1期，第8～13页。

分离提纯、塑料改性和混合废塑料高效分拣、废电池全组分回收利用、报废汽车和废旧电器破碎分选等技术，提高产品的回收效率与再次使用率。

2. 加强能源及材料信息化管理

一是提高能材消耗的信息化采集能力。能源材料管理离不开信息的采集，装备制造业企业生产过程应通过信息自动化设备对多环节、多工序进行能源及材料消耗的实施监控，动态、全面地传输能材使用数据，以减少零部件磨损、人力资源浪费和能源过度消耗。

二是综合运用多种自动化控制手段。现代装备制造业企业要提高能材使用效率，还必须结合自动化设备，进行多工艺、多工序、多流程的综合管控，研发带有自主知识产权并与企业生产相契合的控制系统，对生产中各项能材消耗参数进行详细检测，提高自动化控制的精度，从而全面提升企业能材的使用效率。

三是采用全生命周期信息管理系统。全生命周期信息管理系统的应用，可以使装备制造企业在相关设备的规划、设计、制造、选型、购置、安装、使用、维护、维修、改造、更新直至报废的全过程，都有相关信息数据的记录以及最优化管理的处理控制，使企业获得在设备生命周期内最经济的使用方式，达到综合产能最高的使用效率，减少人力资本的投入，从而可以避免企业重复购置多余设备、降低设备维护成本、延长设备使用期限、提高设备利用效率。该系统可以使企业在能源、设备投入一定的前提下实现最大产能，从而提高企业单位能耗的产出值。

3. 创新能源及材料管理模式

一是在企业内部进行能源材料的管理激励。即与相关部门或人员签订能材激励合同，由企业规定具体的能材使用数量，由相关部门或人员提供节能减排设计方案并进行相关管理，在合同期满时由企业对能材使用情况进行审计评估，节约部分作为奖励，超出部分作为惩罚，这样既可提高企业对能材预算的准确度，又能提升企业内部节能减排的积极性与主动性。

二是在企业外部引入“节能服务公司”。“节能服务公司”是一种在 20 世纪 70 年代起源于发达国家的节能机制，在美国、加拿大等发达国家发展迅速，正逐渐成为新兴产业，我国装备制造业可以借鉴相关经验。在该模式下，用能单位可以直接与“节能服务公司”签订合同，由其进行能源管理，用能单位以节能效益支付节能服务公司的投入及其合理利润。在该种服务模式下，企业可以用未来的节能收益升级相关设备，以降低运行成本。合同能源管理不仅可以挖掘企业节能潜力，改善能源利用率低的状况，而且可以为用能单位提供无风险的途径来改善能源利用率，实现用能单位、节能服务公司的双赢。[①]

（二）推动产业绿色化健康发展

1. 推进绿色装备制造业发展

一是增加绿色原材料的使用比例。在建设绿色装备制造业的过程中，应当严把材料关，选择环境兼容性强的材料来代替有毒、有害及有辐射的材料，降低对人与环境的危害程度，同时，用清洁型材料代替高污染材料，用易降解材料代替不可循环材料，以减少产品对环境的不良影响。

二是加快产业改造升级。对装备制造业的产业进行升级改造，加强对绿色装备、技术研发、改造的支持力度，在企业实现绿色生产。通过提高装备制造业的信息化水平，带动高端产业的绿色发展，大力培育绿色装备制造业。同时，按照工信部《高耗能落后机电设备（产品）淘汰目录》的要求，淘汰部分落后产能。

三是加强节能环保技术、工艺和装备的研发力度。首先，要加强绿色工艺的研发力度。重点开发余热余压回收、水循环利用、重金属污染减量化、有毒有害原料替代、废渣资源化、脱硫脱硝除尘等绿色工艺，以减少污染物的排放及污染程度。其次，要加大轻量化技术的研发力度。通过轻质材料、轻量化结构、轻量化组件等领域的创新，实现装备制造业产品的轻量化生产，以减低材料消耗。另外，还要加大对清洁高效铸造、锻压、焊接、表面处理、少无切削加工、特种加工等加工工艺的研究，从而强化绿色装备制造业的工艺水平。

四是建立绿色数据中心与基站。在大数据时代，装备制造业的节能减排工作也要更加深入全面地利用网络优势，将各项节能减排的技术、工艺、设备的具体数据汇总，建立绿色数据中心。使行业内的企业都能获知最新的节能减排方法，并可使企业将自己企业内部数据与中心数据进行比对，分析进一步节能减排的方向与路径，发挥大数据优势，增强信息共享，大力促进绿色装备制造

① 尚天成、陈紫微、刘培红、张凯：《合同能源管理项目关键成功因素研究进展》，《北京理工大学学报》（社会科学版）2016 年 5 期，第 30 ~ 35 页。

业的发展。

2. 加快绿色产业园区建设

一是推进装备制造业园区的循环改造。在企业与政府资金的支持下，推进现有装备制造业园区的循环改造，在园区内建设废旧设备交换利用、能量分质梯级利用、水分类循环再利用等相关设备，促进园区内物流、能量流、水流的合理、高效、重复利用，打通园区的循环利用链条，从而提高能源的使用效率，减少污染排放。

二是实现园区节能减排利益共享。大力发挥产业园区的集聚效应，在企业间建立节能减排技术共享机制，缩短产业链条，密切产业上下游企业的协作，降低节能减排研发投入的总体水平，减少不必要的能材流动损耗，提高集群整体节能减排的效率。

三是加强园区节能减排服务企业建设。在装备制造业绿色产业园区的发展过程中，应充分重视服务企业的建设，通过设立检测服务机构、能源审计机构和合同能源管理服务平台等节能服务产业，提高园区内部节能工作的质量及管理效率。通过设立污水和垃圾处理、烟气脱硫脱硝治理、绿色认证等环保服务产业，可以提高园区污染排放的治理力度。通过设立对高值易损部件进行修复的专业化服务企业，延长园区相关设备的使用年限，减少不必要的设备投入，避免重复建设。

（三）加强节能减排制度建设

1. 健全评估监督机制

一是制定产业节能减排的具体评估标准。装备制造业行业应当根据国家节能减排的具体要求，尽快制定适用于本行业发展需要的节能减排评估标准，使企业从原材料选择、生产加工、存储销售到最后设备回收都有具体、明确的指标作为参照，从而使企业在开展节能减排工作时有据可循。同时，要完善企业节能减排评价指标，细化评价标准，使企业节能减排工作公开化、透明化。

二是制定产业节能减排的相关政策法规。相关部门应尽快制定针对装备制造业节能减排工作的相关政策法规，并加强对该工作的指导与宣传力度，提高全行业的减排意识，使企业有法可依。

三是建立专门管理机构。在装备制造业行业内部设立专门的节能减排监管部门，其中包括技术研究部门、评估检测部门、能源审计部门等，加强对各企业相关工作的服务与监督管理。发布节能报告和对落后产品、技术、工艺的淘汰目录，并对各企业的相关情况进行及时披露。

2. 完善财政补贴制度

一是加大财政补贴力度。加强对装备制造业的补贴力度，通过减免租金、减免税收、投资补贴、消费补贴等方式鼓励绿色装备制造产业发展壮大。认真落实资源综合利用税收优惠政策和节能节水环保专用设备的所得税优惠政策等相关补贴政策。另外，对于装备制造业节能减排的补贴，不应仅局限于生产环节，还应兼顾消费环节，对于购买绿色装备制造产品的消费者应给予一定的优惠与补贴，扩大该类产品的销售规模，相当于从另一个层面支持该行业的进一步发展。

二是建立装备制造业绿色采购制度。首先，各级政府应建立对应用环保、节能的工艺和技术生产的产品和设备的强制和优先采购，在同等条件下应优先支持中小企业，促进中小装备制造企业绿色产品的开发、生产。提高采购产品的绿色标准，扩大采购范围。其次，对装备制造业节能减排领域的技术创新产品给予重点采购，鼓励企业加强该方面的投入力度。另外，还要增加对新能源相关设备的政府采购力度，在促进这些企业发展壮大的同时，也可以推动其他行业企业的节能减排工作。

三是设立节能减排专项基金。通过在装备制造业内部设立节能减排、清洁生产专项建设基金，大力支持被工信部列入绿色制造专项行动的各重点项目。同时，通过信贷、债券等金融手段，建立装备制造业绿色产业发展基金，支持行业内企业进行绿色产业的升级改造及相关项目的研发。

3. 建立节能减排倒逼机制

依照行业节能减排的具体指标体系，对不能按期保质完成节能减排标准的企业坚决给予退出行业的惩处，从而使企业更加积极有力地实施节能减排升级改造。并且提高行业整体准入标准，坚决控制“两高一资行业”的无序发展，[①] 倒逼企业提高节能减排实施力度。

---

① 王树华、陈柳：《制造业转型升级中的增量调整和存量调整》，《现代经济探讨》2014 年第 6 期。

五　中国装备制造业对外经济方面的政策建议

（一）进出口贸易方面政策建议

1. 加快培育外贸竞争新优势

坚持创新驱动，协同扩大对外开放，深化流通领域改革、加强知识产权保护，集成生产要素、国内需求、产业聚集、技术能力等硬件条件及国家价值观、历史、文化等软实力，加快培育形成以技术、品牌、服务、质量为核心的竞争新优势。培育外贸竞争新优势并与产业转型升级相互促进，发挥产业升级的引领作用，鼓励企业以设备进口、境外并购、国际招标、招才引智等方式引进先进技术，形成更为合理的产业链分工，以健康的实体经济支撑外贸综合素质的提升。

2. 全面参与自贸区建设

加快对上海自贸区建设经验的复制、推广和二次创新，进一步简化行政审批手续，完善海关、税务、质检、商务等部门的沟通协调机制，加强网上服务系统的兼容互通。[①] 探索满足跨境电子商务和外贸服务综合平台等新型贸易方式发展的通关、质检和退税工作方式，提升综合服务水平，改善对外贸易公共服务体系，降低对外贸易运营成本。

3. 采用多样化的外贸政策措施

注重引进新设备，鼓励开展引进消化及吸收再创新政策；[②] 完善出口退税政策，适当提高部分高技术、高附加值装备产品的出口退税率；为开展海外工程承包项目、并购国外装备制造企业或研发机构等经济活动提供信贷支持；建立信息披露制度，为企业发布产能合作情况、进出口情况、行业内企业重组等信息。

4. 完善贸易摩擦处理机制

加快适应新的国际经济规则，逐步从边境开放向境内体制性开放过渡，使

① 中国社会科学院工业经济研究所：《2015 中国工业发展报告——“十三五”时期中国工业发展展望》，经济管理出版社，2015，第 135 页。

② 徐勃：《河北省装备制造业出口结构调整研究》，河北经贸大学硕士学位论文，2012，第 31 页。

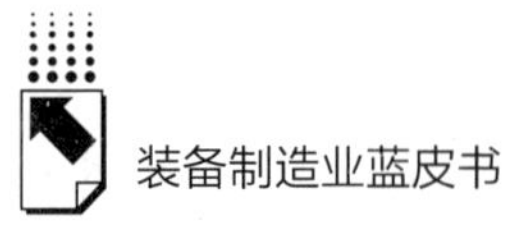

国内法律、政策措施与国际规则接轨，积极加入新一轮国际贸易规则谈判。重视对外贸摩擦风险的化解，帮助国内装备制造企业加深对东道国产品安全、规格等方面的认识，熟悉各方面法律法规，有效较少贸易摩擦。

5. 提升在国际贸易中的话语权

顺应 WTO 多边贸易体制改革及世界范围内区域经济一体化制度创新的潮流，分析判断我国经济发展阶段，以及国际地位变化的现实和趋势，积极参与全球治理体系建设，推动我国的全球经济治理地位由遵守、适应国际经贸规则，向主动参与经贸规则制定方向转变。借助《中国制造 2025》，推动我国装备制造业标准的国际化，妥善处理与欧美等主要竞争对手的关系，建立健全全球价值链规则的制定与利益分享机制，实现装备制造业中国标准国际化和海外的推广应用。

（二）对外投资方面政策建议

1. 健全政策引导及保障力度

进一步加大政策引导力度，做好中国装备制造业对外投资的引导工作，鼓励海外投资发展较好的企业发挥示范作用，适当加大对不规范企业的惩戒力度，促进中国装备制造业对外投资整体水平的提高，推动中国装备制造业行业协会对海外环境、法律、法规的了解。

2. 完善对外投资公共服务系统

完善包含投资东道国的政治、经济、社会、文化、劳工、法律、环境等信息的资源共享平台，通过与国际组织、国家相关机构、驻外使领馆等密切沟通协作，持续进行信息的更新与研究，在信息服务和风险防范预警方面给予企业以更多指引和支持。在海外建立中国企业交流平台，促进当地中国企业相互学习交流，加强企业的协同效应。

3. 提高对外投资治理能力

注重对外投资的可持续发展理念，将可持续发展与产品战略、市场战略、技术战略相结合，并作为公司治理的一部分，借此树立公司形象，构建品牌价值，增加经济效益。建立并完善利益相关方沟通机制，保障海外利益相关方的知情权、监督权和参与权，建立相应沟通参与机制，定期与利益相关方进行沟通并主动接受各方监督。促进透明化管理，定期聘请第三方专业机构对企业履责情况进行评估，并披露评估结果。

4. 拓展对外投资合作方式

对外投资合作应注重采取多样化的合作方式，装备制造业走出去既要鼓励基础设施建设、建设生产基地等传统境外投资方式，也鼓励通过设计咨询和前期规划等带动设备输出、技术和标准输出，积极建立境外经贸合作区，为国内装备制造企业的对外投资提供发展平台。

5. 积极参与亚投行建设项目

借助亚投行的政策目标，参与区域内相对落后国家基础设施的投资建设，参与“一带一路”沿线国家和地区的产业合作、能源合作等①，帮助中国企业开拓潜在的海外新市场，同时，加速我国融入国际市场的步伐，推动我国装备制造产业融入区域内及全球的高端市场，促进“高精尖”产业的发展。

6. 建立完善环境风险防范机制

高度重视防控环境风险，建立和完善符合东道国政府法律法规与国际规范要求的环境安全管理体系，尊重、考虑利益相关方的知情权，定期向东道国各利益相关方披露企业环境管理方面的信息，使企业运营更加公开透明，持续提升企业活动在环境方面的综合绩效。

7. 积极实施本土化战略

支持东道国经济的发展与繁荣，重视和熟悉东道国的法律法规，主动将自身的商业运营与东道国的经济社会发展目标和区域经济规划相结合，寻找优势互补的经济合作发展路径，推进互利双赢、合作发展和可持续运营。商业运营要坚持公平、公正、公开原则，平等对待承包商和供应商，严防欺诈、商业贿赂和舞弊现象，不以恶意压低价格和合谋等短视行为和手段谋取商业机会。提高本地化采购比例，促进东道国供应链发展和产业水平的提升，在同等条件下，优先选择本地供应商和承包商，选派经验丰富的本地员工或当地第三方机构负责采购环节的业务沟通、质量监督和进度把控，鼓励有条件的企业在东道国建立供应商网络。

① 张晓兰：《亚投行的多重作用》，和讯新闻，2015 年 5 月 12 日，http://news.hexun.com/2015-05-12/175736572.html。

8. 树立良好的社会责任意识

采用多元化策略，关注当地设施建设，参与当地基础设施工程建设，援建医院、学校、政府大楼等，为东道国当地经济的发展和社会福祉的提高做出贡献，提高企业的责任意识和当地认同度。重视建立和谐劳资关系，加强跨文化的沟通与管理，建立和完善适应当地用工规范的人力资源管理体系，为当地雇员提供更多的就业和培训机会，激发当地员工的工作热情和创造力，增强归属感和凝聚力。通过商业合作，促进当地就业和人才培育，提升东道国可持续发展能力的提升。

（三）对外商直接投资方面的政策建议

1. 提高外商直接投资的总体质量

控制外资“入口”的质量，对外资的规模、来源、投资产业和投资方进行严格的审批，从源头上提高引进外资的质量。注重引进高质量外商投资项目，引进规模较大、技术水平相对较高的项目。对外商投资按照质量差异分级管理，发挥各种类型外资的优势。①

2. 促进外商直接投资结构的合理化

根据外商投资类型和不同地区优势产业及发展需求，制定相应的结构调整目标和计划，树立技术竞争理念，引导外资进入技术密集型和资本密集型的装备制造产业，注重发展高端和智能化装备制造业，充分借助产业优化的政策导向，走新型外商投资发展道路。

3. 加强与外商投资企业的沟通机制

加强利益相关方与外资企业的沟通机制，不同地区应因地制宜，根据当地民众需求，制定外资企业的社区发展措施；利益各方与外资企业联手建立创新型沟通及反馈机制，设立公共服务机构，由社会责任部门作为利益各方与外资企业的沟通桥梁，协助沟通和调解；增强各国驻华使领馆与中国的沟通和信息共享，建立定期的各方沟通和信息共享机制，由各国使领馆提供外商投资方的需求和建议，提高双方沟通能力。

---

① 安婷婷：《山西利用外商直接投资质量研究》，山西财经大学硕士学位论文，2012，第40页。

4. 促进外商直接投资环境的改善

继续深化体制机制改革，提高对外开放水平，废除地方保护主义，保护合法经营，创造公平竞争的市场环境。完善外商投资相关法律法规，努力为外商投资创造统一、稳定、透明、可预见的法律环境和政策环境。优化外商投资的服务环境，改善对外商企业的服务，减少审批事项，简化审批程序，提高透明度和办事效率，提高各级公务员的素质水平①。

① 沈凯文：《宁波市外商直接投资环境分析》，西安理工大学硕士学位论文，2008，第48页。

行　业　篇

Industry Reports

B.5
重型机械行业

姚丽媛　刘　宫*

摘　要：　本章在概括重型机械在国际市场发展现状和趋势的基础上，从矿山机械、冶金专用设备、物料搬运设备三大子行业的角度，结合数据重点分析了2015年我国重型机械的总体运行情况和发展趋势。数据显示，2015年，重型机械行业在经济运行艰难、市场需求不足的挑战和考验下，运行总体处于持平态势。主营收入增速继续大幅下降，效益尚保持略有上升；研制出一批重大技术装备和升级换代的新产品；“走出去”稳步推进；行业企业洗牌加剧。基于行业产能过剩、创新能力不足、转型步伐缓慢等问题，我国重型机械行业应进一步优化产业结构，推进兼并重组，加强企业自主创新能力，提高产业综合

* 姚丽媛，助理研究员，机械工业经济管理研究院产业经济研究所，主要研究产业经济、产业政策；刘宫，远洋集团写字楼事业部副总经理。

竞争实力。

关键词： 矿山机械 增速下滑 结构优化

一 重型机械行业定义和分类

（一）定义

重型机械行业是机械装备制造业的重要子行业之一，是冶金机械、重型锻压机械、矿山机械、物料搬运（起重运输）设备以及为重大技术设备制造提供大型铸锻件制造业的合称。

（二）分类

按照《国民经济行业分类》（GB/T 4754－2011）新标准的规定，重型机械行业的细分行业包括冶金设备、矿山机械、轻小型起重设备、起重机、生产专用车辆（应称为工业车辆）、连续搬运设备、电梯自动扶梯及升降机、其他物料搬运设备八个行业小类，其中轻小型起重设备、起重机、生产专用车辆、连续搬运设备、电梯自动扶梯及升降机、其他物料搬运设备小类通称物料搬运（起重运输）设备（见表5－1）。

表5－1 重型机械行业分类表

代码	行业名称	代码	行业名称
343	物料搬运设备制造	3435	电梯、自动扶梯及升降机制造
3431	轻小型起重设备制造	3439	其他物料搬运设备制造
3432	起重机制造	351	采矿、冶金、建筑专用设备制造
3433	生产专用车辆制造	3511	矿山机械制造
3434	连续搬运设备制造	3516	冶金专用设备制造

资料来源：《国民经济行业分类》（GB/T 4754—2011）。

本章研究的重型机械行业的主要子行业涉及矿山机械、冶金设备及重型锻压设备、物料搬运设备等子行业。

二　国际重型机械行业发展概况

（一）国际重型机械行业发展现状

1. 市场现状

（1）高端市场被欧美占据

国际重型机械行业竞争呈欧、美、亚三足鼎立格局，其中大部分高端市场由欧洲、美国、日本国家占据。在矿山机械领域，美卓矿机是全球矿物处理和岩石加工的领先企业。在水泥生产设备领域，史密斯公司是世界上历史最久的专营水泥生产装备及工程服务的跨国公司，是当今世界上一流的全套水泥装备供应商之一。在冶金设备领域，德国的西马克、西门子奥钢联，意大利的达涅利，牢牢占据70%的国际市场份额。在大型铸锻制造领域，日本的日立、日本制钢所、韩国的斗山重工等企业在大型铸锻件国际市场上举足轻重。此外，美国的卡特彼勒，日本的小松、日立，德国的利勃海尔和瑞典的阿特拉斯科普柯、沃尔沃等著名企业所生产的挖掘机、装载机和凿岩钻机等几乎垄断了同类产品的国际市场。

（2）全球重型机械市场增长乏力

全球经济发展所面临的环境十分复杂，世界经济在激烈的调整变动过程中表现出的不适应、不平衡、不协调和不可持续等矛盾越来越突出，各种新情况、新问题、新冲突导致世界经济在复苏的进程中充满了不确定性。这种不确定性必然影响投资热情。总体而言，全球重型机械行业的发展仍处在调整、重组、精干主营和优化创新的低位徘徊期。

（3）国际市场集中度上升

国外重型装备制造企业主要厂家有韩国的斗山重工，日本的日本制钢所（JSW）、三菱重工，德国的西门子奥钢联、西马克，意大利的达涅利，法国的克鲁索等，其发展特点是向大集团、大“制造业”发展，拥有领先的技术优势，注重技术创新与市场开发的结合，走跨国公司的经营策略。比如，很多矿山机械设备企业多集中在北美、欧盟地区、澳大利亚以及中国等国家和地区，非洲、南美地区生产能力仅占总生产量的11%，世界排名前十位的采矿采石设备制造商已拥有约70%的市场份额并不断强化其技术垄断优势。

国内重机行业具有较强竞争实力的企业主要有一重、二重、太原重工、大连重工·起重、中信重工、上海振华、北方重工、上海重型等，数量相对较少，细分领域一般由2~3家主要企业占据。

2. 技术现状

（1）机电一体化技术被广泛应用

重型机械行业的机电产品逐步智能化，机电一体化技术被广泛应用于重型机械行业的每个环节。随着网络技术的不断发展，以网络技术为基础的远程监控技术也随之兴起，这种技术不断应用到冶金矿山、物料搬运等机电一体化产品生产中，开创了技术发展的新局面。

（2）大型成套热、冷连轧机技术有所突破

随着电力电子技术、信息技术及现代控制理论的发展，国际上冶金专用设备水平提高很快，大型成套热、冷连轧机技术取得了突破，主要体现在轧机主传动主流化；轧机主传动采用微处理实现数字式控制；轧线实现分级全计算机控制和综合自动化；矢量控制原理、自适应控制原理、自寻追优调节等现代控制理论的实用化，将现代大型成套热、冷连轧机的装备水平大大提高了一步。

（3）现代设计方法和新工艺得以应用

主要包括优化目标设计、可靠性概率设计、极限状态设计、虚拟样机设计、CAD/CAE设计等现代设计方法，加之采用新结构、新材料和新工艺，提高了产品设计和性能水平。各种数控切割、数控加工、数控焊接等精准工艺手段，与CAPP/CAM相衔接，实现了产品的设计与制造一体化。

（二）国际重型机械行业的发展趋势

1. 市场趋势

（1）美国需求持续走强

美国经济逐渐复苏，重新确立实体经济在国家经济中的地位，作为装备制造业的重要分支领域，重型机械产品的发展空间进一步加大。金融危机以来，美国经济开始向实体经济回归，注重出口推动型增长和制造业增长，重视国内产业尤其是先进制造业的发展，有利于促进重型机械行业的发展。

（2）欧洲需求有望扩大

欧债危机以来，为复苏经济、重振装备制造业，欧盟提出“再工业化”战略。通过加速低碳产业、信息产业的发展，加强工业的研发创新投入，积极推出促进各类工业企业发展的政策，重塑工业实体经济地位。其中，德国作为全球装备制造业中最具竞争力的国家之一，推出“工业 4.0”战略，以机械化、自动化和信息化为基础，建立智能化的新型生产模式与产业结构，将制造业尤其是装备制造业向智能化转型，从而推动装备制造业的发展。

（3）亚洲、非洲市场潜力巨大

我国出台“一带一路”战略和建设亚洲基础设施投资银行，促进沿线国家的基础设施建设，逐步形成连接亚洲各区域以及亚非欧之间的基础设施网络。其中涉及东南亚、南亚、中亚、西亚、北亚、中东欧、独联体和非洲在内的 64 个国家，这些国家总人口约 44 亿，经济总量约 21 万亿美元，蕴含巨大的市场潜力。大多数沿线国家（如哈萨克斯坦和乌克兰）都属于发展中国家，基础设施建设相对落后。“一带一路”和亚投行有利于拉动沿线国家基础设施建设，为重型机械行业提供了较大市场需求。

2. 技术趋势

（1）大型化

重型机械产品的大型化是现阶段的普遍需求，这不仅能保证产品质量的稳定性，而且能提高效率，更有效地节约成本。以矿山机械行业为例，随着矿山企业生产规模的不断扩大，为了满足市场不断增长的矿产资源需求和保证矿山企业的经济与社会效益，使采矿的机械设备也不断更新，目前，在一些大企业，大型的机械设备正在逐渐取代小型的机械设备。穿孔设备都是大型的露天设备；运输卡车载重吨位也不断增加，从早期的几十吨上百吨发展到两百吨级及三百吨级。

（2）数字化

重型机械是技术含量和集成化很高的装备，在重型机械和计算机技术、网络技术综合的基础上形成了数字化发展趋势。计算机技术的进步推动了无人采矿技术，从传统采矿工艺的自动采矿或遥控采矿向智能采矿、数字通信等无人化矿山的方向发展。通过 GPS 卫星定位和多频道无线电通信，实现车－铲－

调度室之间的信息传递，在软件上采用线性规划加动态规划的自动调度模式将大大提高矿山企业的生产效率。

（3）智能化

综合运用采矿学、自动化技术、通信技术、计算机科学与技术等，进行自动化、无人工作面开采的基础理论研究和开发新技术、新装备，使重型机械向着机器人化和智能化方向发展。矿山机械结构自检测及自诊断系统将采用集成传感器、控制器及执行器为一体的智能结构，赋予结构健康自诊断、环境自适应，以及损伤自修复等某些智能功能与生命特征，将达到增强机械结构安全、减轻质量、降低能耗、提高性能的目的，这是未来重大矿山机械产品向在线监测远程操作发展的必由之路。

（4）服务化

重型机械制造企业服务化是指制造企业从以生产物品为中心，向以提供服务为中心转变的动态过程。国外重型机械企业通过强大的技术研发能力和快捷的零配件供应能力，由制造逐渐转向工程承包，发包制造组织合作生产、现场组装调试等商业模式有效地为用户提供更加优质高效的服务，为用户创造价值。

（5）生态化

从世界重型机械行业今后的发展趋势来看，面向天然环境实现和谐发展，要求重型机械更加“生态化”，借助各种先进技术对制造模式、制造资源、制造工艺和制造组织进行不断创新，使产品在整个生命周期内不产生环境污染或环境污染最小化，资源利用率最高，能源消耗最低，实现企业经济效益与社会效益的协调发展。

三　我国重型机械行业规模分析

（一）工业增加值

2015 年，我国重型机械行业的主要子行业中，除采矿、冶金、建筑专用设备制造业增速为负值外，物料搬运设备制造业和铁路运输设备制造业均为正增长。2015 年重型机械行业工业增加值增速放缓：物料搬运设备制造业增加值同比增加 2.00%，增速较 2014 年降低 9.40%，采矿、冶金、建筑专用设备制造业增加值同比减少1.50%，增速较2014年降低6.50%，铁路运输设备制造增加值同比增加7.20%，增速较2014年降低10.10%（见表5-2）。

表5-2　2015年重型机械行业主要行业增加值增速对比

单位：%

月份	物料搬运设备制造业		采矿、冶金、建筑专用设备制造业		铁路运输设备制造业	
	当月	累计	当月	累计	当月	累计
1~2月	0.00	1.10	0.00	-1.10	0.00	21.50
3	-1.30	0.10	-8.30	-4.00	25.90	23.40
4	3.20	1	-3.20	-3.80	9.10	19.80
5	3.40	1.60	-0.40	-3.10	3.00	16.20
6	1.60	1.60	1.10	-2.30	-1.90	12.40
7	1.30	1.60	1.30	-1.80	5.50	11.40
8	2.20	1.70	1.40	-1.40	1.10	10.10
9	3.70	1.90	0.40	-1.20	-4.80	8.40
10	5.80	2.30	0.00	-1.10	0.00	7.50
11	4.20	2.50	-3.00	-1.30	3.60	7.10
12	-3.50	2.00	-2.90	-1.50	7.60	7.20

注：数据来自机经网。

本章以下如果没有特殊说明，数据均来自机经网。

（二）资产规模增速趋稳

2015年，重型机械行业资产规模达12297.92亿元，同比增长4.44%，资产规模总体呈现增长态势。按月看，资产规模年内波动较大，1~6月资产规模稳步上升后在7月出现较大下滑，7~12月恢复稳步增长。资产规模同比增速趋稳，2015年1~2月增速最高，达到6.89%，3月开始下滑，并逐渐稳定在4.00%左右（见图5-1）。

（三）固定资产投资平稳增长

2015年累计实现固定资产投资4669.03亿元，同比增长7.94%，增速较2014年降低6.75个百分点。按月看，除6月固定资产投资突出外，全年固定资产投资水平平稳增长，2015全年1~2月同比增速最高，为9.87%，其余月份同比增速较为稳定（见图5-2）。

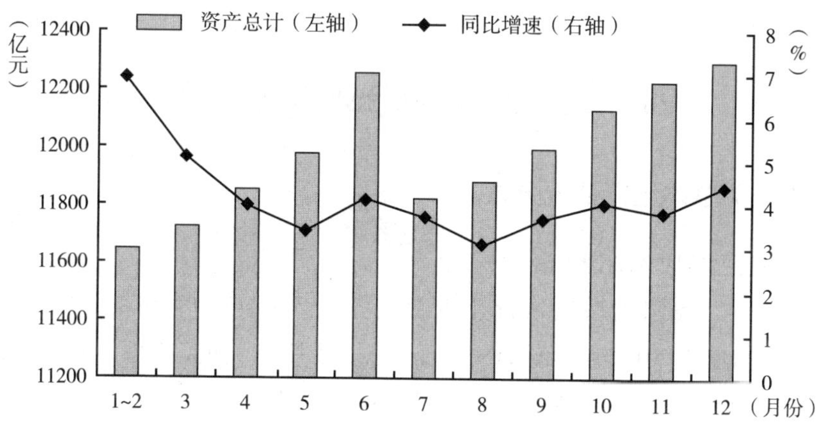

图 5 -1　2015 年重型机械行业累计资产总计及同比增速

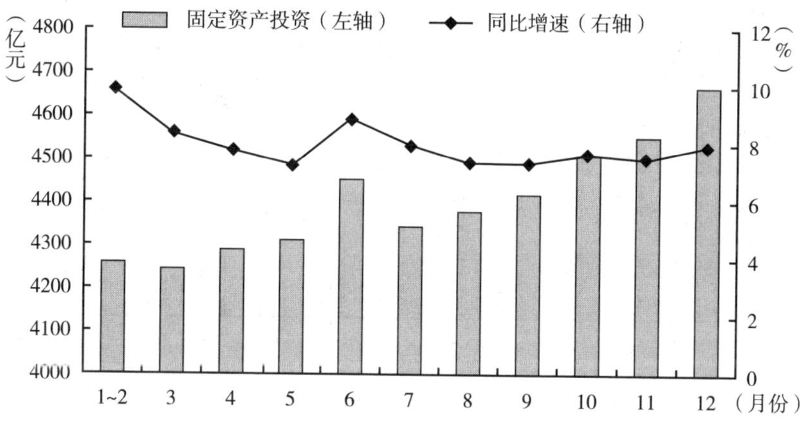

图 5 -2　2015 年固定资产投资累计完成额及同比增速

（四）产量规模普遍下降

从主要产品产量看，2015 年重型机械行业完成矿山专用设备产量 730 万吨，同比减少 8.27%；完成金属冶炼设备产量 66 万吨，同比减少 11.62%；完成起重机产量 1187 万吨，同比增长 11.31%；完成输送机械（输送机和提升机）产量 267 万吨，同比增长 0.16%；完成金属轧制设备产量 51 万吨，同比减少 17.24%。

四　我国重型机械行业的运行情况

（一）总体运行情况分析

1. 主营业务收入增速下滑

2015 年，我国重型机械行业主营业务收入 12435.04 亿元，同比增加 0.81%，增速比 2014 年降低 7.04 个百分点。按月看，重型机械行业主营业务收入单位同比增速下降明显，其中 3 月、4 月、5 月、12 月增速为负值，单月增速 4 月呈现大幅下滑，3 月增速为全年最低（见图 5－3）。

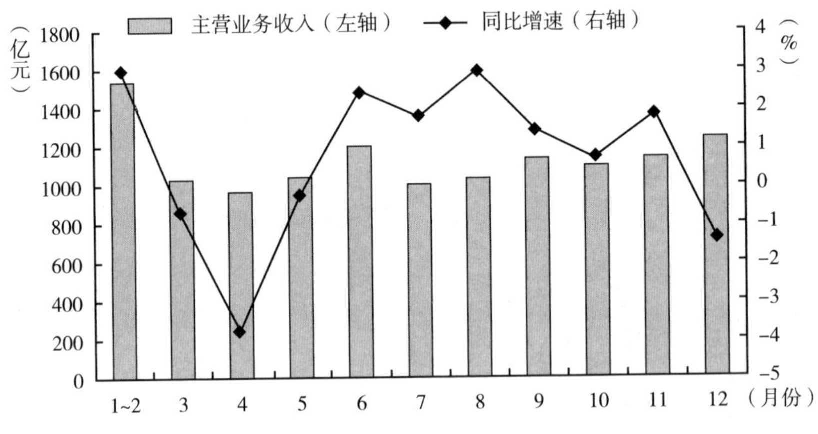

图 5－3　2015 年重型机械行业主营业务收入及同比增速

2. 主营业务成本增速与收入增速持平

2015 年，我国重型机械行业主营业务成本为 10476.70 亿元，同比增长 0.81%。增速较 2014 年下降 7.35 个百分点。分月看，重型机械行业主营业务成本 4 月增速最低，为－2.98%，6 月增速出现大幅回升，达到峰值 3.61%（见图 5－4）。

3. 利润增速实现较大增长

2015 年，我国重型机械行业实现利润为 772.65 亿元，同比增长 12.51%，增速较 2014 年上升 17.20 个百分点，利润增速远高于主营业务收入增速，重

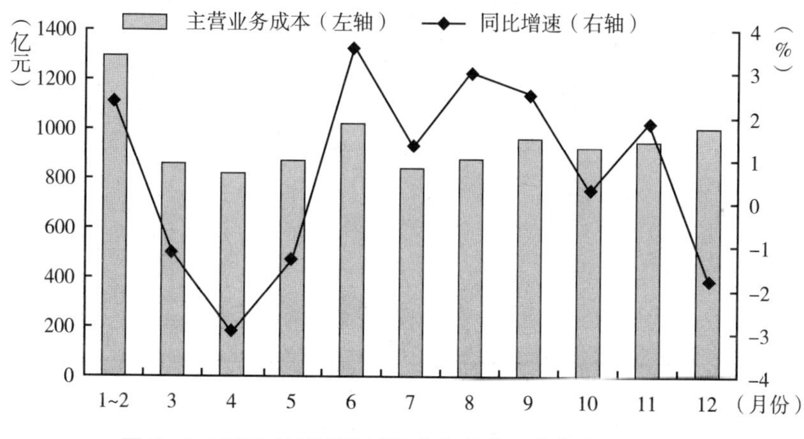

图 5－4　2015 年重型机械行业主营业务成本及同比增速

型机械行业总体运行良好。分月份看，1～11 月增幅波动较大，其中 5 月、6 月、11 月增速为负，12 月达到单月最大增速，为 193.13%（见图 5－5）。

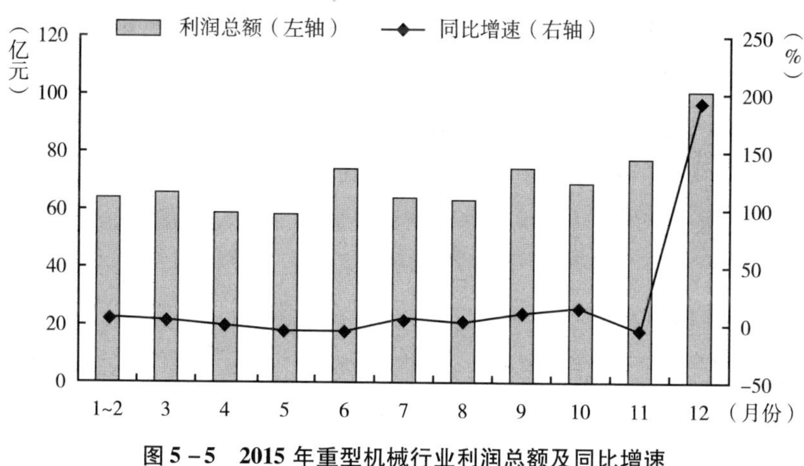

图 5－5　2015 年重型机械行业利润总额及同比增速

（二）营运能力有待提高

总资产周转率下降。2015 年，我国重型机械行业总资产周转率为 1.01 次，同比降低 3.48%，增速比 2014 年下降 2.71 个百分点。分月份看，1～2 月重型机械行业总资产周转率达到最大值 0.13 次，之后呈现下降趋势，从 3 月开始逐步稳定，12 月总资产周转率为 0.10 次（见图 5－6）。

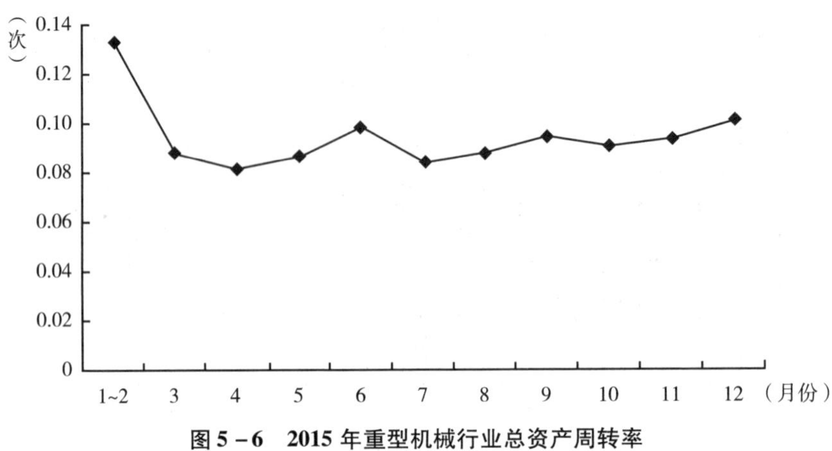

图 5－6　2015 年重型机械行业总资产周转率

（三）盈利能力增强

1. 总资产利润率逐步回升

2015 年，我国重型机械行业总资产利润率为 6.28%，同比增长 7.72%，增速较 2014 年增加 20.04 个百分点，总资产利润率较 2014 年有了较大提高。分月份看，重型机械行业总资产利润率一季度有所下降，二季度开始逐步回升，12 月达到年度最高值，为 0.82%（见图 5－7）。

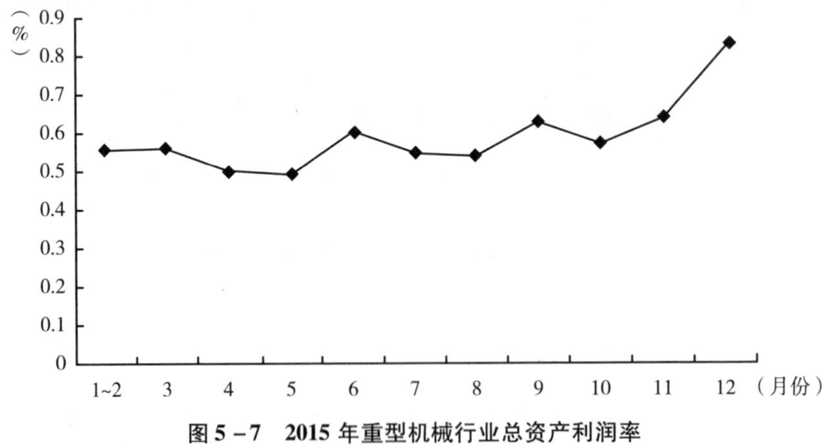

图 5－7　2015 年重型机械行业总资产利润率

2. 主营业务成本率与2014年持平

2015 年，我国重型机械行业主营业务成本率为 84.25%，与 2014 年相比变化较小，同比降低 0.01%。分月份看，重型机械行业主营业务成本率前三季度呈现小幅波动，9 月达到最大值 85.27%，第四季度出现持续下滑，12 月主营业务成本率为全年最低，为 81.14%（见图 5－8）。

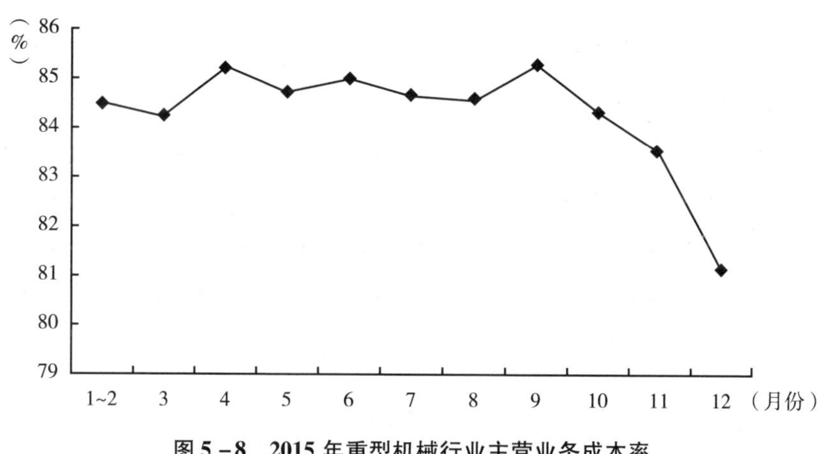

图 5－8　2015 年重型机械行业主营业务成本率

（四）偿债能力提高

2015 年，我国重型机械行业总资产负债率为 58.01%，同比降低 3.49%，增速较 2014 年减少 1.52 个百分点。总资产负债率一季度有所下降，二季度上升，7 月达到峰值 60.11%，随后逐月下降，12 月达到最小值 58.01%（见图 5－9）。

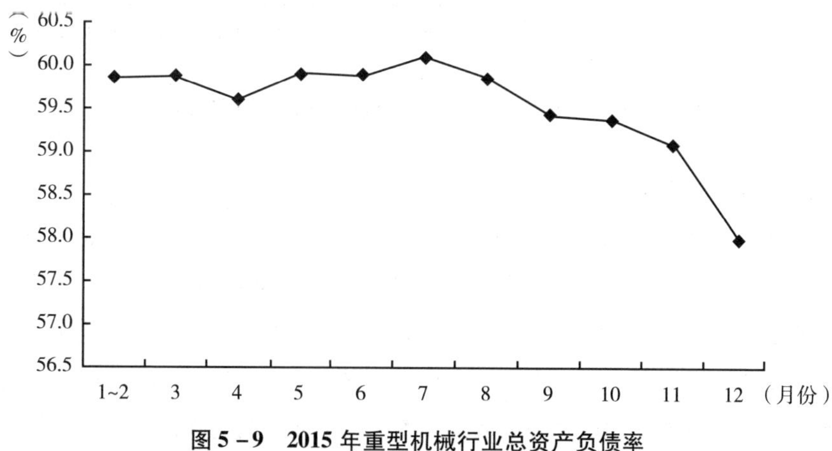

图 5－9　2015 年重型机械行业总资产负债率

五　我国重型机械行业产业结构分析

（一）细分行业结构

1. 大部分行业资产规模较快增长

2015 年，矿山机械制造业资产规模为 3915.65 亿元，同比增长 8.40%，增速较 2014 年降低 5.08 个百分点；冶金专用设备制造业资产规模为 1611.13 亿元，同比减少 25.22%，增速较 2014 年降低 31.84 个百分点；物料搬运设备制造业资产规模为 6657.11 亿元，同比增长 6.30%，增速较 2014 年减少 1.16 个百分点（见图 5－10）。

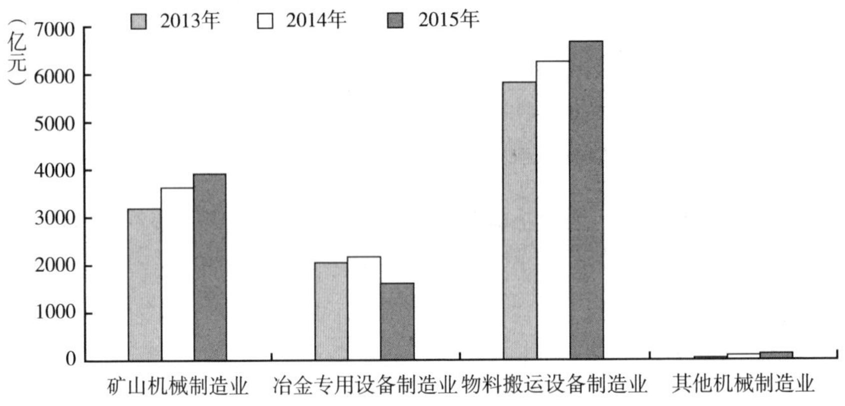

图 5－10　2013～2015 年重型机械细分行业资产规模对比

2. 主营业务收入增速下滑明显

2015 年重型机械行业各细分行业主营业务收入较 2014 年主营业务收入有明显下滑。2015 年，矿山机械制造业主营业务收入为 4173.25 亿元，同比增加 0.82%，增速较 2014 年下降 10.02 个百分点；冶金专用设备制造业主营业务收入为 1196.36 亿元，同比降低 6.96%，增速较 2014 年下降 11.00 个百分点；物料搬运设备制造业主营业务收入为 6856.61 亿元，同比降低 0.72%，增速较 2014 年降低 9.89 个百分点（见图 5－11）。

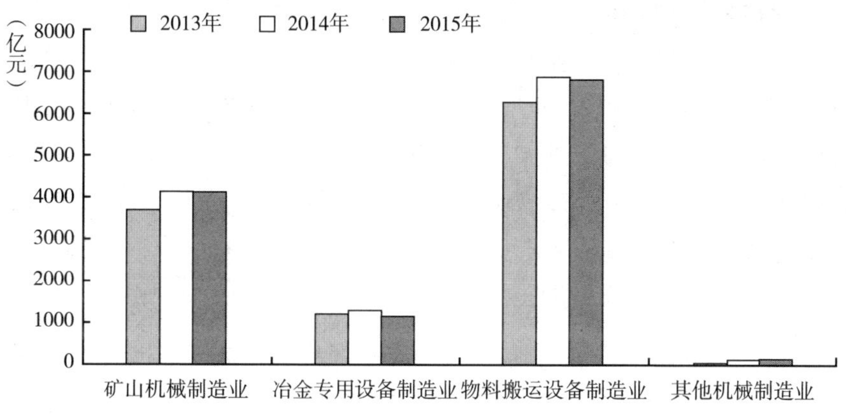

图 5－11　2013～2015 年重型机械细分行业收入对比

3. 主营业务成本增速下滑明显

2015 年重型机械行业各细分行业主营业务成本增速较 2014 年增速下降明显，各细分行业主营业务成本增速下滑速度均超过主营业务收入下滑速度，其中冶金专用设备制造业和物料搬运制造业主营业务成本同比增速为负。2015 年，矿山机械制造业主营业务成本为 3602. 57 亿元，同比增长 1. 27%，增速较 2014 年降低 10. 81 个百分点；冶金专用设备制造业 2015 年主营业务成本为 1060. 96 亿元，同比减少 6. 32%，增速较 2014 年降低 11. 81 个百分点；物料搬运设备制造业 2015 年主营业务成本 5625. 85 亿元，同比减少 1. 36%，增速较 2014 年降低 9. 92 个百分点（见图 5－12）。

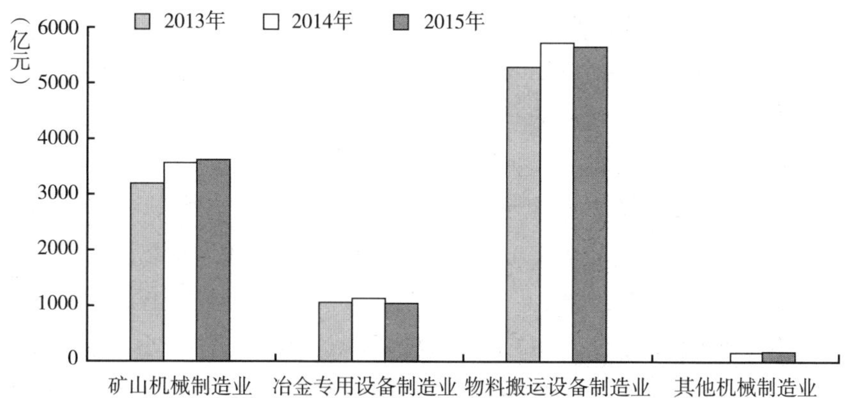

图 5－12　2013～2015 年重型机械细分行业成本对比

4. 大部分行业利润下滑

2015 年重型机械行业各细分行业利润差异明显，冶金专用设备制造业和物料搬运设备制造业利润呈正增长，矿山机械制造业和其他机械制造业利润少于2014 年。矿山机械制造业实现利润202. 48 亿元，同比减少6. 15%，增速同比降低6. 58 个百分点；冶金专业设备制造业扭亏为盈，实现利润24. 24 亿元；物料搬运设备制造业实现利润537. 88 亿元，同比增速4. 79%，增速同比下降4. 27 个百分点（见图5 -13）。

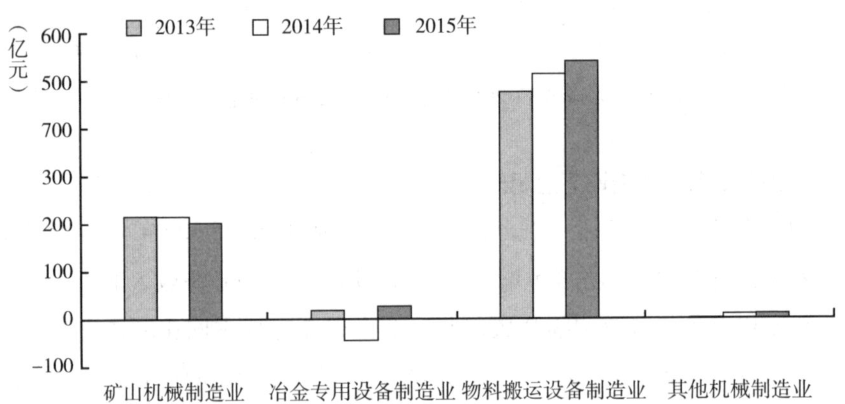

图5 -13　2013 ~2015 年重型机械细分行业利润对比

（二）企业规模结构

1. 小型企业资产增长较快

从资产规模看，2015 年，我国重型机械行业大型企业资产总额为5841. 11 亿元，占比最大，中型企业资产总额为2567. 25 亿元，小型企业资产总额达3889. 56 亿元。从增速看，近年来我国重型机械类企业资产增速整体放缓。2015 年，大型企业资产增长率不足0. 5%，中型企业资产增长率仅为4. 05%，小型企业资产增长表现较为突出，年增长率维持在11. 40%左右。

2. 小型企业收入总额最高

从主营业务收入来看，2015 年我国重型机械行业企业中，小型企业收入总额最高，为5187. 64 亿元。中型企业主营业务收入总额最低，为2909. 84 亿元。从收入增速来看，大型企业和中型企业为负增长，分别为 -3. 69% 和

-1.40%。小型企业收入依然保持正增长，增速为6.30%。

3. 小型企业主营成本最高

从主营业务成本来看，我国重型机械行业小型企业三年间主营业务成本最高。2015年，小型企业主营业务成本为4470.51亿元，大型企业主营业务成本为3561.54亿元，中型企业主营业务成本最低为2444.65亿元。从成本增速来看，和企业主营收入增速类似，大型企业和中型企业成本增长率为负值，分别为-4.35%和-1.12%。小型企业的成本增长率为6.51%。成本增长率略高于收入增长率。

4. 大型企业利润大幅上升

从利润总额来看，我国重型机械行业大中小型企业2015年利润都出现了上升态势，其中大型企业利润上升幅度最大，利润总额为279.01亿元。中型企业利润最小，为215.49亿元。从利润增速来看，三种类型企业都实现了正增长。大型企业利润增长率最高，增长率为27.87%，其次为中型企业的利润增长率，为6.59%，小型企业的利润增长率最低，为4.41%。

（三）企业所有制结构

我国重型机械行业民营企业数量最多，共3961家，其次是三资企业，共349家，国有企业数量最少，共260家。以下主要从资产、主营业务收入、主营业务成本和利润四个方面，分别对国有企业、民营企业和三资企业进行分析。

1. 民营企业资产增速较快

2015年，国有企业资产总额为4308.47亿元，同比增长1.58%；民营企业资产总额为5168.44亿元，同比增长7.79%，增长速度最快；三资企业资产总额为2331.41亿元，同比增长2.79%。

2. 国企业务收入逐年下降

2015年，国有企业完成主营业务收入1890.40亿元，同比下降16.07%；民营企业和三资企业分别完成主营业务收入7673.53亿元和2219.75亿元，同比分别增长6.62%和下降1.88%，其中民营企业收入占比较大，占重型矿山机械行业收入的61.12%。

3. 民营企业成本增幅较大

近三年，我国重型机械行业国有企业主营业务成本逐年缩减，而主营业务收入增速较快的民营企业成本也增幅明显。2015 年，国有企业主营业务成本为1600.25 亿元，同比下降 16.51%；民营企业和三资企业主营业务成本分别为6593.24 亿元和1737.92 亿元，同比分别增长 7.19%和下降 3.38%，民营企业主营业务成本增幅最大。

4. 国有企业实现扭亏为盈

2015 年，我国重型机械行业国有企业利润出现盈余。2015 年，国有企业利润盈余达 47.57 亿元，相比 2014 年亏损的 18.92 亿元，同比上升 354.41%；民营企业和三资企业分别实现利润总额 474.86 亿元和 197.72 亿元，同比分别增长 3.20%和 0.04%，国有企业利润增幅最大。

六　我国重型机械行业贸易分析

（一）进出口规模

1. 一般贸易占据主要地位

从贸易形式来看，2015 年，我国重型机械行业进出口是以一般贸易方式为主。2015 年重型机械行业一般贸易进出口总值为 105.91 亿美元，同比下降 3.88%，增幅降低了 8.58 个百分点，规模占重型矿山机械行业的 59.96%。2015 年重型机械行业加工贸易共完成进出口总额 0.69 亿美元，同比下降 33.65%，增速同比下降 86.59 个百分点，加工贸易进出口总额占重型机械行业进出口总额的 0.39%。

2. 进出口贸易主要集中在东部沿海省市

从贸易地区来看，2015 年我国重型机械行业进出口贸易主要集中在东部沿海省市。从进口来看，2015 年我国 31 个省市中，重型矿山行业累计进口排名前 10 位的省市分别是：江苏省、上海市、广东省、天津市、辽宁省、山东省、北京市、浙江省、湖北省、河北省。广东省、湖北省和河北省进口额呈逐年增长态势，其他省市进口额均出现波动。江苏省、天津市进口额在 2014 年出现回落后，2015 年回升明显（见图 5－14）。

重型矿山行业累计出口排名前 10 位的省市分别是：上海市、江苏省、浙江省、广东省、辽宁省、山东省、北京市、河北省、福建省、河南省。除湖北

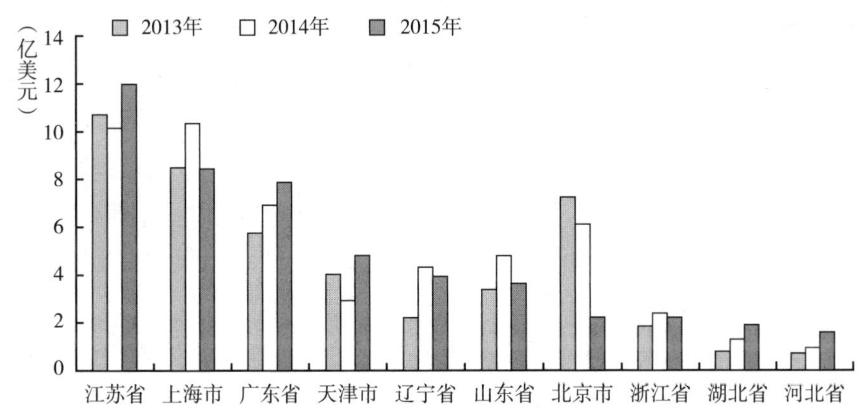

图 5－14 进口额排名前十的省市进口情况对比

注：按 2015 年进口额排序。

省和河北省出口额保持逐年增长外，其余省市出口额均出现波动。其中，北京市 2013～2015 年出口额逐年下降，2015 年出口额为 4.34 亿美元，同比降低 60.57%（见图 5－15）。

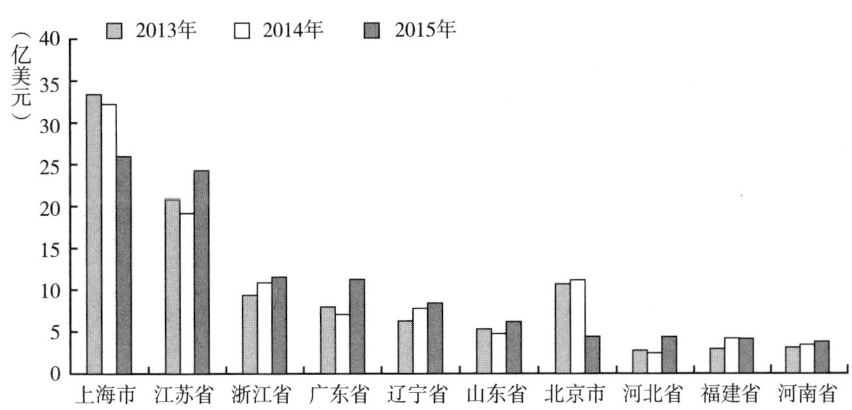

图 5－15 出口额排名前 10 位的省市进口情况对比

注：按 2015 年出口额排序。

（二）进出口产品结构

2015 年，物料搬运机械在进出口贸易中所占比重较大，其他重型矿山机械在贸易中占比相对较少。重型机械行业主要产品进口情况如下：在物料搬运设备进口方面，起重机、跨运机、装卸船机进口额为 4.70 亿元，同比增长 13.80%，占比 8.68%。输送、升降、搬运、装卸机械进口额为 33.60 亿元，同比增长 3.70%，占比 62.04%。在矿山机械进口方面，矿山采掘设备进口额为 1.54 亿元，同比下降 35.29%，占比 2.84%。在冶金专用设备制造业进口方面，金属冶炼设备累计进口额为 0.17 亿元，同比下降 70.18%，占比 0.32%。

在物料搬运设备出口方面，起重机、跨运机、装卸船机累计出口额为 30.56 亿元，同比下降 1.32%，占重型机械出口比重为 28.98%。输送、升降、搬运、装卸机械累计出口额为 25.69 亿元，同比增长 3.46%，占重型机械出口比重为 24.37%。在矿山机械出口方面，矿山采掘设备累计出口额为 5.36 亿元，同比增长 10.97%，占重型机械出口比重为 5.08%。在冶金专用设备出口方面，金属冶炼设备累计出口额为 1.83 亿元，同比增长 42.97%，占重型机械行业出口比重为 1.74%。

（三）主要贸易国家

1. 德日韩成为进口主要来源国

2015 年，我国重型矿山机械进口来源国家和地区共 70 个，与 2014 年同期相比增加 4 个。我国排名前 10 位的进口来源国和地区分别是：德国、韩国、日本、美国、我国台湾省、意大利、新加坡、马来西亚、法国、挪威。其中德国是我国重型矿山机械最大的进口来源国，2015 年我国从德国进口金额达 13.22 亿美元，同比下降 19.29%。韩国是第二大进口国，进口金额为 10.00 亿美元，同比增长 18.06%。从日本进口为 7.43 亿美元，同比下降 12.79%。

2. 美越印尼成为出口主要目的国

2015 年，我国重型矿山机械出口目的国家和地区共 211 个。排名前 10 位的出口目的国分别是：美国、印度尼西亚、越南、韩国、印度、新加坡、澳大利亚、伊朗、日本、墨西哥。其中美国是我国重型矿山机械最大的出口目的国，截至 2015 年，在重型矿山机械方面我国向美国累积出口金额达 11.93 亿美元，同比下降 3.17%。印度尼西亚是第二大出口目的国，累计出口金额为

8.43亿美元，同比增长40.27%。越南是第三大出口目的国，累计出口金额为6.13亿美元，同比下降19.24%。

七　我国重型机械行业技术水平分析

（一）主要产品技术水平

1. 矿山机械制造业

我国的破碎粉磨设备基本达到国际先进水平，洗选的主体设备基本实现国产化。破碎设备方面：我国最新研发的PXF60110旋回破碎机，技术性能指标满足矿口尺寸为1542mm（60in）、最大给料尺寸为1300mm、排矿口尺寸为178mm、产量为4500~5000t/h的要求；我国升级换代的PXF6089液压旋回破碎机获得了伊朗选厂项目和云南迪庆普朗铜矿井下破碎项目订货。目前与国外尚有较大差距的是中、细碎圆锥破碎机，如美卓和山特维克的圆锥破碎机要优于我国。在磨矿设备方面：国内的中信重工、沈阳重型机械集团有限责任公司生产的大型球磨机、自磨机和半自磨机都已经达到国外发达国家的水平。中信重工机械股份有限公司设计制造的两台大型矿用溢流型球磨机，成功应用在蒙古国最大的矿山额尔登特铜钼矿。北方重工集团有限公司矿山冶金设备分公司为老挝KSO金矿项目生产了直径9.15×5m半自磨机和直径6.4×10m球磨机。

2. 冶金专用设备制造业

大型多辊高强超薄带钢轧制成套设备的自主设计已拉开帷幕。由北海诚德不锈钢集团和山东远大自主设计研发的双机架1320mm和五机架1450mm十八辊不锈钢冷轧机组，单机架1250mm二十辊冷轧机组等大型多辊冷连轧机组已经进入现场安装调试阶段。

冶金轧制设备领域对节能减排工艺设备的开发应用取得了长足的进步。我国第一重型机械集团相继完成了一套意大利阿维迪1700mm连铸连轧试验生产线合作制造项目及两套西门子日照1700mm短流程热连轧生产线设备的制造项目；第一重型机械集团自行开发研制的3700mm“自由铸造+筒节成形轧机”大型筒件锻轧工艺装备得到成功应用并取得了提质降本的效果。

宽厚板轧机成套设备集成设计制造基本实现国产化。第一重型机械集团合作制造出口韩国浦项钢铁公司5500mm宽厚板轧机，是当前世界规格最大、装机水平最高、轧制能力最强的宽厚板轧机，其轧机机架也是世界上重量最大的整体式铸造机架；合作制造出口韩国、泰国钢铁公司的5000mm宽厚板轧机主设备各一套，完成出口俄罗斯OMK、MMK，印度爱莎、JISPL等企业5000mm宽厚板生产线部分辅机设备。

大型铝板带成套设备具备了自主设计能力。部分合作制造项目相继投产，已投产项目包括：东北轻合金2100mm"1+1"铝板热轧机组、赣州铝业2300mm"1+1"铝板热轧机组、青海鲁丰2350mm铝板双机架冷轧机组、天津中旺2650mm"1+5"铝板热连轧机组、南山铝业4100+3000mm"1+5"铝板热连轧机、河南同仁铝业4500+3300mm"1+1"铝板热轧机组、广西南南铝业公司4100+3100mm"1+1"铝板热轧机组及银海铝业2800mm锡扳单机架冷轧机组、泰国古河2500mm"1+4"铝板热连轧机组等。

大型连铸机成套设备已经全面实现自主化设计、制造和技术集成。我国企业完成的重大成套设备有：舞阳钢铁公司的2500mm大型板坯连铸成套设备；敬业钢铁公司1100mm板坯连铸机；攀枝花钢铁公司的五流360mm×450mm、邢台钢铁公司的六流380mm×450mm两个大型方坯连铸成套设备；700mm特厚板连铸机、越南和静1660mm连铸机和700mm垂直铸造机等。

自主设计集成的大型平整机成套设备已经广泛投产应用。投产应用的平整机成套设备有：宝山钢铁集团2030mm、1850mm平整机组；广西柳州钢铁集团1450mm、1250mm单机架平整机组；濮阳钢厂、东海网格1450mm平整机组；鞍山钢铁集团1450mm热平整机组；衡水钢厂1250mm双机架多功能平整机组，邯郸日鑫板材1450mm六辊平整机组，京唐钢铁1380mm双机架平整兼二次冷轧机组。

冶金环保工艺技术和装备的升级。继热轧生产线烟尘抑制技术的应用和连铸生产线排气排烟后，目前，正在开展冶炼焦化环节的除硫、除硝、除二噁英等工艺技术和设备的研发和应用；我国自主研制的3800mm卧式辊磨已成功应用于钢渣、水渣微粉处理生产线。

3. 物料搬运设备制造业

（1）桥式、门式起重机行业

桥式起重机方面：卫华集团研发的"低净空250t桥式起重机"获省级科

学技术进步奖。在我国起重机运行机构中普遍采用“三合一”的结构布置形式，该结构形式紧凑，性能稳定，在国内的生产已经成熟。

多吊点起重机方面：大连华锐重工集团股份有限公司自主设计研发的“20000t双主梁多吊点起重机”专利项目，荣获国家知识产权局颁发的“第十五届中国专利金奖”，代表着我国自主创新的最高水平。

核电环形起重机方面：我国自主生产的360t核电环行起重机是目前国际上运行小车起重量最大、功能最多、安全措施最全的环行起重机。

吊钩桥式起重机方面：江西工埠机械有限责任公司生产的DQ200t吊钩桥式GBM无齿轮起重机在第十届中国工业论坛上被评为“2013年度中国工业首台（套）重大技术装备示范项目”。

箱梁移动台车方面：我国独立自主开发的机电液一体化900t箱梁移动台车，是主要用于对高速铁路客运专线建设的900t大型预制箱梁的提升与移运。

（2）带式输送机

国内带式输送机行业各企业通过技术创新，创造了多项行业之最。我国为印度Reliance公司生产的“超长距离大运量节能型越野带式输送机”，输送距离为14.22km，运量为4500t/h，带速为5.6m/s，综合参数、当量物流量为世界最大。此项目已经通过了中国重型机械工业协会组织的新产品鉴定，总体技术水平达到国际先进水平，部分性能指标达到国际领先水平。

（3）散料装卸机械行业

北方重工集团有限公司装卸设备分公司完成堆取料机无人值守控制技术；大连华锐重工集团股份有限公司完成巴西VALE马来西亚公司项目四车翻车机卸车系统的技术研发和技术准备工作；中联重科物料输送设备有限公司完成了3000/6840t/h圆形料场堆取料机的研发，达到同类产品国内之最。

（二）重大技术突破

1. 矿山机械制造业

2015年矿山机械制造业取得多项重大技术突破，多家企业和单位获得中国机械工业科学技术奖。其中，由中信重工机械股份有限公司承担的“大型矿用磨机的研制及应用”项目获得中国机械工业科学技术奖一等奖（见表5-3）。

表 5-3　2015 年矿山机械行业获奖情况

项目名称	等级	主要完成单位
大型矿用磨机的研制及应用	一等奖	中信重工机械股份有限公司
EML300Y(340A)窄型连续采煤机的研制	二等奖	山西天地煤机装备有限公司
半煤岩及岩巷快速掘进技术与装备	二等奖	中国煤炭科工集团太原研究院有限公司
超大采高综采智能化成套装备研发	二等奖	天地科技股份有限公司
6.25 米捣固焦炉机械 SCP 一体机	二等奖	大连华锐重工集团股份有限公司
煤矿井下紧急避险系统装备及技术研究	三等奖	北京中煤矿山工程有限公司
大型高效高频煤泥脱水筛的研发	三等奖	中煤科工集团唐山研究院有限公司
浅槽重介质分选机	三等奖	中煤科工集团唐山研究院有限公司
加压移动床气化炉布煤破粘系统研究与应用	三等奖	太原重工股份有限公司
高效、节能、大型直线振动筛	三等奖	鞍山重型矿山机器股份有限公司
千米深井用大型凿井提升设备关键技术研究	三等奖	洛阳矿山机械工程设计研究院有限责任公司

资料来源：2015 年中国机械工业科学技术奖。

2. 冶金专用设备制造业

冶金专用设备制造业主要生产企业在引进、消化、吸收世界先进国家同类产品的基础上，自主设计开发出多项具有自主知识产权的重大冶金装备新产品，使我国冶金装备的许多新产品工艺技术水平接近或达到了国际先进水平。2015 年，由中国第一重型机械股份公司承担的“巨型重载锻造操作机研制与应用”项目和燕山大学承担的“带钢冷轧机集成化智能型板形测控系统”项目获得中国机械工业科学技术奖一等奖（见表 5-4）。

表 5-4　2015 年冶金专用设备制造业获奖情况

项目名称	等级	主要完成单位
巨型重载锻造操作机研制与应用	一等奖	中国第一重型机械股份公司
带钢冷轧机集成化智能型板形测控系统	一等奖	燕山大学
起重机大型钢结构件自动化焊接工艺与装备研发	二等奖	河南卫华重型机械股份有限公司
重型数控水平下调式三辊卷板机系列化产品研制	二等奖	长治钢铁(集团)锻压机械制造有限公司
EPC-8000 电动螺旋压力机	二等奖	青岛青锻锻压机械有限公司
1450mm 五机架全连续冷轧机组工艺与设备的研制及应用	二等奖	中国重型机械研究院股份公司
大倾角大采高综采液压支架研制与应用	三等奖	山东能源机械集团有限公司

续表

项目名称	等级	主要完成单位
1450 六辊 HC 可逆液压轧机成套设备研制及产业化	三等奖	云南冶金昆明重工有限公司
锻造半高速钢中间辊的研制	三等奖	中钢集团邢台机械轧辊有限公司
超大型径轴向数控轧环装备及工艺研发与应用	三等奖	中国重型机械研究院股份公司
提高厚板剪切精度方法的研究	三等奖	北京中冶设备研究设计总院有限公司
特大锻件高温成形集成工艺系统与工业应用	三等奖	燕山大学
棒材二辊矫直机新型辊型曲线设计及其矫直精度分析	三等奖	燕山大学

资料来源：2015 年中国机械工业科学技术奖。

3. 物料搬运设备制造业

2015 年，我国物料搬运设备制造业取得多项重大科技突破，多家企业和单位获得中国机械工业科学技术进步奖（见表 5 -5）。

表 5 -5　2015 年物料搬运设备制造业获奖情况

项目名称	等级	完成单位
6400 吨液压复式起重机研制	一等奖	太原重型机械集团有限公司
矿山复杂地形长距离大运力带式输送系统关键技术及产业化	一等奖	山东科技大学
超长距离管状带式输送机关键技术研究应用	二等奖	四川省自贡运输机械集团股份有限公司
基于激光 + 超声波识别及物联网技术的全自动垃圾吊关键技术研究	二等奖	河南卫华重型机械股份有限公司
超长距离大运量节能型越野带式输送机	二等奖	北方重工集团有限公司
DG400 空间转弯环保型圆管带式输送机	三等奖	上海科大重工集团有限公司
MQ180t 门座起重机	三等奖	华电郑州机械设计研究院有限公司
QLY 系列百吨百米级全自动伸缩桁架风电安装轮式起重机关键技术研发及产业化应用	三等奖	郑州新大方重工科技有限公司
酸洗车间全自动高精定位起重机	三等奖	纽科伦(新乡)起重机有限公司
济川药业项目包装车间大批量成品自动搬运码垛入立体仓储系统关键技术研究与应用	三等奖	北京起重运输机械设计研究院
4000t/h 移置式带式输送机	三等奖	华电重工股份有限公司

资料来源：2015 年中国机械工业科学技术奖。

八　我国重型机械行业存在的主要问题

（一）行业产能过剩

1. 市场需求不足

市场需求萎缩，传统服务对象产能过剩。国内市场方面，重型机械行业的下游行业如钢铁、建材、煤炭、有色等产能过剩，装备需求严重不足，投资热情低迷，新建和技改项目同步减少，直接导致重型机械行业市场需求不足。而新兴产业如新能源的应用在国内尚不成熟，暂时无法推动起重型机械行业的较快发展。国际市场方面，全球经济复苏进程缓慢，市场需求下降，加之企业成本加大，造成我国重型机械产品出口竞争力下降。

2. 产品同质现象严重

产品同质现象严重，中低端市场竞争激烈。以大型铸锻件为例，由于历史原因，我国几大重机企业虽各有侧重，但经过几十年市场演变后，各大重机企业在很多专业领域高度重合，关键重大设备重复建设现象严重。尤其是在国际金融危机爆发后，政府采取了一系列扩大内需政策，推动重型机械企业大量投资以扩大产能、推动技术改造，进一步加剧了大型铸锻件加工能力的产能过剩。此外，一些非本行业企业也都新建重型装备制造企业，盲目扩建现象严重。如铁路建设企业建有盾构机制造厂，航空、船舶等央企利用国家资金，改行制造重型机器产品。进一步向社会发出错误信号，导致产能大量过剩、无序竞争。

（二）产业结构调整和转型升级步伐缓慢

1. 系统解决方案能力不足

世界一流的重型机械企业不仅能生产高品质的重型设备，而且具备很强的服务能力，能为客户提供全面解决方案。而我国重型机械企业仅仅为用户提供产品，不注重培育企业的技术服务能力乃至提供全面系统解决方案的能力。

2. 产品质量不可靠

虽然我国重型机械行业在产品创新和制造方面取得较大成就，但产品仍以中、低端为主，与信息技术结合程度较低，产品附加值不高，一些重大成套装备和关键零部件仍需进口。对技术含量高的成套设备，我国重型机械企业无力与国外企业竞争，只能让外国企业技术总负责和总承包，国内企业为外企加工。一般技术性能的产品生产能力过剩，企业间在国内市场形成互相压价的恶性竞争，产品质量得不到使用单位充分认可，一有机会，下游企业仍会买国外设备，导致高新技术产品长期依赖进口。

3. 产业区域布局不合理

行业集中度较低，企业组织结构以中、小型企业为主，大多无法达到“专、精、特”水平，大型企业集团在行业产值、产量所占比重不大，规模、实力、结构与国际领先企业存在较大差距。

（三）创新能力不强

1. 企业对科技研发投入不足

近几年，国内重型机械企业的技术开发经费总体来说有很大提升，但与发达国家相比仍存在一定差距，低于发达国家科研投入水平，影响了新产品的开发，也使企业发展后劲不足。技术改造投入的不足，制约了企业的自主创新能力，使之开发水平低，自主品牌缺乏，产品升级换代缓慢。还使得企业缺乏原始创新能力、集成创新和引进消化吸收再创新能力，无法突破制约产业转型升级的关键技术，从而无法提高重型机械装备开发、设计、系统集成与加工制造的水平。

2. 创新人才队伍建设较弱

一方面，部分重型机械企业在大量扩大生产规模的同时，忽视了技术创新和人才队伍建设。如规模较大的几家重机企业由于所处地理位置不佳，提供的薪酬待遇水平偏低，降低了企业对高水平创新人才的吸引力；另一方面，目前国内大学机械类通用专业太多，专业适应性较差，高素质人才的严重缺乏，导致行业的人才需要得不到满足，许多企业难以建立起强有力的科研创新队伍。

（四）资金短缺问题突出

一方面，由于生产的流动资金短缺，重型机械制造企业生产组织比较困难。重型机械行业属于资本密集型行业，固定资产投资规模很大，对生产设备前期需要投入大量资金进行设计、生产、购买所需原材料和部件，一些产品为非标准件，需要根据客户的要求进行量身定制，生产过程复杂，周期长，导致流动资金占用量大。同时，由于企业资金短缺，大多关注眼前生产，更无暇顾及长远技术发展。

另一方面，应收账款居高不下，拖欠严重。虽然2014年以来重型机械企业应收账款周转率好转，但受市场需求疲软的影响，以及与用户结算方式多年形成的陋习，加之法治市场秩序未形成，导致重型机械企业货款回收依然困难，使本来流动资金就短缺的重型装备企业雪上加霜。此外，大型、成套设备生产周期长（一般需12～24个月），用户预付款仅有10%～20%，需大量流动资金垫付才能维持生产经营。为解决流动资金不足问题，企业靠贷款维持生产，但是大额的贷款利息使得利润本来就少的重型机械企业经济效益更加低下。

（五）同国际企业存在技术差距

1. 大型成套设备的关键技术差距

我国生产的大型成套设备，技术基本达到了国际先进水平，但某些关键技术还未掌握或者发展不成熟，同国外相比还存在一定差距。以冶金成套设备为例，我国与国际先进水平的差距主要表现在大型成套冷、热连轧机的关键控制技术方面。信息技术、电力电子技术、现代控制理论的发展促使国际上冶金机械机电一体化水平不断提高。相比而言，国产大型成套冷、热连轧机主要是“三电”控制技术较差，全线多级计算机控制及各种生产工艺数学模型等方面技术存在较大差距，对国外技术依赖程度较高。

2. 核心零部件差距

重型机械制造业所需配套件要求其技术性能好、安全、可靠性高。我国长期以来形成的重主机、轻配套的思想，导致了仅有少量国产配套件能满足大型成套设备需求，主机上的减速机、轴承、液压件、电动机、电器件、自动控制等关键部件，仍然需要国外产品。如破碎机等矿山机械设备的核心部件是耐磨件，而目前我国的矿山机械设备的耐磨件质量和国外相比，在原料选择制造工艺和使用寿命上就存在差距。重型机械行业的关键配套件主要依靠进口，使国产重型机械设备在国际市场的竞争中缺乏优势，提高了国内设备整机的生产成本，不利于整个行业的长期发展。

（六）管理水平有待提升

1. 成本管理问题突出

受计划经济观念影响，以往成本管理只注重控制生产过程中的各种耗费，而忽视了大型机械设备生产前的研究开发费用，以及生产后的销售和售后服务费用；成本管理基础薄弱，乱挤、乱摊成本或不计、少计成本的现象依然存在，使得产品成本失真，在成本管理中企业只侧重对制造成本事后发生进行核算监督，而忽视了销售供应环节，忽视了产品生命周期下的成本分析与研究，不能形成完整的成本分析控制体系，缺乏供管理层参考的成本管理分析平台。

2. 企业管理方式粗犷

现阶段，重型机械制造企业管理水平较低，管理方式粗放，普遍采用台套计划的方式进行管理，为保障按时交货，企业往往以产品最长生产周期作为构成产品各种物料的采购提前期和生产提前期，而过分夸大的提前期造成企业库存和在制品储备高，流动资金占用比例较大。再加上近年来原材料价格波动大，企业信息化水平偏低，产品档次不高、附加值较低，现代制造服务业发展尚处于起步推进阶段，使得生产企业经常处于低效率、低效益运行的状态，成本控制不力、流动资产周转率较低，经济效益不够理想。

3. 部分企业缺乏诚信

重型机械行业部分企业压价出售产品，选用的配套产品质量较差以降低成本，大型成套设备无法按期交货。在近几年，行业的销售形势低迷，为保住更多的市场份额，部分企业采取了一些不良的竞争手段，不维护行业整体利益，为一己私利肆意诋毁其他厂家、进行过度促销、打价格战、侵犯他人知识产权、虚报统计数字等种种行为偏离了良性发展的轨道。

九　我国重型机械行业发展前景分析

（一）我国重型机械行业发展前景预测

1. 不利因素分析

2016 年重型机械行业面临着增量和存量需求均为萎缩态势。一是增量需求方面。国家启动化解钢铁、煤炭、水泥过剩产能措施，明确提出不建新项目，因此，增量需求只限于一些结构调整而需要增加的项目。二是存量需求方面。下游行业生产装备更新的速度放缓，重机行业应收账款、竞相压价等不良因素主要集中在这些行业。同时，部分重型机械产品产能过剩情况还存在进一步加大的可能。此外，重型机械行业财务状况还在恶化，主要表现在应收账款追索难度加大，被处理的“僵尸企业”、被化解产能的项目所订购的设备和款项成为无头债。

2. 有利因素分析

“十三五”是行业二次创业的转折期，也是新常态下夯实基础、自主创新、提质增效、转型升级发展的元年；重型机械行业将转向为实现好和省而努力。

一是行业洗牌给优势企业扩充了经营的空间，市场需求将逐步向有品牌、做优质产品、注重研发能力建设的企业集聚。二是向制造 + 服务业转型加快，部分有实力的企业通过购买软硬件设施、引入金融合作资本，或者实行新的商业模式，市场回旋余地加大。三是 2015 年国家出台的精准调控政策效应正在逐渐显现，降息降准、让税减费带来的利好因素，企业逐渐适应和利用。四是在环保、价格、化解产能的压力下，下游企业追求生存的意愿同样强烈，对设备更新、改造同样迫切，虽然市场需求趋缓，但不是没有，特别是能给用户带来节能减排效益的产品，增强用户技术改造的愿望。五是把原来关注钢铁、有色、水泥、煤炭、电力等企业的注意力引开，将现有重型机械产品稍加改进，就有进入新的服务领域机会。比如破磨设备通过改进，就可以进入固体垃圾处理、人工砂石生产领域；重型锻压设备通过完善改进，就可以进入固体垃圾处理、人工砂石生产领域；重型锻压设备可以进入交通车辆、管线制备领域等。六是国家“走出去”战略和亚投行的成立，正在改善产品出口外部环境。

预计 2016 年行业运行仍然呈现下行趋势，主营业务收入增长速度将在 -7% 到 -5%，14 年来首次出现负增长，利润总额也随之下降。

（二）我国重型机械行业投资机会

1. “一带一路”将进一步打开海外市场

从需求端来看，需求空间大。无论是从国内需求的角度分析，还是从未来区域经济合作的角度分析，“一带一路”沿线国家对基础设施建设的需求比较旺盛。有些沿线国家由于财政紧张、基建投资不足等问题，基础设施普遍比较落后，从而对基础设施的需求较大。与我国相比，亚洲和非洲的沿线国家分别有10%和20%的城镇化提升空间，而我国在自身城镇化过程中积累的大量经验和产能可以对外输出。从国内看，西北部各省区基础设施建设不足，铁路、公路及高速公路密度均比较落后。例如，新疆、青海、甘肃等省区处于倒数5位的位置，宁夏、陕西居于中后段水平，为实现“一带一路”与各国间的基建对接，中国西北部的城市建设、交通运输网络等基建领域投资需求空间较大，为起重机等重型机械产品提供了较大市场空间。

从供给端来看，缓解产能过剩。伴随着国内固定资产投资增速放缓，“基建输出”能够大幅缓解我国建筑业、装备制造业产能过剩问题。根据总体基建投入约占GDP的5%估算，“一带一路”沿线对基建的需求或达到每年1.05万亿美元，而2013年我国对外承包完成额仅为0.14万亿美元，仅占其中的13%。未来我国装备制造业“走出去”的步伐将大幅加快，尤其是前期开发需要大量重型机械产品，海外市场前景广阔。

2. 智能制造提供未来发展方向

2015年5月8日发布的《中国制造2025》将智能制造作为我国制造业主攻方向，为我国重型机械行业的未来发展提供了指引和市场空间。实施智能制造有利于进一步提升我国重型机械行业的生产效率和资源的综合利用率，同时缩短产品的研发周期，降低企业运营成本和产品的不良品率。《中国制造2025》为我国重型机械行业产业转型升级提供了良好的机遇，要充分利用国家振兴装备制造业的契机，顺应“互联网+”趋势，大力发展智能化成套装备和智能终端产品。

3. 服务化转型是重要机遇

我国重型机械行业应将服务化转型当作一个重要机遇。《中国制造2025》提出，要坚持把结构调整作为建设制造强国的关键环节，推动生产型制造向服务型制造转变。长期以来，大型跨国公司在研发设计、市场营销、商务服务等领域具有领先优势，主导着全球生产网络和产品价值链。跨国公司服务化转型不断加快，与之相比我国重型机械企业从制造环节向集成服务的延伸力度仍然不足，特别是在提供集成服务和整体解决方案、零部件定制服务等方面存在着明显的差距。我国重型机械企业要充分利用《中国制造2025》出台的契机，发展与产业链紧密关联的生产性服务业，并向价值链两端延伸，向生产＋服务型企业转变，重点发展总集成、总承包服务。

4. 海外并购市场看好

金融危机以来，全球经济“弱增长”态势明朗，为我国重型机械企业进行海外并购提供了良好的机遇，通过收购品牌和营销渠道快速进入全球主流市场，同时获取高新技术以提升自身实力。2012 年底，中信重工独家买断澳大利亚 SMCC 100% 知识产权，成立中信重工 SMCC（CITIC－SMCC）工艺技术有限公司，使得中信重工拥有全球先进的选矿工艺技术；2015 年，中信重工全资收购西班牙甘达拉森萨公司，构建面向欧洲、非洲、中东等国际市场的海外核心制造基地。2014 年，北方重工根据国际市场的需求，开始了盾构机全球化经营布局，在智利圣地亚哥合资设立公司，以项目为依托设立了越南、埃塞俄比亚两个分支机构，并建立了印度、澳洲、越南等办事处，推动北方重工全球化的经营布局。

十　我国重型机械行业发展建议

（一）我国重型机械行业发展建议

1. 实施国际化战略

一是优化出口产品结构。根据国际市场需求变化，结合重型机械优势产品，加快产品结构的升级换代，优化出口产品结构，提高产品出口竞争力。冶金机行业应进一步扩大冶金设备备件和轧制设备出口量；矿山机械行业应进一步扩大破碎、粉磨设备出口规模；物料搬运机械行业应扩大起重机、工业车辆等方面出口规模①。积极扩大自主知识产权和自主品牌产品的出口，努力扩展传统出口产品的加工深度，提高传统出口产品的技术含量和附加值。

二是瞄准国际高端市场。加强对高端重型矿山装备制造的研发及应用，突破当前企业及产品处于低端市场的现状，跻身中高端市场。支持发展一批跨国公司，通过全球资源利用、产业链整合、资本市场运作等方式，提升核

① 张敏等：《2014 年重型机械行业经济运行情况简析》，《重型机械》2015 年第 4 期。

心竞争力。支持企业在境外开展并购和股权、创业投资，建立研发中心、实验基地和全球营销及服务体系，提高科研创新水平，促进服务化发展。开展网络协同设计、增值服务创新等，建立全球产业链体系，提高国际化经营能力和服务水平。对接“一带一路”战略，推动重型机械企业加快“走出去”步伐，利用好两个市场，逐步凭借“一带一路”战略，缓解产能过剩的困局。

2. 促进行业转型升级

一是发展“服务制造”。增强服务意识，延伸产品价值链。重型机械行业应由单纯提供产品向提供附加服务及“产品 + 服务包”转变，实现服务增值。提高信息化服务水平，形成信息化服务体系，构建满足市场多层次需求的信息支撑平台，开展信息技术的创新应用研究，将装备制造和服务融合建立在信息化平台之上，促进制造环节向服务环节的对接和增值转型。

二是推动产品升级。攻克关键零部件制造十分重要，重型机械行业一些关键部件仍依赖进口，基础零部件的国产化，需要设计、科研、使用单位和零部件企业联合，对关键零部件展开攻关研制。加快产品技术更新。坚持技术研发与市场的融合。以市场需求为导向，通过市场引导促进研发投入及研发能力双提升。开发节能降耗装备。加大能效提升等专项技术改造力度，加快淘汰落后机电产品和技术，利用信息技术加强对企业用能的监测和控制，增加对废气、废液、废固的收集和再利用，加强对减排、资源回收单元成套设备的研制。

三是加快战略重组。在兼并重组过程中，发挥企业的主体作用，由企业通过平等协商、依法合规开展兼并重组，政府应完善相关规划和政策，创造良好环境。注重产品经营和资本经营协同发展。企业兼并收购的立足点应建立在有利于企业成长和新的利润点的生成，以及这种成长具有可持续发展能力上。注重多元化和专业化协同发展。在兼并重组过程中要以企业和国家战略为导向，围绕突出主业、提高核心竞争力和促进行业结构调整升级来进行，特别要避免盲目兼并和“多元化”陷阱。

3. 发挥政府引导作用

一是制定合理的财税政策体系。增加财政科技支出，鼓励科研机构对重型机械行业的共性技术的开发研究，对重点支持的企业和项目给予一定的财政补贴。加大对公共采购的扶持力度，如对首台、首套的国产的重型机械装备，以贷款贴息、首台套保险等方式对率先采用国产设备的业主给予优惠。

二是完善资本市场制度。政府制定、完善相关金融政策，拓宽企业的融资渠道，积极引进外资，鼓励国内外金融机构向重型机械制造项目提供优惠的信贷支持；在亚投行、自贸区等项目上，地方国有企业、大中型民营企业应享受与央企同等的待遇，简化办理手续；充分利用财政资金的引导作用，搭建多种科技金融合作平台，引导各类资金参与重型机械制造企业的自主创新和技术研发。

三是加强知识产权保护。保护企业自主创新的成果。通过法律手段保障企业通过自主创新获得更多的收益，保护企业的创新积极性；司法部门进一步简化受理过程，加强执法时效。保障国内企业在国际竞争中的合法地位。即要引导企业有意识地提高应对国际知识产权纠纷的能力，又要在国际纠纷中，政府通过政策和法律手段，采取有效措施，给予法律支持，保证企业在国际市场的合法竞争。

（二）我国重型机械企业发展建议

1. 加快产业转移

以“一带一路”、国际产能合作为契机，加快产业、产能转移。目前，“一带一路”沿线发展中国家对重型机械产品有较大需求，东盟自由贸易区货物、人力和技术的流动障碍小，这对承接制造业的转移非常有利，利用“一带一路”实现产业转移可达到既消化我国过剩产能，又有利于东道国解决国内需求和就业问题的目的。以亚洲周边国家和非洲国家为主要方向，根据不同国家和行业的特点，与重点国家基本建立产能合作机制，开展一批重点产能合作项目，形成若干境外产能合作示范基地，有针对性地采用贸易、承包工程、投资等多种方式有序推动我国重型机械行业“走出去”。

2. 提高创新能力

一是完善科研体系的建设。积极构建技术创新体系，形成具有自身特色的工程、产品、工艺技术“三位一体”的技术研发体系；搭建和完善技术创新的硬件平台，加大在提升研发手段和平台建设方面的投入；构建创新战略联盟，鼓励企业与和国内外的大专院校、科研院所、知名公司开展全方位的合作。

二是引进先进技术装备和研发人员。在引进渠道上，从技术先进国家引进技术设备、软件及人才，直接拉动企业各要素的提升。在引进研发人员的方式上，将外部先进团队或整体，或独立引进，并对已有各要素进行整合，建立本企业的研发队伍及新知识技术扩散体系。在集成创新上，企业应根据内部研发的需要，将引进的技术及知识直接嵌入本企业技术能力平台。在嵌入方式上，建立以我为主，引进为辅的观念，按需引进外部资源以弥补本企业的不足。

三是参与标准制定。重型机械企业尤其是龙头企业应参与到国内行业标准化体系和标准化体制改革中，按照不同发展阶段制定行业标准，完善技术标准体系，促进创新成果应用和产业化，促进重型机械行业由大变强。然后，借助国家政府力量参与到国际市场标准制定工作中，以提升我国企业在国际竞争中的地位。

3. 拓宽融资渠道

一是专业化融资。企业要正确认识融资并合理利用，树立并增强融资风险意识。制定融资规划，避免盲目和随意，在融资过程中可聘用专业融资顾问以专业化的方式实现最优融资方式。

二是发展融资。企业的发展潜力、管理水平，尤其是团队管理能力是金融机构进行投资时重要的参考指标。为获得更理想的融资，企业应规范内部管理，提高企业的信用形象，加强员工培训，提高团队管理水平。

三是多元化融资。开拓内源性融资，学会挖掘内部的融资能力；广结外源，拓展融资空间；放眼全球，充分利用国际资源融资。

四是开展“公关”融资。深入了解金融机构，寻找潜在的具有合作可能的金融机构；了解金融机构的业务特点，主动与适合自身融资特点的金融机构进行交流并进行选择；建立与金融机构的长久性的合作关系。

五是发展资信融资。企业应该建立内部的信息收集处理机制，随时把握宏观经济走势，收集有关政策措施信息，保证资信通畅。

B.6
工程机械行业

郭文娜　周楚楚*

摘　要：　本章梳理了2015年国际工程机械行业发展现状及趋势，重点研究分析了我国工程机械行业发展规模、运行情况、产业结构、技术水平及行业发展存在的问题，总结当前我国工程机械行业现状及展望发展前景。分析表明，2015年我国工程机械行业仍处于低速增长阶段，国际、国内市场表现均较为低迷；部分产品技术已达国际水平，但行业整体技术水平仍处于全球产业链条中端位置，缺乏核心技术，相关产品附加值低。未来我国工程机械行业要坚持创新驱动的行业发展战略，朝着多功能、高性能、节能环保、绿色制造及工程机械机器人化方向发展，同时不断增强企业的服务化、国际化能力，提高行业整体竞争力。

关键词：　工程机械　运行情况　发展前景　发展建议

一　国际工程机械行业发展概况

（一）国际工程机械行业发展现状

1. 市场现状

工程机械产业与经济关联密切，受宏观经济运行态势影响较大。总体来看，国际工程机械行业的增速大大低于机械行业平均水平，行业进入低速发展

---

* 郭文娜，硕士，助理研究员，机械工业经济管理研究院研究部主任；周楚楚，硕士，工程师，就职于机械工业经济管理研究院研究部。

阶段的特征明显。

国际工程机械市场格局虽有变化，但没有根本性的改变。全球工程机械制造业仍主要集中在美国、日本、西欧和中国四个国家和地区，占全球80%以上的生产和销售份额。少量分布于韩国、俄罗斯、东欧、印度和巴西等国家和地区。

全球有一定规模的工程机械制造企业有2000家左右，其中比较著名的有100家左右。经过多年的竞争、兼并和重组，生产集中度不断提高，目前形成了10余家大型跨国公司，它们以强大的经济实力、先进的技术水平和管理经验，引领行业的发展潮流。

根据英国KHL集团旗下《国际建设》（*International Construction*）杂志发布的2015年全球工程机械制造商50强排行榜（2015 Yellow Table），美国的卡特彼勒（Caterpillar）继续稳居榜单首位。

表6-1　2015年全球工程机械制造商10强排名

排名	公司名称	总部所在地	销售额(亿美元)	市场份额(%)
1	卡特彼勒(Caterpillar)	美国	282.83	17.8
2	小松(Komatsu)	日本	168.77	10.6
3	日立建机(Hitachi Construction Machinery)	日本	77.90	4.9
4	沃尔沃建筑设备(Volvo Construction Equipment)	瑞典	77.85	4.9
5	特雷克斯(Terex)	美国	73.09	4.6
6	利勃海尔(Liebherr)	德国	71.29	4.5
7	迪尔(John Deere)	美国	65.81	4.1
8	徐工集团(XCMG)	中国	61.51	3.9
9	三一重工(SANY)	中国	54.24	3.4
10	斗山工程机械(Doosan Infracore)	韩国	54.14	3.4

2. 技术现状

（1）系列化、特大型化

目前，国际工程机械公司已逐步实现产品系列化进程，形成了从微型化到特大型不同规格的产品系列。并且，国际工程机械产品更新换代的周期明显缩短。

特大型工程机械产品技术含量高、研制与生产周期长、投资大、市场容量有限，主要用于大型露天矿山或大型水电工程等，市场竞争主要集中于少数跨国公司。以起重机为例，利勃海尔的产品技术先进，工作可靠，LR 系列履带式起重机最大起重量可达 1200 吨。

（2）数字化、智能化

目前，国际上美国、西欧、日本等国家和地区的工程机械数字化、智能化技术发展迅猛。在产品智能控制技术方面有机电一体化控制技术、电液控制自动换挡技术、伺服控制技术、比例控制技术、负荷传感全功率控制技术、遥控与无人操作技术等。在工程机械设计、工艺、制造、管理、物流、服务等全生命周期的各环节实施数字化管理，实现 CAD、CAM、CAE、PDM 等数字集成。

（3）节能与环保

国际工程机械公司主要从降低发动机排放、提高液压系统效率等方面进行改进，以满足产品节能要求和日益苛刻的环保要求。

目前，降低发动机排放的技术主要有改善燃烧环境、进气冷却技术、电子控制技术、冷却 EGR 技术、喷射计时调整技术等。提高液压系统效率的技术主要包括机电液一体化控制技术、多路阀多方式组合控制技术、负荷传感控制技术、CAN 总线控制技术、油泵与发动机功率匹配智能化控制技术等。

（4）多用途、微型化

为了全方位满足用户需求，国外工程机械在发展系列化、特大型化技术的同时，也进入了多用途、超小型化、微型化阶段，以适应城市狭小的施工场所及货栈、仓库、码头、舱位、农舍、建筑物层内和地下工程作业场所的需要，尽可能实现机械作业替代人工劳动。

目前，国际上生产微型工程机械的公司主要包括卡特彼勒、小松、凯斯、特雷克斯等。其中，卡特彼勒是国际微型工程机械的带头人，它生产的最小的挖掘机斗宽为 200 毫米，车宽小于 1 米。

（二）国际工程机械行业的发展趋势

1. 市场趋势

（1）工程机械行业低速发展态势将继续维持

欧洲、日本、北美地区的工程机械产业的产品销售量一度同比下降并呈现持续低迷状态。世界主要经济体经济复苏缓慢，发达国家内需乏力。目前，全球经济面临较大压力，因此，短期内工程机械行业恢复到较快发展水平的动力不足，导致其低速发展的态势将进一步延续。

（2）国际工程机械制造与销售向新兴经济体国家转移

目前，我国在发展中国家中市场最大、基础最好，因此，很多国际大型工程机械公司都到我国投资或合作建厂。经济发展形势的反差，使得全球工程机械的需求和制造中心不断向我国及其他发展相对较快的国家转移，形成一种国际知名大型工程机械企业在我国和其他发展中国家设立研发中心、建设新的制造工厂的趋势。

（3）国际知名公司间兼并重组力度加大

随着我国工程机械龙头企业实力的不断提升，朴茨迈斯特、施维英等一些国际知名企业已经成为我国企业收购的对象。企业兼并与重组使产业规模与营销覆盖面得到进一步扩大，我国企业的国际化水平也进一步提高。

2. 技术趋势

（1）多功能化

多功能化作业装置改变了机械单一作业功能，多种作业装置不仅应用于大中型工程机械中，而且在小型和微型工程机械上也开始运用。多种快换装置的使用，可以使驾驶员在驾驶室内完成更换不同作业装置的动作，例如更换抓斗、铲叉、卸载斗、路面清扫装置、破碎装置等。

（2）作业机群的智能化管理

根据工矿要求，利用 GPS、GIS 和 GSM 技术，对作业机群进行智能化配置与管理，完成施工场所信息的高精度测量、采集数据的时候回放及显示记录等功能。实现对施工工地现场设备的合理调配和对施工过程的远程监控，实现对施工车辆的实时跟踪监控管理及故障诊断服务，提高设备的使用效率及工作效率。

（3）动力多样性与可替代燃料技术

工程机械动力多样性研究是国际工程机械行业近年来研究开发的热点。如新概念挖掘机动力系统。此系统的创新之处在于其复杂的并联控制系统，可以检测到每一个部件所需的液压系统压力。对动臂下降和回转制动时的能量回收，并贮藏于液压蓄能器中，动臂上升时，贮藏的高压油帮助发动机提供高压油。该系统可将燃油效率最大化，和同等级的产品相比可以节省 20%

以上的燃料。

目前，可替代燃料的研发工作集中于研究替代品的特性，并改造发动机使其能够适应不同的替代燃料，例如天然气、生物燃油及废油的再提取利用物质等。

二 我国工程机械行业规模分析

（一）工业增加值呈现负增长

2015 年，我国工程机械行业工业增加值减少，全年增速为 -1.18%。导致全年增加值为负的最主要原因是 3 月工业增加值增速低至 -8.30%，达全年最低水平。6 月、7 月、8 月增速有所增加，最高达到 1.40%，下半年增速放缓，年底出现反弹（见图 6-1）。

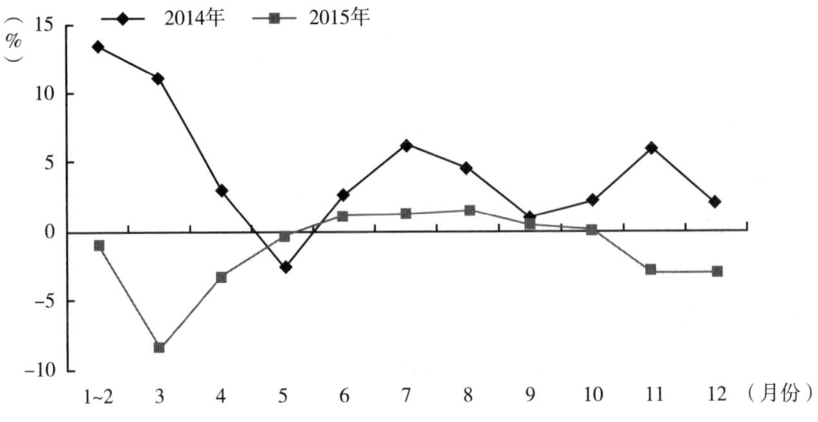

图 6-1 2014~2015 年我国工程机械行业工业增加值增速

（二）资产规模基本保持不变

2015 年，我国工程机械行业资产规模为 6380.14 亿元，同比下降 1.33%。分月份看，前半年资产规模有所减小，5 月之后开始恢复，10 月之后资产规模再次减小，12 月的资产规模同比下降 1.33%（见图 6-2）。

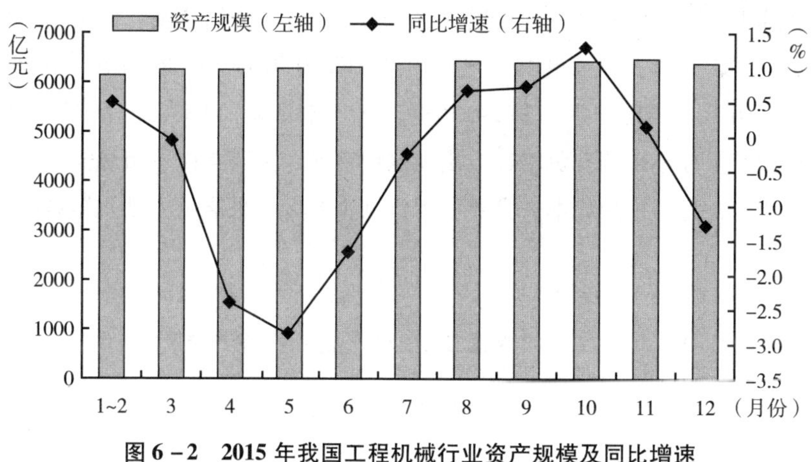

图 6－2　2015 年我国工程机械行业资产规模及同比增速

（三）固定资产投资规模月度增幅变化较大

2015 年，我国工程机械行业完成固定资产投资 961.34 亿元，同比下降 0.30%。分月份看，最大变化发生在 3 月，同比增速为 40.26%；从 9 月开始，同比增速逐渐平稳，但低于 2014 年同期，12 月降至 －8.90%（见图 6－3）。

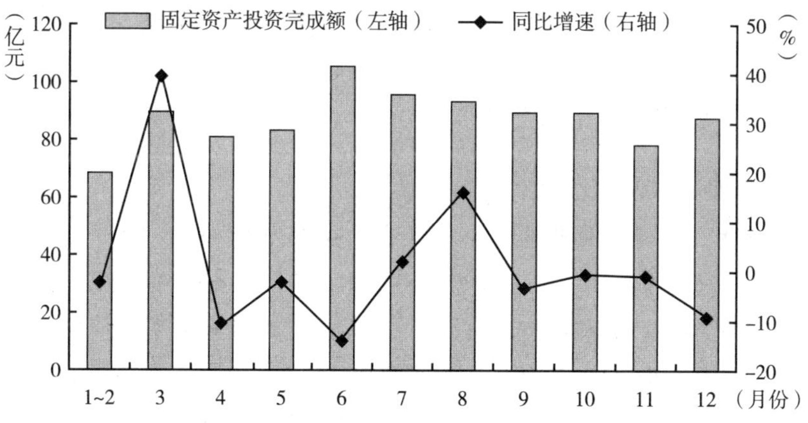

图 6－3　2015 年我国工程机械行业固定资产投资完成额及同比增速

（四）产量规模明显下滑

2015 年，主要工程机械产品产量明显下滑。挖掘、铲土运输机械和挖掘机、装载机及压实机械都呈现负增长（见表6－2）。全年挖掘、铲土运输机械和挖掘机、装载机及压实机械产量分别为26.00万台、9.26万台、12.85万台、3.47万台，同比分别下降24.36%、23.40%、28.14%、29.96%，其中，压实机械产量近年来首现负增长。出现这种情况，主要是由于市场需求逐步陷入低迷状态，为了控制成本，主要工程机械企业大多采取了主动收缩策略，减少产量。

表6－2　2013～2015年我国工程机械行业主要产品产量及同比增速

单位：万台，%

主要产品	2013年		2014年		2015年	
	产量	同比增长	产量	同比增长	产量	同比增长
挖掘、铲土运输机械	45.80	2.05	37.12	－13.16	26.00	－29.96
挖掘机	14.89	1.43	12.53	－13.82	9.26	－23.40
装载机	19.00	1.82	16.32	－13.28	12.85	－28.14
压实机械	4.50	6.89	5.41	13.92	3.47	－22.39

三　我国工程机械行业的运行情况

（一）总体运行情况分析

1. 主营业务收入同比减少

2015年，我国工程机械行业主营业务收入为5253.18亿元，同比下降8.44%。分月份来看，1～2月主营业务收入最高，为638.44亿元；3月主营业务收入同比增速为全年最低，仅为－22.73%；4月至8月，主营业务收入增速稳步回升，但8月主营业务收入最低，仅为404.59亿元；11月至12月，主营业务收入增速回落，12月增速同比下降14.66%，这反映了我国工程机械行业下半年虽然在恢复前期的经营不利状况，但明显后劲不足（见图6－4）。

2. 主营业务成本下降明显

2015年，我国工程机械行业主营业务成本为4555.52亿元，同比下降

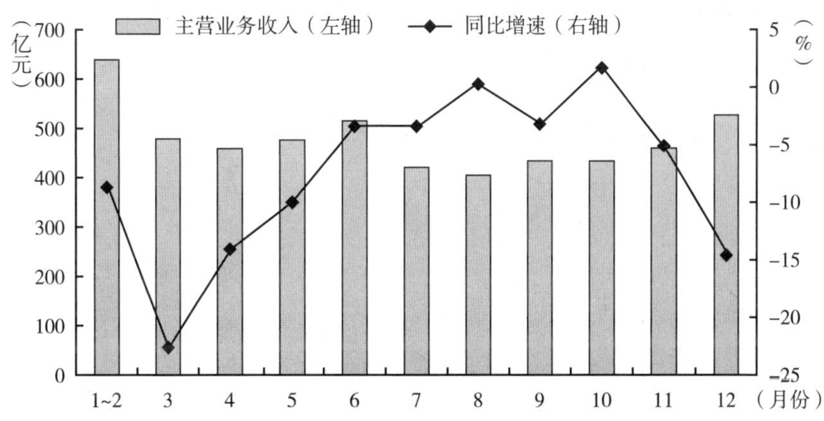

图 6-4 2015 年我国工程机械行业主营业务收入及同比增速

7.33%。分月份来看，3 月同比增速最低，仅为-20.35%，之后持续上升，10 月同比增速达到 3.37%，11 月至 12 月增速再次为负。主营业务成本与主营业务收入变化趋势相同，说明该行业的发展受制于整个社会的经济大环境，与行业内企业的经营水平关系不大（见图 6-5）。

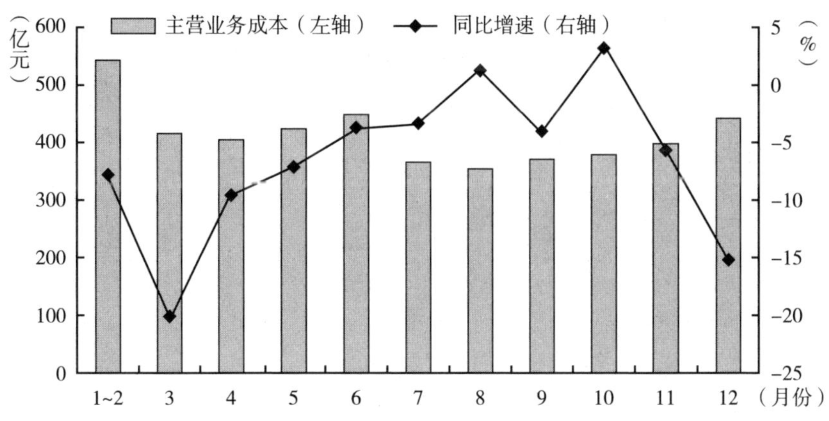

图 6-5 2015 年我国工程机械行业主营业务成本及同比增速

3. 利润总额大幅减少

2015 年，我国工程机械行业利润总额为 210.07 亿元，同比下降 39.16%。分月份来看，4 月利润总额最高，达到 32.89 亿元，6 月最低，仅为 7.17 亿元；下半年利润总额总体呈恢复上升态势，10 月利润总额为 22.83 亿元，同比增长 47.73%，全年利润增速整体呈现剧烈震荡状态（见图 6－6）。

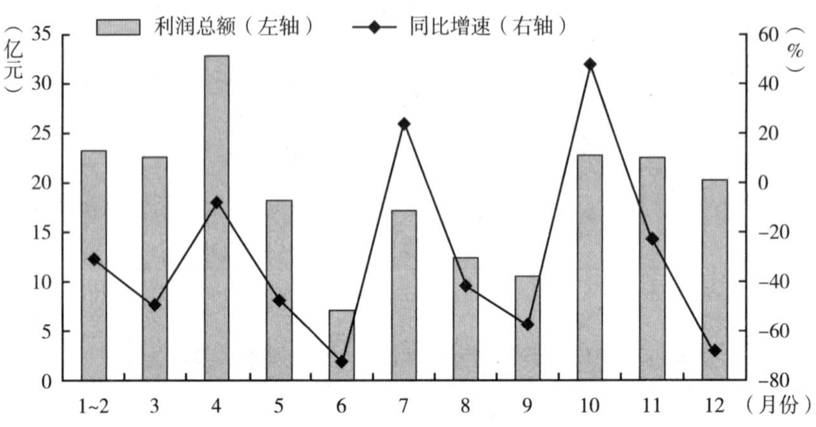

图 6－6　2015 年我国工程机械行业利润总额及同比增速

（二）营运能力略有降低

2015 年，我国工程机械行业营运能力略有下降。从总资产周转率来看，2015 年的总资产周转率为 0.82 次，比 2014 年下降 0.07 次，整体呈下降趋势。从月度数据来看，这一指标从年初的 0.10 次下降至年末的 0.08 次，中途少有大幅变化。说明我国工程机械行业有待于加强销售能力，提高资源利用效率（见图 6－7）。

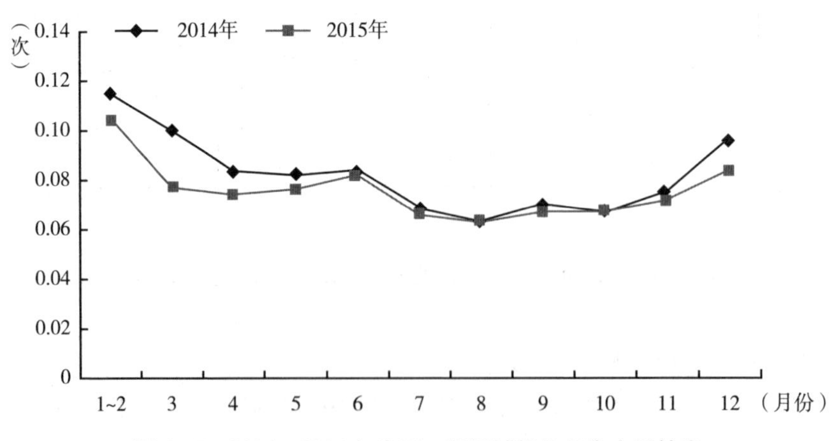

图 6－7　2014～2015 年我国工程机械行业总资产周转率

（三）盈利能力降低

从总资产利润率来看，2015 年该指标数据为 3.29%，同比下降 2.05 个百分点。从月度数据来看，总资产利润率整体呈下降趋势，中间没有过多或者过大变化，由年初的 0.38% 下降至年末的 0.32%，变化幅度很小，说明我国工程机械行业盈利能力降低（见图 6－8）。

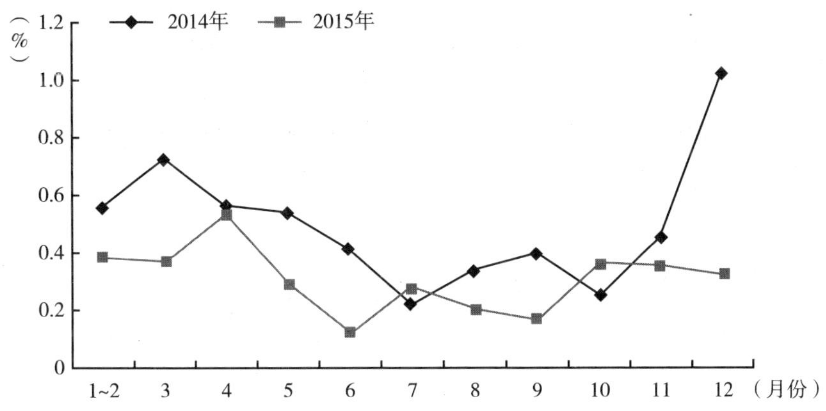

图 6－8　2014～2015 年我国工程机械行业总资产利润率

从主营业务成本率来看，2015 年我国工程机械行业主营业务成本率为 86.72%，与 2014 年（85.68%）变化不大。从月度数据来看，1 月主营业务成本率为 85.48%，5 月达到最高，年末有下降趋势，12 月达到最低，为 84.13%（见图 6－9）。

（四）偿债能力略有增强

2015 年，我国工程机械行业资产负债率为 56.32%，比 2014 年（57.69%）降低 1.37 个百分点。从月度数据来看，3 月最高，为 59.43%，12 月达到最低，为 57.14%。相较于 2013 年、2014 年，资产负债率有所降低，说明我国工程机械行业资金充裕，但同时要注意提高资产利用率（见图 6－10）。

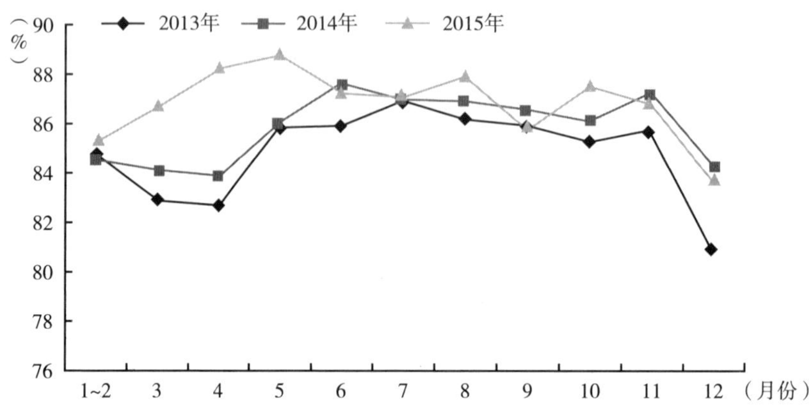

图6-9　2013~2015年我国工程机械行业主营业务成本率

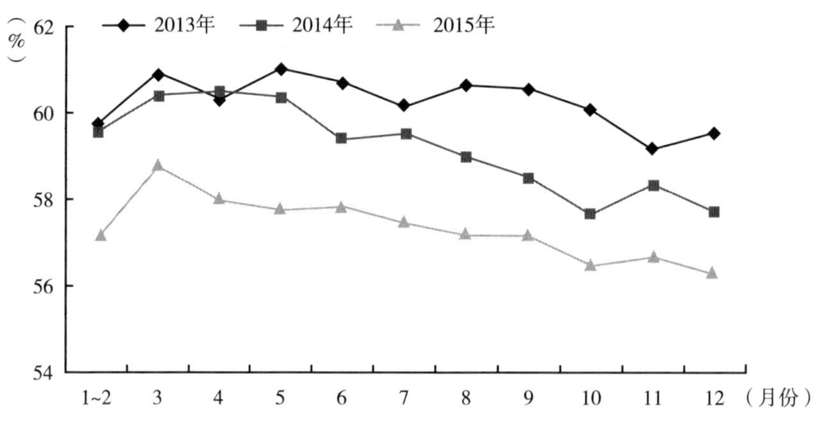

图6-10　2013~2015年我国工程机械行业资产负债率

四　我国工程机械行业产业结构分析

（一）细分行业结构

1. 两大子行业资产规模变化不大

2015年，建筑工程用机械制造业的资产规模为5327.26亿元，同比下降4.06%，增速较2014年下降6.43个百分点；建筑材料生产专用机械制造业资产规模为1052.88亿元，同比增长15.23%，增速较2014年增加13.63个百分点（见图6－11）。

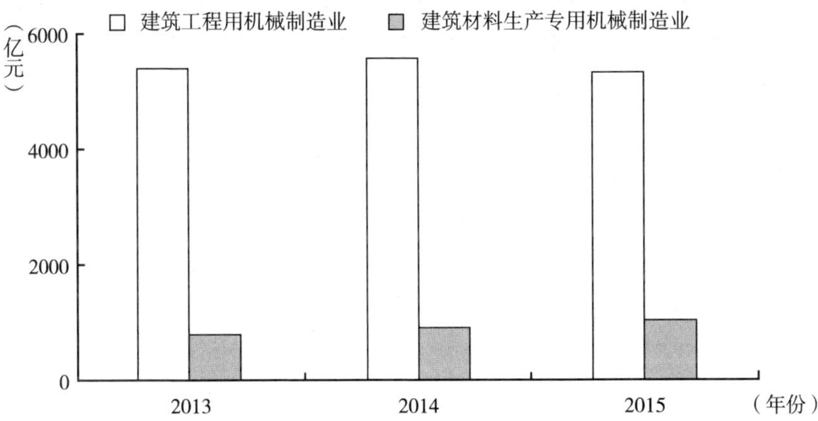

图6－11　2013～2015年我国工程机械行业分行业资产规模

2. 两大子行业主营业务收入发展分化

2015年建筑工程用机械制造业的主营业务收入为3997.73亿元，同比下降11.16%，增速较2014年下降6.45个百分点；2015年建筑材料生产专用机械制造业的主营业务收入为1255.45亿元，同比增长1.49%，增速较2014年下降1.14个百分点（见图6－12）。

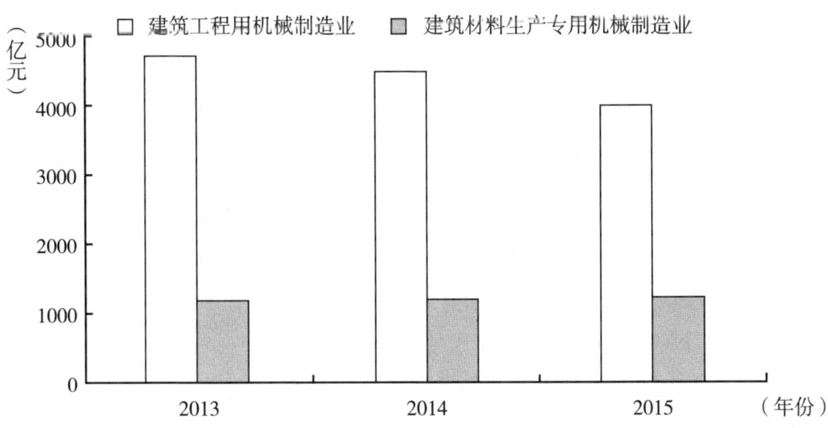

图6－12　2013～2015年我国工程机械行业分行业主营业务收入

3. 两大子行业主营业务成本表现呈分化趋势

2015 年建筑工程用机械制造业主营业务成本为 3483.35 亿元，同比下降 9.70%，增速较 2014 年降低 6.29 个百分点；2015 年建筑材料生产专用机械制造业主营业务成本为 1072.17 亿元，同比上升 1.35%，增速较 2014 年降低 2.12 个百分点（见图 6-13）。

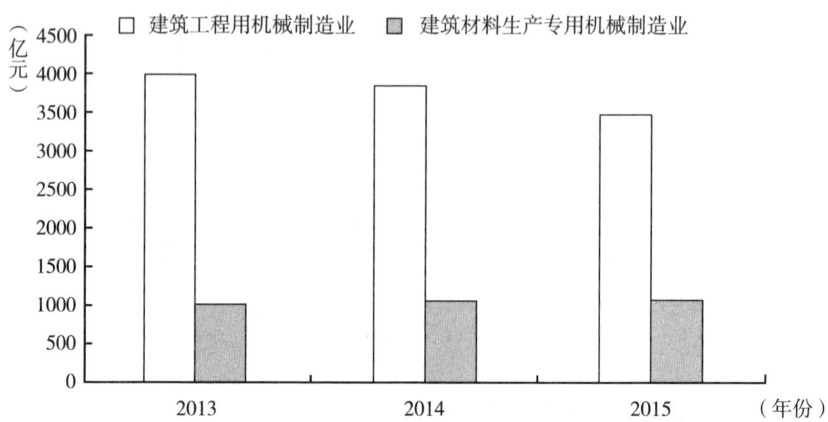

图 6-13　2013～2015 年我国工程机械行业分行业主营业务成本

4. 两大子行业利润总额均减少

2015 年建筑工程用机械制造业的利润总额为 124.47 亿元，同比下降 51.77%；建筑材料生产专用机械制造业的利润总额为 85.60 亿元，同比下降 1.85%（见图 6-14）。

（二）企业规模结构

1. 大型企业主营业务收入下滑明显

2015 年，大型企业主营业务收入下滑明显，仅为 2175.15 亿元，同比下降 17.88%，占工程机械行业收入的比重仍然最高，达 41.41%；中型企业主营业务收入为 1225.38 亿元，同比下降 7.40%；小型企业主营业务收入逆势上涨，达到 1852.65 亿元，同比上升 4.97%。

2. 小型企业主营业务成本增速高于收入

2015 年，大型企业主营业务成本降幅最大，降低至 1903.99 亿元，同比下降 15.92%；中型企业主营业务成本为 1056.43 亿元，同比下降 7.14%；小型企业

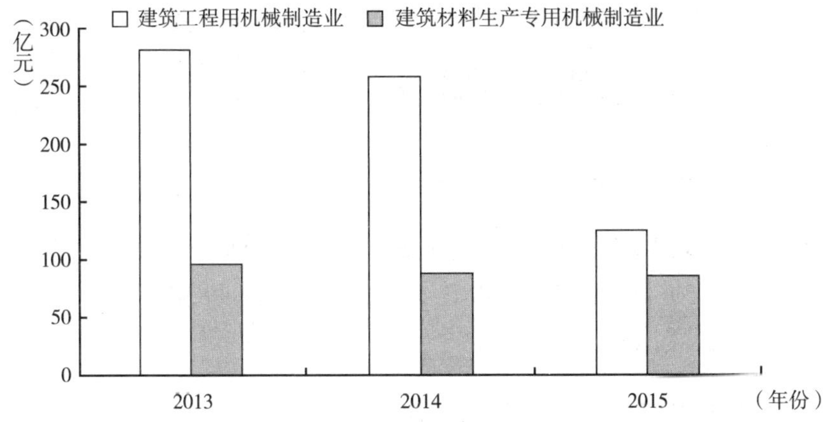

图 6－14　2013～2015 年我国工程机械行业分行业利润总额

主营业务成本达 1595.10 亿元，同比增长 5.4%，其增幅高于主营业务收入。

3. 利润总额均呈现下降趋势

2015 年，大型企业实现利润总额仅为 38.63 亿元，同比下降 73.01%，为三种类型企业中降幅最大、利润最少的企业；中型企业实现利润总额 63.01 亿元，同比下降 24.81%；小型企业实现利润总额 108.43 亿元，同比下降 8.38%。

（三）企业所有制结构

1. 民营企业主营业务收入占比继续增高

2015 年，我国工程机械行业国有企业主营业务收入降低至 1066.50 亿元，同比下降 20.55%；三资企业主营业务收入降低至 754.80 亿元，同比下降 24.22%；民营企业主营业务收入占比最高，为 3251.50 亿元，同比增长 1.21%。

2. 国有企业和三资企业主营业务成本有所下降

2015 年，我国工程机械行业国有企业主营业务成本为 940.25 亿元，同比下降 19.50%；三资企业主营业务成本为 644.48 亿元，同比下降 23.44%；民营企业主营业务成本为 2825.22 亿元，同比增长 2.42%。

3. 利润总额呈现下降趋势

2015 年，国有企业亏损额为 16.84 亿元，与 2014 年相比下降 143.98%；民营企业的利润总额降低至 179.03 亿元，与 2014 年相比下降 18.61%；三资企业的利润总额为 35.44 亿元，同比下降 46.00%。

五　我国工程机械行业贸易分析

（一）进出口规模有所下降

2015 年，我国工程机械行业累计进出口总额为 200.58 亿美元，同比下降 9.89%。其中，进口总额为 32.66 亿美元，同比下降 19.85%；出口总额为 167.92 亿美元，同比下降 7.66%。

（二）进出口产品结构变化不大

工程起重机进口额快速增长。2015 年进口额最大的工程机械产品是挖掘机，以下依次为叉车及工业搬运车辆、混凝土机械、工程起重机和推土机、装载机。2015 年，挖掘机的进口额为 4.55 亿美元，同比下降 45.95%；工程起重机的进口额为 2.82 亿美元，同比增长 55.83%；其他主要产品的进口额变化不大。

我国工程机械行业主要出口产品变化较小。2015 年出口额最大的是叉车及工业搬运车辆，以下依次为挖掘机、装载机和工程起重机、混凝土机械、推土机。其中，2015 年，叉车及工业搬运车辆出口额为 18.52 亿美元，同比下降 4.10%；挖掘机出口额为 13.20 亿美元，同比增长 9.80%；装载机出口额为 11.56 亿美元，同比下降 24.70%。

（三）主要贸易国家

日、德、美为主要进口来源国。2015 年，我国工程机械行业的进口来源国为日本、德国和美国，2015 年我国从日本进口累计金额为 8.10 亿美元，同比下降 26.61%；德国是第二大进口国，全年累计进口额为 6.00 亿美元，同比下降 21.98%；美国作为第三大进口国，全年累计进口额为 3.87 亿美元，同比下降 34.40%（见图 6－15）。

美、日、澳为主要出口目的地。2015 年，我国工程机械行业的主要出口目的国为美国、日本和澳大利亚。2015 年，我国累计向美国出口额达 20.28 亿美元，同比下降 9.95%；日本是第二大出口国，累计出口额达 10.19 亿美元，同比下降 10.46%；俄罗斯在我国的工程机械行业出口贸易地位有所下

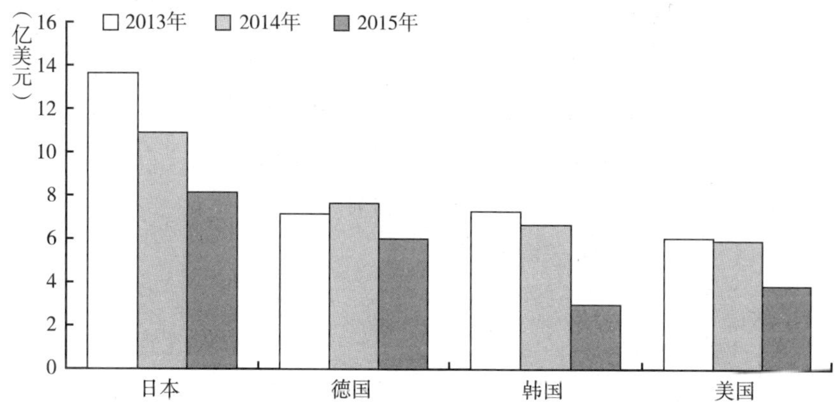

图 6－15　2013～2015 年我国工程机械行业进口来源主要国别贸易额

降，澳大利亚地位逐渐上升，全年向澳大利亚累计出口额为 5.63 亿美元，同比下降 6.17%（见图 6－16）。

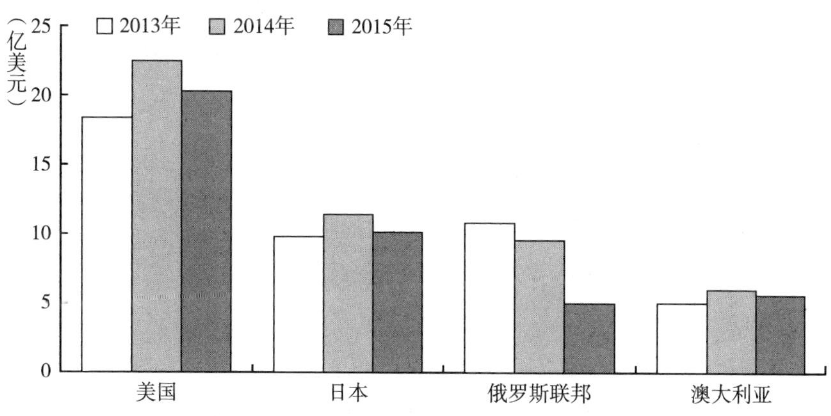

图 6－16　2013～2015 年我国工程机械行业出口主要国别贸易额

六　我国工程机械行业存在的主要问题

1. 行业机构调整压力较大

2015 年，工程机械行业产品产量累计同比增速均为负增长，中低端产能过剩、中高端产品竞争力不足的情况依然存在，整体性下滑情况仍在继续，因此，工程机械行业仍存在较大产业结构调整的压力。目前，我国工程机械市场中的低端产品，基本都处于产能过剩状态。究其原因，一方面，技术门槛不高，产品附加值较低，使得这些产品的毛利率普遍较低；另一方面，产品的市场扩展性有限，有些产品甚至存在被取代的情况。

2. 创新驱动能力不强，关键技术缺乏

我国工程机械行业在全球产业链中总体处于中端位置，主要源于我们缺乏核心技术，相关产品附加值低，且具有自主知识产权的产品比重较低。这种局面主要体现为以下几个方面：缺乏行之有效的创新机制和创新政策的引导；高端研发人才短缺，研发投入偏少。

工程机械用核心配套件产品的技术水平及核心技术是制约竞争力提高的关键因素。与国外先进水平相比，我国工程机械用关键核心配套件及系统的研发周期是国外同类产品的 2～3 倍，但相关产品的使用寿命只有国外同类产品的 30%～50%。高端高压柱塞型液压马达、整体式多路阀部件、液压泵及动力换挡变速箱、驱动桥等关键部件制造技术始终未能突破，现在大部分主机配套件仍然依靠从国外进口。

3. 大型与超大型工程机械产品竞争力不足

大型、超大型工程机械是最具国际工程机械市场竞争的产品，最能反映一个国家的制造水平，也是工程机械综合技术的集中体现。目前，我国大型超大型工程机械发展水平与国际发达国家相比还有明显差距，例如 18t 以上轮式装载机、80t 以上液压挖掘机等。

4. 工程机械二手机市场、后市场秩序不规范

随着我国工程机械市场保有量的增加，相关产品市场存量居高不下，已达到 700 万台，足以满足市场需求。然而行业还未制定出老旧机械的退出机制，与此同时，工程机械涉及的保内服务、维修、租赁以及再制造等后市场业务也发育不良，我国工程机械行业需要进一步完善后市场服务体系。

5. 工程机械融资租赁发展模式尚不健全

我国工程机械租赁企业已超过 11500 家，99% 以上属于中小型企业，主要依靠价格进行市场竞争，缺乏合理的竞价体系，服务方式大多为仅提供简单的实物租赁，而无法提供成套式（全包/整体）租赁。并且由于规模所限，相关

配套、维修力量不足，租赁机械不能及时维修或更换，客户极易受到停机损失。同时，施工企业拖欠租赁款现象也比较严重，租赁公司中拖欠款额普遍占总收入的30%～40%，严重影响我国工程机械租赁行业的持续健康发展。

七　我国工程机械行业发展前景分析

（一）我国工程机械行业发展前景预测

1. 工程机械行业长远发展前景可期

我国工程机械行业经过十多年的高速发展，在各个方面取得巨大成就。尽管行业发展受到各种因素的影响，在一段时间内的发展速度降低，但随着国家新的投资计划的开展，如加大基础设施建设，加速推进城镇化进程，深化“一带一路”战略等，工程机械行业发展前景可期。根据《工程机械行业“十三五”发展规划》，预计到2020年，我国工程机械产品在国内外市场的销售额将达到6500亿元。行业出口及海外营业收入占比到“十三五”末将超过30%，出口力争实现稳步增长，到2020年行业出口额达到240亿～250亿美元，占行业年总销售额20%以上。同时，未来几年工程机械行业的产业结构调整将加快，由此带来的结构性增长必将成为拉动工程机械行业发展的重要力量。

2. 工程机械龙头企业引领行业全球化发展进程

如今，中国机械产品与品牌的影响力在海外不断提升，越来越多的中国企业走出国门，不断加快国际化步伐。徐州工程机械集团、三一重工股份有限公司、中联重科股份有限公司、广西柳工机械股份有限公司、龙工机械有限公司、厦门厦工机械股份有限公司、山推工程机械股份有限公司等一批中国工程机械制造商已经不局限于简单的海外贸易、构建海外代理商渠道和设立办事处了，而是将海外经营本地化，除了在海外建立研发、运营和营销渠道体系外，还并购国际知名企业，以此获得重要市场份额，实现跨越式发展。在欧美地区，以徐州工程机械集团、广西柳工机械股份有限公司、三一重工股份有限公司、中联重科股份有限公司为代表的中国制造商，已具备与全球领先企业在国际市场上正面交锋的实力，中国品牌产品不断获得国外用户的认可。未来海外业务将成为驱动中国工程机械制造商持续成长的重要推动力量。

3. 市场需求变化促进节能绿色产品大发展

随着发达国家对工程机械产品节能减排绿色环保市场准入门槛的不断提高，以及我国生态社会建设步伐的加快，市场对工程机械能耗指标的关注度与要求日渐增强，对节能环保、绿色制造的产品需求日渐增加。我国企业在此方面也已取得了一些成果，例如，机械能耗最高可降低十几个百分点，已掌握减震降噪核心技术。生产节能、绿色环保机械产品无论是从减轻环境负担，还是打破对外贸易壁垒等方面都将是工程机械企业战略发展的重要趋势。

4. 工程机械后市场发展潜力巨大

目前，工程机械产品同质化日渐严重，导致产品层面的竞争优势不明显，而产品服务的重要性逐步显现。2015 年，工程机械企业纷纷布局后市场，逐渐进入连锁维修、电商、二手机、拍卖、租赁还有再制造等后市场领域。例如，柳工集团启动了世界范围内的融资租赁、经营性租赁业务；徐工集团积极打造二手设备销售以及租赁业务平台；三一重工在浏阳开展再制造项目。在市场从“增量扩张”向“存量挖潜”转型的过程中，工程机械后市场服务已成为零部件、整机制造企业及代理商和技术服务商转型升级的重要方向，发展空间巨大。

（二）我国工程机械行业投资机会

1. “一带一路”国家战略为工程机械行业带来海外市场机遇

2015 年，我国工程机械产品出口到“一带一路”沿线国家的总额达 84.93 亿美元，占我国工程机械产品全部出口额的 44.7%。未来，中老高铁、沙特中铁建 KAP5 项目、泛亚铁路、泰国高铁、巴基斯坦塔尔煤矿项目等一大批重点项目的陆续开工与建设，必然为各类工程机械产品提供广阔的市场。根据相关预测，未来 10 年仅亚太地区基础设施投资需求可达 8 万亿美元，按照 12% 的设备采购比例计算，所需工程机械产品约 9600 亿美元。这给工程机械企业海外出口带来巨大的市场空间。

2. 国内基础建设投资力度不减，为工程机械行业提供有利的市场资源

2016 年，我国政府将继续保持在基建投资上的投入力度。具体来看，新建改建农村公路 20 万公里；完成铁路投资 8000 亿元人民币以上，公路投资 1.65 万亿元人民币；启动一批“十三五”规划重大项目及城市轨道交通建设

项目；建设城市地下综合管廊2000公里以上；完成棚户区住房改造600万套等。由此可见，短时期内，基建仍处于优先发展位置，尤其保障性住房建设和交通等基础建设领域，未来5年都不会减弱，国家宏观调控的相关政策带来的影响也将从房地产行业、基础设施建设、矿山等领域直接传递至工程机械领域，带来一定的国内市场需求。

3.《中国制造2025》出台，绿色节能、智能工程机械市场前景广阔

《中国制造2025》的公布为工程机械行业的发展带来新的发展动力。尤其对绿色制造和智能制造的大力提倡，带来工程机械行业新的重点发展方向。在《中国制造2025》重点支持的十大重点领域中，高档数控机床和机器人、节能与新能源汽车等领域分别涉及汽车起重机、抢险救灾用特种机器人、混凝土泵车、混凝土搅拌车及沥青洒布车等系列工程机械产品，产品需求将大幅提升。

4. 工程机械二手机设备资源丰富，将迎来产业发展黄金期

中国工程机械设备资源丰富，随着工程机械市场保有量的不断增加，各个工程机械制造厂家为了抢占市场，提高企业品牌的占有率，纷纷把获利空间转移到后市场领域，其中二手工程机械设备占很大的比重，交易规模不断扩大，呈上升趋势。同时，该市场还拓展到了海外，一些企业二手机的出口为国内市场腾出更多空间，以有效完成资源的循环使用。“线上线下同步竞价”等多种拍卖方式的出现，实现了拍卖跨地区、跨空间，提高了交易效率。目前，国内二手工程机械市场还是“蓝海”区域，未来15年将是二手设备流通产业发展的黄金时期。

八　我国工程机械行业发展建议

（一）政府

1. 建立和完善相关监管法规

加快建立和完善工程机械行业相关监管法规，使行业在向信息化、绿色化、智能化等方向发展过程中有法可依，并能规范相关市场环境，使工程机械产品的销售顺利进行。对于打响出口产品品牌，采取合理的市场准入机制，提

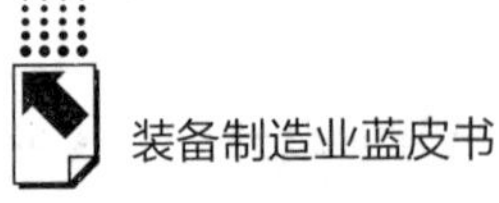

高市场准入门槛，保证质量，提升我国工程机械产品整体国际形象都具有重要的意义。

2. 出台相关促进扶持政策

一方面，出台税收促进政策，减轻制造业的负担。在当前经济面临十分困难的环境下，有必要尽快实行制造业的激励税收政策，减轻企业负担，以实现税收长远持续增长。在增值税支持节能产业发展方面，国家在一定期限内，可以对关键性的、节能效益显著的重大节能设备和产品，实行一定的增值税优惠政策；对部分节能效果非常明显的产品，在一定期限内，可以实行增值税免征、部分免征或者增值税即征即退措施。另一方面，出台落后生产方式逐步退市的时间表和补偿机制，有序引导、安排企业向制造现代化、智能化方向发展。

3. 加大对共性技术研发支持力度

推动产业共性技术创新联盟建设，发挥现有国家重点实验室、国家工程（技术）研究中心、国家工程实验室及科研院所从事共性技术的研究力量，组建分散网络化的国家级智能制造技术研究院，从国家层面开展共性技术和前沿技术的研究开发。

一是建立国家共性技术研发平台。以国有转制院所为基础，组织从事共性技术研究的力量，联合龙头企业或转制院所的国家重点实验室，由政府提供持续资金支持，建立以共性技术研究为重点，以原始创新和集成创新为手段，涵盖技术开发、技术转移、科技资本运作的国家级智能制造共性技术研发平台。

二是推动产业共性技术创新联盟建设。围绕重大共性技术和关键技术的突破，大力发展和构建以企业牵头、科研机构和高校等共同参与的技术联盟，发挥联盟技术攻关的堡垒作用。

三是建立国家共性技术研究院。在国家战略层面加强共性技术和前沿技术研究，推动工程机械行业整体技术水平的提升与进步。

（二）行业

1. 坚持以创新驱动的行业发展战略

我国工程机械行业这些年取得的成绩，尤其在制造工艺和技术水平方面的提升，都归功于各企业对自主创新的坚持。只有全力推进产品、技术、服务的创新和升级，不断提升产品附加值，才能全面提升工程机械行业核心竞争力。在践行“创新驱动发展战略”过程中，持之以恒地推动以科技创新为核心的全面创新，夯实以企业为主体的科技创新平台，着力培育高新技术人才队伍，提升产业竞争力。

2. 加强行业信用体系建设

工程机械企业的过度营销将导致应收账款的大幅增加，出现回款难、资金周转慢的现象。当前，整个行业面临困难和挑战，加强行业诚信体系建设对于促进行业生态良性发展，遏制恶性竞争尤为重要。须从制度设计上重新调整生产商和代理商的内部关系，建立以诚信为本的公平竞争平台。对我国工程机械招投标领域存在的交易界限模糊、回扣返利、权钱交易等问题也须尽快建立全国统一的工程机械招投标诚信平台。

3. 促进二手工程机械管理规范形成

针对目前二手设备市场的现状，行业协会要加大对二手设备的管理力度，建立工程机械机身识别码的备案与发布工作，进一步建立二手工程机械市场交易评估与定价机制。在相关政策上，与国家有关部门联动协同，推动强化安全措施和淘汰报废制度的出台，早日将对二手工程机械的管理纳入国家相关法规和管理制度的框架内。

（三）企业

1. 注重技术创新

加快关键技术的研发创新，调整工程机械产品结构向中高端发展，是工程机械企业提升产品性能和价格的关键。而国家颁布的环保排放、安全、能耗等技术与法规标准，将对低端产品的入市加以限制，“十三五”期间高端产品的比重也要达到相当水平。技术上一是通过并购国际企业，取得世界上行业中最先进的技术；二是通过企业自身的改革，如互联网应用等，提升产品科技水平。

2. 创新经营模式

将以前以单机销售为主，转为注重提供整体解决方案；将以前更注重产品的生产和销售，转为对备品备件、产品维修保养、二手设备等后市场服务方面的大力开拓。注重对融资租赁、经营租赁等新型销售模式的打造；探索 C2M

商业生态模式，通过提升高度融合的信息化与自动化水平来实现大规模定制，满足消费者复杂多样的个性化需求；打造“互联网＋工程机械”平台，例如，徐工和阿里巴巴正在合作的中国制造业首个“工业云”的“世界众筹”计划，将集世界的创新要素为企业所用。

3. 创建服务型企业

在目前行业低迷的形势下，从生产制造向服务制造转型，既扩大巩固了市场，又实现了可持续发展。因此，企业应尽快完善服务体系，增加服务环节投入、增强服务意识、扩大服务范围、引进服务模式、制定服务流程及标准、加强人员培训。同时，积极发展个性化定制服务，以及网络精准营销和在线支持服务等特色服务，面向行业提供社会化、专业化服务。

4. 提升国际化经营水平

中国工程机械企业要完成从中低端到高端的转变，达到与卡特彼勒、小松、利勃海尔等国际巨头同台竞争，国际化经营是必经之路，这不是简单的产品出口转型升级，而是品牌与服务的“走出去”，由大进大出转变为优进优出。通过并购海外企业，去获取相应领域的先进技术，并由此进入该产业市场。同时，利用海外市场项目，改变我国企业以往对经销商管理粗放的状态，提升企业对海外公司、经销商的管理能力。

B.7
农业机械行业

聂喜荣　李 鹏*

摘　要：　本章梳理了农业机械行业的国际和国内发展状况及趋势，重点分析了2015年我国农业机械行业的总体运行概况及发展现状，探析了我国农业机械行业未来的发展趋势及前景。分析表明，由于国家对农业基础性地位的重视，历年来农机补贴政策等良好的市场环境，以及产品水平的提升，持续促进农业机械制造行业的发展，2015年我国农业机械行业逆市上扬，为农业提供强有力的装备支撑，但由于产品技术含量距离国际品牌尚有差距，以及农机行业企业经营成本也在增高，行业平均利润率并没有提升。未来，随着农业装备向集成化、智能化的不断发展，我国农业机械行业应提升竞争力，不断满足国内市场和国际市场的需求。

关键词：　农业机械行业　产品　智能化　竞争力

一　农业机械行业定义和分类

（一）农业机械行业定义

农业机械是指在作物种植业和畜牧业生产过程中，以及农畜产品初加工和处理过程中使用的各种机械。① 农业机械涉及面广泛，它是我国农业发展相关

* 聂喜荣，机械工业经济管理研究院工业工程所助理研究员；李鹏，国资委副研究员，机械工业经济管理研究院工业工程所所长。

① 李霞、于新建：《农业机械实现多效实用和管理的有效措施》，《山西农经》2014年第5期，第11～12页。

的装备产业。我国是农业大国，从广义范围讲，我国农业包含农耕、农林、畜牧、渔业等多个产业门类，与之相适应的，在农业装备领域，也就存在着与之相适应的诸多装备门类。

（二）农业机械行业分类

1. 农业部分类

根据农业部2008年7月14日发布的中华人民共和国农业行业标准NY/T 1640－2008《农业机械分类》（农业部第1062号公告），农业机械共分大类、小类和品目三个层次，即分为14个大类，57个小类（不含“其他”）和276个品目（不含“其他”）。根据农业机械部关于农业机械分类中的14个大类，分别是田间管理机械、种植施肥机械、耕整地机械、收获机械、收获后处理机械、农产品初加工机械、农用搬运机械、排灌机械、畜牧水产养殖机械、动力机械、农村可再生能源利用设备、农田基本建设机械、设施农业设备和其他机械。

2. 中国机械工业联合会分类

中国机械工业联合会将我国机械工业分为13个大行业，将农机行业细分为包括农用及园林用金属工具制造、农副食品加工专用设备制造、饲料生产专用设备制造、水资源专用机械制造和其他未列明运输设备制造等13类，农业机械行业分类与国民经济行业分类（GB/T 4754－2011）中对应的行业代码及大类名称如表7－1所示。

表7－1　国家统计局统计用产品分类标准

3323	农用及园林用金属工具制造	3575	渔业机械制造
3532	农副食品加工专用设备制造	3576	农林牧渔机械配件制造
3534	饲料生产专用设备制造	3577	棉花加工机械制造
3571	拖拉机制造	3579	其他农、林、牧、渔业机械制造
3572	机械化农业及园艺机具制造	3597	水资源专用机械制造
3573	营林及木竹采伐机械制造	3799	其他未列明运输设备制造
3574	畜牧机械制造		

资料来源：《国民经济行业分类》（GB/T 4754－2011）。

3.《中国农业机械统计年鉴》分类

《中国农业机械统计年鉴》分析的子行业包括拖拉机、耕种种植机械、旋耕机械、收获机械、农副产品加工机械、低速汽车、温室园艺设施及设备、排灌机械、草地畜牧业机械、畜牧及饲料加工机械、热带作物机械、茶叶机械、中小型风能设备及渔业机械和渔船船用产品。

4. 小结

结合上述三种分类，从数据的可获得性方面考虑，分析我国农业机械行业产业结构发展现状将采取中国机械工业联合会的分类方法。

二　国际农业机械行业发展概况

（一）国际农业机械行业发展现状

1. 市场现状

近年来，各国对粮食和其他农作物的生产越来越重视，各国政府在政策支持方面的力度越来越大，农业机械产销市场较好。当前，国际上主要的农机生产国家也是装备工业发达的国家，包括美国、德国、日本、英国、法国、意大利、韩国等，农机产品的国际市场基本被这些国家占领。

美国是世界上农业最发达、技术最先进的国家之一，也是世界上重要的农业产业大国。其农业装备水平及其制造水平都处于世界领先地位，一些著名的农业装备品牌公司也都位于美国，其中，包括凯斯纽荷兰、约翰迪尔、爱科等，这些企业产品设计理念先进，生产制造质量控制好，技术含量高，产品在农业生产中的生产率高，技术指标领先。

德国是仅次于美国、法国和荷兰的世界第四大农产品出口国，农业在国民经济中起着重要的作用。德国的农业机械工业很发达，其农机产品的制造水平在世界排名靠前，农业机械产品种类丰富、产量大。德国农机产品的外销比例较高，出口量约占本国农业机械产品产量的一半，在世界各国的农机市场中占有较高的份额。德国远销国外的典型的农业机械主导产品，包括由芬特公司生产的自走底盘和拖拉机；道依茨公司生产的发动机；克拉斯机器制造公司生产的牧草捡拾压捆机、青饲收获机、联合收割机等。

在亚洲，日本是农业机械产品生产技术发达的国家，日本的水稻育秧、插秧、半喂入联合式收获机械在世界上处于领先水平。其最主要的农业机械制造厂商是久保田、洋马、井关、三菱四大农机公司。日本的农机企业管理理念先进，且十分重视新产品的研发，有先进的生产制造工艺和生产方式，因此，日本能不断推出性能越来越好的新产品，而这些产品应对市场能力比较强，劳动生产率也随之提高。

俄罗斯地域辽阔，农业区土地肥沃，非常适合机械化作业，因此，农业机械在俄罗斯有很大的市场，俄罗斯农机生产企业较多，且生产大型机械设备的企业占主导地位，俄罗斯的农业机械产品大部分靠自产，其中拖拉机和收割机在俄罗斯生产的设备中占据了主要份额，俄罗斯生产的农业机械产品一部分销往过去的加盟共和国，一部分外销出口到欧洲、亚洲等地。主要的生产厂家包括：Novoye Sodruzhestvo 产业联盟、Agromashholding 公司和 Traktornye Zavody 公司等。

2. 技术现状

随着信息技术、新材料和生物技术的发展，诸多普遍在其他行业应用的技术，包括自动加工中心、焊接技术、信息技术、智能喷漆等领先的科技不断在农业机械产品的生产中越来越多地得到应用，数控加工、数字化设计、柔性生产线等技术的广泛应用使农业机械制造具有柔性大、设计周期短等特点。农业机械的生产已转向现代加工方法，计算机集成制造、精益生产等先进制造模式已普遍应用，近年来智能制造更是热点。发达国家的农业机械的技术优势比较明显，尤其是高端的农业机械，目前，部分发展中国家包括中国的高端农业机械依赖于欧美和日韩的产品。

农业生产技术不断提升，以农业增产增收和可持续发展为目标的创新技术不断被吸收到农机产品设计中，农业机械不同程度地采用总线技术、田间自动导航系统、GPS 定位和产量传感器等现代高新技术，实现农业机械的操作更加自动化、控制更加智能化、作业更加精准化。大型集成化和操作自动化、控制智能化和作业精准化是目前农业机械技术发展的主要特征。

（1）耕作拖拉机

负荷传感液压操纵、电子监控等诸多新技术已经普遍应用于田间耕作拖拉机产品中，人机交互、人因工程方面的科技成果逐步在各型拖拉机上应用，各种变型拖拉机产品也层出不穷。目前，性能较好的耕作拖拉机动力的最大功率在400kW以上，约翰迪尔公司生产的拖拉机发动机最大功率达到411.6kW（560hp）（9R/9RT系列），爱科公司生产的拖拉机发动机最大功率达到447.6kW（609hp）（挑战者MT975型橡胶履带拖拉机）。

（2）耕整种植机械

近年来，耕整种植机械既要适应不同的土地条件，又要满足不同的耕作条件，所以，注重传统机具在结构上不断创新，将多种工作部件集成在一个机具上，耕整种植机械已经实现复合式作业，单项机具则在高速、高效能及宽幅和低能耗上均有进展。液压操纵技术和电子自动调节技术的广泛应用，驱动型耕整地机具和保护性的深松、少耕、免耕机具越来被重视和普遍使用。深松、灭茬、开沟、播种、施肥和镇压等多工序的作业已经由原来的多个农业机具集成到一种机具上，并可以实现高速多功能、精准作业，一次作业完成所有工序。播种机已经实现开沟、播种、施肥和镇压联合作业，并采用多种先进技术达到种肥可根据地力变化实施播种。

（3）植保机械

近年来，航空植保机械和大型自走式植保喷雾机械已经成为植种作业的主体，大中型植保机械的诸多先进技术主要包括精准变量喷药技术、精准定靶喷药的杂草识别技术、防漂移技术、风幕技术、全液压驱动技术、安全自动混药技术等，进一步提高了作业质量和作业效率，同时，节水、省药、节能的精密防治技术也在同步发展。自走式植保喷雾机械在行走、制动、转向、整机地隙的升降和喷杆升降和折叠等方面，利用GPS、全液压控制和传感器等已实现了全智能化。植保机械大部分采用光电传感器、防漂移喷头和静电喷雾技术等可自动检测温度、环境的湿度、大气参数（风速和风向等）、作物病虫草害程度，并根据设备自动检测的结果，植保机械依据具体作业位置情况自动调整作业速度来调整单位面积喷量。

（4）收获机械

收获机械也不断采用各种高新技术，不断拓展性能和改善结构，以满足农作物生产收获需要。当前，先进的谷物联合收割机采用大马力的动力、智能监控、液压操纵等技术，并配套大容积粮仓，已经实现自动设定割茬高度，在坡地工作时可自动调平筛箱。现代大型联合收割机的生产效率持续提升，实现宽幅、高效作业，最大喂入量已经可以达 10kg/s 以上，作业幅宽可达 10m。大型番茄收获机一台设备能代替 500 人工作业，其生产效率可达 50～70t/h。

（二）国际农业机械行业的发展趋势

1. 市场趋势

由于全球人口的增长和新技术的发展与运用，随着现代化农业的发展，预计在今后相当长的一段时期，农业机械市场将继续保持稳步发展势头。

（1）新兴国家市场潜力巨大

发展中国家处于快速发展过程中，新兴国家的农业随着工业的发展，农业也开始进入用机器代替人畜的田间劳动的阶段，因此，这些国家对农业机械的市场需求较大，尤其是灌溉设备、拖拉机及用具、谷物食品加工、园艺草坪机等产品仍有非常大的市场空间。

另外，"一带一路"的战略构想中明确提出"开展农林牧渔业、农机及农产品生产加工等领域深度合作"，而"一带一路"沿线大多是新兴经济体和发展中国家，这些国家和地区有很多是农业大国，在相关政策及基金的支持下，这些国家和地区的农业机械产品市场潜力巨大，比如中亚、东南亚等地区国家。

（2）由发达国家向发展中国家转移

发展中国家在农业机械的高端技术领域长期依赖发达国家的技术转移和技术溢出，而发达国家的劳动力成本较高，随着全球经济一体化的发展，促使发达国家将农业机械的生产基地转向部分需求较大的发展中国家，这推动了农业机械产业向发展中国家的转移，而且转移的速度在今后将不断加快。

（3）红海和蓝海差异彰显

不同农机产品创造的收益不同，普通小型产品的利润率低，发达国家一般生产和出口技术含量较高的农业机械产品，而小型农业机械产品一直是发展中国家自主生产，甚至是部分发达国家的缺档产品。而高端产品的利润率是小型农机产品的两倍以上，有的甚至更高，目前，正处于各国农业机械产品结构的调整期，发展中国家将更多地自主生产普通小型农机产品，而发达国家则将市场瞄向了高技术含量的农业机械产品，这种不同的市场定位在今后将变得更加普遍和突出，蓝海与红海的市场差异将进一步彰显。

2. 技术趋势

（1）向保护环境、节约资源的可持续方向发展

随着社会对环境保护和能源利用效率的关注，以及受联合国粮食及农业组织提出的可持续发展的农业的影响，农业机械行业越来越重视发展保护环境、节约资源的农业机械产品，世界各国对有利于农业资源高效利用和农业可持续发展的农业机械的开发越来越重视。保护环境、节约资源的农业机械产品，从节能和低排放的动力机械，保护土壤的保护性深松、少耕、免耕耕作机械，节种的精量播种与精准变量施药机械，节水的灌溉机械，到节药低残留的植保机械等已经成为农业机械发展的主流。

（2）向多功能大型化、复合式高效率发展

农业机械在产品技术上的不断突破，结构上的不断创新，使农业机械进一步向多功能、高效率方向发展。在性能上，农业机械的大马力动力装置被越来越多地采用，农业机械的额定功率越来越高，其行驶速度越来越快，在结构上，复合式作业机械不断发展，作业效率越来越高。越来越多种类的机具集成在一个大型机具上，使之具有多种功能，实现多道工序合并成一道工序，充分利用机械功率、减少作业时间、降低油耗、减轻机械对土壤的碾压，高效快速地完成作业。如高效合一的收获机可以在同一区域内完成多品种作物的收获，播种机已经实现开沟、播种、施肥和镇压联合作业。

（3）向智能化发展

随着生物技术、计算机和电控技术运用到农业机械，信息化和工业化的不断发展和融合，引领农业机械向高度智能化、自动化方向发展。随着农业机械专用传感器、导航及电子技术中央处理、总线技术的应用和发展，农业机械不仅具有导航定位、故障诊断、主要参数实时采集与自动监控功能，并不断向智能化的方向发展。

三　我国农业机械行业规模分析

（一）工业增加值

2015 年，农、林、牧、渔专用机械制造增加值同比增长 8.4%，比 2014

年同期增速下降 0.4 个百分点；潜水救捞及其他未列明运输设备制造增加值同比增长 11.3%，比 2014 年同期增速提高 12.9 个百分点。分月份看，农、林、牧、渔专用机械制造的工业增加值增速 11 月为全年最低，当月增速为同比增长 1.3%。潜水救捞及其他未列明运输设备制造的工业增加值增速上半年平稳上升，7 月达全年最大值，当月的增加值增速为 17.1%，下半年呈下降趋势（见图 7－1）。

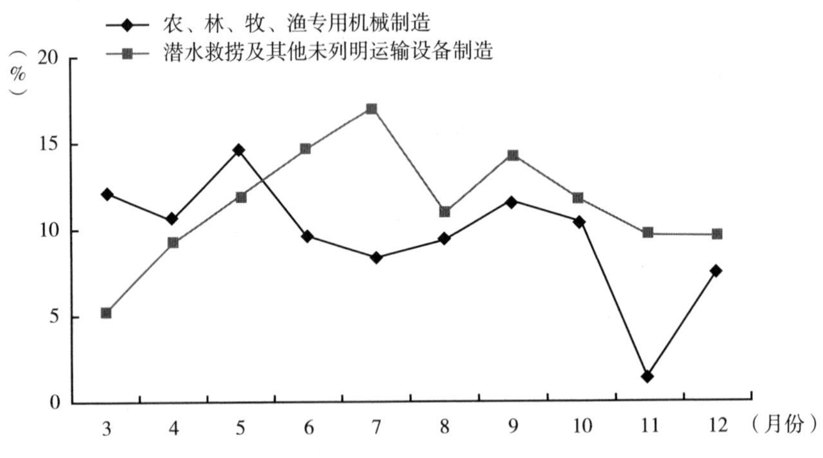

图 7－1　2014～2015 年农业机械行业工业增加值增速

注：数据来自机经网[①]。

①以下如果没有特殊说明，数据均来自机经网。

（二）资产规模持续扩大

2015 年，农业机械行业资产规模持续扩大，到年底资产规模达到 2783.80 亿元，同比增速为 9.13%，资产总额呈上升趋势。按月份看，资产总额平稳增加，其同比增长速度整体波动不大，稳中有升，各月均值为 8.14%，总产规模同比增速最低值为 2 月的 6.97%，最大值为 12 月的 9.13%（见图 7－2）。

（三）固定资产投资规模稳步增加

2015 年，农业机械行业固定资产投资完成额累计实现 1609.19 亿元，比 2014 年增加 137.07 亿元，同比增加 9.31%。分月份看，各月完成固定资产投

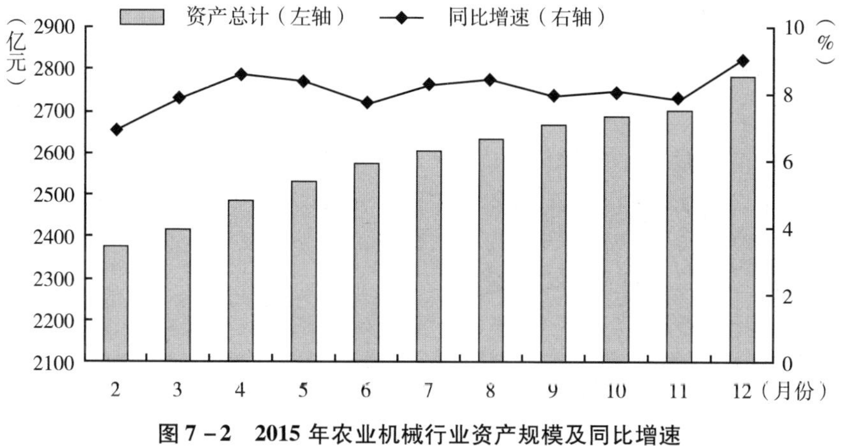

图 7-2　2015 年农业机械行业资产规模及同比增速

资额上半年呈上升趋势，下半年呈下降趋势。固定资产投资完成额的同比增速在前 5 个月持续上升，5 月达最大同比增速为 28.44%，5 月至 8 月又迅速下降，8 月跌落至全年最低值 -12.21%，后又呈回升趋势（见图 7-3）。

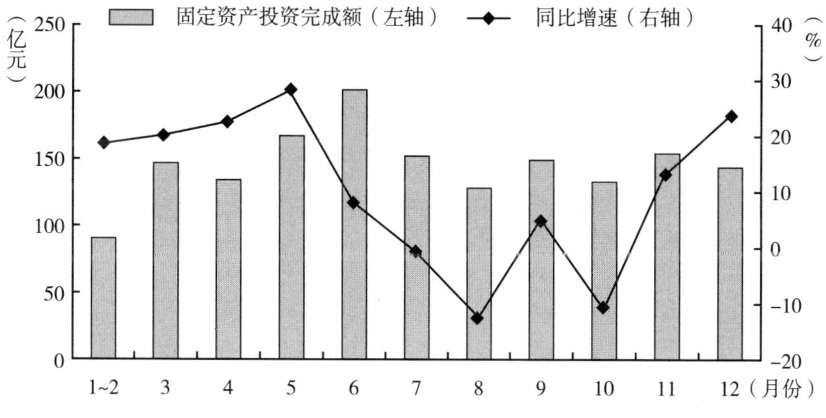

图 7-3　2015 年农业机械行业固定资产投资完成额及同比增速

（四）农业机械主要产品中大型拖拉机产量大幅增加，小型拖拉机产量下滑较大

2015 年，农业机械行业大型拖拉机累计生产 77372 台，比 2014 年的 58170 台同比增长 33.01%。中型拖拉机的产量也比 2014 年有所增加，2015 年

累计生产610780台，同比增长7.56%。农业机械主要产品中小型拖拉机、收获机械和饲料生产专用设备的产量下滑，其中，小型拖拉机产量下滑较大，2015年累计生产小型拖拉机1402763台，比2014年产量少253178台，同比下降15.29%。2015年，农业机械行业中的收获机械和饲料生产专用设备分别生产827101台和517489台，同比分别下降3.97%、12.34%（见图7－4）。

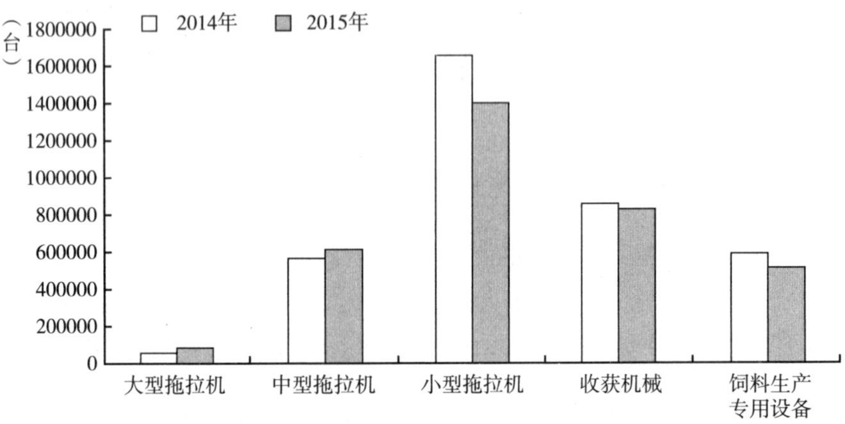

图7－4　2014～2015年农业机械主要产品产量

四　我国农业机械行业的运行情况

（一）总体运行情况分析

1. 主营业务收入平稳增加

2015年，农业机械行业累计实现主营业务收入为4523.60亿元，同比增长为7.32%。按月份看，各月主营业务收入比较稳定，围绕400亿元上下波动（除1～2月为累计值），同比增速的波动幅度较小，其中同比增速4月最高，为11.32%，12月最低，为3.17%（见图7－5）。

2. 主营业务成本增加

2015年，农业机械行业累计主营业务成本为3889.33亿元，同比增长7.32%。按月份看，各月主营业务成本及同比增速的变动趋势基本与各月主营

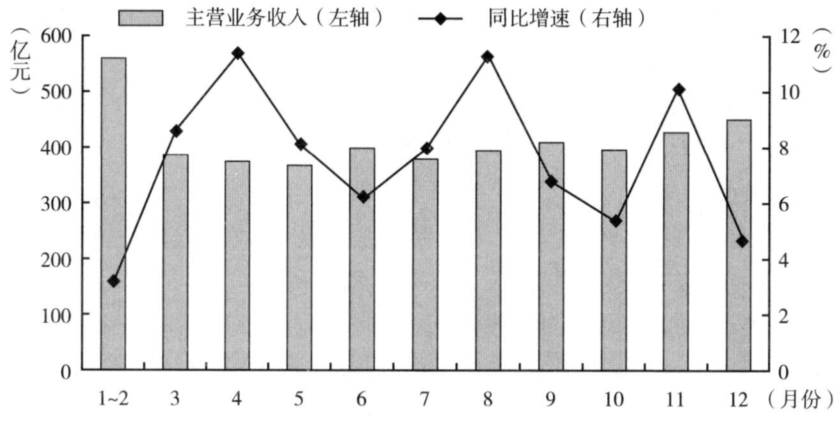

图 7－5　2015 年农业机械行业主营业务收入及同比增速

业务收入的变动趋势一致，除 1～2 月外，各月主营业务成本波动基本稳定，均值为 341.35 亿元，各月的同比增速围绕 7.54% 上下波动，8 月同比增速最高，为 12.22%（见图 7－6）。

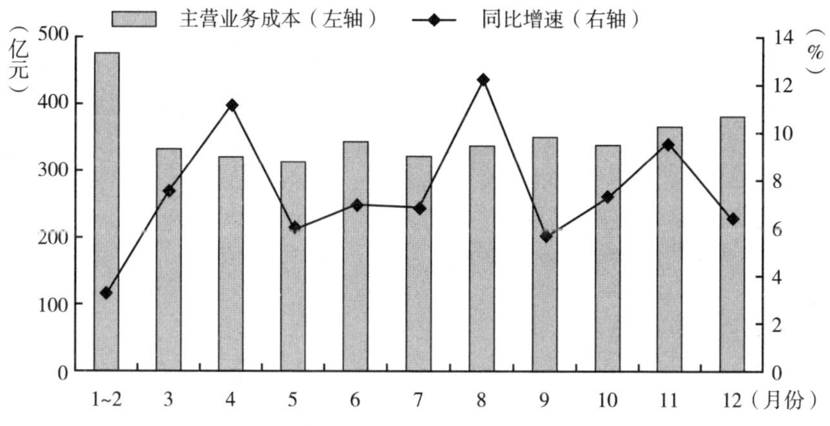

图 7－6　2015 年农业机械行业主营业务成本及同比增速

3. 利润总额稳步增长

2015 年，农业机械行业实现累计利润总额为 259.76 亿元，同比增速为 9.16%。按月份看，各月利润总额上半年比较平稳，下半年波动较大，全年各月均值为 22.82 亿元（除 1～2 月为累计值外），利润总额同比增速前 5 个月持续增加，5 月达全年最高的 23.74%。5 月后呈下降趋势，10 月达到全年最低的 -9.09% 后又稍有回升（见图 7 -7）。

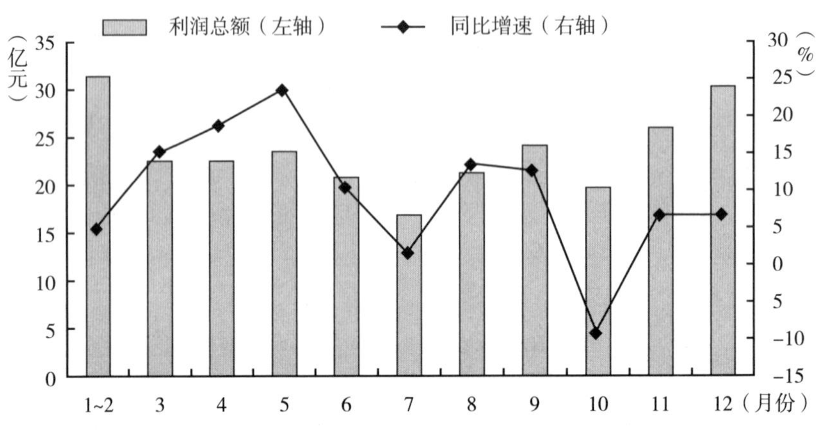

图 7 -7　2015 年农业机械行业利润总额及同比增速

（二）营运能力增强

2015 年，农业机械行业总资产周转率为 1.62 次，比 2014 年下降了 0.03 次。按月份看，农业机械行业各月总资产周转率与 2014 年趋势一致，且波动幅度小于 2014 年同期，各月均比较平稳，围绕 0.18 次上下波动（除 1 ~2 月外）（见图 7 -8）。

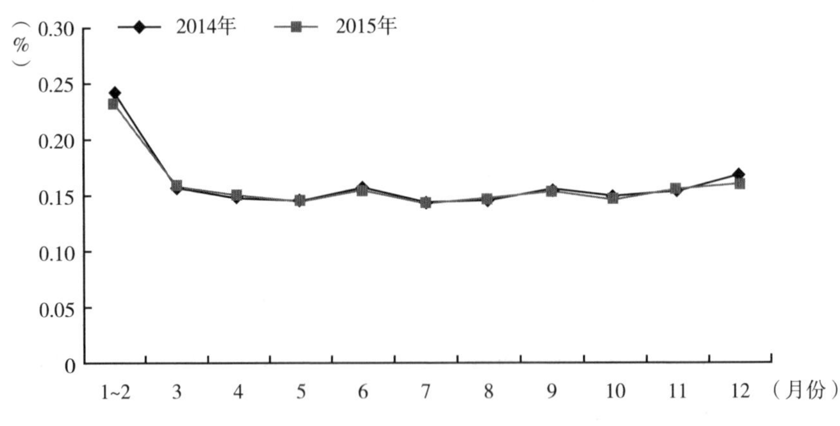

图 7 -8　2014 ~2015 年农业机械行业总资产周转率

（三）营利能力分析

1. 总资产利润率各月波动较大

2015 年，农业机械行业的累计总资产利润率为 9.33%，与 2014 年同期一致。按月份看，各月的资产利润率波动幅度大于 2014 年同期，7 月以前呈下降趋势，7 月后呈上升趋势（见图 7－9）。

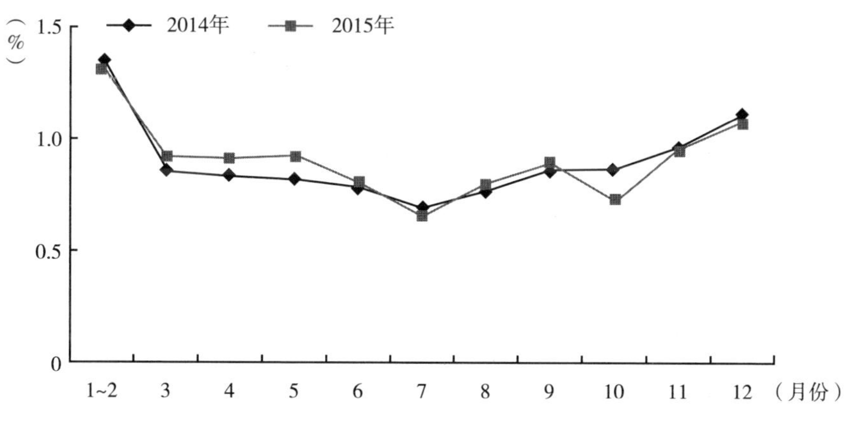

图 7－9　2014～2015 年农业机械行业总资产利润率

2. 主营业务成本率月均略低于2014年同期

2015 年，农业机械行业的累计主营业务成本率为 85.98%，与 2014 年同期一致。按月份看，各月的主营业务成本率波动幅度较小，月均值为 86.02%，略低于 2014 年的月均值 86.07%，各月的主营业务成本率除 12 月仅为 84.44% 外，其余月份围绕 86.00% 上下波动，上半年呈上升趋势，下半年波动相对较大（见图 7－10）。

（四）偿债能力提升

2015 年，农业机械行业的资产负债率为 49.59%，同比下降 1.30%。按月份看，2015 年各月的资产负债率的波动大于 2014 年同期，最大值为 3 月的 52.96%。最小值为 12 月的 49.59%。各月均值为 51.64%，低于 2014 年同期（见图 7－11）。

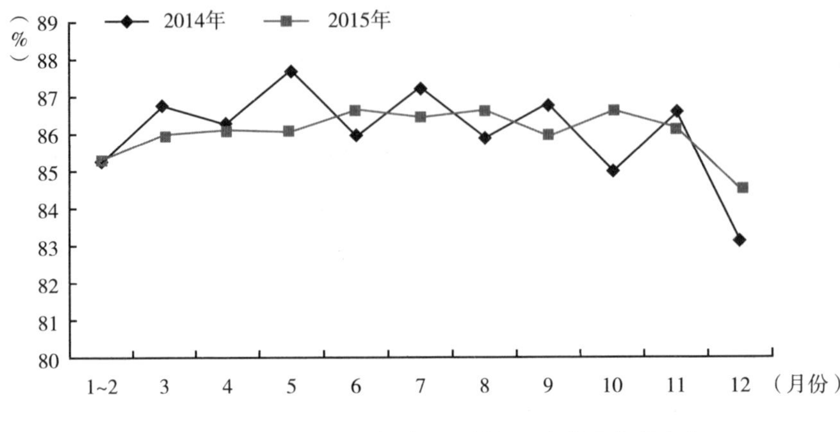

图 7－10　2014～2015 年农业机械行业主营业务成本率

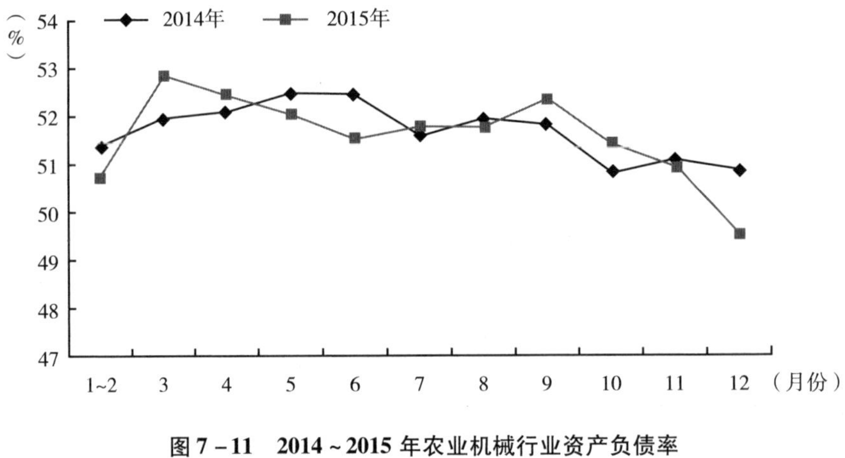

图 7－11　2014～2015 年农业机械行业资产负债率

五　我国农业机械行业产业结构分析

（一）细分行业结构

1. 机械化农业及园艺机具制造和农副食品加工专用设备制造主营业务收入占比上升

机械化农业及园艺机具制造是农业机械各子行业的主营业务收入的主要来

源。2015 年，机械化农业及园艺机具制造实现主营业务收入 1341. 56 亿元，同比增长 7. 53%，占农机行业的比重为 29. 66%，略高于 2014 年。拖拉机制造、农林牧渔机械配件制造和农副食品加工专用设备制造也是农业机械主营业务收入的重要来源，分别同比增长 5. 63%、7. 26%、13. 57%，占农业机械的比重分别为 15. 58%、15. 38%、15. 22%。农业机械子行业除棉花加工机械制造、其他农林牧渔业机械制造的主营业务收入低于 2014 年同期，其他子行业均高于 2014 年同期，其他 9 个子行业中的主营业务收入之和同比增长 4. 56%（见图 7－12）。

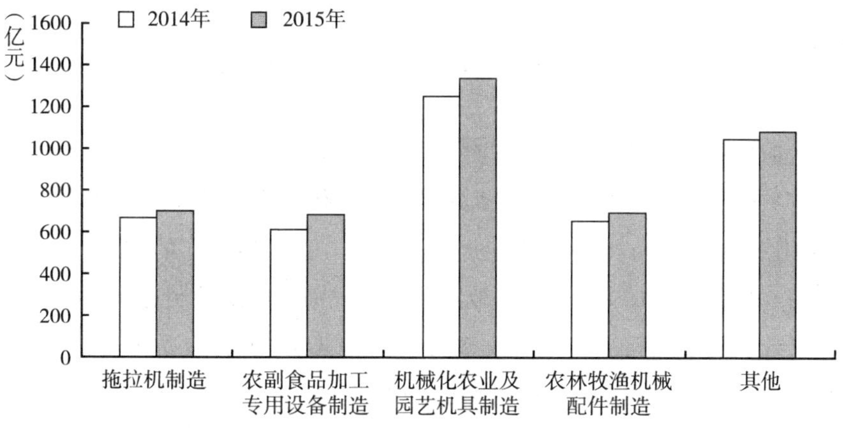

图 7－12　2014～2015 年农业机械行业子行业主营业务收入

2. 农副食品加工专用设备制造主营业务成本占比上升

2015 年，机械化农业及园艺机具制造的主营业务成本为 1144. 40 亿元，同比增长 7. 22%，占农机行业的 29. 42%，低于 2014 年的 29. 45%。拖拉机制造、农林牧渔机械配件制造和农副食品加工专用设备制造也是农业机械主营业务成本的主要构成，占农业机械的比重分别为 15. 79%，15. 75%、14. 79%，分别同比增长 5. 49%、7. 44%、13. 51%。其中，农副食品加工专用设备制造的主营业务成本占农业机械行业的比重高于 2014 年的 13. 98%。农业机械子行业除棉花加工机械制造、其他农林牧渔业机械制造的主营业务成本低于 2014 年同期，其他子行业均高于 2014 年同期，其他 9 个子行业的主营业务成本之和同比增长 5. 07%（见图 7－13）。

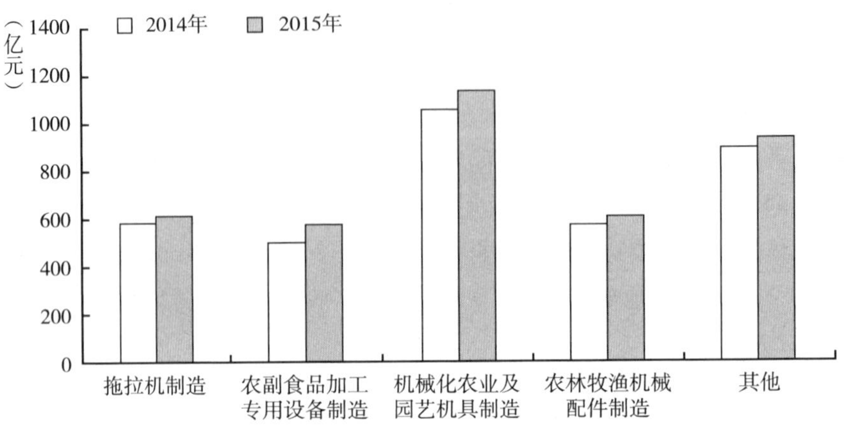

图7－13　2014～2015年农业机械行业子行业主营业务成本

3. 主要子行业利润总额同比增加

2015年，机械化农业及园艺机具制造实现利润总额772.33亿元，大幅增加，同比增速为20.67%，占农业机械行业的比重从2014年的26.90%上升为29.73%。农副食品加工专用设备制造、农林牧渔机械配件制造和拖拉机制造也是农业机械利润的重要组成部分，同比增速分别为7.12%、5.82%、8.49%，占农业机械行业的比重分别为19.21%、16.54%、10.87%，与2014年基本一致。其他9个子行业的利润总额之和同比增加1.11%，不同行业的利润总额同比增速波动较大，利润额最大的为营林及木竹采伐机械制造，其利润总额同比增加116.43%，利润额最小的为棉花加工机械制造，其利润总额同比增速为－62.45%（见图7－14）。

（二）企业规模结构

1. 小型企业主营业务收入增长最快

小型规模的农业机械企业是主营业务收入的主要来源，2015年，小型企业共实现主营业务收入为2599.22亿元，同比增长速度为9.75%，大于中型企业和小型企业的主营业务收入增长速度，占农业机械行业的比重为57.46%。2015年，大型企业实现主营业务收入为1007.85亿元，比2014年同期上升，同比增速为3.94%。中型企业的主营业务收入为916.54亿元，同比增长4.48%。

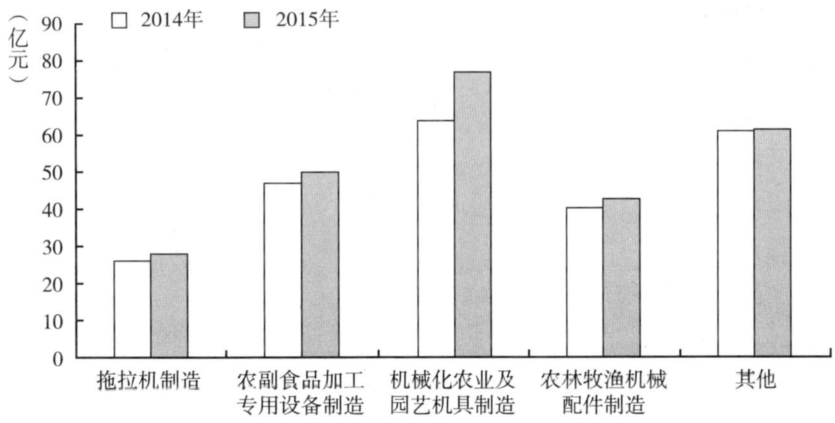

图 7-14　2014～2015 年农业机械行业子行业利润总额

2. 小型企业主营业务成本增速最快

2015 年，小型企业的主营业务成本占所有企业的主营业务成本的 57.61%，其总量和同比增长幅度是不同类型企业中最大的，总量达 2240.75 亿元，同比增长 9.94%。大型企业和中型企业的主营业务成本分别为 884.36 亿元和 764.22 亿元，同比增长速度分别为 3.64% 和 4.32%。

3. 大型企业和小型企业利润总额大幅增加

2015 年，农业机械大型企业、中型企业、小型企业分别实现利润 41.15 亿元、61.15 亿元和 157.47 亿元。大型企业和小型企业的利润增速都比较快，都在 10% 以上，分别为 18.23% 和 10.49%。中型企业的利润总额同比增速仅为 0.81%。

（三）企业所有制结构

1. 民营企业主营业务收入增长持续强劲

2015 年，民营企业主营业务收入为 3429.90 亿元，占整个农业机械行业主营业务收入的比重从 2014 年的 75.05% 增加为 75.82%，同比增速也是各类所有制企业中最快的，为 8.42%。国有企业和三资企业分别实现主营业务收入 325.44 亿元和 381.44 亿元，同比增速分别为 1.74% 和 2.72%，占比分别比 2014 年下降 0.38% 和 0.39%。

2. 民营企业主营业务成本增加最多

2015 年，随着民营企业主营业务收入的增加，其主营业务成本也持续走高，总量为 2955.82 亿元，同比增速为 8.76%。民营企业的主营业务成本占据整个农业机械行业成本的 76.00%，比 2014 年提高 1.01%。国有企业和三资企业的主营业务成本分别为 288.55 亿元和 316.92 亿元，同比增长速度分别为 1.57% 和 1.64%。

3. 国有企业和三资企业利润大幅增加

2015 年，国有企业和三资企业利润总额迅速增加，分别实现 4.17 亿元、10.59 亿元，同比增速分别为 24.80%、16.51%。中型企业的利润总额为 227.07 亿元，同比增速仅为 7.31%，占整个农业机械行业的比重也从 2014 年的 88.92% 下降到 87.42%。

六　我国农业机械行业贸易分析

（一）进出口规模

2015 年，我国农业机械行业累计进出口总额为 124.44 亿美元，同比下降 4.63%，占机械工业进出口比重为 1.87%。按月份看，进出口规模上半年大于下半年，各月进出口总额同比增速呈下降趋势，除 1 ~ 2 月为累计值、5 月和 6 月外，其余各月同比增速均为负值（见图 7 – 15）。2015 年，农业机械行业进口总额为 22.75 亿美元，同比下降 8.34%，出口总额为 101.69 亿美元，同比下降 3.76%，2015 年农业机械行业进出口顺差为 78.94 亿美元。

（二）进出口产品结构

2015 年，农业机械行业进口额前 10 位的产品有农机部件、零件，收获及场上作业机械，拖拉机和牵引车，农产品加工、食品、饮料机械，园艺、林业机械，联合收割机，种植、田间管理机械，牧草机械，饲养机械设备和农业手工工具。其中，拖拉机和牵引车累计进口额为 3.03 亿美元，同比增长 16.54%，种植、田间管理机械进口额为 0.64 亿美元，同比下降 17.95%。收获及场上作业机械进口额为 3.76 亿美元，同比增长 44.62%。联合收割机累计

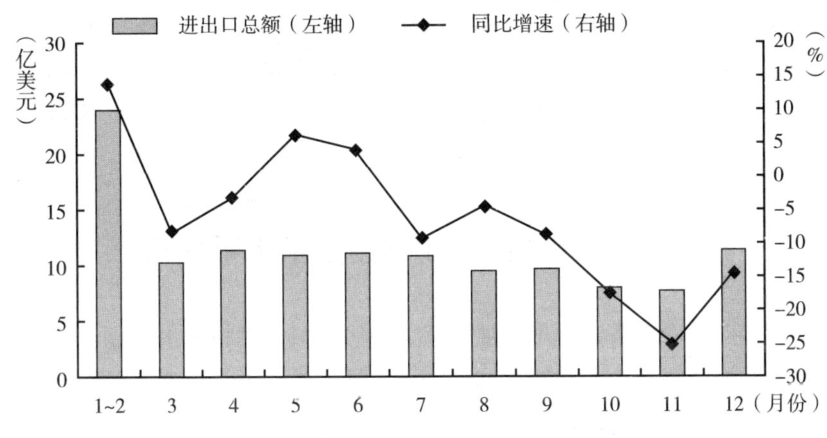

图7－15　2015年农业机械行业进出口总额及同比增速

进口额为0.67亿美元，同比增长6.35%。

2015年，农业机械行业出口额排前10位的产品有农机部件、零件，拖拉机和牵引车，水工机械，农业手工工具，园艺、林业机械，植保机械，农产品加工、食品、饮料机械，种植、田间管理机械，收获及场上作业机械和联合收割机。其中，拖拉机和牵引车累计出口额为15.78亿美元，同比下降4.13%。种植、田间管理机械累计出口额为2.57亿美元，同比下降18.93%。收获及场上作业机械累计出口额为1.94亿美元，同比下降2.51%。联合收割机累计出口额为1.84亿美元，同比增长5.75%。

（三）主要贸易国家

2015年，农业机械行业进口来源国家和地区共90个，比2014年同期增加3个。排名前10位的进口来源国和地区分别是：德国、美国、日本、意大利、瑞典、韩国、法国、荷兰、英国、我国台湾省。德国是我国农业机械行业最大的进口来源国，2015年，我国从德国进口累计金额达5.78亿美元，同比下降24.84%。美国是第二大国，累计进口金额为5.37亿美元，同比增长18.28%。我国累计从排名第三的日本进口2.05亿美元，同比下降21.15%。

2015年，我国农业机械行业出口目的国家和地区共215个。排名前10位的出口目的国家分别是：美国、越南、德国、阿拉伯联合酋长国、印度、俄罗斯联邦、日本、英国、尼日利亚、印度尼西亚。其中美国是我国农业机械行业最大的出口目的国家，2015 年我国向美国累计出口金额达 12.45 亿美元，同比下降 3.56%。越南是第二大国，累计出口金额为 7.45 亿美元，同比增长 19.01%。累计向排名第三的德国出口 3.78 亿美元，同比增长 4.71%。

七　我国农业机械行业技术水平分析

相比国际农业装备的技术发展水平，我国农机产品技术水平存在着比较大的差距，这种差距不仅表现在产品的功能、性能参数上，也体现在产品设计理念、制造工艺等诸多方面。

（一）主要产品技术水平

1. 拖拉机产品与发达国家技术差距较大

我国拖拉机产品与发达国家技术差距较大，以我国拖拉机制造领先企业中国一拖集团公司分析，一拖集团于 1985 年引进意大利先进的同步器拖拉机，但直到 20 世纪初才基本上掌握了该产品技术；而同期，国外拖拉机技术发展迅猛，法国拖拉机制造企业已经在 20 世纪 80 年代末推出了动力换挡变速器（PST）式拖拉机，21 世纪初，又推出了无级变速（CVT）拖拉机。德国芬特（FENDT）公司功率从 55kW 到 291kW 的系列拖拉机产品，全部采用 CVT 的变速箱，并均已形成批量生产，仅从拖拉机动力换挡技术看，我国 2007 年才开始研发动力换挡技术，相比西方国家落后近 30 年。

从制造系统方面看，我国拖拉机产业同样差距巨大。当前，装备制造企业普遍采用工序集中、复合化的加工设备。在德国提出工业 4.0 概念以前，西方国家就普遍采用柔性加工手段，实现了自动柔性生产，而我国同期普遍以专机、加工中心为主要加工设备，与国际先进水平相比存在较大差距。

2. 机械化农业及园艺机具与国际先进水平差距明显

我国机械化农业及园艺机具与国外先进国家存在较大差距，与拖拉机产品类似，差距不仅表现在产品技术水平方面，也表现在制造工艺方面。

3. 农副食品加工专用设备制造的技术与国际先进水平存在显著差距

国内食品加工专用设备制造的技术实力与国外同行业企业存在显著的差

距，差距主要体现在产品设计和制造工艺两方面。当前，国内农副食品加工专用设备制造业以民营企业为主，企业规模小、技术力量弱，多数企业只能生产一两个品种的机械，企业间缺少协同研发和协同制造，并且互相恶性竞争，产品质量和技术水平得不到保证。

在面粉生产设备行业中，我国很少具有完整生产线生产制造能力的企业，而国际先进装备指导企业能够向市场提供完整配套生产线，且技术水平高，这是我国面粉设备企业的主要差距。

在碾米机械制造行业中，我国企业生产的设备的规格范围大、覆盖广，有适合农民家用的小型设备，也有适应大米加工企业的成套设备，但整体上产品技术水平与西方发达国家产品仍存在差距。

（二）重大技术突破

近年来，在国家相关产业政策支持下，我国农机行业企业面向市场，推出了诸多大型农业机械产品和集成化农业装备，显示出我国农业装备企业正立足国内市场，努力提升产品技术水平。

1. 收获机械取得性能和可靠性的稳步提升

我国机械化农业及园艺机具制造业经过多年努力，提高了大宗粮食生产机械联合收割机的技术性能，提升了产品的可靠性，实现了水稻插秧和收获技术与自动控制技术的系统集成，当前，我国小麦主产区收获基本实现了机械化；在行业，为保障水稻收获机械的高效运行，相关企业研制了联合收割机作业性能检测系统等应用模块，保障了跨区域作业的顺利完成。

2. 农产品加工技术与装备技术创新稳步推进

随着消费者对农产品优质、安全、高效和节能降耗加工处理的要求的不断提升，对相关装备的技术需求也随之提升。近年来，部分企业开发了蛋白与油脂联产加工成套装备、果蔬绿色干燥与保鲜装备、棉花加工成套装备等新技术装备，基本上满足了市场对相关产品的需求。

3. 农药、施肥设备新技术不断引入

现代高效农业施肥设备的要求是快速高效和低污染，为此，相关机构重点研究了农药循环喷雾、防飘喷雾和均匀施药等新技术，开发了相关关键基础零部件，升级了相关施肥、喷药设备，适应了市场对高效低污染装备的需求。

4. 棉花机械重点技术攻关获突破

我国普遍缺乏大型采棉机，高效采棉设备机型较少，不断发展的市场对产品提出了更高要求。近几年，相关研究获得了较多的科研成果，如某企业研发的大型自走式采棉机，运行智能，采棉效率高，推动了国内采棉技术的发展。

5. 高端甘蔗联合收获机等新产品成果获鉴定

中国农机院现代农装公司的“4GZL－120 型整秆式/4GL－120 型切段式甘蔗联合收获机”“精准肥水药作业装备系统研制及应用”“3WZC－1204 型超高地隙喷雾机”和“C50 型密闭式堆肥反应器”等五项科技成果，获来自中国农业机械工业协会、中国农业大学、中国农业机械化协会、农业部农业机械化技术开发推广总站、全国农业机械标准化技术委员会、国家农机具质量监督检验中心等单位的专家进行的相关鉴定。

八　我国农业机械行业存在的主要问题

（一）企业生产集中度低

截至 2015 年 12 月底，我国农业机械企业有 2422 家，企业数量多，其中民营企业占 2084 家，国有企业仅占 71 家。农业机械行业准入制度不强，行业结构散、乱，农业机械行业发展集中度不高，产业集中度低。按企业规模来分，我国生产农机产品的大型企业只有 40 家，而小型企业有 2153 家，绝大部分企业规模小。一直以来，我国农业机械制造业没有组织大批量生产，而农机制造业是规模效益特别显著的产业。我国农机企业布局无序、资源分散，重复低水平制造的现象严重。农机制造企业生产集中度低、未能形成专业化协作强、配套能力高的产业集群，没有具有国际竞争力的大型企业，数量少之又少的大企业不强，数量众多的小企业不专。

（二）生产设备陈旧

我国农业经济的发展落后于工业的发展，农业机械制造业技术装备则更加落后，农业机械由于长期技术改造资金投入不足，大多数农业机械生产企业设备陈旧、制造技术水平落后，与发达国家相比，有二三十年的差距。目前绝大部分农业机械制造企业的设备陈旧，部分企业的生产设备是发达国家 20 世纪七八十年代的设备。我国农机企业的设备更新慢、新度系数很低，一些先进的制造方法、生产模式和制造系统如计算机辅助设计、计算机集成制造、柔性生产系统、精益生产、敏捷制造等先进制造模式等在农机企业中还很少得以应用。

（三）产品结构不合理

近年来，我国农业机械行业快速发展，已成为世界最大的农业装备生产和使用大国，但是农业机械产品结构不合理。我国农业机械是主要依靠资源和劳动力的高投入、高成本、低效率的农业机械生产。因此，目前大部分企业只能生产一些传统农业机械产品，而这些产品绝大部分都是附加价值和技术含量都很低的产品，且这些产品供大于求，产能过剩，例如，小型拖拉机、三轮农用车、单缸柴油机等，而对于大部分附加值和技术含量高的大型农业机械产品，我国不能自主生产，部分能生产的产品也产量不大，供不应求，且能够生产的大中型农机产品的生产企业的效率不高，目前，占市场需求 90% 以上的国产农业机械产品为中低端产品。

（四）行业基础研发薄弱，技术创新能力不足

我国农业机械企业的自主创新能力较弱，主要依引进国外的先进技术，或者引进国外的农业机械产品模仿制造，企业很少掌握核心技术，我国农业机械行业的技术研发基础薄弱，技术原始创新能力不足，尤其是高端产品研发能力更弱。农业机械企业利润偏低，使大部分农业机械生产企业自己投入研发费用有限，目前，国家投入用于基础研究的费用也比较少，因此，与国外相比，研发费用投入明显不足，重要农机产品的开发尚停留在试验设计阶段，新产品、新技术的研发长期滞后于市场需求，在高端技术与产品上难以与国外相应的农机产品相比。

九　我国农业机械行业发展前景分析

由国家制造强国建设战略咨询委员会组织编制的《〈中国制造 2025〉重点

领域技术创新绿皮书》指出：到2020年，我国农业装备的发展目标是，我国农业装备构建形成核心功能部件与整机试验检测开发和协同配套能力；农机工业总产值达6000亿元，国产农机产品市场占有率达90%以上。[①] 到2025年，我国农业装备的发展目标是，我国大宗粮食和战略性经济作物生产全程机械品种齐全，农业装备信息收集、智能决策和精准作业能力显著提高，形成面向农业生产的信息化整体解决方案；农机工业总产值达8000亿元，国产农机产品市场占有率达95%以上。[②]

（一）我国农业机械行业发展前景预测

1. 市场前景广阔

我国是世界上农业机械需求大国，也是农机产品的制造大国。随着全程机械化扩面提速，农业生产、农机合作组织、家庭农场的快速崛起，农机功效得到充分释放，农业农村经济持续发展良好，国家近年来对农业越来越重视，农村土地流转加速，我国农业发展从农村的散户经营正逐步向专业化、集约化发展阶段。随着农业经营规模的扩大，农业机械处于快速发展阶段，大型的农业机械产品，尤其是高性能的复合型农业机械产品将迎来广阔的市场前景。《〈中国制造2025〉重点领域技术创新绿皮书》中指出的我国农业装备发展的重点产品为新型高效拖拉机、变量施肥播种机械、精量植保机械、高效能收获机械、种子繁育与精细选别机械、节能保质运贮机械、畜禽养殖机械、农产品加工机械。[③]

2. 农机市场步入新常态

随着中国经济步入新常态，农机市场也将步入调速换挡的新常态。我国农机市场经过10余年的快速发展，农业机械行业的主营业务收入、利润、出口等各项指标以两位数的增幅高速运行，从2014年开始，这些指标逐步进入个位数增长的时代，有些指标甚至出现负增长。增速下滑趋势将继续。目前，与粮食作物相关的耕种收环节已基本实现机械化（水稻机插与玉米机收除外），

---

① 《〈中国制造2025〉重点领域技术创新绿皮书》。

② 《〈中国制造2025〉重点领域技术创新绿皮书》。

③ 国家制造强国建设战略咨询委员会、中国工程院战略咨询中心编著《〈中国制造2025〉重点领域技术创新绿皮书》，中国工信出版集团、电子工业出版社。

而蓝海市场尚未发育成熟，由此产生的换挡必然影响整个农业机械市场的增速，农机市场步入调速换挡的新常态。

3. 市场竞争焦点将转向中高端产品

由于我国整体薪酬水平的不断提升，导致人力成本将不断增加，行业的整体盈利水平降低，农业机械产品终端价格几乎没有上涨空间，企业的经营成本压力和定价能力制约着企业的利润空间发展。目前，农机产品主要是低端产品以低价格战竞争，企业利润的下降加大了企业经营压力，部分企业生产经营困难。为了寻找突破，部分企业瞄准个性化农机市场进行产品设计生产，农机生产的小型化、智能化、专业化可能成为产业发展的新特征；而主流市场由于竞争加剧，要求主导企业对相关弱势企业兼并重组，这将导致生产相对集中，竞争的焦点将逐步向高端化、差异化转变。农机产品的技术和质量成为市场竞争的焦点，一些功能完善、技术先进、质量稳定性好的高端产品热销，这些热销的产品引领着市场的发展并将逐渐成为主流，预期我国农机市场竞争将发生重大变化，中高端产品将成为市场竞争的主要领域。

4. 农机出口态势稳健

农业机械化水平的逐步提高，存量农机具的增加导致市场刚性需求下降，农机产品市场竞争激烈，对外出口就成为去库存和实现市场战略转移的重点。由于我国制造业出口成本优势，加上国外高水平产品不断引进，形成我国农机产品的国际化差异，我国农机产品出口规模的扩大比较乐观。出口农机装备的性价比优势为产品出口提供了强大的竞争力支持，我国支持外贸出口的相关政策，也对提高出口提供了支撑。不过，在当前成本不断提升的产业状态下，行业企业需要加紧培育新的竞争优势，使产品出口的良好状况得以保持和发展。未来，由于研发能力、品牌优势、成本控制能力、质量控制水平等因素的影响，将重新构建农机产品出口的竞争新优势，出口竞争力将逐步由弱转强，在部分产品中甚至可以形成高端竞争优势。

（二）我国农业机械行业投资机会

国内国际市场需求引导着我国农机制造行业的发展。当前，农机制造行业激烈的竞争状态需要企业进行结构化升级，融合高新技术，进行重点产品研发，以满足“建设节约型社会”的发展战略的需要，因此，我国农业机械制造行业面临的投资机会很多。

1. 发展节能型农业机械

随着全社会对节约能源、集约化发展的关注，农业机械制造企业在进行新产品设计时不断注重技术投入、新型产品开发和减少产品能耗。从当前市场需求状态看，具有节约能源性能的农机产品更能获得用户的青睐，这说明节能导向的农机产品将成为我国未来农业机械的发展方向之一。从产业导向看，国家提倡发展环境友好、高效率和低成本，又好又快地促进农业的发展的机械。未来我国农业机械行业将重点发展节能型、低成本、高效率的农业机械产品，企业发展将与国家政策、市场走向、用户需求相协调，节能将是农业机械产品未来的发展方向。

2. 发展智能化的集成农机具

世界主要的农业国家在采用自动化程度较高的农业机械后，工作效率大大提升，作业费用和成本普遍降低，导致其农产品在国际市场上形成竞争优势，这也是我国农业机械制造业产品发展的方向，为了进入国际农机市场，必须缩小与农业装备强国的差距。从技术基础看，近年来，我国在基础科学研究和技术创新方面取得了很大的发展，自控技术、微电子技术、新材料技术等都有较大水平的提高，这为我国农业装备行业实现产品自动化、智能化的结构性升级打下了坚实的基础，智能化集成的农业机械产品是农机行业发展的必然趋势。

3. 发展适合山区丘陵作业的农业机械和水利机械

我国西部、南部山区是推广普及农机应用的难点，但从全局看，全面建设小康社会、发展现代农业、建设社会主义新农村是国家大计，今后国家必然将提升农业机械水平的重点放在西部、放在山区、放在落后地区，这对发展山区农业装备是一个重要机会。今后，农机产品市场将逐渐由平原向丘陵山区转移，即使是山区，不同区域的生产特点也不尽相同，这给生产山区丘陵地带作业的农业机械的中小农机企业带来了更多发展个性化产品的市场机遇，适合山区丘陵地带作业的各种灌溉、水利基础设施建设机械等水利装备也将迎来快速发展的机遇。

十　我国农业机械行业发展建议

（一）国家完善法规政策、财政政策扶持

1. 扶持和帮助农业机械购买者提高购买力

目前，我国农民收入相对较低，且农民收入短期难以提高，而农机产品价格相对较高，针对农民购买力低，需要政府从农业机械购置方面扶持和帮助农民提高购买力，例如，对农民购买农机产品提供信贷支持和补助等。另外，由于我国农业基础薄弱，从事农业机械驾驶和操作的主要是知识文化程度较低的农民，绝大多数农民没有经过正规的农业机械操作培训，从而无法正确驾驶操作较高级的大型农业机械，导致农业机械的使用寿命缩短，且由于不当操作影响农业机械的正常工作速度，也经常由于操作失误导致农业机械频繁发生各种安全事故，这些都影响农民购买农业机械产品的积极性，建议政府从农业机械使用方面予以补贴，扶持和帮助农民提高购买欲望和购买力。这两方面的扶持和帮助有助于帮助无力购买农机的农户在享受农业机械补贴政策的优惠后有可能、有能力购买适用的农业机械产品。

2. 支持和帮助农机企业技术改造、升级与创新

我国的农作物种类品种丰富，不同品种的农作物需要不同的农业机械去实现机械化，因此，所需的农业机械的种类繁多。农机企业必须具有较强的技术改造升级与自主创新能力才能满足客户对农业机械产品多样性、适用性等的要求。政府应引导、支持和帮助农机企业的技术改造、升级与创新及新产品开发。对农机企业研究开发新工艺、新技术和新产品，在财政、税收方面国家应给予相应的政策支持。建议国家采取对农机制造企业和重点零部件制造企业以直补的方式进行，促进企业，尤其是重点零部件企业的生存发展；安排财政预算资金进一步支持农机制造业的产品开发和技术创新，使农机企业加大对适用性农机产品的生产销售，满足农业生产需要。当前，我国现行的对农机产品按13%增值税税率征税的优惠政策，对农机产业的发展是积极的，但13%的税率对于农机产品的供给刺激有限，建议继续实施农机产品有关税收优惠政策，并在财税方面做出进一步的支持，减轻企业的财税负担，如对新型高效拖拉

机、变量施肥播种机械、精量植保机械和高效能收获机械等我国农业装备发展的重点产品给予额外的支持，而对部分国内不能生产的少量专用零部件，应适当降低进口关税，从而降低终端产品价格，增加农机产品的有效供给。

（二）行业要引领产业链发展

1. 完善配套产业链条

在制造业产业中，整机厂往往是产业链的龙头，农机行业也是如此，配套企业在技术能力和管理能力上与主机厂相距甚远，行业组织要引导整机厂向配套企业转移生产管理技术、产品设计技术、工艺工装技术等，以核心企业带动产业链的发展，促进产业链协同，形成有效的上下游价值链、产业链，行业组织还应帮扶中小农机零部件企业提升技术实力，促进配套零部件产品，尤其是促进核心零部件的发展，打造全产业链的国际竞争力。

2. 引导行业技术交流

虽然我国农业装备的技术水平与世界先进水平尚有很大距离，但目前，国内大企业集团之间，以及对于自身产业链之外的企业，技术上是相对封闭的，行业组织要积极引导，从促进我国农业机械产业发展的立足点出发，引导企业进行横向技术交流，共同研讨互补技术和核心零部件技术，促进企业国际竞争力的共同提高。同时，对于有能力参加的国际重大项目，须引导企业进行良性竞争，以打造我国农机装备制造业集群的国际竞争优势。

（三）企业不断提升自身竞争力

1. 转换经营理念，提高市场竞争力

我国农业机械生产企业的经营理念依然是依靠低价格占领市场份额，缺少具有前瞻性、全局性和战略性的经营思路。企业要提高竞争力，提高在市场上的影响力，必须转变经营理念，从低价同质化竞争转为低成本差异化竞争，从传统的单纯低价格竞争转为低产品成本、高产品质量和高品质服务的竞争，使企业不仅具有生存能力，而且具有竞争力，不但在国内市场形成竞争力，而且在国际市场上也占有一定的市场份额。

2. 加强管理，提高组织的学习能力

在企业面临生产资料和人工成本日益提高的今天，企业要生产和发展，必

须不断加强管理，尤其是在推行精益制造和智能制造的大背景下，现在应主动推行精细化的管理，提高组织的学习能力，促进企业做大做强。企业要向国外先进农机制造企业学习管理模式和方法，引入并吸收先进制造技术，营造自主研发氛围。具有学习能力的良好的组织必须有好的人力资源开发与管理。在人才建设方面，行业企业要开拓思路，不仅需要自身培养人才，而且要加强校企对接，开展人才培养工作，企业要积极参与到各类农业类大学、农业职业技术学院的人才培养中，利用优势资源，开设农机专业培训，联合建立人才培养实习基地，发挥多渠道培养人才机制，加速对实用专业人才的培养。

3. 加强售后服务，进一步打开市场

从国内市场说，农机产品的售后服务是薄弱环节，目前，国内的农机产品基本没有售后服务，而很多农民农机用户由于担忧昂贵的维修费用等，还没有完全接受农业机械。在国际市场上，售后服务方面与发达国家还存在很大的差距，这也是我国农机产品的国际市场一直没有完全打开的重要原因之一。我国农机产品的售后服务网点数量少，服务质量不高，零配件的供应不足，维修服务人员大部分是当地的销售人员，缺少真正的专业维修人员。加强农机产品在国内和国外的售后服务网点的建设、提高维修服务人员的技术水平和服务水平、完善零配件的供应，是进一步打开农机市场的重要途径。

B.8
仪器仪表行业

陈 枫　陈刘平*

摘　要：报告首先分析了2015年国际仪器仪表行业发展现状和发展趋势，然后从行业规模、运行状况、产业结构、贸易情况等方面对2015年我国仪器仪表发展现状进行了指标细化和量化的分析。结果表明，2015年我国仪器仪表行业增长稳定，但海外市场表现较为低迷；部分核心技术已接近国际一流水平，但行业整体技术水平仍不高；产品结构不合理，且部分产品质量缺乏保证；行业产品研发创新整体能力不高，且多数企业规模较小。鉴于此，仪器仪表行业今后应在政府政策的引领和支持下，积极推进行业创新平台建设、产业优化升级和标准化建设，仪器仪表企业应加强自主创新能力建设、积极开拓新领域新市场、加强内外部资源整合和加大国际合作力度。

关键词：仪器仪表　行业分析　发展前景　投资机会　发展建议

一　仪器仪表行业定义和分类

（一）定义

仪器仪表是用以检出、测量、观察、计算各种物理量、物质成分、物性参数等的器具或设备，诸如真空检漏仪、压力表、测长仪、显微镜、乘法器等均

* 陈枫，硕士、研究员，现任职于机械工业经济管理研究院能源发展研究中心；陈刘平，博士、副研究员，机械工业经济管理研究院能源发展研究中心主任。

属于仪器仪表。广义来说，仪器仪表也可具有自动控制、报警、信号传递和数据处理等功能，例如，用于工业生产过程自动控制中的气动调节仪表、电动调节仪表，以及集散型仪表控制系统等。①

（二）分类

1. 国家统计局分类

根据国家统计局国民经济行业分类标准，仪器仪表制造业（40）包括通用仪器仪表制造（401）、专用仪器仪表制造（402）、钟表与计时仪表制造（403）、光学仪器与眼镜制造（404），以及其他仪器仪表制造业（409）。它们具体可细分为19个子行业（见表8－1）。

表8－1　仪器仪表制造业分类

	行业名称
通用仪器仪表制造(401)	工业自动控制系统装置制造(4011) 电工仪器仪表制造(4012) 绘图、计算及测量仪器制造(4013) 实验分析仪器制造(4014) 试验机制造(4015) 供应用仪表及其他通用仪器制造(4019)
专用仪器仪表制造(402)	环境监测专用仪器仪表制造(4021) 运输设备及生产用计数仪表制造(4022) 导航、气象及海洋专用仪器制造(4023) 农林牧渔专用仪器仪表制造(4024) 地质勘探和地震专用仪器制造(4025) 教学专用仪器制造(4026) 核子及核辐射测量仪器制造(4027) 电子测量仪器制造(4028) 其他专用仪器制造(4029)
钟表与计时仪表制造(403)	钟表与计时仪器制造(4030)
光学仪器及眼镜制造(404)	光学仪器制造(4041) 眼镜制造(4042)
其他仪器仪表制造业(409)	其他仪器仪表制造业(4090)

*资料来源：国家统计局。

① 中国机械工业联合会机经网，http：//www.mei.net.cn/yqyb/201103/357838.html。

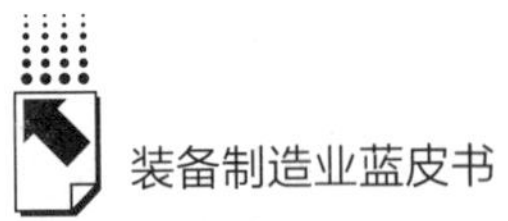

2. 中国机械工业联合会分类（略）

3. 中国仪器仪表行业协会分类

根据中国仪器仪表行业协会的行业分类，仪器仪表行业包括工业自动控制系统装置、电工仪器仪表、绘图计算及测量仪器、实验分析仪器、试验机、供应用仪表及其他通用仪器制造、环境监测专用仪器仪表、汽车及其他用计数仪表、导航气象及海洋专用仪器、农林牧渔专用仪器仪表、地质勘探和地震专用仪器、教学专用仪器、核子及核辐射测量仪器、电子测量仪器、其他专用仪器、钟表与计时仪器、光学仪器、其他仪器仪表的制造及修理、衡器、医疗诊断监护及治疗设备20个子行业。按产品的主要服务对象和领域划分，通常把仪器仪表大行业划分为科学测试仪器、生产过程测量控制仪表及系统、仪表材料和元器件、专用仪器仪表四大类①。

4. 小结

从上述分类看，中国机械工业联合会与国家统计局的行业分类基本一致，仅未包含“眼镜制造”，而包含“衡器制造”；中国仪器仪表行业协会在国家统计局的分类基础上，增加了“医疗诊断监护及治疗设备”这一子行业。根据数据的可获得性，本章采用中国机械工业联合会的行业分类标准，将仪器仪表行业分为19个子行业。

二　国际仪器仪表行业发展概况

（一）国际仪器仪表行业发展现状

1. 市场现状

（1）全球顶尖仪器公司销售总额基本持平

C&EN 杂志（*Chemical & Engineering News*，《美国化工》杂志）公布了2015年度全球仪器公司前25位排位名单。2015年25家上榜仪器公司与2014年相比，销售额上涨不到1%，约为236.00亿美元。受中国经济、外汇汇率和能源价格等宏观经济因素影响，榜单中各个仪器公司表现不一，13家出现正增长，其余12家则出现负增长（见表8－2）。

① 中国仪器仪表行业协会，http://www.cima.org.cn/overview.asp?id=57。

表 8-2　2015 年全球仪器公司前 25 位排名

年度排名		公司	2015 年仪器销售额（百万美元）	与 2014 年相比的变化（%）	仪器销售额占总销售额之比（%）	总部所在国家
2015 年	2014 年					
1	1	赛默飞	4241	-3.4	25.0	美国
2	3	丹纳赫	2400	-4.0	11.7	美国
3	4	沃特世	2042	2.7	100.0	美国
4	2	安捷伦(a)	1817	-8.4	45.0	美国
5	5	岛津(b)	1801	13.2	64.1	日本
6	6	罗氏(c)	1785	6.6	15.9	瑞士
7	8	珀金埃尔默	1632	1.6	72.2	美国
8	10	Carl Zeiss(d)	1505	11.4	30.1	德国
9	7	布鲁克	1490	-11.0	91.7	美国
10	9	梅特勒-托利多	1150	-1.5	48.0	瑞士
11	11	伯乐	695	-4.5	34.4	美国
12	13	尼康(b)	661	10.7	9.6	日本
13	15	Illumina	599	7.3	27.0	美国
14	12	日本电子(e)	572	-4.8	72.6	日本
15	14	思百吉集团	557	4.3	30.6	英国
16	17	默克(c)	499	11.9	13.4	德国
17	18	FEI	484	-4.3	52.0	美国
18	16	日立高新	482	-2.5	9.1	日本
19	19	奥林巴斯(b)	355	-3.4	5.3	日本
20	21	牛津仪器	323	16.8	54.7	英国
21	20	Xylem Analytics(c)	290	-7.3	100.0	美国
22	22	Tecan	284	6.6	62.0	瑞士
23	23	堀场	224	5.6	15.8	日本
24	24	赛多利斯	203	10.9	16.4	德国
25	—	Qiagen	166	-5.1	13.0	荷兰

资料来源：仪器信息网，http：//www.instrument.com.cn/news/20160426/189704.shtml，2016 年 4 月 26 日。

（2）北美在全球市场占主导地位

在全球仪器市场，北美地区占据主导地位。2014 年，北美地区在全球无损检测设备市场中占比为 35.77%，在世界科学仪器市场占 40% 左右的市场份额。2015 年，美洲在全球液体分析仪器市场占 39% 左右的市场份额；全球实验室和手持拉曼仪器的主导市场在美国，市场份额超过 51%①；此外，在智能仪表、太赫兹和红外光谱、过程液体分析仪、便携式分析仪器等市场，北美均占据最大市场份额，而亚太地区保持高速增长。

（3）生命科学领域企业兼并重组频繁

全球分子诊断和组学工具领域的兼并收购在持续三年下降后，2015 年迎来了 33% 的强势反弹，这其中包括罗氏自 2014 年开始的收购狂潮，以及以默克与西格玛奥德里奇（Sigma-Aldrich）公司的合并收官。据不完全统计，2015 年分子诊断和组学工具领域有 48 起收购案，高于 2014 年的 36 起，这是三年以来的首次增长。2015 年上半年有 30 起交易完成，2014 年同期仅有 17 起交易；2015 年下半年则有 18 起交易完成，略低于 2014 年同期的 19 起交易②。

（4）外国公司抓紧布局海外表计市场

2015 年，丹麦卡姆鲁普（Kamstrup）公司通过在土耳其成立销售办事处，抢占市场，提供智能水和电计量解决方案，同年三季度，该公司在挪威部署 5 万台智能电表；美国贸易发展署在 2015 年第二季度通过提供补助金、部署基础设施软件系统，使美国智能电网公司进入土耳其市场；挪威 10 家公用事业公司与 Greenbird 公司和 Kamstrup 公司合作，加紧部署智能电表生产，集中仪表数据管理，改善电表数据管理系统，实现智能电网。③

2. 技术现状

（1）智能化技术水平不断提高

随着微电子和计算机技术的飞速发展，仪器仪表产品数字化、智能化水平不断提高。例如，美国德州仪器公司研制的 DSP 芯片，④ 大大加强仪器仪表的数字信号处理功能；霍尼韦尔公司研制的智能变送器，能进行差压值状态的复

① 《未来四年拉曼仪器在制药行业的需求将呈指数增长》，仪器信息网，http：//www. instrument. com. cn/news/20160405/187900. shtml。

② 《年度盘点：2015 年生命科学领域并购潮“强势反弹”》，仪器信息网，http：//www. instrument. com. cn/news/20160107/181820. shtml。

③ 环球表计：《海外表计市场日益壮大　看外国公司如何布局》，Ofweek 仪器仪表网，http：//instrument. ofweek. com/2016 - 02/ART - 320000 - 8500 - 29062188. html。

④ DSP（Digital Signal Process）即数字信号处理技术，DSP 芯片指能够实现数字信号处理技术的芯片。

合测量，可对变送器本体的温度、静压等实现自动补偿；福克斯波罗（Foxboro）公司生产的数字化自整定调节器，可根据现场参数迅速地整定调节器；此外，不少国家和地区已在电力领域大力推广智能仪器技术。总体而言，智能仪器已广泛应用于工业自动化领域，并占据了大部分国际应用市场。

（2）微系统技术产品广受青睐

MEMS（Micro-Electro-Mechanical System，微电子机械系统）技术是发达国家仪器仪表行业重点发展的领域之一，在国外发达国家已产业化，年增长率高达10%～20%。世界不少知名仪器企业已将MEMS技术应用在自己的产品中，例如，美国得州仪器公司研制的MEMS传感器、微型投影仪等；惠普公司生产用于喷墨打印头的MEMS热激励器；德国博世开展的汽车MEMS业务，包括汽车惯性与压力传感器；意法半导体公司研制的加速计、陀螺仪等①。由此可见，MEMS技术已在工业控制、生物医疗、汽车、环境科学等领域得到普遍应用。

（3）虚拟仪器技术成应用热点

20世纪80年代，美国国家仪器公司（National Instruments）提出虚拟测量仪器（VI）概念，并研制LabVIEW图形化开发工具，使计算机、网络技术和仪器技术结合起来，开创了“软件就是仪器”的先河。此后，世界各国的仪器公司，如惠普（HP）、泰克（Tektronix）等公司陆续推出了不少虚拟仪器开发平台，其中LabWindows/CVI、LabVIEW和HP VEE平台最具代表性。当前，世界500强制造型企业中超过八成已将虚拟仪器技术应用于生产工作中，虚拟仪器技术已成为国内外仪器仪表领域的研究热点和应用前沿。

（4）传感器技术得到广泛应用

传感器技术是现代科技的前沿技术，同计算机技术与通信技术一起被称为信息技术的三大支柱之一。在国外，光电传感器技术目前已广泛地运用在世界各国的军事技术、航空航天、检测技术，以及车辆工程等诸多领域。例如，在军事技术领域中，国外激光制导技术发展迅猛，大幅提高了其导弹发射的精度和命中目标的准确性；在航空航天领域，美国研制的新型高精度和高耐性红外测温传感器，即使在恶劣的环境中仍能保证高精度测量运行中的飞行器的各部

① 《德州仪器在MEMS市场保持霸主地位》，容商天下网，http：//www.rongbiz. com/info/show－htm－itemid－52518. html.

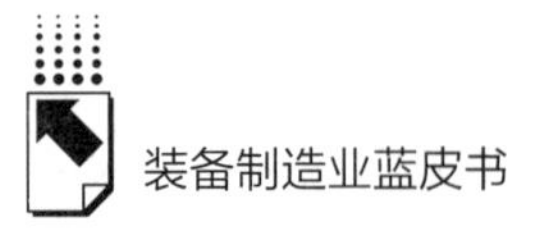

分温度；此外，国外在城市交通管理上，也多运用热成像传感器技术检测和控制交通信号电子红外光电传感器进行路段事故的检测和故障的排解。

（二）国际仪器仪表行业的发展趋势

1. 市场趋势

（1）印度成为仪器市场新热点

在印度，各类分析仪器市场需求在不断增长。医药、石化、化工、造纸和纸浆业、食品工业的发展成为仪器市场的主要增长动力；其中，药店、药物配送公司和公共及商业实验室等终端客户使用的定制仪器需求在不断增加，推动着印度分析分析仪器市场的发展。随着印度经济的温和复苏，众多仪器公司在印度市场的业务获得了快速的增长，导致艾本德、珀金埃尔默、耶拿、岛津等全球知名仪器公司纷纷将印度作为重要战略市场。

（2）科学仪器市场将迎来大幅增长

国外调研机构发布报告“Global Scientific Instrument Market 2015 - 2019”显示，受研发支出增加、生产工艺进步的影响，未来五年全球科学仪器市场将以4%的复合年增长率增长。未来，科学仪器供应商和研究实验室之间的合作将不断增加，从而有助于科学仪器市场的增长。例如，中国、印度、巴西、韩国等国的政府与科学仪器厂商合作，为大学实验室、政府实验室，以及其他各种研究机构提供最好的仪器以推动科研。

（3）智能仪表市场需求将持续增长

全球智能仪表市场规模预计在2016年将达152.61亿美元；其中，北美洲占据全球智能仪表市场的最大份额，预计2016年将达116.12亿美元。欧洲以及亚太地区对智能仪表的市场需求也大大增长，欧洲计划到2020年实现80%的智能仪表普及率；而澳大利亚、中国、印度等国家正在大力推广智能电表的安装，预计全球智能电表的安装量到2016年有望达10410万个。

（4）传感器市场具有广阔前景

传感器是环境感知的硬件基础，相对于环境感知系统，传感器产业链将率先受益。目前，无人机和机器人专用传感器市场为3.51亿美元，预计到2021年将达7.09亿美元，复合年增长率为12.4%。目前，一些较为成熟的市场，如汽车行业也被创新者加入新兴的无人机，谷歌和苹果的无人驾驶汽车的创新都会引起人们的热议和兴趣，正是由于这些新的应用领域的出现，加强了对传感器技术的需求，可以预见，未来传感器行业将会有更广阔的市场。[①]

2. 技术趋势

（1）智能化

各种高新技术的蓬勃发展对仪器仪表产品提出了更高的要求，智能化将会成为未来仪器仪表产品技术的发展主流。控制技术、通信技术、计算技术的发展使工业控制系统具备了适应超大规模、及时响应、核级安全等各种复杂工况所需的功能，并且通过软硬件结合的方式向优化控制、优化管理、工程集成的方向发展。目前，仪器仪表的智能化是以微处理器和人工智能技术的发展与应用为主，其中包括人工智能、专家系统、遗传演算法、进化计算等技术。可以预计，智能技术将成为仪器仪表行业发展的潮流和未来风向。

（2）微型化

当前，航天航空、生物医药、环境监测等领域对仪器仪表的大小、质量有了更高要求，促使仪器仪表进一步向微型化、精密化、便携化方向发展。微电子技术、纳米技术、微机械技术、信息技术等的综合应用和发展，使诸如微型传感器那样体积小、功能齐全的智能仪器得到迅猛发展，这类微型仪器能独立完成信号的采集、处理，控制信号的输出、放大，以及与其他仪器的接口等功能，在自动化技术、航天、军事、生物技术、医疗等各个领域发挥独特的作用。

（3）网络化

互联网技术、系统编程技术（ISP，In-System Programming）和嵌入式系统等的高速发展，促使仪器仪表系统日趋向网络化发展。结合 EMIT 嵌入式微型因特网互联技术和 ISP 技术，企业在设计、生产仪器仪表产品的过程中，将可及时对产品器件、系统的逻辑和功能进行调试和重组，甚至可以对仪器仪表系统进行远程升级、功能重置和系统维护，这将极大地带动智能仪器仪表的发展。

---

① 《浅谈应用于无人机和机器人的传感器市场发展趋势》，中国仪表网，2016 年 4 月 27 日，http：//www. ybzhan. cn/news/detail/54584. html。

（4）虚拟化

虚拟化是推动仪器仪表行业发展的最大技术趋势之一。虚拟化是指 IT 资源（计算、网络、储存等）与特定物理硬件的分离。在测试仪器方面，测试技术与计算机技术深层次的结合产生了虚拟仪器——它通过软件系统设计在通用硬件平台上实现仪器的全部功能，且可以通过组合不同的软件处理模块实现仪器的不同功能。虚拟仪器的研制周期较短，系统开放、灵活，可与计算机同步发展。在不久的将来，虚拟仪器技术将会在更加广泛的领域得到应用。①

（5）多功能化

随着仪器仪表智能化水平的提高，多功能化已成为其显著特征。例如，美国国家仪器公司推出的 VirtualBench，是一款集成了混合信号示波器、函数发生器、数字万用表、可编程直流电源和数字 I/O 的多功能一体化仪器，能够提高解决问题的效率和有效性；泰克公司 MDO3000 系列混合域示波器具备六种独立仪器的功能，可让用户同时进行时域和频域分析，并且大大降低了使用成本。在检测仪器方面，人们对气体、水质、食品安全等方面检测的要求增多，以及检测品类不断增加，导致市场对集多种检测需求于一身的多功能检测仪器的需求日益增多。

三　我国仪器仪表行业规模分析

（一）工业增加值

2015 年，我国大部分仪器仪表子行业工业增加值增速同比放缓。2015 年，我国钟表与计时仪器制造业和其他仪器仪表制造业工业增加值同比增速上升，烘炉、风机、衡器、包装等设备制造、通用仪器仪表制造、专用仪器仪表制造、光学仪器及眼镜制造工业增加值增速同比放缓（见表 8 - 3）。

① 王德生：《世界仪器仪表及自动化控制系统产业发展动态》，《竞争情报》2011 年第 1 期，第 38 页。

表 8-3 2015 年仪器仪表行业工业增加值增速对比

	2015 年(%)	同比增减(个百分点)
烘炉、风机、衡器、包装等设备制造	5.2	-6.3
通用仪器仪表制造	4.8	-5.7
专用仪器仪表制造	7.4	-2.6
钟表与计时仪器制造	7.3	2.4
光学仪器及眼镜制造	4.6	-4.6
其他仪器仪表制造业	5.1	5.6

资料来源：根据中国机械工业联合会机经网数据库数据整理。以下如无特殊说明，数据均来自机经网。

2015 年，我国仪器仪表行业月度工业增加值增速波动起伏。烘炉、风机、衡器、包装等设备制造工业增加值增速全年保持稳定增长，而光学仪器及眼镜制造工业增加值增速呈显著下降趋势；其他仪器仪表制造业月度工业增加值增速波动变化最为显著，其中 3 月（12%）、10 月（3.7%）增速大幅提高，环比增长 10.6 个百分点，7 月（5.1%）增速大幅下降，环比减少 9 个百分点。

（二）资产规模同比大幅增长

2015 年，我国仪器仪表行业累计实现资产总计为 7650.35 亿元，同比增长 12.30%，资产规模呈持续扩张趋势。月度资产规模增速起伏不大，在 11.20% ~ 12.60%；总体呈现先降后升趋势，在 6 月增速达到最低点为 11.38%（见图 8-1）。

（三）固定资产投资完成情况好于同期

2015 年，我国仪器仪表行业固定资产投资完成情况明显好于 2014 年同期，全年累计实现固定资产投资 1656.50 亿元，同比增长 13.22%。月度固定资产投资完成同比增幅起伏较大，其中 1 ~ 2 月同比下降 6.16%，7 月同比下降 1.51%；四季度同比增幅显著提高，10 月、11 月、12 月同比分别增长 34.42%、27.31%、27.04%（见图 8-2）。

（四）主要产品产量

2015 年，我国电工仪器仪表产量同比大幅增长。我国电工仪器仪表累计

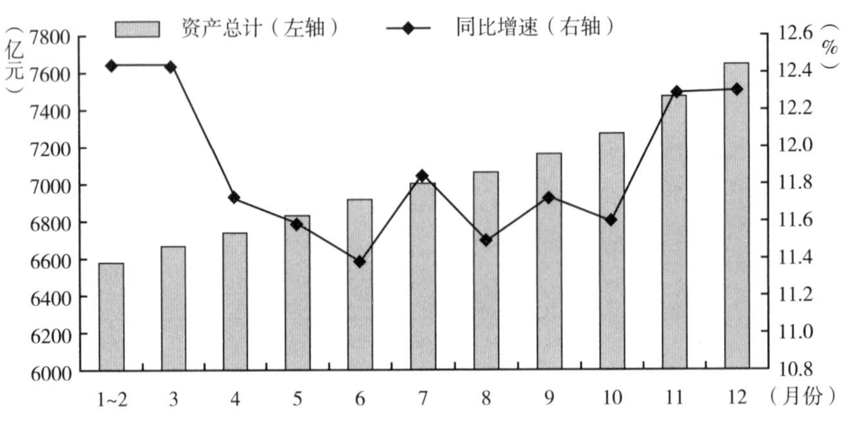

图 8-1　2015 年我国仪器仪表行业资产规模及同比增速

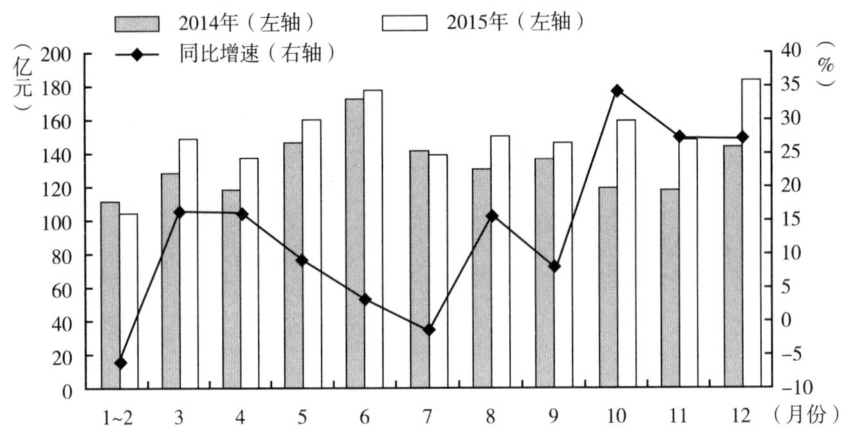

图 8-2　2014~2015 年我国仪器仪表行业固定资产投资完成情况及同比增速

生产 17717.02 万台，同比增长 18.47%。其中，8 月、10 月产量略有下滑，同比分别减少 1.32%、0.88%；1~2 月、4 月均保持高速增长，同比增速均超过 20%。

2015 年，我国汽车仪器仪表产量同比略有下滑。汽车仪器仪表累计生产 5219.42 万台，同比下降 0.56%。其中，8 月产量下降显著，同比下降 3.96%；7 月产量大幅增长，同比增长 12.22%（见图 8-3）。

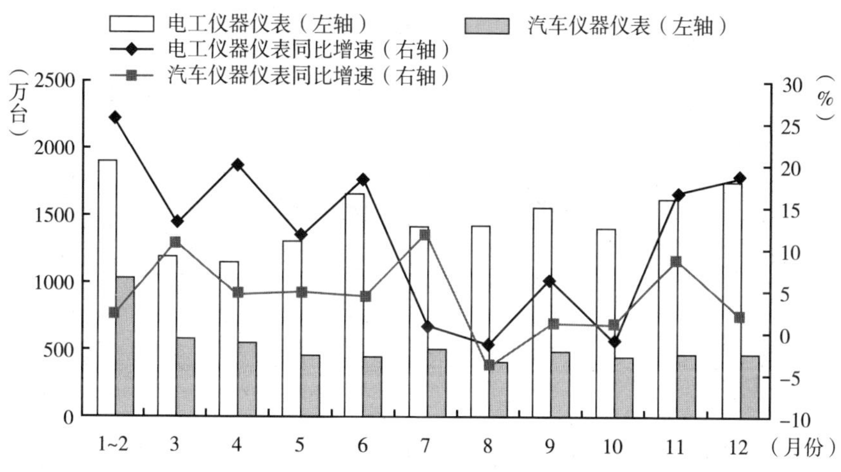

图 8－3　2015 年我国仪器仪表行业主要产品产量及同比增速

四　我国仪器仪表行业的运行情况

（一）总体运行情况分析

1. 主营业务收入增速呈放缓趋势

2015 年，我国仪器仪表行业实现主营业务收入为 8598.10 亿元，同比增长 5.72%。全年主营业务收入同比增速整体呈放缓趋势，除 6 月和 10 月略有回升外，其余月份均呈下降趋势（见图 8－4）。

2. 主营业务成本增速呈下降趋势

2015 年，仪器仪表行业主营业务成本为 6908.85 亿元，同比增长 5.23%。月度主营业务成本同比增速整体呈波动下降趋势，其中 7 月下降幅度较大，同比下降 0.67%（见图 8－5）。

3. 利润总额增速呈波动上升趋势

2015 年，我国仪器仪表行业实现利润 731.31 亿元，同比增长 5.68%。全年利润同比增速呈波动上升趋势，其中 4 月、9 月、11 月增速同比大幅下滑，10 月、12 月增速同比大幅提高（见图 8－6）。

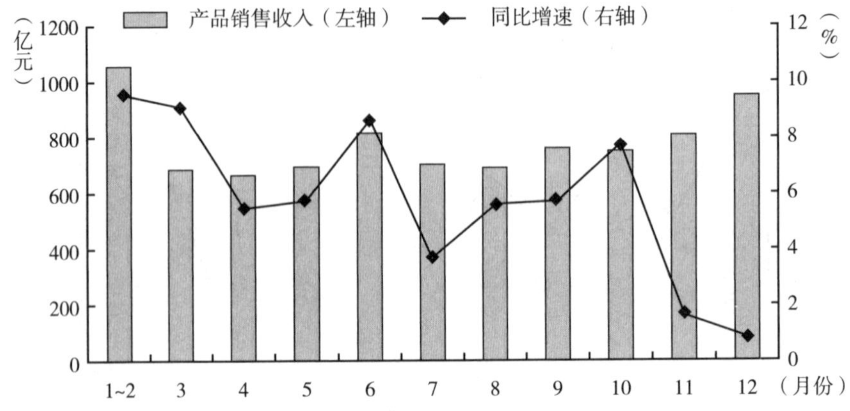

图 8－4　2015 年我国仪器仪表行业主营业务收入及同比增速

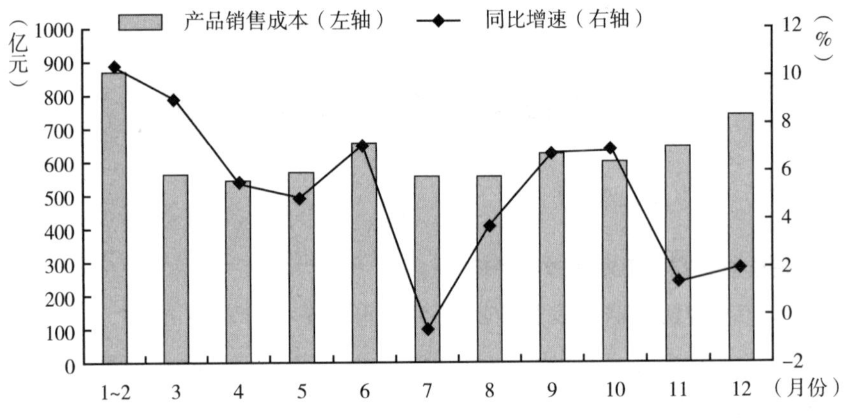

图 8－5　2015 年我国仪器仪表行业主营业务成本及同比增速

（二）营运能力分析

总资产周转率同比略有下滑。2015 年，我国仪器仪表行业的全年总资产周转率为 1.12 次，与 2014 年的 1.19 次同期相比略有下降，平均每月总资产周转率为 0.11 次，同比下降 0.01 次。月度总资产周转率起伏较小，其中，3 月环比大幅下滑，较上月减少 0.06 次；6 月、12 月环比略有提高，环比均增长 0.02 次（见图 8－7）。

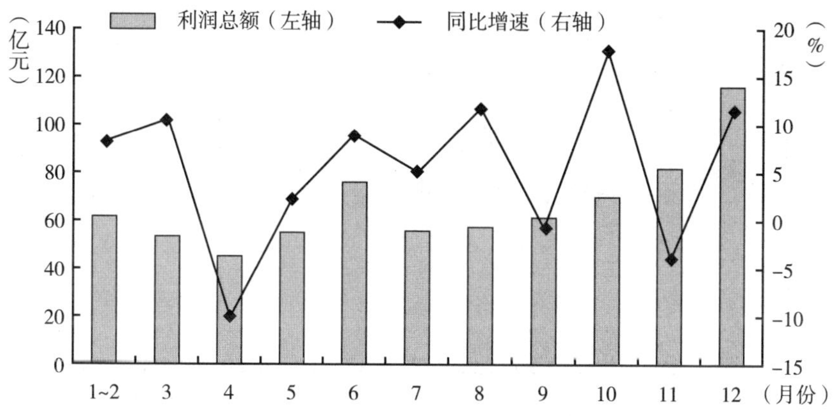

图 8 -6　2015 年我国仪器仪表行业利润总额及同比增速

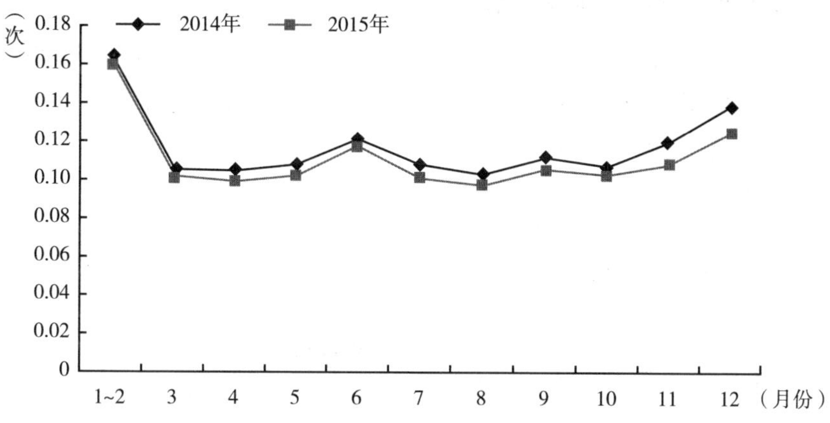

图 8 -7　2014 ~2015 年我国仪器仪表行业总资产周转率

（三）营利能力分析

1. 总资产利润率同比略有下滑

2015 年，我国仪器仪表行业的总资产利润率为 9. 56%，同比下降 0. 6 个百分点。各月总资产利润率波动较大，其中 12 月达到最高值 1. 51%，4 月（0. 66%）为最低点，同比下降 0. 16 个百分点（见图 8 -8）。

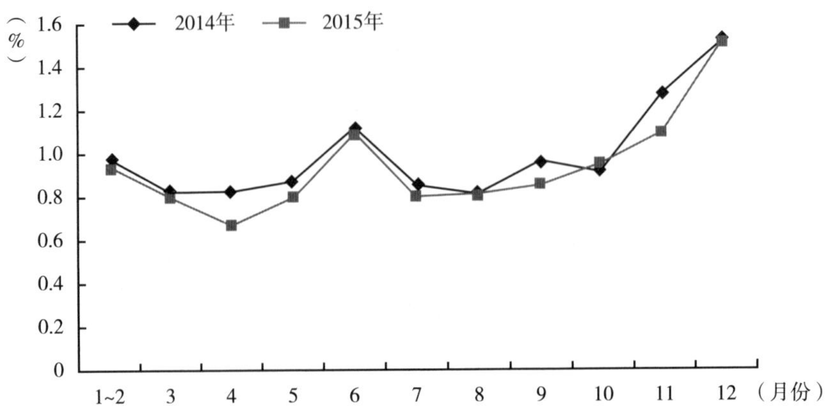

图 8-8　2014~2015 年我国仪器仪表行业总资产利润率

2. 主营业务成本率同比略有下降

2015 年，我国仪器仪表行业主营业务成本率为 80.35%，比 2014 年略有下降。全年呈波动下降趋势，其中 7 月主营业务成本率大幅下滑，同比减少 3.47 个百分点；9 月为 81.84%，达到最高点，同比增长 0.81 个百分点（见图 8-9）。

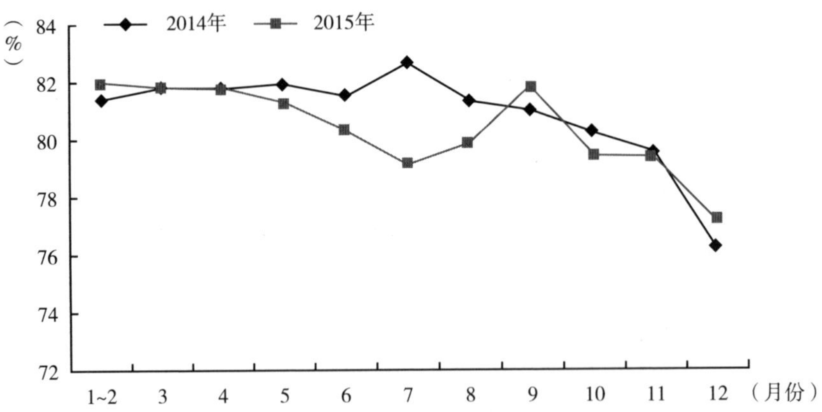

图 8-9　2014~2015 年我国仪器仪表行业主营业务成本率

（四）偿债能力分析

2015 年，我国仪器仪表行业资产负债率为 43.39%，同比下降 1.61 个百分点；各月资产负债率与 2014 年同期相比均有所下降，但全年整体变化平稳（见图 8－10）。

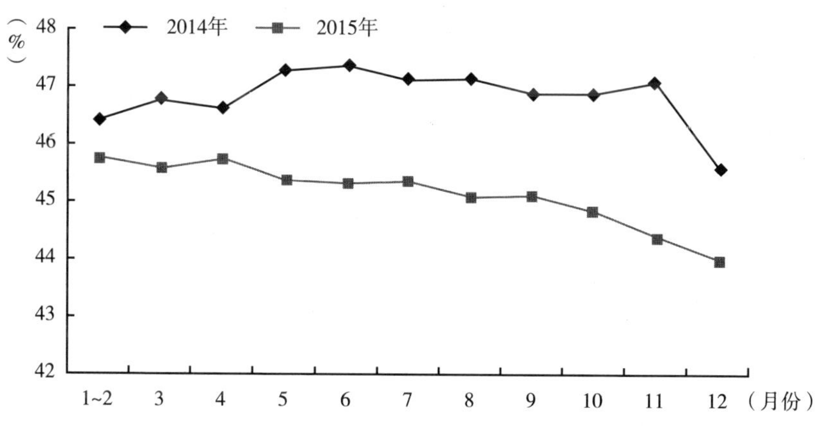

图 8－10　2014～2015 年我国仪器仪表行业资产负债率

五　我国仪器仪表行业产业结构分析

（一）细分行业结构

我国 2015 年工业自动控制系统装置制造资产规模最大，核子及核辐射测量仪器制造同比增长最快。从占比看，2015 年，工业自动控制系统装置制造资产规模在我国仪器仪表行业中的比重最大，资产总计累计为 3074.78 亿元，占全行业的 40.19%；其次为电工仪器仪表制造，占全行业资产规模的 9.76%。从增速看，2015 年核子及核辐射测量仪器制造增长最快，同比增长 59.33%；导航、气象及海洋专用仪器制造、试验机制造、农林牧渔专用仪器仪表制造和其他专用仪器制造资产规模增长速度也都超过 20.00%。

工业自动控制系统装置制造主营业务收入最高，核子及核辐射测量仪器制造收入同比大幅提升。从占比看，2015 年，工业自动控制系统装置制造主营业务收入在我国仪器仪表行业中的比重最大，全年收入累计实现 3373.92 亿元，占全行业的 39.24%；其次为供应用仪表及其他通用仪器制造，占全行业资产规模的 7.83%。从增速看，2015 年核子及核辐射测量仪器制造收入增长最快，同比增长 56.78%；农林牧渔专用仪器仪表制造、试验机制造、绘图、计算及测量仪器制造和实验分析仪器制造业收入增长速度也较快，均超过 10%。

工业自动控制系统装置制造主营业务成本最高，核子及核辐射测量仪器制造业成本同比大幅提升。从占比看，2015 年，工业自动控制系统装置制造主营业务成本最高，全年成本累计达 2726.74 亿元，占比 39.47%；其次为运输设备及生产用计数仪表制造业，占全行业资产规模的 7.77%。从增速看，2015 年核子及核辐射测量仪器制造业成本大幅提升，同比增长 61.95%；其他行业成本均有不同程度的增长。

工业自动控制系统装置制造利润最高，导航、气象及海洋专用仪器制造利润显著下降。从占比看，2015 年，工业自动控制系统装置制造利润总额在我国仪器仪表行业中的比重最大，全年利润累计达 286.81 亿元，占比为 39.22%；其次为供应用仪表及其他通用仪器制造，占全行业资产规模的 9.26%。从增速看，2015 年导航、气象及海洋专用仪器制造利润大幅下滑，同比减少 56.47%；而试验机制造、核子及核辐射测量仪器制造利润大幅提升，同比分别增长 64.19% 和 63.13%。

（二）企业规模结构

我国小型企业资产规模最大，大型企业同比增速最快。从占比看，2015 年，我国仪器仪表行业小型企业资产规模达 2958.45 亿元，占比为 38.67%；其次是中型企业资产规模占行业总资产规模的 35.28%；大型企业资产规模为 1992.91 亿元，占比 26.05%。从增速看，2013 ~ 2015 年三类企业资产总计均保持稳定增长，其中大型企业增速最快，2014 年、2015 年资产规模同比分别增长 12.45%、14.26%；中型、小型企业增速均有所放缓。

我国仪器仪表行业小型企业主营业务收入最高，三类企业收入均保持稳定增长。从占比看，2015 年我国仪器仪表行业小型企业主营业务收入为 3845.28

亿元，占行业收入的44.72%；其次是中型企业占行业收入的33.74%；大型企业主营业务收入为1851.13亿元，占全行业收入的21.53%。从增速看，2013~2015年，三类企业主营业务收入增速比较接近，小型、中型、大型企业的增速分别为7.11%、6.17%与5.16%。

2015年，我国仪器仪表行业小型企业主营业务成本最高，大型企业成本增速同比显著下降。从占比看，2015年，小型企业主营业务成本最高，全年累计达3142.04亿元，占比45.48%；大型企业成本仅占21.22%。从增速看，三类企业成本同比增速均放缓，其中大型企业主营业务成本增速显著下降，仅为0.81%，同比下滑11.96个百分点。

2015年，我国仪器仪表行业中小型企业利润总额占比较高，中型企业增速最慢。2015年，小型和中型企业利润分别占行业利润总额的39.84%和37.05%；大型企业利润仅占23.11%。从增速来看，大型、小型企业实现利润增速分别为5.08%、11.68%；小型企业增速最慢，仅为0.24%。

（三）企业所有制结构

2015年，我国仪器仪表行业民营企业资产规模最大，三资企业同比增速较慢。从占比看，2015年，民营企业资产规模最大，达4519.94亿元，占全行业资产总额的59.08%；国有企业、三资企业分别占比为13.97%和22.39%。从增速看，近三年三类企业资产规模增速均有所放缓，其中民营企业增速最快，2014年、2015年同比分别增长15.73%、14.98%；而三资企业资产规模增速较慢，2014年、2015年同比分别增长5.51%、4.71%。

民营企业主营业务收入最高，三资企业增速同比下降。2015年，民营企业主营业务收入最高，为5625.47亿元，占行业比重的65.43%；国有企业仅占全行业收入比重的7.91%；三资企业收入同比下降0.38%。从增速来看，民营企业增速最快，同比增长达8.72%。

民营企业主营业务成本最高，三资企业成本同比下降。从占比看，2015年民营企业主营业务成本最高，为4530.75亿元，占行业比重的65.58%；国有企业主营业务成本仅占7.91%。从增速看，2015年，除三资企业主营业务成本下降0.31%，增速为负外，其他各类企业主营业务成本均呈增加趋势。其中，国有企业、民营企业主营业务成本分别同比增长1.33%和8.00%。

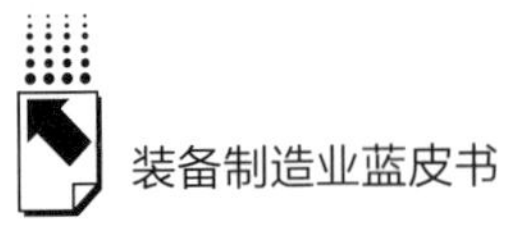

民营企业利润最高，三资企业利润同比大幅下滑。2015 年民营企业利润总额高达 478.10 亿元，占行业比重的 65.38%；国有企业仅占全行业利润总额的 7.32%。从增速看，民营企业利润增长速度最快，实现同比增长 11.87%；而三资企业利润总额增速却下降 7.86%。

六　我国仪器仪表行业贸易分析

（一）进出口总额同比下降

2015 年，我国仪器仪表行业累计进出口总额为 810.11 亿美元，同比下降 3.38%，占机械工业进出口比重为 12.15%；1～12 月仪器仪表行业进口总额为 454.71 亿美元，同比下降 5.71%，占机械工业比重的 16.36%；出口总额为 355.40 亿美元，同比下降 0.22%，占机械工业比重的 9.14%（见图 8－11）。

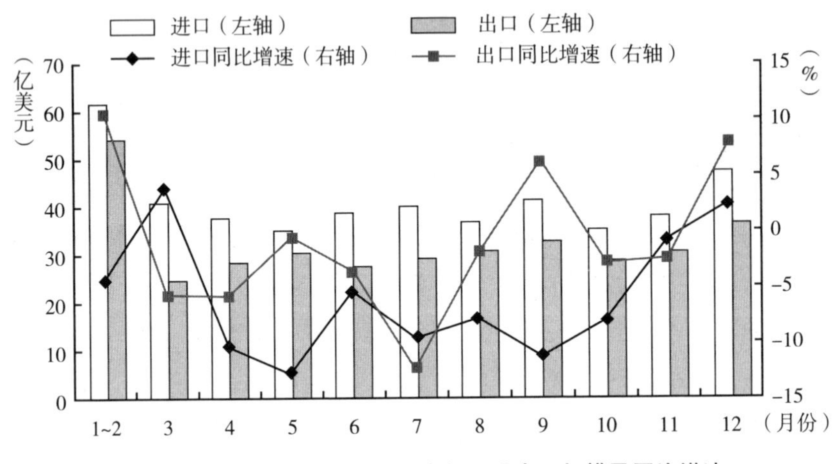

图 8－11　2015 年我国仪器仪表行业进出口规模及同比增速

（二）进出口产品结构

1. 进口产品结构

光学元件、零件、附件进口额占比最大。2015 年，我国仪器仪表行业主要产品进口额累计最高的是光学元件、零件、附件，全年累计进口额达 76.33 亿美元，占行业主要产品进口总额的 20.31%；电子测量仪器、分析仪器、医疗仪器、自动调节或控制仪器及装置紧随其后，2015 年累计进口额分别占比为 16.32%、15.42%、11.12%、9.89%。

衡器用零件同比增速最快。2015 年，我国仪器仪表行业主要产品进口额增长速度最快的是衡器用零件，同比增长 32.39%；其次是其他光学仪器，同比增长 28.59%；精密天平位居第三，同比增长 18.40%；显微镜和光学元件、零件、附件的进口额增速也位居前列，同比分别增长 9.94% 和 9.86%。

2. 出口产品结构

光学元件、零件、附件出口额占比最大。2015 年，我国仪器仪表行业主要产品出口额累计最高的是光学元件、零件、附件，全年累计出口额达 37.77 亿美元，占行业主要产品出口总额的 16.10%；医疗仪器、电子测量仪器、其他仪器仪表用零件、附件和自动调节或控制仪器及装置紧随其后，2015 年累计出口额分别占比为 13.08%、10.68%、8.72%、8.56%。

精密天平出口额同比增速最快。2015 年，我国仪器仪表行业主要产品出口额增长速度最快的是精密天平，同比增长 34.52%；其他光学仪器紧随其后，同比增长 34.26%；其他电工仪器仪表和电度表的出口额增速也位居前列，同比分别增长 28.89% 和 26.63%。

（二）主要贸易国家

美国、日本、德国为主要进口来源国。2013～2015 年，我国仪器仪表行业从美国、日本和德国的进口额均呈先增后降趋势，其中 2015 年从三国进口额同比均大幅下滑。美国是我国仪器仪表行业最大的进口来源国，2015 年我国从美国进口累计金额达 82.56 亿美元，同比下降 3.48%；日本是第二大进口国，全年累计进口金额为 72.96 亿美元，同比下降 13.84%；第三大进口国是德国，全年累计进口 60.71 亿美元，同比下降 13.31%。

我国香港、美国、日本为主要出口目的地。2015 年，我国仪器仪表行业出口目的国家和地区共 235 个。其中，我国香港是仪器仪表行业最大的出口目的地，1～12 月向我国香港出口累计金额达 70.30 亿美元，同比下降 1.47%；

美国是第二大国，累计出口额达64.36亿美元，同比增长2.03%；第三是日本，累计向日本出口29.45亿美元，同比下降1.07%。近三年，向我国香港和日本的出口额呈先增后降趋势；而对美国出口则保持稳定增长，但增速趋缓，2014年、2015年同比分别增长13.49%、2.03%。

七　我国仪器仪表行业技术水平分析

（一）主要产品技术水平

从整体看，我国仪器仪表行业技术水平与国际先进水平仍有较大差距，仅有少部分产品能够接近或者达到世界先进水平。

1. 工业自动化仪器表技术水平有待提高

在工业自动化仪器表方面，目前的技术产品可以分为四类：一是技术变化不大的产品，如测压仪表等可显示传统流量简易调节且国内企业能够掌握核心技术、可以自行开发新产品，以满足国内需求，但是技术含量不高；二是引进吸收国外技术的产品，如从美国和日本引进的电容式压力/压差变送器、调节阀门定位器等，目前，国内企业已经能够掌握其制造技术，并能根据市场的需求进行改进提高和自主研发；三是自行研发的高中档产品中，已打破国外产品在自动化控制高端领域的垄断，但仍与世界领先水平的少数品牌存在一些差距；四是外商独资或合资企业生产的产品，绝大部分属于高中档产品，但我国不掌握关键核心技术。总体而言，我国工业自动化仪器仪表产品技术含量较低，产品以中低档为主，自主创新能力有待提高。

2. 电工仪器仪表技术竞争力逐步增强

我国电工仪器仪表制造业近几年技术水平有很大提升。电能表的综合技术与质量已赶上国际先进水平，0.2S级三相多功能电能表已进入关口计量副表地位；谐波电能计量理论实现了技术上的突破，并推出了产品；高压电网电能直接测量，国际国内实现首次计量溯源；电子式单项表实现稳步发展。远程自动抄表系统实现了通信协议的兼容性和制造标准的一致性，基于GPRS等远程无限自动抄表系统技术取得了长足的进步；电磁计量基准表标准设备和测试技术等方面取得了突出的进展。电工仪器仪表制造技术走向节能、长寿、全自动的新阶段，在国际市场上的竞争力不断加强。

3. 部分科学测试仪器已接近国际先进水平

我国在科学测试仪器方面，具有一定自主创新能力，近年来取得了一批具有较高水平的科研和产品成果，主要包括光谱仪器、色谱仪器、电化学仪器、研究型光学显微镜、扫描电子显微镜、电子天平、离心机、电子万能试验机等。有些产品接近或已经达到当前国际先进水平。[①] 近年来，我国测试测量仪器行业抓住模块化和虚拟技术的发展契机，充分利用有利的政策，快速发展，研究和开发出一批达到国际同类先进水平、具有自主知识产权的产品，还形成了一批测量仪器开发、生产的骨干企业。

（二）重大技术突破

1. 质检仪器技术攻关取得重大突破

“十二五”期间我国质量技术攻关取得重大突破：其中，获国际互认的国家校准和测量能力的达 1266 项，位居世界第四；研制国际标准 224 项，国家标准 1299 项；突破了碳排放和碳减排等认证认可技术；高等级生物安全实验室认可技术及标准达到国际先进水平；研发了 3000 余种快速高通量检测鉴定技术、试剂和标准物质，茶叶中 653 种农药多残留和化学污染物的检测方法通过 11 个国家和地区 30 个实验室的协同验证；大型承压设备不停机电磁无损检测技术达到国际领先水平；攻克特种设备长周期安全运行关键技术达 260 多项，研制仪器装置 43 台套[②]。

2. 电力无线传感网核心技术难题告破

2015 年，由国家电网公司信息通信分公司牵头承担的工信部重大专项“面向智能电网的安全监控、输电效率、计量及用户交互的传感器网络研发与应用验证”技术通过验收。该课题全面、系统地研究了电力无线传感器网络领域关键技术，攻克了传感器网络在智能电网应用中的核心技术问题，提出了基于“统一信息模型、统一通信规约、统一数据服务、统一应用服务”

① 彭敬兵：《自动化仪器仪表行业分析及企业发展方向研究》，重庆理工大学硕士学位论文，2014。

② 孙大伟：《“十二五”期间 质检仪器技术攻关取得重大突破》，仪器信息网，2016 年 4 月 21 日，http：//www. instrument. com. cn/news/20160420/189165. shtml。

原则的电力无线传感网总体架构，提供了基于传感器网络和 TD-SCDMA 结合的智能电网应用典型解决方案。该项目在江苏无锡供电公司建立了涵盖 220 千伏、110 千伏、10 千伏不同等级变电站（所）、线路，以及所辖全部低压客户的“点、线、面”典型应用系统，实现了对局域电网的智能电网典型应用。

3. 航天科技集团激光雷达技术取得重要突破

2016 年初，由中国航天科技集团公司五院 508 所激光工程技术研究室研制的多通道光子计数体制激光雷达原理样机完成了昼夜外场测试，这标志着该所在激光探测领域取得突破性进展。采用光子计数体制的激光雷达将灵敏度提高了 3 个数量级，可以在回波信号只有一个光子的情况下完成测距，结合高重频、微脉冲、多波束激光发射及多通道光子探测阵列，实现远距离的三维成像。通过样机研制，该所突破了微脉冲高重频激光发射、多通道光纤焦面阵列接收、单光子探测和处理、高精度时间间隔测量等多项关键技术，技术水平达到国内先进水平。

八　我国仪器仪表行业存在的主要问题

（一）产品可靠性和性能较低

当前，我国仪器仪表生产技术对精加工与制造工艺的研究力度不够，如精加工技术、焊接技术、密封技术等关键技术没有得到完善，产品性能不稳定，生产缺少可靠性。在技术上，现有国内中低档产品大部分可替代进口产品，但高档产品的可靠性指标（平均无故障运行时间）与国外产品相比，相差 1 ~ 2 个数量级；测量精度上，现有国内产品与外国产品一般相差 1 个数量级。在功能上，国外的产品已经普遍智能化，利用数字技术进行信息的处理，排除了外部的信息干扰，提高了产品在环境中的生存力；而国内的产品还没有达到这样的水平。

（二）核心技术和创新能力存在差距

国内部分仪器仪表知名企业在生产经营的过程中已经掌握了一些核心技

术，能够自主研发新产品，不断满足我国国内市场的需求，但是，这些企业在核心技术和创新能力方面依旧存在一些问题。

1. 共性关键技术尚未真正突破

在设计技术、封装技术、装备技术等方面都与国外先进水平存在较大差距。以传感器为例，国内尚无一套有自主知识产权的传感器设计软件，国产传感器可靠性比国外同类产品低 1 ~ 2 个数量级，传感器封装尚未形成系列、标准和统一接口。当前传感器工艺装备的研发与生产被国外垄断，国内缺乏对新原理、新器件和新材料传感器的研发和产业化能力，在高精度、高敏感度分析、成分分析和特殊应用方面与国际先进水平差距较大。

2. 产品同质化倾向严重

我国不少仪器仪表厂商研发的新产品，由于缺少充分的市场调研，往往陷入盲目跟风，造成产品同质化竞争激烈。当前，我国仪器仪表行业在创新能力、科技含量上都与国外有着较大的差距，因此，提升仪器仪表技术水平刻不容缓。

3. 产品技术更新周期较慢

目前，国外仪器仪表企业每 2 ~ 3 年会对其产品技术进行更新换代，其新技术的储备往往可以提前 10 年。我国仪器仪表企业则主要是通过引进国外先进技术和设备来完成产品的更新换代，但引进后难以完全消化吸收，缺少国内原创性成果；科研院所虽然积极跟进国际新技术进展，但成果产业化相当艰难；此外，部分采用新技术新原理的产品在我国尚处于空白状态，致使我国产品技术更新速度落后国际先进水平。

4. 缺乏针对使用对象开发的软件产品

根据客户需求，开发与应用对象紧密结合的软件产品，并提供个性化的解决方案，已成为国外近年来仪器仪表行业的发展趋势。而当前我国仪器仪表企业多为中小型企业，对软件系统产品的开发缺乏重视，且由于自身技术创新能力较弱，难以为用户提供具有针对性的定制软件产品。

（三）产品结构不合理

由于我国国内从事仪器仪表技术研发的企业在核心技术方面及创新方面能力仍显不足，导致我国仪器仪表领域仍然处在以国内企业生产中低端档次产品、外资企业生产中高端档次产品的结构中。我国约 1/3 高端仪器仍依赖进口，其中，中高档传感器产品几乎 100% 从国外进口，90% 芯片依赖国外。因此，我国仪器仪表行业亟须在市场需求量大面广的中高端科学仪器中实现突破性进展，通过不断推动技术与产品创新，进一步从中低端领域向高端领域发展。

（四）企业规模小且集中度偏低

从目前市场份额和市场竞争力指数看，我国仪器仪表企业 95% 以上属小型企业，规模小、研发能力弱、规模效益差、集中度偏低。尽管国内企业运作单项产品上能力强，但缺乏大型工程的集中调控能力，导致在市场竞争中处于劣势。由于仪器仪表行业属于高科技产业，需要充足的人力物力支持，而国内大部分都是中小型企业，在人力和财力方面的投入后劲不足。从总体看，仪器仪表行业的集中度偏低，不利于进行持续的科研投入，导致很多企业没有核心技术作支撑，缺乏竞争力，容易产生行业产品同质化竞争。

九　我国仪器仪表行业发展前景分析

（一）我国仪器仪表行业发展前景预测

1. 自动化仪表发展前景看好

2015 年，随着“双创”“互联网 +”等政策的推出，给我国自动化仪表发展提供了良好的环境；同时，工业上的发展也促使自动化仪表朝高科技化迈进。其中，新能源逐渐取代传统能源的局面的出现，更推动自动化仪表的发展。由于我国对自动化控制系统和现场仪表的领域研发相对薄弱，尚有充足的发展空间，不少企业将主营业务放在了自动化仪表和工程自动化控制系统，并以提高智能化为未来发展主要目标之一。因此，我国自动化仪表市场布局良好。

2. 专用仪表市场将稳定发展

就 2015 年市场交易份额看，仪表行业细分产品中比重较大的仍然是专用仪表，主要集中在实验仪表和分析仪表。就分析仪表看，目前，市场需求不仅在日常生活方面，而且工业方面也获得了增长，由于需求量大，其仍将是整个行业最稳定的市场。近几年由于实验和分析方面的应用也日益增加，尤其是实验过程中的计量仪表领域，更有着充足的发展空间。2015 年，雾霾引发的环境保护问题也造就了环境监测专用仪器仪表的市场增大；此外，随着食品安全、制药标准的不断更新，医药检测仪器、食品检测仪器需求将保持稳定增长。

3. 标准化建设成为行业重点

国务院《关于印发国家标准化体系建设发展规划（2016 ~ 2020 年）的通知》颁布，让标准化建设开始成为当前仪表产业发展的重点，无论是产品的标准化建设还是企业的标准化建设，都能提升我国仪器仪表水平及自动化技术水平，凸显经济效益。仪表行业在未来建设中将重点围绕《中国制造 2025》，加强推动重点行业标准体系建设，核电仪表、智能电网成套仪表等将成为突破的重点，加大对这些重点项目的建设，积极开展试点，将加快仪表产业的国产化进程，提高国际竞争力。

4. 行业电子商务成发展主流

我国仪器仪表行业应用电子商务开拓市场，将成为行业持续发展的主流趋势。一方面，电子商务可以使我国仪器仪表企业更加便捷地参与国际市场竞争，进而促使企业积极推动技术创新，加快突破技术瓶颈，提升自身核心竞争力；另一方面，通过电子商务发展网络销售渠道，有助于拓宽和创新我国仪器仪表企业现有营销渠道，促进行业产业链和商业环境优化。因此，企业应积极利用互联网加速我国仪器仪表行业的发展。

（二）我国仪器仪表行业投资机会

1. 智能传感器市场前景广阔

近年来，智能化已成为传感器发展的重要趋势。2015 年 6 月，国家标准化委员会制定四个落实《中国制造 2025》的重点工作，其中，研制智能传感器成为重点项目；2016 年，国家发改委和工信部联合发布的《关于实施制造业升级改造重大工程包的通知》中提到，将重点发展流程工业用温度、压力、流量、物位及成分分析等高端传感器、变送器、智能仪器仪表和控制系统，离散工业用磁、光、电及多参数复合传感器和质量检测系统。同时，智能电网、智能水务等的发展也会带动智能传感器市场的拓展，由此可见其未来发展空间广阔。

2. 环境检测仪器仪表市场快速发展

环境监测仪器市场深受国家政策影响，随着“大气十条”的深入实施和“水十条”的出台，水质分析仪和气体检测仪占据了九成以上的环境监测仪器市场。“十三五”规划中明确“以提高环境质量为核心”，表明国家对环境监测行业的要求已经从“十一五”的监测网络搭建阶段、“十二五”的“以污染源监测为主”的阶段，转向“以环境质量监测为主”的阶段，我国环境监测行业正在迎来以环境质量监测为主的里程碑式的发展机遇。预计“十三五”期间环境监测设备销售将达760亿元以上，行业增速对比“十二五”将在25%左右，市场空间超过1000亿元①，环境监测仪器市场将保持快速发展。

3. 食品安全检测仪器市场保持稳定

食品安全领域依然是仪器采购大户，国务院办公厅发布的《2016年食品安全重点工作安排》中提出，要加强食用农产品质量安全和食品安全监管执法能力建设；继续加强食用农产品、食品安全检（监）测能力建设，支持检验检测仪器设备的购置和实验室改造，强化基层检验检测能力。因此，食品安全检测仪器的市场需求，特别是基层市场需求，将保持稳定增长。随着食品安全检测标准的不断更新，对仪器需求也在不断变化，例如，在2016年实施的食品安全国家标准中，对食品中无机砷的测定和甲基汞含量的测定，分别指定了液相色谱—原子荧光光谱联用方法（LC-AFS），因此，LC-AFS在2016年将拥有更好的市场机会。

4. 生命科学仪器市场需求潜力巨大

基于不断增长的制药研发投入，生命科学仪器面临巨大的市场机会。基因检测是生命科学的热点领域，其发展带动了基因扩增仪、基因测序仪等分子生物学仪器的采购需求；2016年全面放开的二胎政策以及我国局部省份将基因检测纳入医保报销，更使基因检测仪器的市场采购需求潜力巨大。同时，《关于印发中医药发展战略规划纲要（2016~2030年）》明确指出，对中医药现代

---

① 中国仪表网：《我国环境监测仪器仪表行业的发展趋势》，中国机械工业联合会机经网，2016年4月26日，http://www.mei.net.cn/yqyb/201604/667728.html。

化的推动要充分利用现代科学技术和方法，这必然需要依靠先进的科学仪器及分析仪器来完成。①

十 我国仪器仪表行业发展建议

（一）政府

1. 不断完善监管体制机制

政府应不断建立和完善对仪器仪表行业的行政管理措施，做好行业相关标准的管理审批工作，有序引导和维护我国现代仪器仪表行业的良好发展态势。同时，政府相关部门要制定配套的社会仪器仪表企业产品质量管理细则，完善日常监督检查机制，定期监测仪器仪表企业产品质量，公布监督检查结果；对相关工作人员实行从业上岗证制度，进行定期抽查、培训和考核。

2. 积极开展创新试点和示范工作

政府应重点围绕《中国制造 2025》，推动仪器仪表行业在未来建设中，实施高端装备创新发展工程和智能制造工程，将核电仪表、智能电网成套仪表智能传感器等项目作为突破的重点，督促有条件的省市率先开展创新试点和示范工作，加快发展高端化、智能化仪器仪表，促使行业自主设计水平和系统集成能力的提升，进而加快我国仪器仪表行业国产化进程，提高其国际竞争力。

3 加强财税金融政策支持力度

政府有关部门应加大对我国仪器仪表行业的财政支持力度，通过给予适当的财税优惠，鼓励我国仪器仪表行业向中高端领域发展，提高行业整体技术水平和创新能力。同时，政府应引导金融机构加强对仪器仪表行业的投资力度，简化我国仪器仪表企业上市、并购等审批手续，鼓励企业吸收社会资本，拓展自身融资渠道，缓解资金压力。

4. 加大扶持中小企业和国产产品的力度

我国仪器仪表行业发展至今，中小型企业仍是主体，因此，首先，政府应

① 仪器信息网：《中医药发展纲要来袭，科学仪器行业迎发展新机遇》，仪器信息网，2016 年 3 月 1 日，http：//www. instrument. com. cn/news/20160229/184969. shtml。

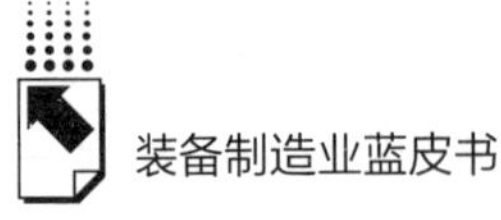

加大对中小型企业的政策扶持力度，充分调动中小企业的生产积极性，促进整个仪器仪表行业健康发展。其次，加大对国产产品的政策扶持力度，在国际贸易政策方面可调整对仪器仪表的采购方向，对国产仪器仪表产品给予一定的政策倾斜，采取有利于我国仪器仪表行业发展的措施。

（二）行业

1. 建立健全行业标准体系

仪器仪表行业应以《中国制造 2025》和《装备制造业标准化和质量提升规划》战略为导向，瞄准国际先进水平，加快关键技术标准研制，推动在核电仪表、智能电网成套仪表等重点领域实现标准化新突破，并依据市场需求变化和技术创新进展及时更新标准。充分发挥行业协会学会的规范引导作用，鼓励企业加快推进标准化建设；同时，推动行业内部标准信息共享平台建设，为企业提供更加便捷的标准化服务。

2. 鼓励骨干企业建立行业创新平台

行业协会应积极引导仪器仪表企业加强技术创新能力建设，优先在具备条件的行业骨干企业布局行业技术类研究中心和实验室，引导企业向专、精、特发展，促进产业转型升级。鼓励行业骨干企业与高等学校、科研院所等共同搭建产业技术创新研发平台，联合开展核心关键技术研发，推动行业相关共性、基础性问题的前瞻性研究，合力打造人才培育体系，共同推进科研成果产业化。

3. 推动产业链的完善和产业集群的发展

我国仪器仪表行业应以产业园区为依托，搭建仪器仪表产业集群，构建创新型产业集群，以增量带动优化结构，以创新推动产业升级，发挥骨干企业引领带动作用，重点发展智能化高性能的仪器仪表、系统集成及应用技术，以及新兴传感器技术等，加大产业链延伸力度。仪器仪表产业链的完善及产业集群的发展，会增强国内企业的综合竞争力，提升行业国际影响力，提高国产仪表的市场占有率，推动仪器仪表产业的可持续发展。

（三）企业

1. 大力发挥创新主体作用

仪器仪表企业应充分发挥创新主体作用，以国际顶尖仪器企业为标杆，全面提高自身的产品技术、组织管理的创新水平，实现重点领域向中高端的群体性突破。在“两化融合”的指引下，积极开展企业产品技术的信息化改造，把现代生产管理作为突破口，改良生产设计，提高生产效率，全面提高企业产品质量；同时，运用信息化手段改进和完善工作流程，降低生产和管理成本，提升管理效率，促使企业产品的质量和效益有显著的提升。

2. 积极开辟跨领域新市场

面对现有市场日益饱和、产品同质化严重等问题，仪器仪表企业应积极探寻转型升级新机遇，跨行业、跨领域寻求多元化发展。仪器仪表产品在机器人、农业机械、纺织机械、环境监测等领域都有着广泛的应用空间，而自动化控制技术、自动化检测技术、传感器技术、安全仪表技术、无线技术等都将成为未来需要着力与突破的要点，企业应针对相关细分领域，开辟新市场，打造专业领域领导者，提高自身核心竞争力。

3. 加强内外部资源整合

在高端市场领域，仪器仪表企业可以通过兼并重组方式，扩大企业规模，增强企业综合实力，逐步形成优势地位；在中低端市场领域，继续扩张，努力掌握关键性技术标准及专利权。

4. 加大国际合作力度

对我国目前生产技术落后、国外已有先进的成套技术的仪器仪表，企业可引进国外的关键技术，合资生产，再逐步实现国产化；加速与国外知名仪器仪表企业进行战略合作，通过联合提升市场占有率，打开国外市场大门；同时，应关注国家“一带一路”战略的实施和国务院大力推进国际产能和装备制造合作等重大举措，及时跟进，加快企业国际化步伐。

B.9
机械基础零部件行业

孙 颐　郭一娟　王铁印*

摘　要：　本章纵观2015年机械基础零部件全年发展形势，从市场规模和技术现状对该行业进行了深入分析，并对行业现状、经营状况及目前行业存在的主要问题进行了动态跟踪及解读。我国目前生产的机械基础零部件品种繁多，量大面广，为多个装备制造行业提供配套，广泛应用于社会生活的各个方面。在《中国制造2025》的引导下，我国基础零部件制造产业将加速转型升级，逐步向制造业强国迈进。装备制造业的升级也对基础零部件行业产品提出了更高的要求，在市场动力的驱动下，我国基础零部件行业产品质量的可靠性、使用周期等刚性指标也在不断升级。同时产业结构不合理、新产品进入市场困难、工艺装备落后、自主创新能力差等问题仍是制约行业发展的瓶颈。提高创新能力，加快结构调整，完善标准体系，加强品牌建设，加快"走出去"，是加速我国基础零部件行业发展、提升国际竞争力的重要战略措施。本章选取了齿轮、轴承、液压气动密封件、弹簧等四个典型子行业，分析了其2015年的发展情况。①

关键词：　基础零部件　行业发展　战略措施

---

* 孙颐，机械工业经济管理研究院职业发展与评价研究所执行所长，工程师；郭一娟，助理研究员；王铁印，助理工程师。

① 如无特殊说明，本章的数据和信息主要来自中国机械通用零部件工业协会齿轮分会、弹簧分会、中国轴承工业协会、中国液压气动机械密封件工业协会，由本章作者整理。

一 机械基础零部件行业定义和分类

（一）机械基础零部件定义

机械基础零部件包括锻件及粉末冶金制品制造，液压和气压动力机械及元件制造，轴承制造，齿轮及齿轮减、变速箱制造，其他传动部件制造，金属密封件制造，紧固件制造，弹簧制造，机械零部件加工，其他通用零部件制造，模具制造，共计11个子行业，是装备制造业不可或缺的重要组成部分，是组成机器不可分拆的基本单元。直接决定重大装备和主机产品的性能、水平、质量和可靠性，是实现我国装备制造业由大到强转变的关键。

（二）机械基础零部件行业分类

（1）国家统计局分类

根据国家统计局《国民经济行业分类》（GB/T 4754－2011），分别涉及其他金属品制造（339），泵、阀门、压缩机及类似机械制造（344），轴承、齿轮和传动部件制造（345），通用零部件制造（348），化工、木材、非金属加工专用设备制造（352）五个中类，具体如表9－1所示。

表9－1 《国民经济行业分类》行业分类及代码

大类	中类	小类	行业名称
34 通用设备制造业	344	泵、阀门、压缩机及类似机械制造	
		3444	液压和气压动力机械及元件制造
	345	轴承、齿轮和传动部件制造	
		3451	轴承制造
		3452	齿轮及齿轮减、变速箱制造
	348	通用零部件制造	
		3481	金属密封件制造
		3482	紧固件制造
		3483	弹簧制造
		3484	机械零部件加工
		3489	其他通用零部件制造

资料来源：国家统计局《国民经济行业分类》（GB/T 4754－2011）。

（2）中国机械工业联合会分类

按照中国机械工业联合会行业分类，机械基础件主要分为11类，具体如表9－2所示。

表9－2　中国机械工业联合会分类及代码*

分类代码	分类名称	分类代码	分类名称
3391	锻件及粉末冶金制品制造	3482	紧固件制造
3444	液压和气压动力机械及元件制造	3483	弹簧制造
3451	轴承制造	3484	机械零部件加工
3452	齿轮及齿轮减、变速箱制造	3489	其他通用零部件制造
3459	其他传动部件制造	3525	模具制造
3481	金属密封件制造		

* 中国机械工业联合会，机经网，由笔者进行整理。

二　国际机械基础零部件行业零部件发展概况

（一）国际机械基础零部件行业发展现状

1. 市场现状

机械基础零部件行业为国外先进的技术领跑行业。欧美日等国家在国际高端齿轮传动与驱动部件制造行业始终占有领先地位。目前，市场占有率最高的齿轮制造企业大部分来自欧美日，德国齿轮产品的设计和制造能力均位于世界前列，当今世界按照产量排名为中国、美国、德国、日本和瑞典。目前，我国已经成为第二大齿轮市场和第一大齿轮制造国，齿轮传动市场销售居世界第二位。但由于齿轮产品名类繁多，因此，产业集中度低，市场份额受到极大影响。即便如此，我国2015年齿轮产品的销售额仍为2200亿元。

我国机械基础零部件行业产品技术水平低，产业集中度高。轴承工业主要被欧美日国家垄断，它们的产品几乎占据了轴承高端市场的全部，我国轴承行业长期处在这种国际轴承产业架构的外部环境中，随着轴承工业的持续快速发展，我国已成为仅次于德国、瑞典、日本、美国的轴承生产大国，我国轴承行业经济规模约占全球的10%。20世纪90年代以来，中国轴承企业逐步占领了微、小型轴承的中、低端市场及部分高端市场。其中，微小型轴承已具有很强的国际竞争力，关节轴承、大型轴承的某些技术已接近国际水平。在国际中低端轴承市场中，我国占有较大份额，2015年轴承行业产值达1500亿元。

我国高端产品依赖进口，低端产能过剩。按照国家流体动力国际组织统计，液压行业位列前五的为美国、中国、德国、日本和意大利，我国液压元件销售居世界第二位。气动产品排名前五位的分别是中国、美国、日本、德国和意大利。近些年，发达国家受我国等发展中国家快速发展的影响，市场占有率略有萎缩。2015年我国的液气密行业总产值为1020亿元，但绝大部分企业缺乏研发能力，缺少与国际一流主机厂长期合作的经验，中低端产品产能过剩，导致国内市场竞争激烈，影响发展。

我国行业发展迅猛，引发贸易争端。世界发达国家为了降低制造成本，集中发挥自身优势，对紧固件产品大部分采用“以采代制”，采购的全球化已经形成。这既拉动了我国紧固件产品的生产制造，同时，还提供了出口的发展空间。2015年我国紧固件出口额达255.69亿元，同比增长15%。目前，我国已向欧盟、美国、澳洲等50多个国家或地区出口产品，据统计，我国出口德、美、日三国的数量占上述三国进口总量的1/3强。2015年我国紧固件产品的产量居全球第一，占世界产品总量的1/4。但由于出口秩序相对混乱，出口量增长过快，且时间和地点过于集中，附加值低，因此，引发了不必要的贸易摩擦，对行业发展产生了不利影响。2016年该领域引发了我国加入WTO以来第一个WTO争端案件，但获得胜诉。该案全胜的核心诉求不是单纯的诉讼程序问题，而是欧盟对替代国和替代价的态度。目的是要求欧盟方面履行WTO义务，遵守WTO规则，恢复一个公平合理的贸易环境。

国际原材料影响行业市场。弹簧行业是对原材料十分依赖的行业，目前，弹簧行业对弹簧材料年需求量（不包括弹簧钢板）约6万吨，① 当今世界排名分别是：日本的发条（NHK）、德国的慕贝尔（Muber）、意大利的奥雷瓦（Rena-krupp）、德国的蒂森克虏伯（Thyssen Krupp Spring）、韩国的大圆钢业（Daewon）。目前，我国产的弹簧钢和弹簧钢丝占有的是低端市场，高要求的

① 萧红：《多股螺旋弹簧绕制成形的若干关键问题研究》，重庆大学博士学位论文，2010。

弹簧如为轿车配套的悬架弹簧、气门弹簧材料相当一部分需求从德国、日本等国进口①，异形截面材料甚至在国内几乎找不到生产商。

我国产业结构必须优化升级。剖析我国主要机械基础件行业存在的主要问题——同质化恶性竞争逐渐加剧，中低端产品产能严重过剩，由此形成激烈竞争，致使一部分企业同业间相互压价。从生产能力和产业组织方式看，我国的产业结构必须优化升级，应扶持新型产业、服务业、小微企业作用更加凸显，生产的小型化、智能化、专业化将成为产业组织性特征。

2. 技术现状

主机的快速发展不断提出新的要求。伴随着先进设计、先进工艺及先进材料的应用，齿轮传动对相关产品的承载能力、精度、硬度、速度、可靠性和传动效率都提出了更高的要求。为了满足节能低碳、改善工况的要求，低噪声成为重要的技术指标。另外，齿轮传动行业为提高核心竞争力，改善产品质量和满足个性化需求，齿轮产品已开始引入模块化设计，实行柔性制造生产，实现了模块化和多样化；同时，随着硬齿面技术的应用，小型化成为齿轮的发展趋势，体积小、重量轻、承载能力强、效率高的行星齿轮得到广泛应用。

依据国际标准，以确保轴承行业产品的标准化、单元化、通用化。轴承不断提高的性能要求以及主机行业的快速发展，对轴承技术提出高速度、高可靠性、高精度、低振动、低摩擦、低噪声的高要求。新工艺、新材料，以及先进设计和生产管理，使“三高、三低”成为现代轴承技术的显著特征。特别是应用于精密机床、工业机器人、航空航天等高端装备和特殊环境下的装备，更是要满足耐高温、耐低温、耐腐蚀、耐辐射的要求。随着轴承基础技术的进步，以及对产品性能要求的不断提升，长寿命和免维护保养也成为现代轴承技术突出的特征之一。

原材料制约零部件产品的品质。2015 年我国弹簧行业产值为 220 亿元左右，基本产能还徘徊在低端产品，原因是原材料制约了我国弹簧行业的发展。目前，除应控制弹簧钢等材料化学成分方面的问题，还应解决降低非金属夹杂

① 邹定伟：《乘风破浪，迎接中国弹簧行业新的曙光——在中国机械通用零部件工业协会常务理事扩大会议上的报告》，第十一届全国弹簧学术会、第九届全国弹簧失效分析讨论会暨第五届海峡两岸弹簧专业研讨会，江苏扬州，2006。

物，以及控制表面质量及尺寸精度。高应力下的弹簧应有较高的疲劳寿命和良好的抗松弛性能，同时，根据不同的用途，弹簧产品应具有耐腐蚀性、耐热性、非磁性、耐磨性、导电性等特征，这就需要提高产品质量，创新产品品种，创出国际名牌，满足行业需要，替代进口。

零部件生产技术滞后于主机行业步伐。我国液压气动密封件行业（简称液气密行业）虽然经历了30年的高速发展，技术上取得了很大的突破，但仍然跟不上主机行业发展的步伐，无论是产品品种、规格，还是技术都存在差距，主要的问题是可靠性差和使用寿命低，难以满足主机的要求。随着我国经济社会可持续发展对节能减排、节约资源和循环利用的要求不断提高，环保、降噪、再制造等绿色技术将在液压气动密封件行业中得到发展和应用。

（二）国际机械基础零部件行业发展趋势

1. 市场趋势

市场全球化，跨国经营方兴未艾。为了降低成本，以及发展中国家和新兴经济体巨大的市场需求，世界级跨国企业纷纷以独资、合资、合作等形式走出国门。虽然国际金融危机后，制造业向发达国家有所回流，但跨国经营的趋势仍然有增无减。在全球化采购环境下，既要坚持自主创新，也要抓住技术突破机会，进行海外并购或合资合作。这一趋势对低水平制造能力过剩、高水平制造不足的国家会产生极为深远的影响。

复苏式增长与新兴市场，均不容忽视。机械基础零部件市场与主机市场的景气程度密切相关。在全球经济持续低迷的今天，中国机械工业仍保持了较快的增长速度，给机械基础件行业发展带来契机。需要注意的是，两个市场对产品的需求各有侧重，发达国家复苏式增长更多地需要高端机械基础件，而中低端产品则在发展中国家有较大的市场需求。

调整产业结构。目前，我国零部件企业大多属于二、三级供应商，多数企业出口产品的80% ~90%是供应服务后市场领域，存在“低技术含量→低利润率→低研发费用→低技术含量”的恶性循环。经历近十几年的高速增长，现在已进入换挡调速阶段。要由中高速增长转向去库存、去产能、提质增效、适速增长期。

装备制造业配套“高、特、精、尖”基础零部件。随着工业升级，以及发达国家再工业化，掀起新技术革命至高点之争，为精密机床、高铁、航空、航天及军事等领域配套的“高、特、精、尖”基础件，成为新一轮竞争的焦点，决定和影响了新的产业格局和市场份额。

加速推进行业共性技术服务平台建设。国家振兴规划对基础零部件行业的定位已从之前的“发展主机带动零部件行业发展”转变为既要抓主机也要抓关键零部件发展，首要的是政府应加大对基础研究资助的力度，支持基础件产品的科技创新和研发。建立基础零部件研究专项基金，支持企业或科研机构进行产品核心技术研究、关键制造工艺攻关和试验检测平台建设。在轴承、液压件行业，美国、日本都出现过国家对某项技术进行联合攻关后，国内相关产品市场占有率大幅提高的情况。

2. 技术趋势

标准化、模块化、成套化。作为为装备制造业主机配套的机械基础零部件，为了适应市场全球化的要求，更多的产品将实现标准化和模块化，不同模块的组合将适应更多的需求。更好地扩大产能，提高产业集中度。而标准化、模块化、成套化始终是对大多数基础件的基本技术要求。

精密化、数字化、智能化。先进制造技术、生产工艺、计算机辅助设计及柔性生产制造的应用，推进了机械基础零部件生产制造的精密化和数字化。以齿轮为例，数字化技术、传感器技术、信息技术和网络控制技术等广泛应用于数控机床领域，促使齿轮加工朝着智能化、自动化方向发展。生产、设计等技术能力的不断提升，能够适应不同行业的主机需求。

高强度、高寿命、高可靠性。新材料、新工艺和传感、电子等高新技术的应用，使液压气动元件和系统的效率和稳定性不断提高，液力元件则向高功率发展；同时，在延长使用时间、减少维护需求、消除泄漏、提高可靠性等方面作用显著；使得采用水基介质、无油润滑、低噪声等符合更高环保要求的液压气动元件更加普及，可以满足特殊要求的无油、无菌、无味的过滤器也广受欢迎。

高效、节能、环保。低碳、节能、减排是可持续发展战略的基本要求。效率是重要的技术指标，精度提高、结构优化都促进了产品效能的进一步提高。在能源消耗成为重要的成本因素和环保要求越来越高的今天，机械基础零部件的发展都致力于在相同条件下，可以提高传动效率，同时，也更加注重低耗能、低噪声、低污染等节能、环保技术指标的提高。

信息化、网络化技术在设计生产中广泛应用。工业 4.0 时代，以信息技术、网络技术为特征的先进制造技术不断深入应用，3D 打印等新技术的快速发展，数字化、信息化、网络化将成为促进现代机械基础零部件发展的突出的技术特征。

三　我国机械基础零部件行业规模分析

（一）工业增加值增速波动较大

2015 年是实施国家工业和信息化部制定的《机械基础件、基础制造工艺和基础材料产业“十二五”发展规划》的收官之年。我国机械基础零部件行业上半年发展基本平稳，但下半年轴承、齿轮和传动部件制造行业和通用零部件制造行业生产下降明显，个别月份为负增长，且回升态势不明显（见表 9－3）。其他金属制品制造行业增速波动不大，全年维持在 8% 的增长水平。

表 9－3　2015 年机械基础零部件主要行业工业增加值增速

单位：%

细分行业 \ 月份	1～2	3	4	5	6	7	8	9	10	11	12
其他金属制品制造	0	9.30	8.10	11.70	9.40	9.80	8.50	5.50	7.70	8.50	9.30
轴承、齿轮和传动部件制造	0	4.10	-0.80	4.80	7.70	5.50	7.90	1.90	-0.60	0.20	0.50
通用零部件制造	0	9.60	10.50	7.10	9.60	9.50	5.80	5.30	0.30	0.60	0.40

注：数据来自机经网。
以下如果没有特殊说明，数据均来自机经网。

（二）资产规模增速回落

2015 年，中国机械基础零部件制造业继续保持增长，2000 万元规模以上企业达 12507 家，行业资产总额达 13731.03 亿元，同比增长 4.61%，增速同比回落 6.91 个百分点。2015 年资产总额同比增长速度呈现下降态势，与 2014 年相比，同比增速均低于 2014 年，但资产总额均高于 2014 年各月（见图 9－1）。

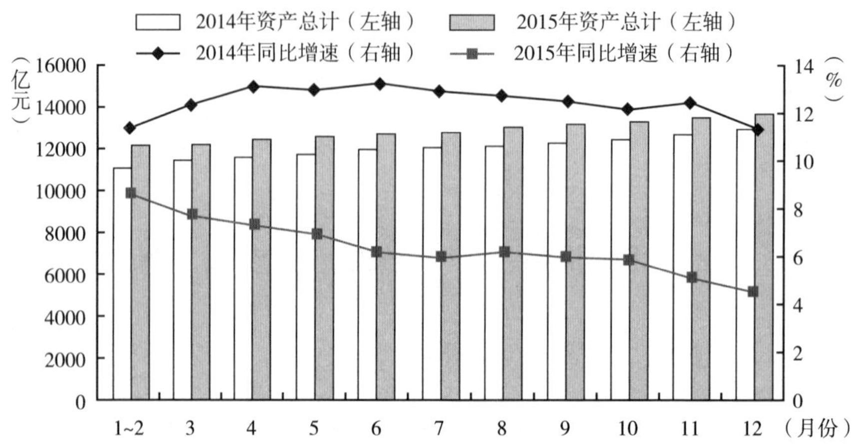

图 9－1　2014、2015 年机械基础零部件行业累计资产总计及同比增速

近三年，机械基础零部件行业各子行业资产均保持稳定增长的态势。2015 年月平均增长速度为 6.46%，除了金属密封件制造、锻件及冶金制品制造增速在 10% 左右以外，其他子行业增长速度均为个位数。其中，模具制造增速降低幅度最大，2015 年 1～2 月同比增速为 11.06%，12 月同比增速为 1.89；锻件及冶金制品制造和模具制造、轴承制造，为资产规模最大的 3 个子行业，共占比为 48.15%，其中，锻件及冶金制品制造资产规模为 2269.00 亿元，模具制造资产规模为 2230.00 亿元，轴承制造资产规模为 2112.00 亿元。

（三）固定资产投资规模全年逐渐增长

2015 年，机械基础零部件行业固定资产投资规模比 2014 年增加 600.14 亿元，达到 5599.80 亿元，同比增加 12.00%，从月份看，6 月固定资产投资规模最大，达 649.37 亿元，1～2 月最少，为 319.74 亿元；12 月同比增幅最大，为 12.00%，1～2 月增幅最小，为 6.30%。

（四）产量产值规模略有下降

2015 年，机械基础零部件主要产品产量略有下降。齿轮产量 258.22 万吨，较 2014 年产量（267.98 万吨）下降了 3.64%。2015 年机械基础零部件主要产品齿轮和轴承产值规模最大，齿轮产值为2200亿元，轴承为1500亿元；弹簧产值规模最小，为200亿元（见图9-2）。

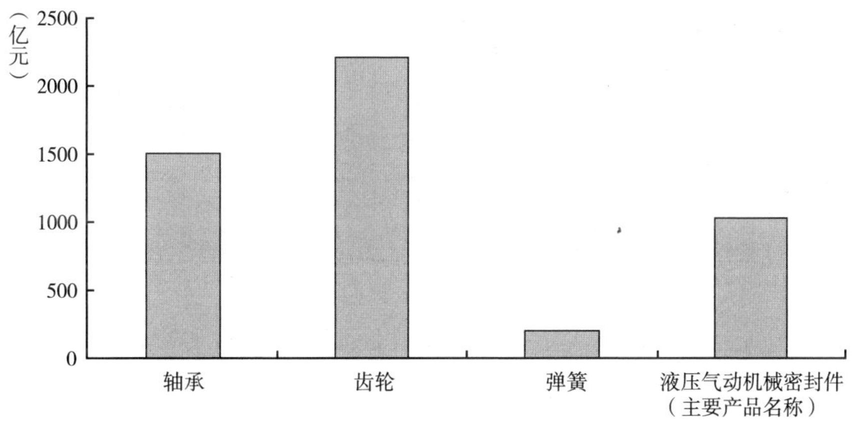

图9-2　2015年机械基础零部件行业主要产品产值比较

四　我国机械基础零部件行业运行情况

（一）总体运行情况分析

1. 土营业务收入增速下滑严重

2015年，机械基础零部件行业累计实现主营业务收入19682.83亿元，同比增长2.86%。逐月累计增长速度呈下降态势，从月份看，12月增速最低，为2.86%。

2. 主营业务成本全年保持稳定

2015年，机械基础零部件行业主营业务成本16985.59亿元，同比增长2.93%。按月来看，1~2月主营业务成本最高，为2269.02亿元，3月最低，为1375.61亿元（见图9-4）。与2014年相比，主营业务成本整体呈下降趋势，2015年12月增速最低，同比增速降低5.80%。

3. 利润总额有回升趋势

2015年，机械基础零部件行业利润1204.45亿元，同比增长2.58%，低

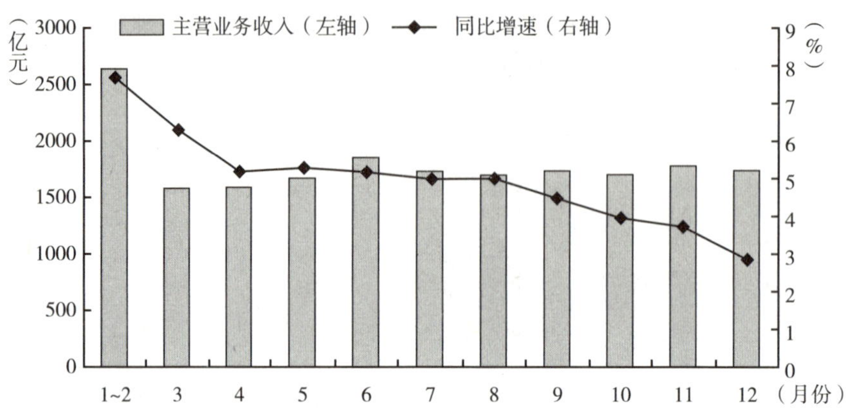

图 9－3 2015 年机械基础零部件行业主营业务收入及同比增速

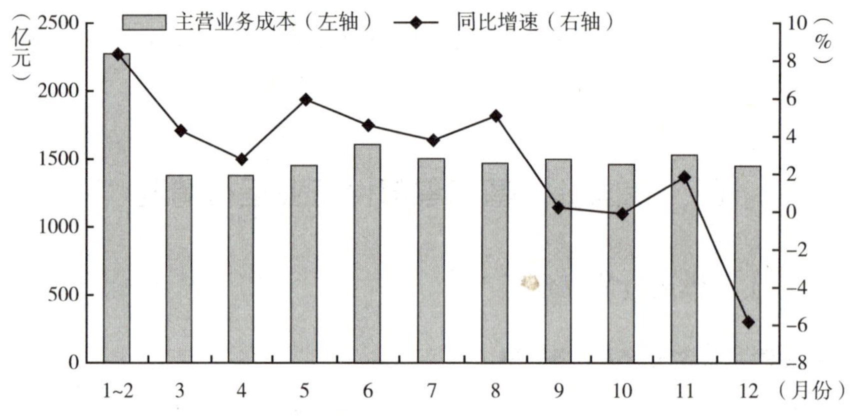

图 9－4 2015 年机械基础零部件行业主营业务成本及同比增速

于主营业务收入增速 0.28%。从月份看，呈两头高中间低态势，1～2 月利润总额最多，146.36 亿元，其次是 12 月，143.32 亿元；4 月最低，为 89.47 亿元（见图 9－5）。

（二）盈利仍呈下滑的趋势

2015 年，我国机械基础零部件行业主营业务成本率为 86.32%，全年趋势平稳，12 月最低，为 83.01%，4 月最高，为 87.11%。2015 年，我国机械基

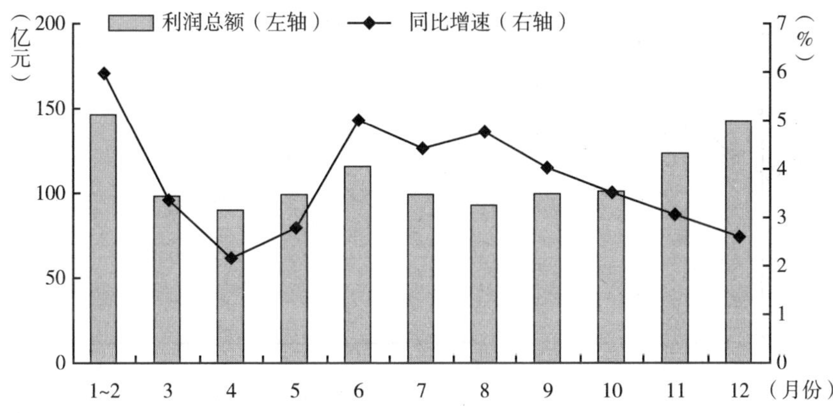

图 9-5　2015 年机械基础零部件行业利润总额及同比增速

础零部件行业总资产利润率为 1.04%，1~2 月总资产利润率最高，为 1.20%，3 月最低，为 0.72%（见图 9-6）。

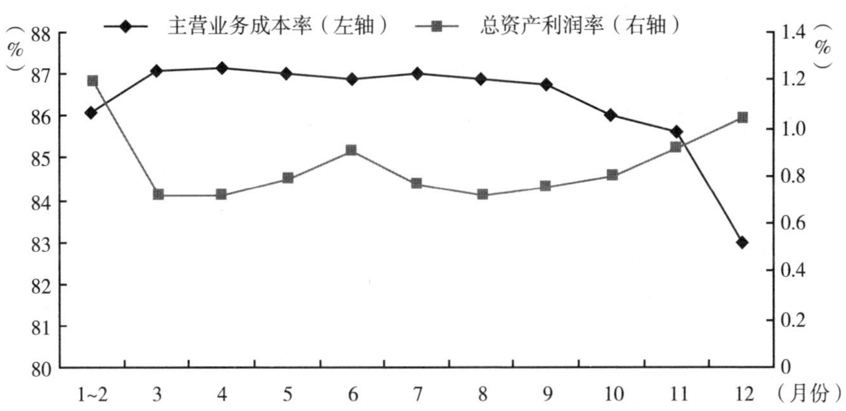

图 9-6　2015 年机械基础零部件行业主营业务成本率及总资产利润率

（三）资产负债率同比下降

2015 年，我国机械基础零部件行业资产负债率为 48.42%，同比下降了 0.73 个百分点，逐月呈下滑趋势，4 月最高，为 50.09%，12 月最低，为 48.62%（见图 9-7）。

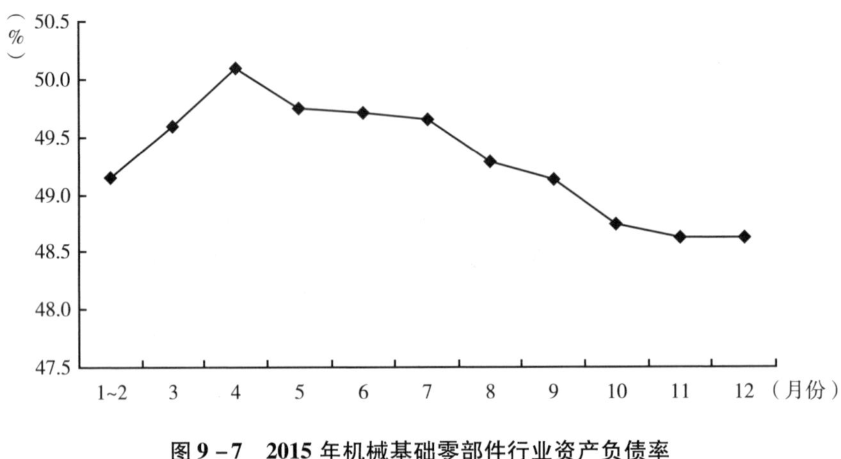

图 9 –7　2015 年机械基础零部件行业资产负债率

五　我国机械基础零部件行业产业结构分析

（一）细分行业结构

1. 细分行业主营业务收入增幅缓慢

从机械基础零部件制造业主要子行业的销售情况看，2015 年锻件及冶金制品制造主营业务收入最高，达 4030.40 亿元，占机械基础零部件行业主营业务收入的 20.48%；机械零部件加工、轴承制造、模具制造、液压和气压动力机械及元件制造均实现销售收入 2000 亿元以上。弹簧制造主营业务收入最低，仅占全行业收入的 1.62%。与 2014 年相比，液压和气压动力机械及元件制造、轴承制造、金属密封件制造的主营业务收入降低，其他行业增幅缓慢。

2. 细分行业主营业务成本与收入增长趋势相同

2015 年，锻件及冶金制品制造、机械零部件加工、轴承制造、模具制造、液压和气压动力机械及元件制造等五个细分行业主营业务成本与主营业务收入增长趋势相同。锻件及冶金制品制造主营业务成本为 3550.76 亿元，同比增长 4.46%；机械零部件加工主营业务成本为 2441.00 亿元，同比增长 4.42%；轴承制造主营业务成本为 2253.33 亿元，同比下降 4.92%；模具制造主营业务成本为 2178.49 亿元，同比增长 7.72%；液压和气压动力机械及元件制造主营业务成本为 1694.27 亿元，与 2014 年基本持平。

3. 细分行业利润总额稳步增长

从子行业看，实现利润最多的是锻件及粉末冶金制品制造，为 237.03 亿元，同比增长 6.22%，占机械基础零部件行业利润总额的 19.68%；最少的是弹簧制造，为 20.70 亿元，同比增长 7.60%，占比为 1.72%。利润增速最快的子行业是齿轮及齿轮减、变速箱制造，利润总额为 128.00 亿元，增速为 16.74%。

（二）企业规模结构

1. 小型企业主营业务收入占比最大

从企业规模看，小型企业主营业务收入最多。2015 年小型企业完成主营业务收入 12341.16 亿元，占机械基础零部件行业的 62.70%；大型企业和中型企业主营业务收入分别为 2098.56 亿元和 5243.10 亿元，分别占机械基础零部件制造行业主营业务收入的 10.66% 和 26.64%。

2. 主营业务成本逐年增加

2015 年，小型企业主营业务成本为 10717.71 亿元，约占机械基础零部件行业主营业务成本的 63.10%。2013 ~2015 年各规模类型企业主营业务成本呈逐年增加态势。

3. 小型企业利润最多

从企业规模看，小型企业实现利润最多。2015 年小型企业利润总额为 740.23 亿元，同比增长 2.62%，占机械基础零部件行业的 61.46%；中型企业实现利润为 330.23 亿元，同比增长 0.92%，占行业的 27.42%；大型企业实现利润为 133.98 亿元，同比增长 6.71%，占比 11.12%。

（三）企业所有制结构

1. 民营企业主营业务收入最高

从控股类型看，民营企业的主营业务收入远高于国有企业和三资企业，主营业务收入占比最大，达到 15539.59 亿元，同比增长 3.68%，占机械基础零部件行业的 78.95%。三资企业其次，主营业务收入为 3460.25 亿元。国有企业最低，主营业务收入为 682.99 亿元，仅占该行业的 3.47%。

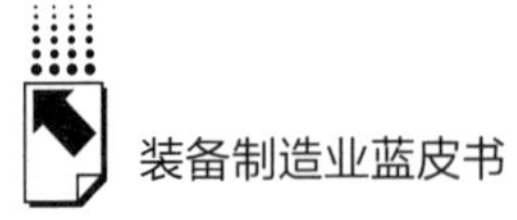

2. 主营业务成本民营企业增幅最大

2015 年，与主营业务收入一样，民营企业主营业务成本占比最大，为13504.70 亿元，同比增长 3.84%；三资企业主营业务成本为 2379.07 亿元，同比增长 0.50%；国有企业主营业务成本为 599.11 亿元，同比下降 9.93%。2013 ~ 2015 年主营业务成本基本成增长趋势。

3. 民营企业利润增长最快

从控股类型看，民营企业实现利润最多。2015 年民营企业利润总额为975.87 亿元，占机械基础零部件行业的 81.02%，比 2014 年占比高 0.24 个百分点；国有企业实现利润 5.35 亿元，为负增长（-62.09%），占比最少，仅为0.44%；三资企业实现利润 185.85 亿元，为负增长（-6.37%）。2013 年、2014 年和 2015 年民营企业利润总额逐年增加，增速分别为 6.94% 和 5.37%。

六 我国机械基础零部件行业贸易分析

（一）进出口规模平稳略有下降

2015 年，机械基础零部件行业全年累计实现进出口总额 375.96 亿美元，同比下降 5.61%；全年进出口总额平稳，各月增速呈放缓趋势。2015 年进口总额逐月同比下降缓慢，出口总额逐月下降幅度较大（见图 9-8）。2015 年，累计进口总额 147.58 亿美元，同比下降 10.92%；出口总额 228.38 亿美元，同比下降 1.84%；实现进出口贸易顺差 80.80 亿美元，同比增长 20.63%。

从进出口活跃区域来看，2015 年没有大的变化，依然主要集中于传统外贸优势区域，如长三角、珠三角、环渤海地区，这些地区分布着众多的生产企业，体制灵活，对外贸易发展较好。我国 31 个省区市中，机械基础零部件行业累计进口规模排名前 10 位的省市是：上海、江苏、广东、山东、天津、辽宁、北京、浙江、吉林、福建，但与 2014 年相比进口规模均下降 9% ~10%，排名前 5 位的省市进口总额为 103.50 亿美元，占该行业进口总额的 70.13%；出口规模排名前 10 位的省市是：浙江、江苏、广东、上海、山东、天津、河北、辽宁、福建、北京，排名前 5 位的省市出口总额为 182.86 亿美元，占机械基础零部件行业出口总额的 80.06%。

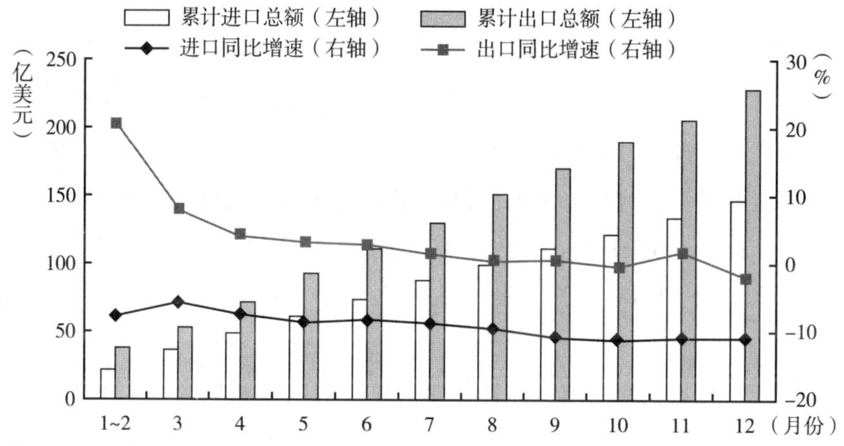

图 9－8　2015 年机械基础零部件行业进出口总额及同比增速

（二）主要产品进出口结构

2015 年，机械基础零部件行业主要产品进口金额与 2014 年相比均有不同程度下降，其中液压元件及装置累计进口额为 17.38 亿美元，同比下降 14.43%，降幅最大。进口金额排前 3 位的产品是紧固件、轴承、液压元件及装置。出口方面，机械基础零部件行业主要产品出口金额排前 3 位的是紧固件、模具、轴承。贸易顺差排在前 3 位的主要产品是模具、紧固件和工业链条；贸易逆差排在前 3 位的是液压元件及装置、气动元件及装置、弹簧（见表 9－4）。

表 9－4　2015 年机械基础零部件产品进出口情况

单位：亿美元

产品名称	进口金额	出口金额	贸易差额
工业链条	2.22	14.65	12.43
紧固件	28.77	48.92	20.15
弹簧	5.71	5.06	-0.65
模具	15.05	42.66	27.61
液压元件及装置	17.38	7.85	-9.53
气动元件及装置	4.50	2.61	-1.89
轴承	28.73	35.90	7.17

（三）主要贸易国家

2015 年，我国机械基础零部件行业进口来源国家和地区共 147 个。排名前 3 位的进口来源国分别是：日本、德国、韩国。其中，日本是我国机械基础零部件行业最大的进口来源国，2015 年我国从日本累计进口金额达 33.71 亿美元，同比下降 15.17%。德国是第二大进口来源国，累计进口金额 27.84 亿美元，同比下降 18.21%。累计从韩国进口 15.76 亿美元，同比下降 7.94%。

2015 年，我国机械基础零部件行业出口目的国家和地区共 223 个。排名前 3 位的出口目的国和地区分别是：美国、日本、中国香港。其中，美国是最大的出口目的国，2015 年我国向美国出口机械基础零部件产品累计金额为 40.44 亿美元，同比增长 3.11%。日本为第二大出口目的国，2015 年向日本出口机械基础零部件产品累计金额为 16.25 亿美元，同比下降 4.92%。2015 年向我国香港地区出口累计金额为 12.13 亿美元，同比下降 8.59%。

七　我国机械基础零部件行业技术水平分析

（一）主要产品技术水平

1. 我国轴承制造行业的技术水平

（1）自主创新体系和能力建设取得进展

我国轴承制造行业主要依托洛阳轴研科技股份有限公司、中机十院国际工程有限公司、河南科技大学建设的行业技术中心，瓦轴建设依托的国家大型轴承工程技术研究中心，依托万向、瓦轴、洛轴、哈轴、西北的国家级企业技术中心，以及博士后科研工作站，国家认可的实验室等技术创新平台。

（2）为重大装备研发发挥有力的支撑作用

为国内风电、大型工程施工机械、深井钻机、核电、高铁机车等重大装备提供轴承装备。部分企业已能向国内提供接近国际水平的工艺装备。①

---

① 中国轴承工业协会：《全国轴承行业“十三五”发展规划》。由笔者整理。

2. 我国齿轮及齿轮减、变速箱制造行业技术水平

（1）中低端产品基本满足主机配套需要

汽车手动变速器、工程机械换挡变速器、小型和中型农业机械变速传动机构、摩托车齿轮、轿车变速器等：主要立足国内生产，可以基本满足为主机配套的要求，并有部分产品实现出口。汽车自动变速器仍主要依靠进口，一方面是我国的技术水平存在差距，另一方面是由于整车厂家的品牌要求。汽车驱动桥的主、被动螺旋椎齿轮和直齿椎齿轮：大部分能满足国内配套需要。工业通用变速箱领域：部分产品达到国际水平，形成了与国际品牌的激烈竞争，部分产品出口欧美。

（2）高端产品依赖进口

我国齿轮及齿轮减、变速箱等产品正逐步向高端产品转变，少数产品已达到世界先进技术水平，但在核心部件和技术研发方面与国际先进水平仍有较大差距，高端数控机床的精密轴承、RV 减速器、高铁齿轮箱等产品仍依赖进口，贸易逆差居高不下。①

3. 我国液压和气压动力机械及元件制造行业技术水平

目前，我国液压和气压动力机械及元件制造正处于产业迅速发展和技术不断提高的阶段。总体上看，我国技术水平低，严重滞后于主机行业的发展要求，进出口长期持续逆差；研发周期长，是国外同类产品研发周期的 2 ~ 3 倍；使用寿命短；平均寿命仅为国外同类产品的 1/3 ~ 1/2，技术水平相差 10 多年。

（1）为重点工程和重大项目提供支撑

一批国家重点工程和重大项目急需的高端、关键液压气动密封产品相继问世并通过鉴定，已具备了为军工提供产品配套的能力。山东常林集团的中川液压有限公司自主研发的为工程机械配套的液压轴向柱塞泵、回转马达、主阀等产品；广东科达液压机械有限公司研发的液压轴向柱塞泵；北京华德液压集团自主研发的先导式大流量电流比例阀、比例多路阀，以及江苏恒立高压油罐股份有限公司研制的高压油缸等产品，其性能和质量接近或达到国际同类产品的

① 中国齿轮专业协会：《中国齿轮工业年鉴 2014 版》，中国轻工业出版社，2014。由笔者整理。

先进水平。①

(2) 高端产品仍大量依赖进口

高端产品依赖进口的状态没有明显改观，产品品种和技术水平难以满足主机需求。高端工程机械领域，90%的关键液压元件及液压电子控制器仍依赖进口；工业设备用核心液压泵、液压阀及控制器基本依靠进口。

(3) 产品成套能力和个性化适应能力差

产品集成成套技术和个性化技术，是液压产品突出的两大特征。近年来，随着技术水平的不断提高，我国企业普遍可以做到一两种产品的专、精、特和专业化生产，但缺乏集成和配套的能力，不能提供系统的个性化解决方案。

(4) 技术水平受基础材料、关键工艺制约

原材料、配套件和关键工艺严重制约我国液压气动制造技术水平的提高。我国关键基础材料原始创新能力不足，缺乏不同学科之间的深层次交流和原创性研究；共性技术研发处于缺位状态。高压液压元件的铸造和气动元件的压铸、清洗去毛刺工艺，柔性制造、仿真模拟等技术水平不高。热处理工艺与发达国家差距明显，如在热处理工控制变形方面，我国90%以上零件变形超差，而工业发达国家则能达到无变形先进水平。

4. 我国弹簧制造行业技术水平

(1) 积极引进和消化吸收国外先进技术的前提下，结合我国弹簧生产的特点，研制和开发了弹簧专业制造设备、检测设备、辅助设备，绝大部分企业弹簧生产的自动化程度普遍提高。

(2) 涌现了一批省、市、行业获奖项目，其中，包括国家级的技术专利和省市级高新技术企业、技术研发中心、检测中心和专精特企业创新的产品等。

（二）重大技术突破

1. 我国轴承制造行业的重大技术突破

我国国防及航天领域轴承具有完全自主知识产权。如“神舟”系列飞船用轴承，历代国产战斗机、武装直升机、轰炸机和运输机用轴承，大推力运载

① 沙宝森：《转型升级，我们在行动》，《液压气动与密封》2014年第1期，第9~15页。

火箭及发射装置、测控系统用轴承。

其他工业用轴承实现重大技术突破的有：自主研发的10000rpm超高速电主轴轴承，通过初步试验，与国外同类产品水平相当；铁路轴承进入高速重载领域，通过劳氏质量认证有限公司铁路轴承IRIS质量管理体系认证审核，取得了走向国际铁路市场的“通行证”。

2. 我国齿轮制造行业的重大技术突破

高速重载齿轮箱：一些大型和重点齿轮企业，已基本具备了为大型成套装备与船舶工业进行配套的要求，如重型卡车市场，我国企业自主研发的重型汽车变速器、缓速器和减速机产品已达到国际先进水平；船用齿轮箱产品市场，杭州前进齿轮箱厂生产的产品在国内市场占有率为第一，其自主研发的“2GWH5410E”三用工作船大功率齿轮箱，整体质量可达到进口产品水平。

风电齿轮箱：行业集中度高，国内10多家风电齿轮生产企业，已进入批量生产阶段。国内企业在我国风电齿轮箱市场的份额占80%以上，其中南高齿和重庆齿轮两家企业在销售规模上领先。少数高技术含量产品达到世界领先水平，如2014年由南高齿自主研发的6兆瓦海上风电增速箱。

高铁齿轮箱：中国中车旗下公司戚墅堰所是国内唯一的高铁齿轮传动产品供应商，该所自主研制的齿轮箱获得重大突破，高寒、非高寒动车组齿轮驱动装置经过了几十万公里的安全运营考核，广泛应用于国内重点高铁线路。①

3. 我国弹簧制造行业获重大技术突破

一大批替代进口的高精尖弹簧产品研发成功，如达到国际先进水平的高端汽车、铁路（动车、高铁）、核工业、航天工业、海洋工程、装备制造业用高端弹簧。

弹簧行业产品出口有了提升，数量、质量都不断提高，为国际著名品牌出口配套并可以在世界上进行有力的竞争，有的还进入了世界主要主机厂的开发平台；高端弹簧材料不断被开发，材料应用强度普遍达到Rm 1800 ~ 2000 MPa。无论是冷成形还是热成形弹簧工艺流程，材料的抗拉强度及弹簧的工作

① 《2014年机械通用零部件行业经济运行发展分析》，中国机械通用零部件工业协会，2015。由笔者整理。

应力都得到了提升。

设计计算上，主流弹簧企业已开始掌握应用有限元计算分析能力，能解决一般的非线性特性弹簧设计计算。[①]

八 我国机械基础零部件行业存在的主要问题

（一）基础研究和基础数据的匮乏

由于基础共性技术研发与实验的投入少而且分散，缺乏对原材料各项基础实验的研究，缺乏对新工艺、新材料的基础研究，使新产品的设计和开发缺少数据支撑，原创技术和专利产品少。同时，在专业技术软件的开发和应用方面与世界先进水平相比差距较大，多学科综合设计技术与手段比较落后，导致产品故障率高、可靠性差、使用寿命短[②]。

（二）科技创新能力薄弱

我国机械基础零部件行业自主创新能力薄弱已经成为制约发展的突出障碍，产业核心技术匮乏已经成为制约产业结构调整的瓶颈。[③] 其中原始性自主创新少，即使有也是带预研性质，且大多停留在理论层面，没有很好地将成果进行工程化实验，而且成果产业化程度低、效果差。[④] 很多高端产品仍然依赖进口，核心关键技术受制于欧、美、日等发达国家。严格讲，总体技术水平落后发达国家10年左右。

（三）产业结构不合理

由于机械基础零部件产业市场缺乏有效的行业监管和企业自律，且进入

---

① 《弹簧行业“十三五”规划（建议稿）》，中国机械通用零部件工业协会弹簧分会，2016。由笔者整理。

② 《信息动态》，《模具制造》2011年第1期。

③ 中国机械通用零部件工业协会齿轮分会：《中国齿轮工业年鉴（2014）》，中国轻工业出版社，2014。

④ 李耀文：《我国液压件行业的现状和发展走势》，《机械工业标准化与质量》2008年第11期，第13~15页。

门槛较其他行业要低，高端产品研发、制造能力严重不足，具备国际竞争力的企业和知名品牌少。许多小企业难以形成自主创新能力，中低端产品产能严重过剩、竞争激烈，致使相当一部分企业同业之间互相压价，企业处于生存的边缘。

（四）工艺及装备落后

我国基础零部件制造工艺及装备落后、生产效率不高、检测手段落后、工艺基础数据积累不足等是长期存在的问题，致使基础零部件产品各方面性能难以满足主机配套的需求，一些关键零部件仍大量依赖进口，严重影响了我国整机装备制造水平的提升。

（五）新产品推广应用难

目前，我国新产品质量检验认证体系不够完备，缺乏实验验证和市场认可，用户和主机制造企业对使用国产基础零部件产品信心不足，对国产产品质量差、性能低形成了惯性思维，从而增加了新产品进入市场的难度，不易形成行业推动装备制造业发展的有效自主创新成果转化。

九　我国机械基础零部件行业发展前景分析

（一）我国机械基础零部件行业发展前景预测

在《中国制造 2025》战略规划中，明确提出要坚持“创新驱动、智能转型、强化基础、绿色发展”，加快从制造大国转向制造强国。强化的基础就是针对目前我国机械基础零部件行业存在的问题加以改进。在《中国制造2025》的引导下，我国制造产业将加速转型升级，由制造大国迈进制造强国，装备制造业的升级对配套基础零部件产品提出了更高的要求，促使零部件生产企业不断研发新产品、改善制造工艺、提高产品的可靠性和延长使用寿命。未来 5 ~ 10 年，我国机械基础件行业将加大战略性调整力度，在创立品牌产品及名牌企业、技术创新、原材料、加强集约化经营等方面将取得突破，为满足各主机行业对国产配套基础件的需要，提高我国基础零部件市场的竞争能力。

1. 行业的集中化发展更加明显

我国机械基础零部件行业的现状是企业规模普遍较小，分布比较分散，没有形成规模经济。未来十年，在《中国制造 2025》的引导下，推动中国制造业实现由中国制造向中国创造、由中国产品向中国品牌、由中国速度向中国质量发展的三大转变，逐步将传统的要素驱动、低成本竞争优势、资源消耗型和环境污染型的制造业发展模式向优化产业结构，产业集约集聚化发展。随着国家对基础零部件行业重视程度的提高，未来在该领域的投资将会快速增长，以龙头企业为核心，重点打造知名品牌，构建精细化分工的企业集团，着眼全球战略，科学布局、集成创新，行业的集群化优势将逐步呈现。

2. 自我保障能力不断提高

《中国制造 2025》指出：到 2020 年，我国机械基础零部件保障能力将会大幅提升，40% 的核心基础零部件实现自主保障，逐步摆脱进口控制，航天装备、发电与输变电设备、通信装备、轨道交通装备、高端制造与机器人、海洋工程与船舶制造、工程机械等产业急需的核心基础零部件的先进制造工艺将得到推广应用。到 2025 年，70% 的核心基础零部件实现自我保障，80 种标志性先进工艺得到推广应用，部分达到国际领先水平，逐步形成整机牵引和基础支撑协调互动的产业创新持续发展新格局。按照《中国制造 2025》战略规划要求，替代进口、自我保障是基础零部件行业发展的首要目标，要攻克制约主机发展的“卡脖子”难题。

3. 制造服务业发展趋势突出

机械基础零部件产品是配套产品，生产企业多数属于制造服务业，除了加强技术突破和创新，同时在产品销售和服务方面要进行角色转变，以获取新的利润增长点。特别是可以借助“互联网 +”技术，实现产品技术、制造技术、管理技术的信息化和智能化，实现异地定制、远程设计、协同生产的新型生产模式。建设一个集研发、生产、销售、服务、培训于一体的企业功能体系，向上下游延伸，形成上下游牵手合作、共赢互利的局面。

（二）我国机械基础零部件行业投资机会

未来十年，我国机械基础零部件制造业将选择带动性强、辐射作用大的机械基础零部件作为发展重点，突破一批基础条件好、国内需求迫切、制约整机发展的关键技术，重点发展一批高性能、高可靠性、高强度、长寿命、智能化的基础零部件，使其达到或接近国际先进技术水平。

1. 汽车、高铁、精密机床、核电用零部件市场前景看好

推动产用互动，加快推广应用；提高产品质量，强化品牌建设。在轴承制造行业，主机发展带动了配套零部件的快速发展，如轴承产品，汽车轴承、铁路轴承、机床轴承，特别是乘用车用轴承发展迅猛，汽车技术和性能的提高促使汽车轴承的产品结构和技术更趋复杂化。再比如密封件制造，大型盾构机密封、高参数透平压缩机机械密封、风电偏航变桨轴承密封、大型工程机械液压油缸密封、大型高温高压泵和核电站核二、三级泵用机械密封和静密封装置等高可靠性密封件，将成为未来几年主机装备和配套零部件产品的技术攻坚方向。如果在性能、可靠性及使用寿命等方面得以突破，将大量取代进口。

2. 智能制造和智能化基础零部件市场前景广阔

以模具行业为例，近年来，国家大力推进模具标准件大批量规模化生产，大型、精密、复杂、长寿命模具及模具标准件将有巨大的发展潜力。当前模具产业与互联网接轨还处在初期探索阶段，发展以人机智能交互、柔性敏捷生产等为特征的智能制造方式将成为今后生产的主要方式，比如，在劳动密集型的生产工序中应用工业机器人，将生产设备进行行业联网，与互联网进行深度融合，实现智能管控，将推进我国模具行业加快进入高速发展期。另外，智能模具成为模具行业的发展方向，使用智能模具生产产品可以使产品质量和生产效率进一步提高，节材减耗、实现智能生产和绿色制造。

3. 海外市场潜力巨大

随着我国“一带一路”战略的实施，包括铁路公路、油气管道、电力通道、通信等基础设施投资等工程项目逐渐迈出国门。无论是“东出海”还是“西挺进”，“一带一路”为我国装备制造优秀企业创造了多重机遇，也把品质可靠的“名牌”基础零部件带出了国门，使我国的产品以国际标准出口，打造国际知名品牌，发掘国外市场的巨大空间。

十　我国机械基础零部件行业发展建议

（一）落实工业强基工程，持续提升产业链整体水平

继续实施现行基础零部件财税支持政策，攻克关键基础零部件核心技术，取代进口。根据重大装备制造企业和用户的需求，整合国家科技重大专项、工业强基专项等政策支持和产业优势资源，在新产品充分试验的基础上，通过国产替代进口的免税政策，引导和鼓励主机企业在国家科技重大专项和重大基础项目中采用国产基础零部件。同时，倡导主机制造企业和零部件制造企业牵手联合技术攻关，达到主机配套使用要求，逐步实现国产产品替代进口①。

（二）加强基础领域研发创新，提高核心技术自主创新能力

目前，国内一些主机中的中高端产品逐渐走出国门，但其关键配套零部件大多数是从欧美、日本等发达国家进口，被称为“空心萝卜”，导致主机制造成本上升，国际竞争力下降。这种现象已经成为如工程机械、汽车等行业的发展瓶颈。提高核心技术自主创新能力、提升制造工艺，成为基础件制造企业发展的关键。在经济新常态下，需要政府、行业、企业、科研院所多方联动，创造有利于创新的氛围和条件。创新能力体现在多个方面，可以是原始性创新，也可以是集成创新、消化吸收和再创新。

（三）深化军民结合，促进军民基础产业互动发展

机械基础零部件行业应用范围广，军用、民用融合程度高，今后应由政府主导，深化军民结合，整合优势资源，提升整体竞争力。当前和今后一个时期，要从实现强国梦、强军梦的战略高度着眼，推进军用技术和民用技术相互借鉴、融合，增强军用设施和民用设施的共享性、军用产品和民用产品的互通

---

① 王建宇：《工信部在推动建设装备制造业强国的工作思路和工作情况》，《建设机械技术与管理》2014 年第 11 期，第 41 ~43 页。

性，提高军用技术标准和民用技术标准的通用性、军事需求和民用需求的兼容性，[①] 充分发挥各自的技术、机制和人才优势，形成优势互补的军民融合体系。

（四）优化组织结构，打造品牌竞争力

要充分发挥各种规模、各种所有制结构企业的积极性，做好行业战略布局，提升国际竞争力。一方面，要鼓励大、中型企业做强做大，实行企业兼并重组，整合优质资源；同时，充分利用社会资源，加快发展现代制造服务业，由生产型制造向服务型制造转变，形成集产品研发、制造、售后服务和再利用等功能于一体的闭环全产业链；还要鼓励有实力的企业实行“走出去”战略，进行海外并购，引进先进技术和管理方法，实现资源、制造、市场布局的国际化；在扩大布局的同时，要建立投资风险防范机制和法律保护机制。另一方面，要鼓励中小型企业向“专、精、特”方向发展，成为产业链某个环节的领头羊；根据市场需求不断开发新产品，实行精细化发展，生产优质产品，提供精致服务，以“优”取胜。[②]

（五）重视再制造产业发展

目前，“循环经济”已经被各国工业广泛关注，因为再制造过程是在保证产品质量的基础上，对原有零部件的修复加工，成本是新产品的50%，而且可节能60%，节约金属材料70%以上，通过再制造生产的产品质量和性能可以达到或超过新产品，而且成本大大降低。同时，对实现节能减排目标、降低碳排放强度等具有非常重要的战略意义。应用再制造的零部件还可以提高维修主机的效率，提高企业的生产效率和经济效益。目前，我国基础零部件再制造产业刚刚起步，除了需要专业的技术，还需要相关法律、政策的支持。同时，要转变终端客户的消费意识和消费文化，提高客户对再制造产品的认识程度。

（六）加强各类人才队伍建设和产业文化建设

“中国制造”是一场品质革命，要靠一支技术过硬、管理先进、技能高超

---

① 《中国军民融合发展概况》，《中国军转民高端视点》2014年第9期，第11～16页。

② 何加群：《中国工业强国战略和轴承产业》，《轴承》2015年第1期，第55～63页。

的人才队伍来实现。以技术领军人才、技术创新人才和紧缺人才为重点，深入实施专业技术人才知识更新工程，加强专业技术人才培养。以提高现代经营管理水平和企业国际竞争力为核心，培养一大批具有国际战略眼光、市场开拓意识、管理创新能力和社会责任感的优秀企业家和一支具有职业化、市场化、专业化和国际化素质的高水平企业经营管理人才队伍。借鉴德国等工业发达国家技能人才培养的成功经验，结合我国国情，重视发展职业教育，建立科学的技能人才评价和激励机制，大力弘扬“工匠精神”，培养一大批精益求精、协作敬业、技艺精湛的技能人才队伍。同时，加大对“工业强基”战略的宣传力度，充分发挥行业协会的桥梁纽带作用，整合各类社会资源，实现工业强基新突破，为中国工业由大到强、“中国制造”走向“优质制造”“精品制造”夯实基础。

B.10
航空航天行业

范如国　李国栋*

摘　要：航空航天制造行业属高技术产业，是尖端技术的引擎，被许多国家定义为战略性产业，其发展水平体现了一个国家在世界上的地位。无论是欧美国家还是亚太地区国家，在航空航天工业上都投入巨大，目的是强大本国的航空航天工业，从而在国际上占有一席之地。从我国近几年来航空航天行业的整体规模及运行情况看，整个行业资产规模稳步上升，固定资产投资规模、产值规模、新开工项目持续增长；主营业务收入、主营业务成本增速放缓，但利润快速增长，盈利能力和偿债能力都有所增加；按行业看，飞机制造行业资产规模最大，但是2014年规模有所降低，其他行业增速明显，各行业利润均逐年增加；国有及国有控股企业资产规模缩小，但主营业务收入、主营业务成本和利润均有小幅增长，三资企业资产规模增长较快，主营业务收入增速最高、主营业务成本增长最快、利润增幅最大。从贸易上看，我国一直处于贸易逆差，进口产品主要来自欧美发达国家。2014年，我国航空航天行业整体发展稳定。随着国内外需求的增加，我国未来航空航天行业前景广阔，但随着更多的国家在航空航天工业不断增加投入，竞争也将更加激烈。

关键词：航空航天制造行业　现状　前景　问题　措施

* 范如国，武汉大学经济与管理学院教授，武汉大学产业制造与战略决策研究中心主任；李国栋，机械工业经济管理研究院装备制造研究所所长。

一　航空航天制造行业相关定义和分类

（一）定义

航空航天制造业主要是进行高端设备的制造，具有行业覆盖面广、技术含量高等特点，属于高技术产业。航空航天制造业又分为两大方向：航空制造业和航天制造业。航空制造业主要是指对航空器的研发、生产制造及维修等相关工业，比如：对飞行器、动力设备、武器装备等相关产品和设备的研制与维修等。该行业涉及与航空制造业相关的研发与设计单位、专门用于航空试验的基地，以及相关的行政与管理部门等。航空制造业是技术密集性产业，在军事和经济上具有重要的地位和作用。航天制造业是军民结合型的高科技产业，主要是针对大气层外宇宙空间的飞行器、空间设备、相关机载武器系统等进行的研发与制造。

（二）分类

2013 年 10 月，在中华人民共和国国家统计局发布的《高技术产业（制造业）分类（2013）的通知》中，航空、航天器及设备制造分为飞机制造，航天器制造，航空、航天相关设备制造，其他航空航天器制造四类，如表 10－1 所示。

表 10－1　航空、航天器及设备制造业分类

名称	国民经济行业分类代码
飞机制造	3741
航天器制造	3742
航空、航天相关设备制造	3743
其他航空航天器制造	3749

资料来源：国家统计局。

二　国际航空航天制造行业发展概况

（一）国际航空航天制造行业的发展现状

1. 市场现状

（1）全球航空市场被欧美国家垄断

自航空工业出现以来，美国与欧洲一直居于垄断地位。近几年，世界航空工业的垄断态势不断增强，以美国与欧洲为首的发达国家处于市场的垄断位置，它们凭借先进的科学技术，垄断了航空工业中的高端产品，这些国家生产的大型飞机与支线飞机等高端技术的航空产品完全占领了航空工业的高端市场。

一直以来，全球航空工业市场基本上被4家飞机制造商占领，包括欧洲的空中客车公司、美国的波音公司、加拿大的庞巴迪公司和巴西的航空工业公司。其中，欧洲空中客车公司与美国波音公司的寡头地位尤其凸显。在2010年世界航空航天100强企业中，美国在航空航天制造行业遥遥领先其他国家，且欧美地区在航空航天制造业方面的发展水平要远远超过亚洲等地区。

据2015年最新发布的世界500强企业排行榜显示，在航空航天与防务领域，全球共有11家企业上榜，其中美国仍占据主要地位，有5家企业上榜，波音公司仍稳居该领域榜首，荷兰的空中客车公司位于第二；中国有三家企业上榜，分别为中国航空工业集团公司、中国航天科技集团公司和中国兵器工业集团公司；英国有两家公司上榜。而加拿大的庞巴迪公司和巴西的航空工业公司未能上榜。这说明中国的航空航天工业经过5年的发展，已经在世界航空航天制造行业占有了一席之地（见表10－2）。

（2）航天市场，美国稳居第一，中国迎头赶上

根据美国富创公司2014年发布的2008～2014年全球航天竞争力指数可知，美国一直稳居第一，其竞争力指数相对于其他国家或地区是遥遥领先，可见美国在航天制造业方面的实力。

表 10－2　2015 年世界 500 强航天与防务上榜企业

序号	国家	企业名称	世界 500 强排名
1	美国	波音(BOEING)	85
2	美国	联合技术公司	149
3	美国	洛克希德－马丁	237
4	美国	通用动力	386
5	美国	美国诺斯洛普格拉曼公司	494
6	荷兰	空中客车集团	106
7	中国	中国航空工业集团公司	159
8	中国	中国航天科技集团公司	437
9	中国	中国兵器工业集团公司	144
10	英国	BAE 系统公司	468
11	英国	罗尔斯・罗伊斯公司	498

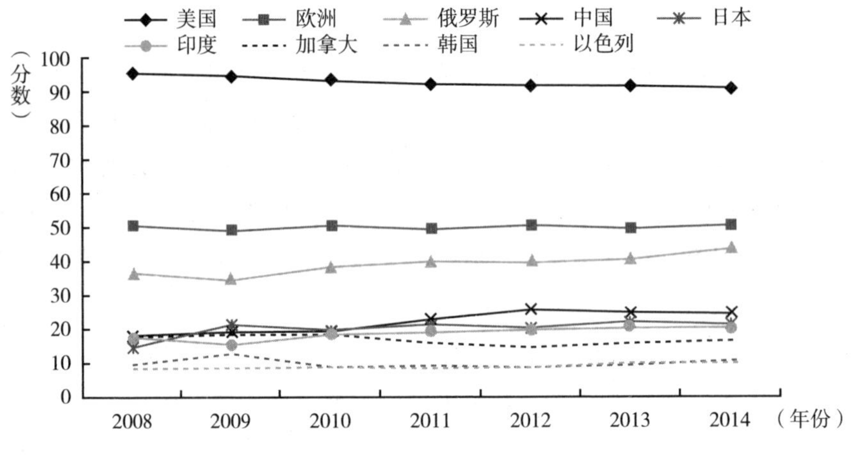

图 10－1　2008～2014 年航天竞争力指数变化趋势

中国从 2008 年开始，其竞争力指数就已经被美国富创公司列入了十强之内，且一直稳居亚洲国家之首。2008～2010 年，中国的竞争力指数在第五位与第四位之间徘徊，而 2011～2014 年一直稳居第四位，可见中国航天制造行业的竞争力不容小觑（见图 10－1）。

（3）国际竞争加剧

航空航天制造业是国家世界地位的象征，在全球范围内，无论是欧美地区还是亚太地区国家在航空航天工业上都投入巨大，目的是做强本国的航空航天工业，从而在国际市场上占一席之地。

作为航空航天制造行业第一强国的美国，其在航天工业上的投资约占全球所有国家航天投资总和的75%。随着国际竞争的加剧，作为掌控美国航天业的美国航空航天局（NASA），为了维持并提升目前美国航空航天在国际上的领先地位，通过竞价招标吸引私企参与到航天科技的研发中，从而保证探索太空所需的足够资金，同时，使得商业航天在美国航天产业中所占比例越来越大。而紧随美国之后的俄罗斯，凭借其先前在航天与导弹技术方面累积的优势，在航空航天方面经费有限的情况下，扬长避短，将资金投入航天与导弹等重点项目上，保证了其在航空航天业的重要地位。日本在航空航天产业方面的资金投入一直保持增长的趋势，年平均增长率高达5.6%。日本凭借其在制造业领域的实力，在亚洲一直保持领先地位。此外，韩国、印度等亚洲国家的航天预算也都处于快速增长的状态，这些国家在航空航天业方面的实力不断增强。最具代表性的国家为印度，目前已经较好地掌握了航天与导弹相关的科技，并且具有完整的科研生产体系和较大的生产规模。

2. 技术现状

（1）新技术研发速度加快

复合材料的出现以及增材制造技术的发展，颠覆了原有的发动机研制概念，代表着航空发动机未来的发展方向。随着飞机制造技术的成熟，为了降低飞机制造成本以及提高飞机性能，复合材料越来越受到飞机制造商的青睐。2015 年 2 月，首台采用增材制造技术的传感器成功应用于发动机高压压气机中。同时，陶瓷基复合材料在飞机发动机上的应用也取得了突破性的进展。GE 航空凭借陶瓷基复合材料耐高温、耐久性特点，成功地打破了日本对碳化硅陶瓷纤维的垄断供应。空客公司已经研发出将大型热塑性复合材料应用于主承力结构的制造技术。庞巴迪公司也公开了一项大幅减轻飞机重量、提高飞机性能的技术：新型热塑性复合材料托架技术。

随着新材料的不断涌现，制造技术的进一步成熟，航空产品的设计和制造工艺被逐渐颠覆，应用新材料的航空产品性能也将进一步提高。目前，已经有多种新材料应用于航空制造业制造。由德国 MTU 发动机公司研发的新型钛铝合金，结合了镍金属和陶瓷材料的优点，可以极大地优化涡轮效率。2015 年 10 月，波音公司将一种新型金属材料应用于结构件的制造，这种新型的金属材料也成为目前世界上最轻的金属材料，具有质量轻、硬度高等特点。当然，还有许多其他新型材料，如名为“Beralcast”的铍铝合金材料以及美国雷神公司公布的一种由镁组成的超强轻质结构金属等。

（2）飞机装配效率得到提升

为了使飞机装配得到革命性的提升，各大航空制造企业都将注意力放在提升飞机装配效率方面。对此，英国 GKN 公司开展了“未来机翼结构赋能制造技术的验证与集成”项目，取得了突破性的进展。波音开展了“黑金刚石”项目，并在 2016 年 1 月，获得了一项“机身全自动化制造工厂”专利 。随着智能技术在飞机装配领域的发展和应用，航空制造技术也越来越先进。

（3）航天系统设计与制造技术发生变革

①美俄开展天基预警系统建设，应对空间安全挑战

作为航空领域占有领先地位的美俄两国，其在航天技术方面比其他国家更为成熟。美俄两国为了应对空间安全方面的挑战，纷纷加强天基预警系统建设。2015 年 7 月，美国导弹防御局启动了“天基杀伤评估”项目，来评估导弹防御拦截弹的杀伤力。俄罗斯则将重点放在发展新一代预警卫星上。2015 年 11 月，俄罗斯成功发射了首颗预警卫星。此外，美俄两国在空间态势感知技术上的实力相比其他国家也是遥遥领先。美国成立了跨部门的空间态势感知机构，俄罗斯则对地基空间目标监视网进行了升级。

②深空探测技术日趋成熟

美国、俄罗斯、日本等国家都纷纷开展深空探测行动。2015 年 7 月 14 日，美国“新视野”号探测器首次对离太阳系最远的天体——冥王星进行了近距离探测，并且拍摄到了清晰的照片，这对于太空探测具有非常重要的意义。俄罗斯航天局也正在研制超重型火箭，用于完成载人登月任务。此外，日本也制订了登月计划，这将是日本进行深空探测的第一步。在此次登月计划中，日本拟使用小型运载火箭将探测器运送至月球表面。

③微小卫星研制发展迅猛

近几年，微小卫星呈现出井喷式发展，将有机会改变原来以大型卫星为主导的卫星体系。微小卫星具有成本低、生产周期短、快速发射、快速部署等特点，并且随着微小卫星研制技术的不断发展，其功能密度不断提高，实用性也越来越强。因此，微小卫星可以及时补充受损卫星，从而提高整个卫星体系的完整性以及抗损毁性。

（二）全球航空航天制造行业的发展趋势

1. 市场趋势

（1）需求持续扩大，利润持续增长

国际航空运输协会的统计数据显示，2012～2016年，全球航空业的净利润分别为61亿美元、106亿美元、199亿美元、353亿美元和394亿美元。主营业务销售收入与利润呈持续增长趋势，预示着全球航空航天工业的蓬勃发展。

（2）航空航天业务占主导地位

在全球航空航天百强企业的各项业务中，航空航天业务占主导地位。在2015年全球航空航天百强企业的销售收入中大部分属于航空航天产品的销售收入，从百强企业总体销售额上看，航空航天业务位于所有业务之首。

（3）更加注重基础科研

航空航天工业的发展离不开科研力量，航空航天产品的许多工艺都需要科学技术作为支撑，需要先进的生产技术与管理方法。美国、欧洲及亚太地区国家在航空航天工业科研方面的投入占据了企业销售收入的大部分，可见科研对于航空航天工业发展的重要作用。

2. 技术趋势

（1）数字化

作为近两年研究热点的3D打印、大数据等技术已取得较大进展。通过3D打印，不仅可以制造简单的工具、夹具，还可以制造复杂的高性能部件。特别是波音、罗罗、普惠、GE等公司在3D打印制造发动机、大数据技术提升发动机性能方面开展了一系列研究和验证，成效显著。近期，波音公司高温陶瓷3D打印技术取得突破，在喷气式发动机和高超声速推进组件、热防护、微机电系统等方面得到广泛应用。

（2）综合化

航空航天技术属于综合技术和系统工程技术，其发展需要多个专业技术的支撑。航空航天技术涉及复合材料的制造、新材料的研发、生产线和装配线的智能化等相关技术，而这些关键技术也将决定航空航天技术水平。因此，未来航空航天技术的发展将呈现综合化的特点。

（3）多用途化

在航空方面，军用和民用一直都是航空的两大应用领域。而航天技术的主要应用领域一直为军事方面，并且各国的国防技术与航天技术紧密相关。然而，随着航天行业逐步走向商业化，航天技术在民用方面也取得突破性的进展。美国 SpaceX 公司成为第一个发射宇宙飞船并使之返回地球的私营企业，这预示着距离提供商业、娱乐载人航天飞行的目标又近了一步。

三 我国航空航天制造行业规模分析

（一）资产规模增速趋稳

2014 年，我国航空航天设备制造行业规模以上企业总资产在经历了 2013 年的快速上涨后，开始出现下降态势，由 2013 年的 4335.39 亿元下降到 4305.65 亿元，同比下降 0.61%，增速较 2013 年降低 15.47 个百分点。

（二）固定资产投资规模持续增长

2000～2014 年，我国航空、航天器及设备制造业的投资总额从 43.22 亿元上升到 710.92 亿元，投资额增幅达到 16.44 倍（见图 10－2）。除了 2011 年增速为负外，其余各年增速均为正。可见这几十年间，国家对于发展航空航天制造业的投资力度之大，也说明了我国航空航天制造业的潜力。

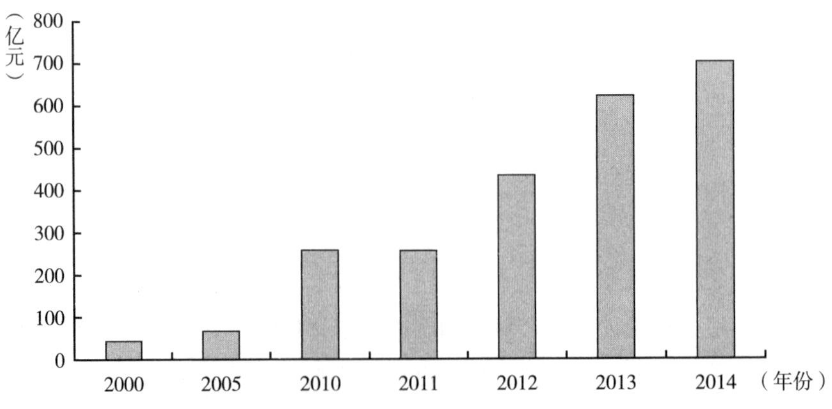

图 10－2　2000～2014 年我国航空航天行业固定资产投资规模

分行业看，飞机制造行业的投资额也从 2000 年的 31.70 亿元增加到 2014 年的 330.75 亿元；而在航天器制造行业投资额从 2000 年的 11.52 亿元增加到 2011 年的 67.97 亿元后，逐年递减，到 2014 年，投资额减少至 23.13 亿元（见表 10－3）。

表 10－3　2000～2014 年航空航天制造业固定资产投资规模

单位：亿元

行业	2000 年	2005 年	2010 年	2011 年	2012 年	2013 年	2014 年
飞机制造	31.70	64.20	215.98	190.16	190.64	232.33	330.75
航天器制造	11.52	5.78	34.87	67.97	45.28	40.58	23.13
航空、航天器及设备制造业	43.22	69.98	262.60	258.13	434.03	620.60	701.92

资料来源：《中国高技术产业统计年鉴 2015》。

（三）产值规模逐年扩大

2007～2014 年，我国航空航天设备制造行业的工业产值从 1024.40 亿元上升到 2667.9 亿元。特别是在 2007～2011 年，增速持续保持在 13% 以上，在 2012 年增速稍有下滑，但仍在 5% 以上，2013 年，增长速度空前巨大，但是，2014 年又开始低速增长（见图 10－3）。

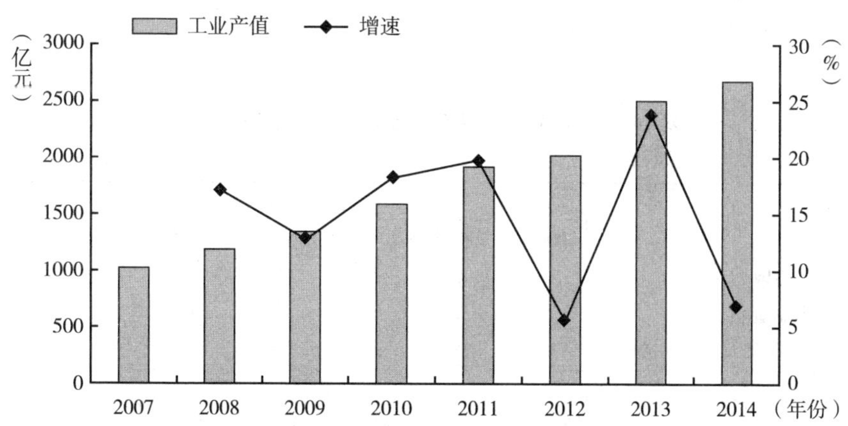

图 10－3　2007～2014 年我国航空航天制造业工业产值规模及增速

资料来源：2007～2011 年数据来自中国国家统计局，2012～2014 年数据来自《中国工业统计年鉴》。

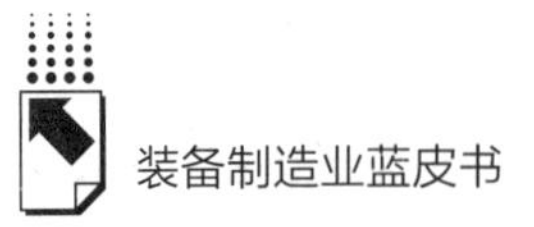

（四）新开工及建成投产项目稳步增加

2000～2014年，航空、航天器及设备制造业的项目数量稳步增加。施工项目在2000年最多，总数达331个，2005年只有181个，之后稳步增加，到2014年，施工项目总数达375个，但是，从具体数据看，飞机制造业和航天器制造业施工项目个数比较稳定，增加的施工项目主要为除了飞机制造业和航天器制造业外的其他相关设备制造项目；同样，新开工项目总数除2000年规模较大外，之后各年均稳步增加，飞机制造业的新开工项目个数在2000年达到160个，之后各年基本保持稳定，到2014年，比前几年稍有增加，达到79个，而航天器制造业新开工项目则从2005年的7个增加至2012年的25个之后，连续两年下降，2014年，仅有10个，因此，新开工的主要为其他相关设备制造项目。

航空、航天器及设备制造业的建成投产项目数2000年为168个，2005年为73个，之后稳步增加，到2013年达到191个，2014年稍有下降，为181个。分行业看，从2005年到2014年，飞机制造建成投产项目先减少后增加，航天器制造业建成投产项目则是先增加后减少。

因此，2005年以前，我国主要进行的是大规模的飞机和航天器基础设施投入阶段，而后来的10年则是相关配套设施投入阶段，这意味着我国航空航天制造业的产业链日趋完善。

表10－4　2000～2014年航空航天制造业项目统计

单位：个

行业	施工项目						
	2000年	2005年	2010年	2011年	2012年	2013年	2014年
飞机制造业	274	159	144	137	130	127	141
航天器制造业	57	22	32	51	40	31	21
航空、航天器及设备制造业	331	181	190	188	330	370	375
行业	新开工项目						
	2000年	2005年	2010年	2011年	2012年	2013年	2014年
飞机制造业	160	61	60	63	61	63	79
航天器制造业	36	7	14	23	25	14	10
航空、航天器及设备制造业	196	68	80	86	180	206	215

续表

行业	建成投产项目						
	2000 年	2005 年	2010 年	2011 年	2012 年	2013 年	2014 年
飞机制造业	155	64	57	37	58	58	63
航天器制造业	13	9	9	22	21	20	10
航空、航天器及设备制造业	168	73	73	59	155	191	181

资料来源：《中国高技术产业统计年鉴 2015》。

四 我国航空航天设备行业的运行情况

（一）总体运行情况分析

1. 主营业务收入稳步上升，增速放缓

我国航空航天制造行业规模以上企业的主营业务收入呈现逐年递增的趋势。2014 年，实现主营业务收入为 4305.65 亿元，同比增长 7.51%，但是相比 2013 年，增速下降明显。

2. 主营业务成本增速放缓

我国航空航天制造行业规模以上企业的主营业务成本与主营业务收入的趋势基本相同。2014 年，我国航空航天制造行业规模以上企业的主营业务成本为 2355.28 亿元，同比增长 6.87%，增速下降明显。

3. 利润持续快速增长

我国航空航天制造行业总利润逐年递增，2014 年实现利润总额为 153.00 亿元。同比增长 25.03%，较 2013 年增速 11.44% 有显著提高。

（二）营运能力稳步上升

2014 年，航空航天行业资产周转率为 0.64 次，比 2013 年的 0.59 次增加 8.47%，说明随着产业结构的优化和管理水平的提高，整个行业企业全部资产的管理质量和利用效率在逐年增加。

（三）盈利能力有所提高

1. 总资产利润率稳中有升

2014 年，我国航空航天行业的总资产利润率由 2013 年的 2.82% 增加至

3.56%。说明企业生产经营管理不断加强，从而使得企业的经济效益有所提高。

2. 主营业务成本率稍有回落

2014年主营业务成本率为85.08%，较2013年的85.59%稍有回落，但是相比2012年的83.96%，仍然较高，有很大的下降空间。

（四）偿债能力增加

2014年，航空航天行业资产负债率由2013年的64.06%降至60.81%，表明企业的偿债能力增强，但是仍然较高，存在较大的风险。

五　我国航空航天设备行业产业结构分析

（一）细分行业结构

我国航空航天设备制造行业根据生产产品的不同，主要分为以下四个小类：飞机制造、航天器制造、航空航天相关设备制造及其他航空航天器制造。

1. 飞机制造行业资产规模缩水，其他行业增速明显

在四个小分类中，飞机制造行业的资产总规模占绝对优势，比其他各小类的总和还要多。2014年，飞机制造业的资产规模为3372.07亿元，同比降低6.85%，增速较2013年下降了21.19个百分点；航天器制造行业的资产规模为411.86亿元，同比增长15.78%，增速较2013年降低9.98个百分点；航空航天相关设备行业的资产规模为428.15亿元，同比增长42.76%，增速较2013年增加42.51个百分点；其他航空航天器的资产规模很小，仅为93.57亿元，同比增长56.79%，增速较2013年减少44.39个百分点。

2. 各行业主营业务收入逐年递增，大部分行业增速有所下降

2014年，飞机制造业的主营业务收入为2100.36亿元，同比增长1.38%，增速较2013年的14.34%下降了21.21个百分点；航天器制造行业的主营业务收入为221.10亿元，同比增长20.48%，增速较2013年降低10.35个百分点；航空航天相关设备行业的主营业务收入为342.17亿元，同比增长38.75%，增速较2013年增加12.02个百分点；其他航空航天器的主营业务收入为104.68

亿元，同比增长42.99%，增速较2013年减少22.83个百分点。

3. 各行业主营业务收入逐年递增，大部分行业增速下降

2014年，飞机制造业的主营业务成本为1795.19亿元，同比增长0.35%，增速较2013年的14.34%下降了24.54个百分点；航天器制造行业的主营业务成本为188.31亿元，同比增长24.38%，增速较2013年降低7.10个百分点；航空航天相关设备行业的主营业务成本为291.34亿元，同比增长40.57%，增速较2013年增加7.33个百分点；其他航空航天器的主营业务成本为80.43亿元，同比增长43.14%，增速较2013年减少22.86个百分点。

4. 各行业利润逐年增加，飞机制造行业利润增速明显加快

2014年，飞机制造业实现的行业总利润最大，为104.99亿元，同比增长21.38%，增速较2013年增加了13.41个百分点；航天器制造行业的总利润为15.79亿元，同比增长13.11%，增速较2013年降低9.35个百分点；航空航天相关设备行业的总利润为23.19亿元，同比增长55.22%，增速较2013年增加57.13个百分点；其他航空航天器行业总利润仅为9.13亿元，同比增长26.69%，增速较2013年减少95.95个百分点。

（二）企业规模结构

从企业数量上看，我国航空航天制造行业中，一半左右为大中型企业，随着国家政策的变化和整个行业的发展，将有更多的中小企业加入到航空航天设备的制造中，会导致大中型企业所占比重有所降低。尽管大中型企业个数不足行业规模以上企业个数的一半，但是其总产值仍占行业总产值的绝大部分，2014年占企业总数45%的大中型企业创造了90%的销售产值。

1. 大中型企业资产规模增速明显，小型企业资产规模有所下降

从资产规模上看，2014年，我国航空航天制造行业中大中型企业资产总额为3941.39亿元，占绝对多数，为91.54%，小型企业资产总额仅为364.26亿元。从增速上看，大中型企业增速明显而小型企业反而下降，2014年增长率为-69.08%，与2013年增速290.34%相比，落差极大。

2. 大中型企业主营业务收入稳步上升，且增速加快

2014年，我国航空航天设备制造行业中大中型企业主营业务收入总额达2512.17亿元，占总收入的90.75%，增长率为26.53%，增速较2013年增加20.17个百分点；小型企业收入总额为256.13亿元，较2013年下降56.55%。

3. 大中型企业成本逐年递增，且增速加快

各分行业的主营业务成本与主营业务收入趋势基本相同。2014年，我国航空航天设备制造行业中大中型企业主营业务收入总额达2150.14亿元，占总收入的91.29%，增长率为27.49%，增速较2013年增加20.45个百分点；小型企业收入总额为205.14亿元，较2013年下降60.35%。

4. 大中型企业利润逐年增加，且增速加快明显

2014年，我国航空航天设备制造行业中大中型企业实现总利润为133.73亿元，占行业总利润的87.35%，同比增长30.97%，增速较上年提高26.28个百分点；小型企业实现总利润为19.36亿元，同比下降4.77%，开始呈现下降的趋势。

（三）企业所有制结构

我国航空航天设备制造企业绝大多数为国有及国有控股企业，2014年为148家，仅有少部分企业为其他所有制企业，但是，其他所有制企业数量呈现逐年递增的趋势。根据《中国工业统计年鉴》的数据，2014年比2012年增加了8家私营企业、8家外商投资企业以及16家其他所有制结构企业。从产值上看，其他所有制结构的企业总产值也逐年递增。随着航空航天行业发展的成熟，将会有更多的民营企业参与其中，并满足不断增加的民用需求。

1. 国有及国有控股企业资产规模缩小

2014年，我国航空航天行业中国有及国有控股企业资产总额为3893.23亿元，同比增长2.33%，增速较2013年降低15.31个百分点；私营企业资产总额持续增长，2014年达158.61亿元，同比增长15.24%，增速较2013年下降10.73个百分点；外商和港澳台商投资企业增速最快，2014年增长率为21.17%，资产规模达到245.20亿元。

2. 三资企业收入增速最高

2012～2014年，我国航空航天设备制造行业中，各所有制类型的企业的主营业务收入都逐年增加，国有及国有控股企业历年都是最高的。2014年，国有及国有控股企业主营业务收入为2069.26亿元，同比增长2.84%，

增速最慢；私营企业主营业务收入为266.52亿元，同比增长13.09%；外商和港澳台商投资企业主营业务收入为385.56亿元，同比增长29.58%，增速最快。

3. 三资企业成本增长最快

同样，我国航空航天设备制造行业中，国有及国有控股企业的主营业务收入也是连年稳居最高位，且各种所有制企业都实现了持续增长。2014年，国有及国有控股企业主营业务成本为1790.63亿元，同比增长2.96%，增速较2013年有所放缓；私营企业主营业务成本为211.40亿元，同比增长10.77%；外商和港澳台商投资企业主营业务成本为319.41亿元，同比增长26.83%，增速最快。

4. 三资企业总利润增幅最大

2014年，各种所有制企业利润快速增长，其中，国有及国有控股企业在2013年经过利润下滑后重新开始进入上升通道，2014年实现总利润为77.90亿元，同比增长9.49%；外商和港澳台商投资企业实现利润为49.50亿元，同比增长57.95%，增速最快，增幅最大；私营企业总利润占比最小，但是也实现了持续的增长，2014年总利润为21.22亿元，同比增长26.76%。

六　我国航空航天设备行业贸易分析

（一）进出口贸易逆差巨大

从2007年到2015年，我国航空航天行业贸易一直处于逆差，总进口金额持续增长，且增速加快，2015年，总进口金额为35619百万美元；而总进口金额从2007年到2013年则一直增速缓慢，直到2014年开始加快，保持了较快的增长速度，2015年出口总金额为3451百万美元。

（二）进出口产品结构

我国航空航天设备制造行业的进出口产品主要有：航空航天器和零件两类。其中空载重量超过2吨的飞机所占比例为90.90%，航空航天零部件占比为8.09%。

（三）主要贸易国家

1. 我国香港、美国、欧盟成为主要出口目的国家或地区

2015 年，我国航空航天设备出口的国家或地区达 43 个，出口额排名前 10 位的国家或地区分别为：中国香港、美国、欧盟、德国、法国、英国、加拿大、中国澳门、新加坡、日本，而其中中国香港、美国和欧盟最多，分别为 1010.7 百万美元、888.0 百万美元和 314.0 百万美元，分别占总出口金额的 25.89%、22.75% 和 18.20%。

2. 美国、欧盟和法国为主要进口来源国家和地区

2015 年，进口来源国家和地区达 34 个，进口额排名前 10 位的国家或地区分别为：美国、欧盟、法国、德国、加拿大、英国、巴西、俄罗斯、意大利、韩国，其中，从美国、欧盟和法国三个国家进口的金额分别为 169.38 亿美元、89.05 亿美元和 57.43 亿美元，分别占总进口金额的 47.55%、25.00%、16.12%。

七　我国航空航天设备技术水平分析

（一）主要产品技术水平

在我国航空航天行业相关政策的指引下，我国航空航天业在最近十多年得到了较快的发展，技术水平得到空前的提高，一些技术甚至位于国际前列。

1. 长征系列运载火箭

长征系列运载火箭由中国航天科技集团公司研制，具有发射近地轨道、太阳同步轨道和地球静止轨道空间飞行器的能力，其中，近地轨道最大运载能力达到 9200 千克，地球同步转移轨道最大运载能力为 5500 千克。最新研制的“长征七号”运载火箭是中国载人航天工程为发射货运飞船而全新研制的新一代中型运载火箭，也可用于发射人造卫星等航天器。火箭采用液氧煤油发动机等新技术，箭体总长 53.1 米，芯级直径 3.35 米，捆绑 4 个直径 2.25 米的助推器，起飞质量约 597 吨，近地轨道运载能力 13.5 吨。2011 年 3 月立项启动，现已全面完成各项研制和地面试验任务，具备进行发射飞行验证的条件。2016 年 5 月 16 日下午，随着“长征七号”运载火箭最后一批部件安全运抵海南文

昌航天发射场，“长征七号”的发射任务进入全面实施阶段。“长征七号”首飞成功为开展空间科学技术试验研究提供了最新最宝贵的资料。

2. 神舟系列宇宙飞船

神舟飞船由我国自行研制，具有完全自主知识产权，其技术水平达到甚至优于国际第三代载人飞船技术。神舟系列飞船前后有十号。“神舟五号”载人飞船，是中国首次发射的载人航天飞行器，将航天员杨利伟送入太空并成功返航，这标志着中国成为继俄罗斯和美国之后，第三个具有独自将人送上太空的能力的国家。

2013 年 6 月 11 日 17 时 38 分“神舟十号”载人飞船发射升空，2013 年 6 月 23 日 10 时 07 分，在航天员聂海胜、张晓光、王亚平的精准操控和密切配合下，“天宫一号”目标飞行器与“神舟十号”飞船成功实现手控交会对接。

3. 北斗卫星导航系统

北斗导航系统有“北斗一代”和“北斗二代”，这成为继美国的全球定位系统（GPS）之后的第二大导航系统，由北斗定位卫星、地面控制中心和用户终端组成，其工作原理与 GPS 有所不同，首先，北斗定位系统用户通过卫星向地面服务系统发出定位请求，然后，地面服务系统通过其特有的双星定位原理计算用户的位置并发送用户信息，地面站可以由此获知用户的位置信息。“北斗”系统有三大主要功能：快速定位，为服务区域内的用户提供全天候、实时定位服务，定位精度与 GPS 民用定位精度相当；短报文通信，一次可传送多达 120 个汉字的长信息；精密授时，精度达到 20 纳秒。2015 年的胜利大阅兵中，我军已使用北斗系统来进行辅助。在阅兵前的车队训练过程中，北斗系统即可实时显示每辆车的精确位置和速度，提供相应的坐标数据、速度数据、方向数据等，结果表明，其误差都很小。特别是随着“北斗二代”卫星投入使用数量的增加，不仅在中国区域，而且在亚太区域的定位导航网络也已形成，且比 GPS 更具覆盖优势。北斗系统在民用领域的应用也获得了很大的成功，例如，远洋渔业、“两客一危”、形变监测等，极大地保护了人民生命及财产的安全。

4. 飞机

第三代战斗机“歼 10”飞机由我国自行研制、具有自主知识产权，具有高性能、多用途的属性，它的研制成功实现了我国军用飞机从第二代向第三代的历史性跨越，也标志着中国进入自主研制国际先进战斗机型的行列，“歼 10”飞机工程也由此在 2006 年获得国家科技进步特等奖的荣誉。“歼 10”飞机可靠性高、生存力和机动性强，具有作战半径大、起降距离短、攻击能力强、综合作战效能好等性能特征，其技术水平可与国际同类战斗机先进水平比肩。2014 年，中国的“歼 10”和“歼 11”同时入选世界战斗机十大战机排行榜。在“歼 10”的基础上，我国又研制出一款具有划时代意义的战斗机，即“歼 20”，这是中国研发的第一款第四代隐身战斗机，具有隐身、超音速巡航、超机动和超远程打击四项能力。

5. 发动机

昆仑发动机属第二代发动机，是中国第一台完全自行设计、试制、实验和试飞的航空发动机，是轴流式双转子带加力燃烧室的涡轮喷气发动机，其性能居国内先进水平。从 1984 年立项开始研制，共历时 18 年，克服了多重困难，攻克了几十项关键技术。经过严格的考核、实验和试飞，2002 年 7 月 10 日，国家正式批准昆仑发动机设计定型。它的研制成功标志着中国航空发动机已经从仿制和改型阶段跨入到自主研制阶段。

（二）重大技术突破

2015 年 11 月 2 日，C919 大型客机首架机正式下线，宣告中国可以自主生产大型客机，这是历史性的突破，标志着中国高端装备制造业发展到一个全新的高度。

除此之外，我国包括企业研究院和研究型大学等各级研究单位在航空航天领域获得了大量的技术突破，为我国航天航空工业行业发展奠定了坚实的基础，表 10 – 5 列出了获得 2015 年度中国航空学会科学技术一、二等奖的项目。

表 10 – 5　2015 年度中国航空学会科学技术奖获奖项目

项目名称	完成单位	奖励类别	获奖等级
新型热障涂层 EB – PVD 技术	中国航空工业集团公司北京航空材料研究院	技术发明	一等奖
基于 CFD 全机动力模拟和控制体理论的民用飞机推阻分解方法	中国商用飞机有限责任公司上海飞机设计研究院	技术开发	一等奖
某型发动机 900 小时到 1200 小时延寿工程	贵州航空发动机研究所、贵州黎阳航空动力有限公司、中国人民解放军第五七一九工厂	技术开发	一等奖

续表

项目名称	完成单位	奖励类别	获奖等级
高性能双马树脂及其先进复合材料制备新技术	沈阳航空航天大学、大连理工大学	技术发明	二等奖
1000℃条件下高压涡轮工作叶片振动测量及分析技术研究	中航工业沈阳发动机设计研究所	技术开发	二等奖
高性能、低成本飞机碳刹车盘产业化关键技术研究	西安航空制动科技有限公司	技术开发	二等奖
航空航天器着陆装置及其关键技术	南京航空航天大学	技术发明	二等奖
多核 SoC 片上网络设计与验证技术	南京航空航天大学	技术基础	二等奖
民机机翼防冰系统冰风洞试验技术	中国商用飞机有限责任公司上海飞机设计研究院	技术开发	二等奖
新型航空结构材料焊接冶金研究及应用技术	中国航空工业集团公司北京航空材料研究院、沈阳飞机工业（集团）有限公司、中国航空工业集团公司沈阳飞机设计研究所	技术开发	二等奖
基于非线性控制的前轮电传转弯系统关键技术研究	中国航空工业集团公司金城南京机电液压工程研究中心	技术开发	二等奖
机载智能化综合大屏幕显示技术	苏州长风航空电子有限公司	技术开发	二等奖
ARJ21－700 飞机电磁兼容性适航验证试验方法	中国商用飞机有限责任公司上海飞机设计研究院	技术开发	二等奖

八　我国航空航天设备行业存在的主要问题

（一）我国航空航天设备制造行业总体发展水平不高

尽管 2014 年我国航空航天设备制造行业保持了较高的增长速度，但是由于起步较晚，基础水平不高，相对于我国的其他行业发展水平仍然不高，仍有很大改善的空间。从规模上看，航空航天制造行业出现一种极端的现象，即不管是固定资产还是利润，都集中在少数国有及国有控股的大中型企业；虽然我国的航天科技水平已居世界前列，但是航空科技水平，特别是通用航空设备制造水平仍然较低，航空器自主研发和创新制造能力不足，特别是核心零部件发动机的自主研制一直是我国航空制造发展的软肋，这与经济社会的发展和日益增加的航空消费需求仍存在较大差距。

（二）产品对国外技术的依赖性较强

从我国航空航天设备进出口来看，我国出口的国家主要是亚洲、非洲等欠发达国家，虽然出口金额逐年递增，但是仅限于一些技术水平较低的产品；而一些技术先进的产品仍需要从欧美等发达国家进口，虽然2015年总进口金额有所降低，但是总金额仍然较高。我国大飞机C919的成功下线标志着中国可以自主生产大型客机，但是，其关键零部件如发动机却仍由CFM国际公司提供，这意味着，在相当长的一段时间内，我国仍无法实现完全自主地生产大飞机，进口依赖性仍然很强。

（三）产品和产业结构布局不合理

经过几十年的发展，我国航空航天制造业已经粗具规模，产品线已经非常丰富，大到大型飞机、航空器，小到零配件，基本能实现自主生产，但是高端产品不足，能够在国际上占绝对优势的产品不多，形成了低端产品过剩、高端产品不足的局面。与此同时，长期以来我国航空航天器研发、设备制造集中在几个大型企业，例如，中国航空工业集团公司、航天科技集团和航天科工集团等几个大型国营企业，这些企业大多具有军工企业的背景，其他民营企业很难涉足，即使进行航空航天相关设备的生产，大多只是一些较为简单的零部件，仅起到代工厂的作用，研发意识和研发能力都不高，这种“头大，脚小，缺少中坚力量”的布局严重制约了我国航空航天制造的发展。

（四）创新能力和科研成果转化能力不足

我国航空航天工业近几年来，企业数量不断增加，生产规模不断扩大，但是，技术创新能力和科研转换能力依然不足。一方面，在长期的计划经济体制下，我国航空航天设备制造行业形成了企业和科研机构分离的局面。科研单位大多属于政府部门或事业单位，研究经费依赖国家拨款，成果多但能够转化为实际生产力的却很少。尽管不少企业也建立了相应的研发机构，但是技术创新能力仍显不足。另一方面，目前国内大学开设航空航天类通用专业的不多，且专业培养模式不能满足实践需要，高素质人才严重缺乏，行业的人才需要得不到满足，许多企业难以在短期内建立起强有力的稳定的科研创新队伍。

（五）民间资本缺少有效投资途径

从前面对企业所有制结构的分析，我们发现，国有和国有控股资本规模巨大，而民营资本与外商和港澳台资本则相对较少，尽管近几年来，其他所有制资本规模逐年增加，但是仍然不足，这种国有资本过于集中的情况使得行业缺乏有效的竞争和激励，活力不足。

九　我国航空航天设备行业发展前景分析

（一）航空业前景预测及投资方向

1. 我国航空业发展前景预测

随着航空运输和通用航空服务需求的不断增长，航空制造业市场规模也逐渐得到发展和壮大。《中国制造 2025》将通用航空制造业作为未来发展的重点产业之一，要大力推动直升机、无人机、通用飞机的产业化和国产化。此外，根据中国航空工业集团 2013 年的预测，随着我国空域管理改革和低空空域开放的推进，未来 20 年，我国航空服务需求将持续增加，特别是通用飞机、直升机和无人机市场将会迅速增长，新增至少 5200 架民用飞机，价值不低于 7500 亿美元。

2. 我国航空业投资方向

根据《中国制造 2025》的发展规划，2020 ~ 2030 年，投资的重点产品主要包括干线飞机、支线飞机、直升机、通用飞机、无人机五大类。特别是超短距离飞行起降滑行的通用飞机，因其既可以大大减少修建通用机场的土地使用面积，也可以减少前期建设成本，是未来投资和开发的重点。投资的关键共性技术主要有以下几种：绿色环保飞行器的综合设计与验证技术；飞行器复合材料典型主体结构设计、制造与验证技术；大型轻量化整体及高强金属结构制造技术；高舒适直升机动力学设计与验证技术以及健康监测、智能维护系统与客户产品支援综合集成应用技术等。

（二）航天业前景预测及投资方向

1. 我国航天制造业发展前景预测

航天事业不仅关乎国家战略利益和国家安全，同时，也是国家创新管理、资源开发、信息传输、空间科学和空间应用等不可或缺的重要行业。国家航天局秘书长2016年在《中国航天创新发展报告》中指出，我国卫星产业年产值超过2000亿元，“十三五”期间，将会基本建成国家民用空间基础设施体系，大力推动空间技术、空间科学和空间应用的全面协调发展，实现空间服务信息应用规模化和产业化发展。

2. 我国航天业投资方向

根据《中国制造2025》的发展蓝图，我国航空航天行业在2020～2030年，投资的重点方向包括：运载火箭、国家民用空间基础设施、空间宽带互联网、在轨维护与服务系统、载人航天与探月工程以及深空探测。关键共性技术的投资方向包括：大推力火箭发动机及重型运载火箭技术；天地一体化系统及组网技术；长寿命、高可靠、高定位精度先进卫星平台技术；高性能、新型有效载荷技术；载人航天及在轨维护与服务关键技术以及深空探测关键技术。除此之外，可重复使用的天地往返运输系统，低成本、高可靠的固体运载器因其竞争优势和广阔的商业应用前景，也将成为未来投资的重点。微小型卫星星座的研制、组建及应用微小卫星星座，也有可能成为空间技术发展领域的一个重要投资方向。

十　我国航空航天设备行业发展建议

（一）政府

1. 加快航空航天制造业相关产业与支撑产业的发展

全球发达国家在航空航天制造业的格局，基本都是由“龙头企业＋相关配套供应商”的模式组成。中国已经成立了中航工业集团以及中国航天科技集团两家龙头企业，但是相关的配套及支撑产业发展落后，国内基础工艺水平也较为落后。若要彻底改变这种局面，提升航空航天制造业的竞争力，只有重视相关基础产业和支撑产业的发展。首先，争取让一些具有实力的大型民营航空企业进入航空航天制造业，民用产品的标准相对较低，让更多的民营企业入驻，可以带动整个制造业技术的发展。其次，逐步实现航空航天制造企业由科研生产向社会服务、经济等综合性质的企业转型，并提高对其他相关技术的辐射力和影响力，促使航空航天制造业全面发展。

2. 进一步完善航空航天制造业人才引进与培养体系

任何一个高技术密集型产业的核心竞争力均体现在人才的竞争，航空航天制造业是一个多学科、多专业集于一身的高技术密集型产业，人才的培养必不可少，所以，需要国家大力发展航空航天制造业的教育事业。一方面，需要转变高校的教学理念，高校应与企业合作共同培养研究性人才，引导和鼓励学生提前与企业签订用人协议并参与项目研究，让学生在实践中培养科学严谨的学术精神。另一方面，加强人才引进，号召海外留学人员学成归来。通过宣传中国航空航天制造业的优秀文化和精神，吸引杰出人才投身于祖国航空航天事业。企业也需要改善人事制度，通过给予经济和落户等优惠政策吸引全球人才加入到中国航空航天制造业中来。此外，针对人才结构失衡，应该学习发达国家对大型企业的管理理念，聘请管理理念先进的高级管理者以及金融人才，为我国航空航天制造业的系统运作和资本运作提供人才支撑。

3. 大力推进自主创新和技术升级

创新是制造业健康发展的根本保障，只有不断创新才能拥有较强的竞争力。国家要引导航空航天企业进行改革调整与转型升级，就必须打破传统生搬硬套的生产格局，走一条符合中国国情的自主创新道路，才能提升国际竞争力。转型应以高校教学实验室为基础，以国家科研机构为支撑，以航空航天制造业研发单位为导向，学研产相结合，创造中国航空航天制造业研发生产新体系。掌握核心科技和研发领先技术，通过对核心科技以及领先技术的集成，达成航空航天制造业由量变到质变的跨越。致力于航空航天技术的基础研究并突破部分前沿技术的研究，通过攻克关键技术提升整体的制造工艺水平，提升航空航天技术持续创新能力促进整体水平升级。

4. 继续推进航空航天制造业军民融合体制改革

为了深化军民融合，应该向其他高技术企业，特别是向民营企业提供进入航空航天制造业的机会。一些制造民品的企业在提升了制造技术，通过军方的产品承制资格审查后，同样也是可以生产军品的，并以生产军品来带动民品生产。

（二）企业

1. 加大行业内部研发合作

航空航天制造行业属于高技术产业，对于整个航空航天制造行业来说，必须牢牢抓住科学技术这个关键点，行业内部必须形成强有力的科研合作机制，合力进行新技术的突破与新产品的开发，这才能使中国的航空航天产品走入国际市场，与国际的航空航天企业进行竞争。

2. 走集群化发展道路

企业的竞争优势主要是靠产业链的升级。我国航空航天制造产业的规模能够促进新技术的引进、降低航空航天产品的生产成本以及增加销售利润，从而在国际竞争中带来更大的优势。因此，提高产业集中度，能为航空航天企业带来更好的经济收益。此外，集群化发展道路的溢出效应也有利于产品的创新，以及提高产品的科技含量。

3. 培养高新技术人才

航空航天企业最大的特点就是科技含量高，其对人才的要求也相对较高，只有培养更多的高新技术人才才能促进企业在产品方面的创新和发展，研制出更加先进的产品。可以考虑从科研单位或科研院校引进优秀人才，或与科研院校进行联合培养。此外，还可以资助企业的优秀员工出国深造，学习先进的技术。

4. 增加研发投入

航空航天制造业是技术密集型产业，其科学探索式研究和基础性研究需要大量的投入，这种周期长、风险大的研究应由国家和政府主导，通过对一些研究型机构，例如，对研究型大学和科研院所进行大量的导向性科研投入；而在企业层面，则应鼓励企业主要致力于航空航天的应用研究，可以通过引进先进的设备与技术进行新产品与新技术的研发。

5. 增加与跨国企业的交流与合作

对于美国、欧洲等航空航天制造业强国，我国企业应该主动开展与国外企业的合作，定期进行技术交流，与国际上的先进航空航天技术接轨，将企业做大做强。

B.11
机器人行业

李国栋　范如国*

摘　要：　机器人行业是随着智能化、信息化以及自动化而不断发展的一个高科技新型行业。国际机器人行业的发展现状表明全球机器人市场日欧产业优势明显，中国市场潜力巨大。从我国2015年机器人行业整体规模和运行情况来看，资产规模呈逐年上升趋势，主营业务收入、主营业务成本以及利润总额都较2014年有所增长。但由于营运能力、盈利能力均低于2014年，表明2015年我国机器人行业还有待进一步提高。按分行业看，我国工业机器人的资产规模、主营业务收入和利润总额都远远高于服务机器人，但服务机器人行业发展迅猛，其资产规模增速、利润增速均高于工业机器人。从机器人的对外贸易情况看，我国机器人行业依然处于逆差状态，这主要源于我国机器人尚未完全实现核心技术的突破。但是，随着我国机器人产品在未来几年逐步实现高精密化和智能化发展，机器人行业将具有较大的增长潜力，同时拥有较大的投资空间。

关键词：　工业机器人　服务机器人　行业发展

* 李国栋，机械工业经济管理研究院，装备制造业研究所所长；范如国，武汉大学经济与管理学院教授，武汉大学产业制造与战略决策研究中心主任。

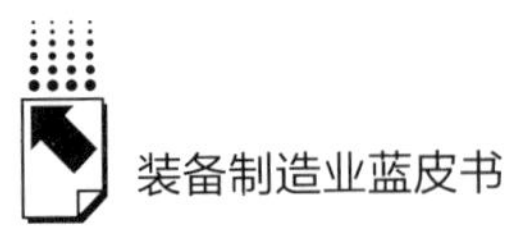

一　机器人行业定义和分类

（一）定义

机器人行业是随着智能化、信息化及自动化而不断发展延伸的一个高科技新型行业。按照国际机器人联合会（IFR）的定义，机器人是具有半自主或全自主的机器，是对传统的非智能系统进行智能化编程及改造，使其具有自动化、多线程的操作能力，以代替人工和提高生产效率。

（二）分类

1. 根据应用环境分类

目前，从应用环境出发，国际和国内学者基本将机器人分为两类：工业机器人和服务机器人。所谓工业机器人就是面向工业领域的多关节机械手或多自由度机器人，根据其结构的不同可以细分为直角坐标机器人和关节机器人。直角坐标机器人能够搬运物体、操作工具，以完成各种作业。关节机器人则适合几乎任何轨迹或角度的工作。

而服务机器人则是除工业和制造业需求之外的，用于解决和服务于人类其他活动领域的先进机器人，包括家政机器人、医疗机器人、娱乐机器人、军用机器人、教育机器人等。并且随着机器人行业的迅速发展，将会出现更多的机器人分支。机器人分类及其应用领域见表 11 – 1。

表 11 – 1　机器人按用途分类及应用领域

大类	小类	应用领域及场合
工业机器人	装配机器人	汽车及零件装配线、分类、装配、贴标等
	焊接机器人	汽车和电子产品的点焊、弧焊
	喷涂机器人	汽车、仪表、电器、搪瓷等工艺生产部门进行喷码、打码和喷涂操作
	搬运机器人	搬运、上下料、码垛
	检测机器人	检测线

续表

大类	小类	应用领域及场合
服务机器人	农业机器人	耕种、施肥、喷药、蔬菜嫁接、苗木株苗移栽、收获、灌溉、养殖和各种辅助操作
	探索机器人	在水下(海洋)、太空以及在放射性、有毒或高温等恶劣环境中进行作业,或者在需要真空或洁净的环境中作业
	家政机器人	清洁、护理、执勤、救援、娱乐和代替人对设备进行维护保养
	医疗机器人	手术、人体探测、放射、造影等
	娱乐机器人	老人智能娱乐
	教育机器人	少儿教育、辅助教育、竞赛
	军用机器人	消防、搜救

2. 根据机器人的智能程度分类

根据机器人的智能程度可将机器人分为操作型机器人、程控型机器人、示教再现型机器人、数控型机器人、感觉控制型机器人、适应控制型机器人、学习控制型机器人、智能机器人等（见表 11－2）。

表 11－2　机器人按智能程度分类

类型	功能
操作型机器人	具有可重复编程的自动化系统,能实现固定或多个自由度的运动
程控型机器人	根据预先设定的程序和要求,依次完成机械动作
示教再现型机器人	通过预设程序和导入相关音频、视频等,机器人能够自动重复和完成相关示教任务
数控型机器人	通过数值、语言等对机器人进行示教,机器人根据示教后的信息进行作业
感觉控制型机器人	利用传感器获取的信息,并完成相关操作和任务
适应控制型机器人	通过周围环境的变化,反馈控制其自身的行动
学习控制型机器人	具有一定的学习功能,能将所“学”的经验用于工作中
智能机器人	基于人工智能来决定其行动

二　机器人行业发展概况

（一）国际机器人行业发展现状

1. 市场现状

自机器人行业出现以来，机器人的需求逐步扩大，国内外机器人市场形势良好。就机器人发展现状而言，全球机器人呈现出四分天下的格局，包括具有先发优势的美日欧，以及后起的韩国。据统计，目前，国内外已出现多家机器人品牌企业以及关键技术与零部件供应商。国外的机器人品牌有库卡、柯马、史陶比尔、发那科、安川电机等，国内的机器人品牌有沈阳新松、广州数控、安徽埃夫特、南京埃斯顿、唐山开元等（见表 11－3）。

表 11－3 机器人产业的国内外品牌及技术提供商

类型	企业及品牌名称
国际主流品牌	库卡、柯马、史陶比尔、发那科、安川电机、川崎、那智不二越、欧地希、爱德普、倍福、UR 等
国内机器人企业	沈阳新松、广州数控、安徽埃夫特、南京埃斯顿、唐山开元、昆山华恒、青岛诺力达、万丰科技、新时达、高威科、瑞宏、利迅达、嘉麟电子、众拓、上海沃迪、机科发展、广州万世德、乐佰特、上海电气、时代试金、廊坊智通、上海汇通、英集斯、北自控等
海外主流机器人核心技术和关键部件供应商	欧德神思、纳博特斯克、哈默纳科、住友、上银、忆特斯等
本土机器人核心技术和关键部件供应商	南通振康、苏州绿的、众合天成、厦门至工、联宜电机、洛阳维斯格、成都卡普诺、南宁宇立、北京诺亦腾等
高等院校	上海交通大学、北京机械工业自动化研究所、中国科学院深圳先进技术研究院、电子科技大学、中国电力科学研究院、广东工业大学等

根据 2011～2015 年中国工业机器人市场销量与增长率（见图 11－1），中国工业机器人市场销量逐年攀升，涨幅明显，从 2011 年的 22577 台增长到 2015 年的 75000 台，年平均增长率达 38.67%。

总的来说，全球机器人市场呈现出日欧产业优势明显、中国市场潜力巨大的特点。全球工业机器人本体市场以中欧美日为主。日本、美国、德国、韩国、中国五国的机器人存量占全球比例达 71.24%，销量达 69.92%。亚太（包括澳大利亚和新西兰）是迄今为止最大的工业机器人市场，2014 年售出了约 139300 台工业机器人，相比 2013 年高出 41.00%。这是有记录以来，连续第三年达到的最高销售水平。工业机器人销量的第二大市场是欧洲，销量同比增长了 5.00%，达到近 45600 台（一个新的峰值）。在全球工业机器人本体市场，机器人四大龙头企业自 2010 年以来年收入占比均超过 50.00%，占据了大部分市场份额。

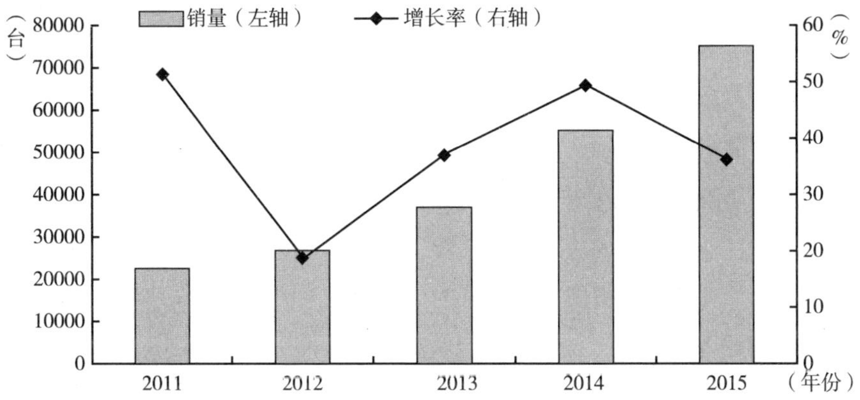

图 11-1　2011～2015 年中国工业机器人市场销量与增长率

资料来源：中国机器人网。

2. 技术现状

随着机器人技术的不断发展以及机器人的广泛应用，国际上机器人行业的技术现状可以概括为以下几点。

（1）机器人技术在仿生领域的应用。仿生机器人主要是将自然界中生物的外形、行为方式与运动原理运用到机器人中，以实现对其行为的模仿，从事具有生物特点的任务和工作，如美国全球鹰无人机、日本的水下仿生机器鱼、波士顿动力公司的 BigDog 机器人、中国科学院的蛇形机器人等。当前，仿生机器人的主要技术为 CPG（Central Pattern Generator），通过 CPG 震荡网络的自激行为来产生有节律的协调运动，组成仿生机器人运动的底层控制系统。

（2）机器人技术在医疗领域的应用。医疗行业是较早采用机器人技术进行疾病诊断和医疗康复的领域，如今，已经形成了相对完善的技术研发和应用体系。主要可以分为远程医疗机器人、护理及健康机器人、智能假肢及“器官”机器人、微创外科手术机器人和软体机器人等。

（二）国际机器人行业的发展趋势

1. 市场趋势

（1）工业机器人与服务机器人需求扩大

机器人行业的发展和未来前景已经受到了越来越多的关注和重视。德国工业 4.0、日本机器人新战略、美国先进制造伙伴计划、我国“十三五”规划与《中国制造 2025》等国家级政策都纷纷明确提出了机器人产业是未来发展的重点产业，也是满足国家产业转型的重要环节，需要大力扶持和重点规划，表明未来机器人的需求会得到持续增长。

（2）工业机器人的主要应用仍为汽车工业

从目前工业机器人的应用领域来看，应用最广泛的为汽车工业。从工业机器人在汽车产业的使用密度来看，日本、德国、美国与韩国在汽车工业上对工业机器人的利用最为广泛，平均使用密度超过 1000 台，而中国大陆对工业机器人的使用不到日、德、美、韩四国密度的 1/3。由于汽车产业的发展，未来对于工业机器人的需求将持续增加，并且主要应用领域仍是汽车工业。

（3）双臂协力型机器人成为市场新亮点

双臂机器人具有成本低、应用广、易操作的特点，在当前产业结构调整和企业转型方面受到了极大的关注。此外，随着人力成本和人口老龄化问题的不断凸显，双臂机器人已经成为代替人力进行重复性劳动和简单劳动的重要解决办法。从长远来看，双臂协力型机器人将会成为降低人力成本、提高生产效率与补足劳力缺口的重要举措。因此，未来双臂协力型机器人的市场将会非常巨大。

2. 技术趋势

（1）服务型机器人成为研发重点

随着经济结构的不断调整，机器人研发的重点也在不断改变，未来的研发重点将会放在服务型机器人。早期，机器人技术研发企业的投入几乎都放在工业机器人上，旨在通过工业机器人来提高工业生产效率，为企业获得更大的利润。而随着消费者观念的转变带动了市场需求的变化，应用于改善民众生活质量的服务型机器人逐渐被大众接受，而这类机器人相对工业机器人来说，价格要低很多。因此，机器人研发的重心将放在服务型机器人上，通过机器人技术的研发，生产“价低质优”的服务型机器人。

（2）结构材料向轻质量、高性能转变

为了减少机器人的负荷，增加机器人的使用寿命，机器人的结构材料将向“轻质量、高性能”的方向转变。以往，为了保证工业机器人在工作中的稳定性和持久性，机器人的结构材料一般选用的是金属材料。然而，金属材料重量大，对机器人的运行会造成一定负荷，为了减轻机器人运行的负担，机器人的结构材料将向合成材料方向发展。尤其是随着现代材料科学技术的发展，在不影响机器人功能与性能的前提下，研发出抗磨损、抗老化、高寿命的机器人结构材料是目前机器人技术的趋势之一。

（3）技术性能提升

为了让机器人更加智能化、柔性化、灵巧化，机器人技术性能的提升也是目前机器人技术发展的趋势。机器人的技术性能与现代计算机技术以及远程网络控制技术息息相关，国外现代的机器人技术相比传统的机器人技术来说，显得更加智能化，从而进一步增加了其受众群体。机器人性能技术的提升主要是在处理器、远程控制系统、移动设备、信息采集设备、自动设备系统的提升。

三　机器人行业规模分析

（一）资产规模不断扩大

根据我国机器人上市公司中 28 家代表企业 2013 ~ 2015 年度的财务数据，对这 28 家公司的资产规模进行统计（见图 11 – 2）。

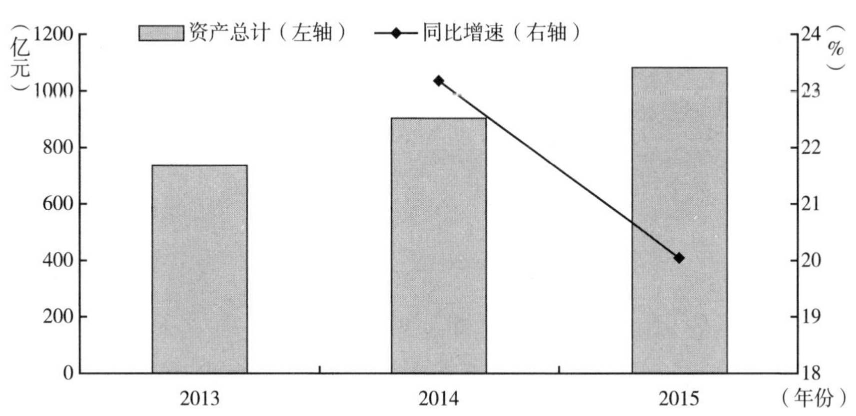

图 11 – 2　2013 ~ 2015 年机器人产业资产规模及同比增速

资料来源：国泰安数据库。

注：下文若无特殊说明，则数据均来自国泰安数据库。

根据这28家企业资产统计数据可以看出，我国机器人产业的资产规模在2014年达905.66亿元，相比2013年同比增长了23.19%；2015年资产规模达到1087.28亿元，相比2014年同比增长了20.05%，增幅有所下降，但是仍保持增长的趋势。预计2016年，我国机器人产业固定资产规模仍会继续增加。

（二）产量产值规模

根据赛迪顾问统计，2015年中国工业机器人产量将达15600台，同比增长29.5%。此外，根据中国机器人产业联盟网的统计，2015年国产工业机器人销售量达22257台，比2014年增长7.8%。从具体企业看，超过60.0%的国产机器人制造企业销售量较2014年有所增长，特别是部分企业销量增速超过20.0%。

从产品结构看，2015年，国产多关节机器人销量超过6000台，比2014年增长71.7%，占国产机器人总销量的27.4%；坐标机器人2015年销售接近10600台，占机器人销售总量的比重为47.6%，比2014年下降了4%；工厂物流机器人销量超过1700台，同比增速高达93.7%；平面多关节机器人销售2179台，销量同比下降20.8%。并联机器人和圆柱坐标机器人销售均实现同比增长。

四　我国机器人行业的运行情况

（一）总体运行情况分析

1. 主营业务收入增速下滑

2015年，我国机器人行业主营业务收入为566.3亿元，同比增长10.52%，增速比2014年下降了8个百分点（见图11－3）。

2. 主营业务成本增速下降

2015年，我国机器人行业主营业务成本为535.11亿元，同比增长了10.47%，增速比2014年下降了9个百分点，增速下降幅度高于主营业务收入（见图11－4）。

3. 利润增速实现大幅度上涨

2015年，我国机器人行业实现利润总额为50.20亿元，同比增长了16.36%，增速比2014年上升了15个百分点（见图11－5）。

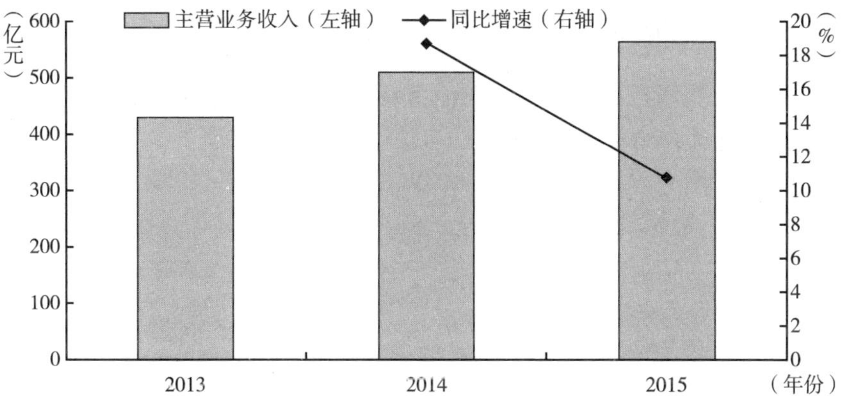

图 11-3　2013～2015 年机器人行业主营业务收入及同比增速

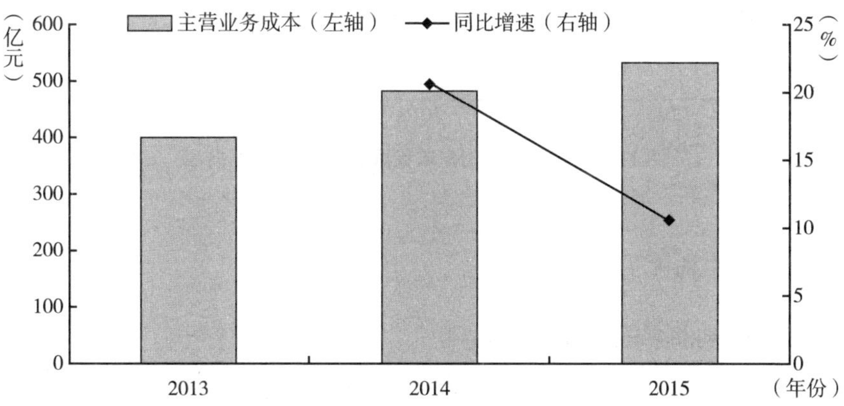

图 11-4　2013～2015 年机器人行业主营业务成本及同比增速

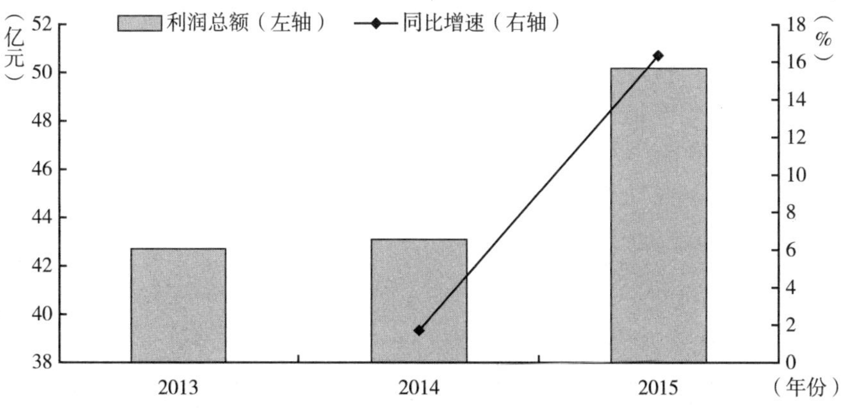

图 11-5　2013～2015 年机器人行业利润总额及同比增速

（二）营运能力有待提高

2015 年，我国机器人行业运营能力良好，总资产周转率为 52.08%，较 2014 年下降了 4 个百分点（见图 11－6）。

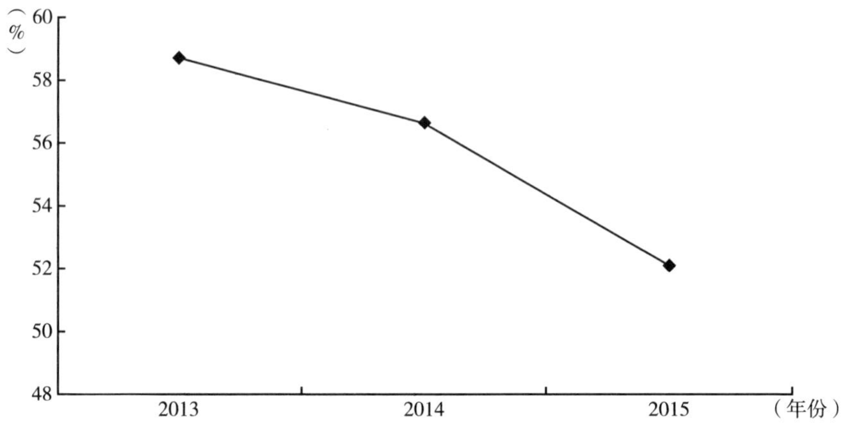

图 11－6　2013～2015 年我国机器人资产周转率

（三）营利能力分析

1. 总资产利润率与2014年基本持平

2015 年，我国机器人行业的营利能力总体情况较好，统计的 28 家上市企业，只有 3 家处于亏损状况，总资产利润率为 4.6%，与 2014 年基本持平（见图 11－7）。

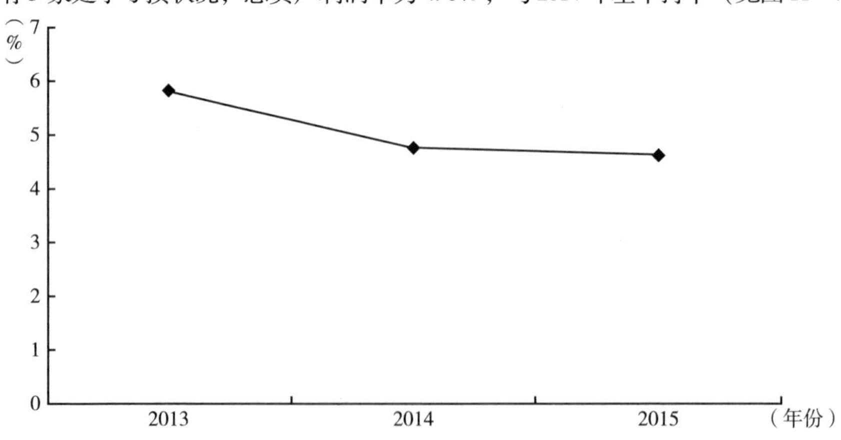

图 11－7　2013～2015 年我国机器人行业总资产利润率

2. 主营业务成本率与2014年基本持平

2015 年，我国机器人行业主营业务成本率为 94.49%，与 2014 基本持平（见图 11－8）。

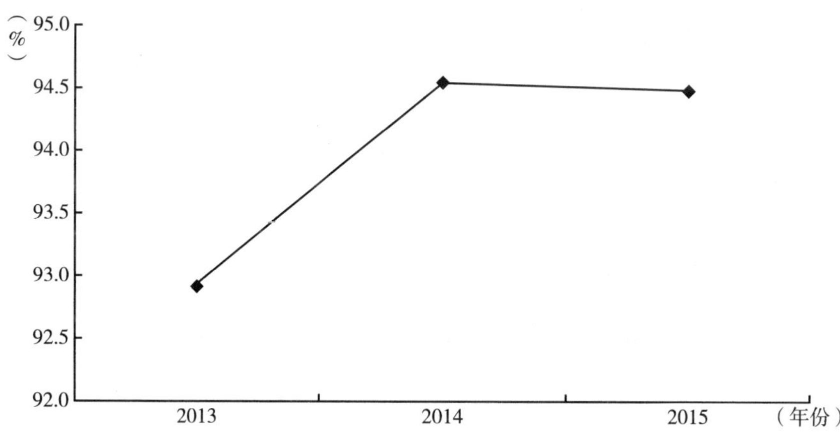

图 11－8　2013～2015 年我国机器人行业主营业务成本率

（四）偿债能力分析

2015 年，我国机器人行业总负债为 425.88 亿元，较 2014 年增加了 24.49%，资产负债率为 39.17%，比 2014 年提高了 1.4 个百分点（见图 11－9）。

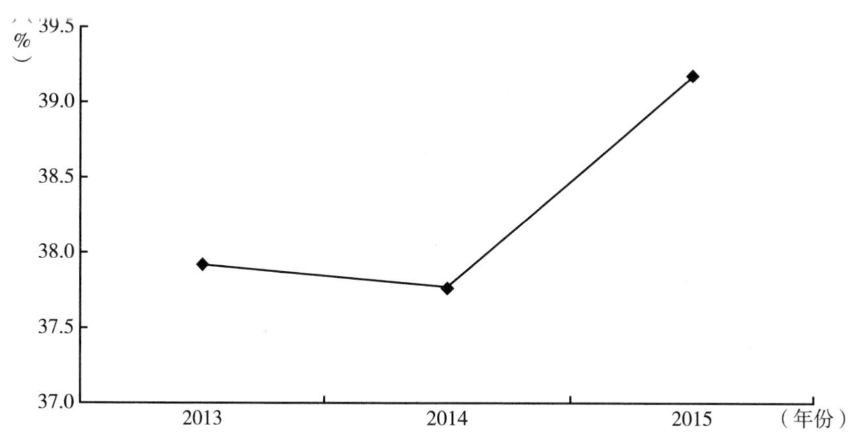

图 11－9　2013～2015 年我国机器人行业总资产负债率

五　我国机器人细分行业分析

（一）资产规模较快增长

2015 年，机器人行业细分行业资产规模增长较快，且服务机器人资产规模增速高于工业机器人。服务机器人资产规模为 198.95 亿元，同比增长 29%，增速较 2014 年降低了 10 个百分点，2015 年工业机器人资产规模为 888.33 亿元，同比增长了 18%，增速较 2014 年降低了 2 个百分点。

（二）主营业务收入增速降缓

2015 年，机器人细分行业主营业务收入都有所增加，但增速幅度有所下降，工业机器人主营业务收入增速下降明显。服务机器人主营业务收入为 189.29 亿元，同比增长 17%，增速较 2014 年降低了 5 个百分点，2015 年工业机器人主营业务收入为 377 亿元，同比增长了 7%，增速较 2014 年降低了 10 个百分点。

（三）主营业务成本有所下降

2015 年，机器人行业细分行业主营业务成本均有所下降，工业机器人下降幅度明显。服务机器人主营业务成本为 177.98 亿元，同比增长了 18%，增速较 2014 年下降了 4 个百分点，2015 年工业机器人主营业务成本为 357.13 亿元，同比增长了 6.8%，增速较 2014 年下降了 13 个百分点。

（四）利润实现大幅度增长

2015 年，机器人行业细分行业利润实现大幅度增长。服务机器人实现利润为 34.7 亿元，同比增长 21.00%，增速较 2014 年增长 21.60 个百分点，2015 年工业机器人实现利润为 50.20 亿元，同比增长 16.36%，增速较 2014 年增长了 15 个百分点。

六　我国机器人行业贸易分析

从当前的贸易情况来看，多功能工业机器人是机器人行业的典型代表。

2015年，我国多功能机器人不论是出口数量还是出口金额增速均明显放缓。2015年，多功能工业机器人出口数量为8021台，同比增长5.60%，增幅较2014年下降15.76个百分点，增速有所放缓；从出口金额来看，2015年多功能工业机器人出口额为1.17亿美元，同比下降0.85%，增幅较2014年下降4.42个百分点。

2015年，我国多功能工业机器人不论从进口数量还是金额上都出现了大幅度的下降。2015年，我国多功能工业机器人进口数量为44502台，同比下降27.99%，降幅较2014年高达92.03个百分点；进口金额7.31亿美元，同比下降9.13%，增幅较2014年下降37.83个百分点。

七 我国机器人行业技术水平分析

（一）主要产品技术水平

近年来，我国机器人的产业技术水平显著提升，研发的产品层出不穷。从产品水平看，工业机器人的速度、载荷、精度、自重比等主要技术指标达到国外同类产品水平，平均无故障时间MTBF达到8万小时；医疗健康、家庭服务等领域的部分服务机器人技术水平也与国际水平相接近。

我国许多行业的工业机器人技术得到了一定的发展，获得较大进展的行业包括数控机床的关键技术与装备、隧道掘进机器人技术、工程机械智能化机器人、装备自动化等。在这些行业的工业机器人技术中，主要开发出包括金属焊接、喷涂、磨粉装备、搬运、包装、激光加工、自动引导等工业机器人，并且这些机器人都已经逐步走向实用。

相对而言，我国服务机器人的产品水平发展迅速，一些产品已接近国际水平，但没有出现较为突出的服务机器人产品。其中较好的服务机器人产品为扫地机器人和陪伴类机器人。其中，我国的语言类机器人水平较高，在语义识别上的水平不亚于其他国家，重要企业包括科大讯飞和图灵。它们会给语言类机器人做强有力的支持。同时，我国具有数量较大的生产扫地机器人厂家，而且在定位导航精确度上也已经超过国际水平了，如最新导航扫地机器人Xrobot，可以在一定程度上解决以往的“盲扫”问题。

（二）重大技术突破

第一，在关键零部件研发方面，主要是交直流伺服电机及其驱动系统、光电编码器、测速发电机、谐波减速器、RV 减速器、薄壁轴承等，在这方面出现了大批实业家。

第二，在系统设计方面，我国已能设计和生产了平面多关节型、空间多关节型等各种构型的工业机器人，且多数都获得了自主知识产权。

第三，在控制技术领域，我国也实现了多项控制、驱动、传感系统的关键技术的突破，已经开发出了双 CPU、多 CPU 和分级分层控制装置、模块化机器人控制器和相应控制单元。

八　我国机器人行业存在的主要问题

（一）国家缺乏具体的指导性政策

在国家政策方面，尽管我国已经出台了一系列发展机器人产业的规划性和指导性政策，如 2015 年出台的《中国制造 2025》，其中指出对工业机器人要大力推动和突破发展，并已将其明确列入未来十年的重点研发领域，并注重促进工业机器人的标准化、模块化发展，不断扩大工业机器人的市场应用空间；如《工信部关于推进工业机器人产业发展的指导意见》也指出，装备制造产业到 2020 年要建立完善的智能化体系，完成装备智能化和制造过程自动化这两大目标，并突破 3 万亿元的产业销售收入指标。这些为我国发展机器人产业提出了明确目标，但是尚缺乏较为切实可行的指导政策，鼓励和扶持机器人产品创新和发展方面的政策相对较少，尚没有形成一个完善的支持体系。

（二）行业发展水平与欧美差距较大

从行业发展阶段看，我国机器人行业依然处于初期发展阶段，与日美欧处于不同的发展层次，具有不同发展模式。日本机器人产业的发展模式是由机器人制造厂商以开发新型机器人和批量生产优质产品，并由社会上的工程公司来设计制造各行业所需要的机器人成套系统，现已形成了完整的配套产业链。但是，在中国则是购买设计方案，并从国外购买处理器、减速器、感应装置等各种核心配件与执行零部件，然后交付工厂组装，生硬照搬，后果就是造成半成品和垃圾产品泛滥。从社会层面来说，随着后工业时代的到来，没有经过精细打磨的垃圾半成品无疑也是对资源的消耗，同时失败的风险也极大。

（三）科研水平低下，专业人才不足

与国外机器人产业相比，我国的机器人产业科研水平较为滞后，专业人才较为匮乏。多样化应用行业对集成技术的要求不同，但国内机器人工程师人才普遍匮乏，不足以支撑起不同要求的集成技术。导致核心零部件技术含量低，企业只能在低端市场徘徊，国内大部分市场被外企占据，例如，日本的发那科、德国的 Kuka 和瑞典 ABB 的机器人在我国市场占很大比重。

（四）企业缺乏核心技术

由于缺乏核心技术，我国机器人制造企业技术水平较低，生产的机器人大多数为三轴、四轴机器人，只能用于一般机械加工和装配等精度要求不高的领域，而在汽车、电子等应用六轴及以上的高端机器人制造领域，基本被国外品牌垄断。与外资公司相比，我国的高端机器人缺乏竞争力。

（五）企业生产规模普遍较小

据 2014 年数据统计，我国工业机器人生产企业保守估计有 500 家，但规模普遍较小，90% 以上的企业产值规模一年在一亿元以下。最大规模的企业一年产量不过 5000 台，产值不超过 15 亿元，与国外企业相比差距巨大，具备较强竞争力的大企业数量不多，难以形成规模效应。

（六）自主品牌机器人市场占有率低

2014 年国内销售了 5. 7 万台机器人，而我国自主生产的只有 1. 7 万台，不到中国机器人市场的 1/3，这导致国内企业对外的高度依赖。此外，由于核心部件需要从国外引进，我国自主生产的机器人价格高，与国外同等技术水平的机器人相比缺乏优势。

（七）应用缺乏深度和广度

从应用领域看，存在两个问题：一是应用范围较窄，我国机器人应用领域主要是工业领域，而在其他领域使用则较少，处于起步阶段，有很大的潜力可挖。二是使用密度低。我国万名工人拥有的机器人量为36台，只有世界平均水平的一半。距离发达国家的每万名工人拥有两三百台机器人的差距很大。在中国机器人使用率最高的汽车行业，机器人密度为281，而非汽车行业仅为14。与其他国家和地区相比，中国汽车行业的机器人密度为我国台湾的1/2，德国的1/4。中国非汽车行业的机器人密度仅为我国台湾的1/9，德国的1/11。因此，我国汽车行业机器人的潜能巨大。

九　我国机器人行业发展前景分析

（一）我国机器人行业发展前景预测

1. 市场趋势

我国机器人产业经历了30多年的发展，取得多项令人鼓舞的成果，伴随第三次工业革命和中国产业结构调整转型，中国将成为全球智能机器人的最大市场。目前，随着我国制造业水平的快速提升，在未来的发展中，无论是工业机器人，还是服务机器人，均具有巨大的潜在需求量。

（1）工业机器人具有良好的市场发展潜力

我国工业机器人市场在近几年的销量有稳步提升的趋势。从近几年看，中国工业机器人市场需求激增的现象始于2010年，到2013年，中国的工业机器人销量已经达到36560台，占据全球工业机器人市场总份额的20%，在全球市场中名列第一；到2014年，工业机器人销量再创新高，突破56000台，从工业机器人的行业结构看，主要集中在汽车及其零部件、家电、机械、石油、化工等装备行业。从我国工业机器人的安装量看，2008～2014年平均增长率高达36%。这都表明我国工业机器人市场在快速增长。根据我国目前的经济形势，有两大因素在驱动我国工业机器人市场快速增长：第一，机器代替人工是当前的大势所趋，当前，我国低端劳动力供给不足，“80后”和“90后”

已经成为劳动力市场的主力，其中，越来越少的人愿意从事工资低、单调重复、压力繁重、环境差的工作，导致低端劳动力供给不足，机器人替代人工便能够凸显优势，并且在当前劳动力工资全面上涨，但机器人本体价格不断下降的情况下，采用机器人代替人工具有较好的经济性，工业机器人投资回收期越来越短，有的甚至两年就可以回本。第二个驱动力是产业升级。我国目前经济发展与日本20世纪70年代初的经济转型情况类似，出现劳动力成本上升、能源紧张、资源匮乏、环境污染严重等社会问题，因此，适时调整经济结构、大力发展知识和技术密集型产业、促进产业升级是我国经济能否顺利跨过中等收入陷阱的关键，而经济结构转型和产业升级需要大量的自动化成套设备相配套。

工业机器人在未来几年将具有良好的市场发展潜力。世界机器人联合会发布的2014年世界机器人统计数据显示，到2017年，中国生产使用的机器人总量将由现在的16.2万台增加到42.8万台，而北美地区预计总用量为29.2万部，欧洲最大的五个经济体总需求预计为34.3万台，中国将成为世界工业机器人第一使用大国。工业机器人的发展不仅在销量上，而且其产业体系的构建也是重要方面。根据工信部最新发布的《关于推进工业机器人产业发展的指导意见》，我国工业机器人产业体系到2020年将逐步得到完善。产业体系的发展目标具体有以下几点：第一，注重机器人行业核心企业和配套产业的培育，要求培育3到5家龙头企业，均应具备一定的国际竞争力，配套产业也不应忽视，至少培育8到10个相应的产业集群。第二，工业机器人行业相关企业的技术创新能力要不断增强，力争高端产品市场的占有率达45%以上。第三，提升机器人密度，实现每万名员工使用机器人台数达到100台以上，国防建设、社会经济发展需求能得到基本满足。根据有关部门预测，到2025年我国工业机器人年均销量将达到24万台，机器人保有量将达到180万台，分别比2014年增长3倍和8倍。这给我国机器人行业的发展带来了很大的机遇。

（2）服务机器人的发展空间巨大

服务机器人在我国的生产和使用也具有很大的发展空间。随着人均可支配收入的提高，人们开始更加注重提高生活质量，对高质量生活环境的需求将更加强烈，对服务机器人也存在很大的需求。总的来看，在未来的发展中，有三大行业是机器人产品的重点发展方向，一是工业制造（汽车整车及零部件制造等)，二是特种环境（国家安全、医疗外科与康复、危险环境作业等)，三是服务行业，包括老年人服务、家政服务、教育娱乐等。

2. 技术趋势

我国机器人行业的总体技术发展趋势将定位为发展高精密、智能化的技术。根据《机器人产业发展规划（2016～2020 年)》，可以看出机器人行业在近几年的发展趋势具体有以下两方面。第一，注重弧焊机器人、智能型公共服务机器人、真空（洁净）机器人、人机协作机器人、重载 AGV、全自主编程智能工业机器人、双臂机器人、手术机器人、智能护理机器人、消防救援机器人十大重大标志性产品的率先突破，以智能制造、智能物流为重点，面向社会需求的机器人主要集中在智慧生活、现代服务等方面；第二，把机器人关键零部件作为重点培育的方向，把目标锁定在五大关键零部件上，包括高精密减速器、高性能伺服电机和驱动器、高性能控制器、传感器和末端执行器等，实现这些关键零部件技术的全面突破。

(1) 工业机器人技术向高精密化方向发展

工业机器人的技术趋势主要是向高精密化的方向发展。当前，我国的工业机器人技术与主要机器人大国相比，还存在一定差距，主要是缺乏核心技术的突破，高精密、高速与高效的关键部件还需要大量进口，因此，未来发展的技术趋势将是加大研发力度，突破核心技术，集中力量在急需掌握的多项技术上，这主要包括：模块化、可重构的工业机器人新型设计；柔性、高加速度、大负载的动态设计与优化、基于三维虚拟仿真和工业以太网的工业机器人成线技术、基于外部传感技术的工业机器人运动控制技术、非结构化工业现场的机器人局部自主与智能决策技术等。从优化设计、材料优选、加工工艺、装配技术、专用制造装备、产业化能力等多方面入手，全面提升关键零部件的质量稳定性和批量生产能力，突破技术壁垒，打破长期依赖进口的局面。在《机器人产业发展规划（2016～2020 年)》中提出的十种产品，包括全自主编程智能工业机器人、双臂机器人、弧焊机器人、人机协作机器人、重载 AGV、真空（洁净）机器人六种标志性工业机器人产品是引导我国工业机器人向中高端发展的主攻方向。

(2) 服务机器人朝智能化方向发展

在未来几年里，智能机器人将成为服务机器人的重点发展方向。由于其面向的功能为服务性行业，因此，其主要的技术路线为机器自动运动、机器语音识别和自动思考两方面。其中，机器自由运动需要解决的重要技术就是解决如何在各种环境中进行导航定位，提高自主行走、人机交互、导引等功能；机器语音识别和自动思考方面的技术发展趋势体现在前端技术和语义理解上，机器要能与人自然交流，必然要考虑到用户说话的环境、周围环境的噪声、用户发音不准或者方言等诸多因素，这就要求前端技术更加精准地模拟人体结构，增强仿真机器人听觉系统，以实现自由对话。服务机器人未来可扩展的应用领域非常多，可以成为智能家居入口或者下一代连接互联网的终端，因此，智能云平台在服务机器人技术开发中的重要性开始凸显。其中，领域语义库、智能大数据也将是形成核心竞争优势的关键要素。未来几年，我国将重点发展智能护理机器人、手术机器人、智能型公共服务机器人、消防救援机器人四种标志性产品，推进专业服务机器人实现系列化、商品化，促进服务机器人在家庭服务、医疗康复、救援救灾、公共安全等社会重要领域的应用，在智慧生活、现代服务等方面能够满足社会发展的需求。

（二）我国机器人行业投资机会

1. 工业机器人依然是投资热点

中国是全球制造业大国，然而中国的工业机器人使用密度远远低于韩国、日本及德国等国家，且近年来随着人力成本、土地成本及产能过剩等原因的影响，致使我国制造业转型升级迫在眉睫。从国家层面看，为了进一步促进机器人产业标准化、模块化、系统化、创新化发展，形成完善的智能制造装备产业体系，2015 年出台的《中国制造 2025》，机器人产业被明确列入十大重点领域之一，在未来十年内将大力推动发展，报告提出机器人产业要突破智能机器人的关键技术，并围绕机器人本体和关键零部件形成产业化和系列化的产品结构，大力推动和扩大机器人的市场应用。此外，2016 年的《机器人产业“十三五”发展规划》和《机器人产业发展规划（2016～2020 年）》，在统筹规划和资源整合、财税支持、融资渠道、市场环境、人才队伍建设、国际交流与合作等方面为我国机器人产业的发展提供了良好的政策条件。从地方层面来看，广州、东莞、深圳、浙江、重庆、上海等地方政府纷纷出台机器人产业规划和相关扶持政策，非常重视机器人产业园的建设和产业链上下游的协同发展，如

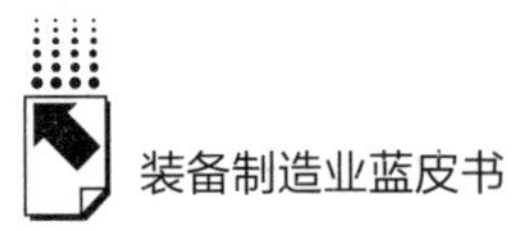

沈阳设立200亿元机器人产业发展基金，全力打造全国重要的世界级机器人产业基地。这一系列的国家和地方政策已经明确表明，工业机器人依然具有广阔的投资前景，且优惠的政策和补贴力度也降低了投资风险。

2. 产业并购和资源整合成为投资新思路

据国际机器人联合会（IFR）的统计，2013年以来，中国已经成为全球工业机器人需求量最大的国家，且预计中国将是未来全球最大的机器人市场。从长远看，服务机器人由于涉及的领域广泛，服务对象更具大众化，所以，具有广阔的市场前景和市场容量。从机器人产业链的角度看，我国大部分企业都集中在产业中游和下游，缺乏核心技术和集成能力，很难在短时间内突破技术瓶颈和提升产能，也就难以满足国内巨大的需求市场。因此，对机器人进行产业并购和资源整合，成为当前解决供需矛盾和抢占国内市场份额的有效途径。如2015年，中国南车斥资1.3亿英镑全资收购了全球第二大深海机器人供应商SMD公司，以及阿里巴巴向日本机器人公司SBRH注资1.18亿美元等。

3. 差异化企业成投资焦点

能够把握细分市场及又有差异化优势的机器人公司，将成为未来的投资焦点。在消费市场越来越细化的情形下，具有细分市场优势和具有核心技术优势的企业往往能率先抢占市场，并且能够持续提供改进的产品和服务，而具有全产业链的企业往往会很难顾及全面，且对细分市场的洞察力和服务往往差强人意。因此，对于未来的机器人投资，在相关领域或某一细分市场上具有核心优势的企业具有较大的投资前景，掌握相关零部件核心技术的企业，如汇川技术、新时达等；掌握系统集成的企业，如慈星股份、博实股份等；掌握自动化控制技术的企业，如蓝英装备、智云股份等。

4. 智能服务机器人产品成投资新宠

无人机、智能可穿戴设备、智能家居机器人、智能汽车等智能服务机器人产品为机器人市场注入了新的活力和产品类型，具有广泛的潜在用户和市场前景。2015年，无人机出现了井喷式的市场需求，据Gartner的数据统计，截至2015年前三季度，仅大疆创新、Parrot和3D Robotics三家无人机制造商的销售额就达22.12亿美元，销售量达161.4万台，可以预见随着通信技术及低空飞行政策的进一步完善，无人机市场将具有广阔的投资前景。在可穿戴设备市场中，智能眼镜、智能手表、智能手环、智能服装等已经在高端消费中崭露头角，越来越多的人想去尝试、购买和体验这种新科技，消费者对智能化产品需求的持续增强进一步推动了智能产品的销售和研发，也利好于未来的投资。在智能家居机器人市场中，科沃斯、海尔、LG、亚马逊等国内外企业纷纷加入智能家居机器人的研发之中，如科沃斯在2015年“双11”当天的天猫销售额就高达3.12亿元，这足以表明当前消费者对于智能家居产品的关注和追捧。在智能汽车市场中，奔驰、宝马、奥迪、北汽、比亚迪等传统汽车巨头纷纷加速布局智能汽车领域，加大投资和研发全自动驾驶技术，除此之外，Google、Apple、百度、乐视等互联网巨头也进入智能汽车领域，并在无人驾驶方面取得了众多突破，这种跨界创新势必对传统汽车格局产生很大影响。

十　我国机器人行业发展建议

（一）强化政府和行业组织的引导作用

1. 完善相关行业规划和政策措施

政府要通过完善相关行业规划和政策，创造良好环境，引导和激励企业自愿、自主参与机器人企业的兼并重组。政府要根据机器人产业的实际情况，务求制定更具权威、更具针对性的扶持政策，同时，应制定更为细化、全面的扶持措施，尽可能为机器人产业持续注入新活力。要具体落实机器人产业的提升及创优行动计划，促进一批产业链的形成和完善，注重以系统集成企业为核心，零部件制造企业和产业服务企业之间互相合作、协调配合，形成大中小企业配套的产业群，避免造成低水平重复、产能过剩等问题。

2. 优化产业结构，促进行业转型升级

各级政府要在摸清整个机器人行业的发展情况的基础上，对行业发展进行总体规划，制定国家层面的机器人行业发展战略，进行整体性的统筹规划，以避免出现扎堆生产同类产品，特别是重复生产低端同类产品的现象，应逐步形成各具特色、百花齐放的局面。政府应根据当地机器人行业发展的特点，出台并落实具体的扶持政策，支持具有能力的企业把机器人生产做大做强，形成既有龙头企业引领，又有中小企业跟进的局面。

3. 要着重培育有自主知识产权、品牌的产品

一方面，政府要注重对法律手段的使用，并以增加企业自主创新效益为主要目的，通过有效的措施，保障自主创新的企业能够从创新活动中获取合理、可观的收益，维护企业的创新积极性；司法部门要进一步简化受理过程，加强执法时效，通过宣传典型事例，震慑违法行为。特别是在国外资金、先进技术的引进过程中，政府应该注重对其进行立法保护，在此过程中产生的行为，如购买专利、外资介入等，都应重点给予知识产权保护，以确保我国机器人行业中的制造企业拥有知识产权，帮助其在一定的时间内拥有技术垄断，实现成本的快速回收，达到营利的目标。在我国机器人企业参与国际竞争时，政府应支持企业和协会通过政策和法律手段采取相应的有效措施，给予法律支持，以保护我国企业的合法权益。另一方面，要注意对企业的发展模式加以引导，防止我国机器人制造业陷入代工模式。

4. 增加对机器人行业的财政科技支出

一是对重点支持的企业和项目给予一定的财政补贴，对于科研机构和高等院校，应鼓励对机器人共性技术的开发研究，以促进这些研究机构能够成为机器人行业内生产企业的基础技术研发平台，能够为机器人行业提供有力的专业知识储备和共性技术支持。

二是公共采购的扶持力度要适当加大，在公共采购（包括国企采购）过程中，对国内机器人采购给予一定的硬性规定，要优先采购国内的自主品牌产品，并将部分产品和服务纳入公共采购的优先目录。针对国产的机器人装备，政府在进行优先采购的基础上，同时应以贷款贴息、首台套保险等方式对率先采用国产设备的业主给予优惠，引导项目业主和用户单位对产品规格和技术路线进行合理选择，鼓励用户优先采用国产的机器人产品。

5. 提高信息化服务水平，形成信息化服务体系

政府和行业组织应顺应“互联网 +”趋势，通过信息技术的强有力支撑，建立和完善信息共享平台，降低服务的交易成本。一方面，要立足当前机器人行业的信息化服务基础，借鉴国外机器人企业的信息化服务体系，构建满足市场多层次需求的信息支撑平台，实现服务环节与制造环节的对接；另一方面，定期开展机器人行业的国内外学术交流，组织行业内成员之间及国外同行间的参观、学习、考察活动，及时把握机器人研发趋势，为国内机器人行业的发展提供咨询服务。

（二）巩固企业的主体地位

1. 提高创新能力

（1）加强产学研合作力度

首先，政府在宏观上应该对机器人行业中的具体问题提出指导意见，主要应包括合作原则、战略目标、工作重点、责任权利等方面的相关问题，通过相应的宏观政策、制度的制定和实施，为机器人制造行业的各企业实现产学研联盟提供有效的宏观环境保障；其次，政府通过出台相关政策，鼓励和激励科研院所的专家学者参与企业的自主创新活动，促进知识的有效流动，加快产学研各主体的合作；最后，企业还应主动与科研机构建立长期稳定的合作关系，与研究人员共同就研发上存在的难题进行探讨，形成互利互惠的合作关系。

（2）提升技术人才创新能力

注重对现有创新型技术人才进行技术培训，提升企业技术团队的整体水平。首先，企业可以用科研项目作为技术培训的主要载体，加大对企业技术人才参与科研项目的支持力度，引导技术人才在科技实践中提升技术水平和创新能力，同时，在实践中选拔能力较强的人员作为研发带头人，并重点培养；其次，建立与国内外研究机构，如高等院校和科研院所等单位的合作培养制度，通过这些科研平台来实现对青年人才的技术培养，有效提升企业技术人才的知识储备水平；最后，在企业内部遴选出相应的科技人才，采取学术交流、挂职培训等形式，前往机器人制造技术水平相对较高的国家参与学习和培训，这样一方面加强了企业技术人才的专业化和国际化水平，另一方面也使企业的研发队伍得到多方面的培育，为机器人行业的生产和技术创新活动提供更广阔的技术来源。

（3）重点引进优秀科技人才

经济全球化的深化发展促进了科技、人才等资源在全球范围内的流动，这对我国许多装备制造产业都产生了一定的影响。机器人行业作为新兴产业，为了应对当前的形势，其制造企业应实施“走出去，引进来，留下来”的人才发展战略，既要通过各种手段和措施在全球范围内强化机器人企业的形象，培养国内机器人企业的核心竞争力，同时，又要加大引进国内外相关高端人才的力度，借助政府的力量，制订和采取一系列优惠的人才引进政策及相关措施，

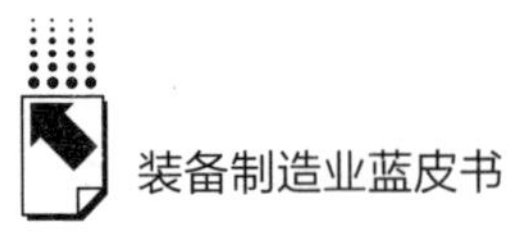

吸引机器人技术领域的优秀人才，重点引进国内外高水平的技术人才，在当前竞争日益激烈的全球机器人市场中，争取把握最前沿、最先进的生产技术，在机器人制造领域取得领先的创新成果。同时，企业还要完善高级技术人才的工作环境与管理机制，提高对人才的吸引力，留住人才。

2. 提升产品质量

中国机器人发展应该走一条“质量为先”的道路，价格上的优势能带来一时的成功，但是若要走出一条可持续发展的道路，就要对产品的品质提出硬性要求。

（1）优化产品机构，树立高品质生产

加强质量意识，从研发到设计，再到产品的生产，都应该把质量放在第一位，改变我国国产产品质量低下的固有形象，只有生产高质量的产品，才会有市场，才会走出国门，才会有未来的发展。

（2）加大对关键元器件、零部件的研发，提高自主率

高端装备的整机组装是一个重要的环节，但是技术含量更高的是在它的元器件和零部件的研发和生产上。现阶段，虽然国内有企业研制出一些核心零部件，但是技术方面与国外仍有差距，还需要突破。

（3）个性化、多元化生产

企业应该对不同的行业和岗位进行细致的研究，针对不同行业和岗位的特点，制订以机器人代替人工的政策导向，积极开发、扩展机器人的市场应用。目前，我国除了汽车行业、电子制造业，金属制造、橡胶工业、食品工业等行业不同程度地采用了工业机器人外，还有更多的行业如化工、危险品、消防、事故抢险等特殊行业，以及家庭服务业存在着潜在的机器人需求。由于不同行业对机器人的要求不一样，应引入个性化的概念，以适应我国制造业的需要。

应大力发展特种机器人的工程应用与成套服务，大力推进服务机器人的技术、模块、产品与相关行业应用的深入融合发展，大力发展新一代智能机器人核心技术。

3. 提高管理能力

（1）经营管理创新

机器人生产企业应在经营战略方面学习先进企业经验，立志创新。首先，应有效调整企业经营策略。企业应关注国内外的政治经济形势和市场趋势，不

断调整和完善企业的经营发展战略，避免恶性竞争，确保新签合同的利润空间。要按照公司营销考核方案，认真组织实施，确保拿到量价合适的订货合同。要把握好市场机遇，加大项目信息收集力度，做好项目信息的内部分享和跟踪。要加大对经营人员的培训力度，不断提高公司经营队伍的整体素质。

机器人企业在进行科学的风险评估的基础上，应实行合理的生产营运决策，使自身产品、品牌、区位等多方面的优势得到充分发挥，在机器人行业的产业链和价值链的建设方面，企业要围绕自身的特点进行，培育有企业自身生产优势和竞争力的产品，力争企业的产品集中度和市场占有率得到提升。坚持差异化、精细化，不搞同质化，更不要跟风赶浪。

（2）加强成本管理

企业应充分认识到降本增效在机器人生产中具备的巨大潜力，而优化产品设计、推进集中采购、提高质量和降低废品率等，都是企业进行成本优化的有效方式，有助于企业构建科学合理的机器人生产成本管理体系。要实现合理的成本管理，有以下几条具体的措施：第一，注重成本核算，合理保存和运用数据，为成本管理提供有效、可信的信息支撑；第二，加强成本过程的管理力度，找出对企业成本具有较大影响的要素，有目标地进行管理；第三，完善成本考核机制，遵循成本效益原则，同时，要结合机器人企业自身的生产实际，尤其是针对机器人生产过程中的成本发生重点领域，加强考核力度。

（3）优化人才管理

人才是企业发展的基石，也是企业创新的源泉。应积极引进或培养自己的机器人专业人才，而不是直接引进技术。

首先，应该加强企业团队建设，提高人才工作能力和团队精神，针对各类人才的不同特点，建立并启动学科带头人评聘机制，努力建立由学科带头人组成的专业技术骨干队伍，为公司的可持续发展提供坚强的技术支持。

其次，建立适应企业发展和个人发展的职业培训体系，为全体员工提供培训项目和学习机会，可以采用自学与集中培训相结合、公司和部门不同层次相结合的培训方式，针对不同岗位、不同对象、不同培养目标，分别确定培训内容。努力建设学习型企业，形成创新氛围和企业文化，推动企业发展。

最后，逐步完善员工绩效考核制度，形成有效的激励机制。机器人行业是智力密集型行业，技术人员需要具备相应的技术手段和知识储备，由于从事的工作是智力研发活动，一般普适性的绩效考核制度很难适应机器人行业的绩效考核。应针对不同岗位、不同专业的特点制订科学的考核方案，坚持公平、公正、公开的原则，把个人能力、工作表现、团队绩效及工作形式等纳入考核范围中，形成灵活有效的考核机制，充分尊重和激发技术人员的创造力和积极性。

4. 提高营销能力

（1）实施多样化、差异化的定价战略

随着机器人产品的细化和消费市场的不断成熟，机器人产品已经走进大众消费的视野。然而，机器人产品的定价是成功抢占市场的关键，机器人企业在制定价格战略时，不但要考虑其研发的成本投入和市场反应，还要考虑自身产品和竞争对手的产品差异，以及消费者的需求偏好，这样才能制订差异化的定价，实现企业营利目标和提升市场份额，如可以针对不同消费人群、不同地域环境、不同产品组合来制订具有差异化和多样化的定价模式。

（2）构建多方位多层次的营销渠道

营销渠道是使产品能够迅速得到传播和流通的重要组织网络。机器人企业在营销活动中应当加强销售队伍和营销渠道的建设，随时掌握市场动态和消费需求，同时顺应“互联网 +”趋势，实行网络形式的销售战略，在线展示与线下活动相结合，充分运用标题推广、搜索引擎、机器人比赛及产品体验等方式，获得更多的现有或新客户的关注，帮助企业建立与客户之间的良好关系。

企 业 篇

Enterprise Reports

B.12
装备制造业技术创新企业

胡艳超 童 童*

摘 要： 为应对新一轮全球科技革命和我国经济发展新常态，国内不少制造企业紧紧抓住国家实施的《中国制造2025》和“一带一路”战略契机，积极开展技术创新，通过转型升级迎接全球制造业竞争新格局。本文从当前我国装备制造业重点推进的机器人行业、节能与新能源汽车等行业，筛选了四家典型企业，介绍了它们的技术创新理念及技术创新工作，总结了它们的技术创新经验，可为其他装备制造企业开展技术创新提供借鉴。这些企业都重视对创新人才的培养和激励，通过搭建多样化创新平台，统筹国内和国际市场资源，坚持自主创新，掌握核心技术，推动了企业

* 胡艳超，助理研究员，就职于机械工业经济管理研究院产业经济研究所；童童，博士，就职于机械工业经济管理研究院发展战略研究所。

自身和相关领域的跨越式发展。

关键词： 技术创新 成果 经验总结

一 沈阳新松机器人自动化股份有限公司

（一）企业基本情况

1. 企业介绍

沈阳新松机器人自动化股份有限公司（以下简称“新松”）成立于2000年，是主要以研制机器人为核心，并生产数字化智能制造装备的上市公司。经过长期积累，新松成为国内最大的机器人产业化基地和全球机器人产品线最全的企业之一，代表中国乃至世界领先的物流机器人技术研发水平，曾先后获得“中国行业十大影响力品牌”“中国最具创新力企业”“国家级创新型企业”“中国十大创新企业”等称号。截至2015年末，公司资产总额达65.65亿元，主营业务收入为16.85亿元，利润为4.66亿元，总市值居国际同行业前三位，在成长性机器人行业中居全球第一位。①

2. 产品介绍

新松公司的主导业务包括系列机器人产品、机器人的核心零部件研制、行业系统解决方案及工业4.0四大板块，研制的产品主要集中在机器人和智能制造两大领域。其中机器人产品包括五大类，分别为工业机器人、洁净机器人、智能移动机器人、特种机器人和智能服务机器人，生产总计100多种机器人产品。智能制造产品主要包括智能物流装备、自动化装配检测生产线、激光装备、节能环保装备、轨道交通和能源装备六大类。此外，新松公司以其先进的制造技术和核心产品，为电力、电子电器、汽车、金融、烟草、医药、能源、航空航天、交通、化工、工程机械、教育实训、印刷、激光加工、食品、制造16种行业提供最佳的系统解决方案，已经成为这些行业主要解决方案供应商。

① 沈阳新松机器人自动化股份有限公司官网，http://www.siasun.com/。

（二）技术创新情况

1. 技术创新理念

新松机器人以“推动产业进步，保障国防安全和提升生活品质”为使命，以科技超越作为公司的基本理念和技术创新的终极目标，形成了集“责任、超越和共享”于一体的核心价值观。新松机器人坚持“研发必须走在市场前面”的创新原则，以不断追求更高的客户满意度和为客户创造最大价值为宗旨，不断突破和提高现有的技术研发水平，努力保持新松公司在机器人行业“技术先导”的地位，致力于打造以先进制造技术为核心的国际一流高技术产业集团。

2. 技术创新规划及目标

随着世界机器人制造大型企业逐渐进入中国市场，机器人市场的竞争愈发激烈，新松不仅要在国内市场的竞争中抢占市场份额，保证本土市场的占有率，而且还要实施“走出去”的国际化战略，在国际市场上与竞争对手抢夺先进制造的市场份额，增强企业的国际竞争力，努力成为全球领先的综合性机器人企业，它的目标是成为全球领先的国际化高技术产业集团。未来，新松集团将面向世界机器人技术发展前沿，不断创新，着重研制数字化、信息化、智能化及网络化机器人，开发涵盖医疗康复、智能养老、家庭教育和公共服务领域的服务机器人，以实现技术与产品的不断突破和机器人的转型升级。

3. 技术创新工作开展情况

（1）多渠道选拔和吸引高技术人才

新松把人才视为企业的第一资源要素，以“大力吸引高端人才，持续增强创新能力”为宗旨，重视人才队伍建设，为企业创新活动输送优秀的智力资源。一方面，通过与高校合作、承办大赛等形式，加强人才培养。2015 年，新松与东北大学签订战略合作协议，共同培养高端技术人才，提升机器人领域的研发能力。新松公司承办了“2015 国际智能星创师大赛”，开启了国内首个机器人创客空间——“星智汇”，为公司打造机器人行业最具潜力的团队，给机器人行业注入新的力量。此外，新松集团杭州分公司建立了“浙江博士后工作站”，进一步推进新松机器人的创新驱动，为公司发展提供智力支持和人才保障。另一方面，为创新人才提供广阔的发展平台及提升空间。新松集团内部设有明确的职业发展规划，按照“技术专家、管理经营、营销开拓、高级技师”的方式，为具备不同专业特长和能力潜质的员工制订了有利于发展的个人成长阶梯，提供了实现个人价值和职业成长的广阔空间。

（2）发展“众创”空间激发创新活力

新松集团联合中国科学院沈阳自动化研究所、中国科学院深圳先进技术研究院、中国科学院自动化研究所等研究机构，成立了中国科学院智能制造与机器人技术创新与产业化联盟。此联盟以聚焦创新要素为核心，重点面向我国制造业转型升级对智能装备制造领域的迫切需求，主要开展工业机器人和智能装备领域核心产品与关键技术的研发、生产及推广应用等方面的工作，提升新松在世界机器人领域的国际竞争力。此外，新松公司启动了国内首个机器人创客空间——“星智汇”，重点培育和孵化国内具有自主品牌的机器人和智能制造产品及技术，为国内机器人行业注入创新力量，积极推动我国机器人产业自主创新能力的提升，提高我国机器人企业在全球的竞争力。

（3）建立了完善有序的技术创新体系

新松公司在2002年就形成了机器人国家工程研究中心、新松集团研发事业部，以及与国内外优势企业和研究机构共同组成的产学研联盟三层科技创新体系①。其中，第一层科技创新体系主要指的是以机器人国家工程研究中心和国家级企业技术中心为核心的国家级创新平台，主要负责机器人领域具有前瞻性和战略性的关键技术研发工作。第二层科技创新体系指的是新松公司内部按照主导产业划分的各事业部，主要负责研发和生产新技术、新产品。第三层科技创新体系指的是与国内外优势企业和科研院所结成的产学研一体化联盟，主要开展合作研发工作。这三层科技创新体系是新松开展技术创新活动的重要平台。

4. 技术创新成果

作为国内唯一拥有自主核心技术的机器人企业，新松机器人在技术创新领域取得了丰硕的成果，在中国机器人发展史上开创了88项第一，其中40吨“重载双移动”机器人系统达到世界领先水平，20公斤大负载真空机器人在全

---

① 陈烁阳：《新松机器人：除了创新别无选择》，新华网，2014年10月14日，http://news.xinhuanet.com/photo/2014-10/14/c_127098375.htm。

球居领先水平，[①] 并先后攻克了机器人操作优化设计技术、高性能机器人控制系统开发技术、移动机器人导航技术等一系列关键技术难题，确立了其在国内机器人行业的技术领跑者地位。目前，新松已经申请专利600余项，取得20余项软件产品著作权，制订了五项国家标准和几十项企业标准，部分已列入国家首批243项自主创新产品目录[②]。

（三）技术创新经验总结

1. 重视人才队伍建设

新松始终视人才为公司的最大财富，不仅善于发掘人才，更善于培养人才，成就人才，帮助员工发掘自我职业潜能。目前，企业内技术人员占企业总人数的近80%，[③] 研发人员数量占企业总人数的65.65%。且依托中国科学院强大的人才优势，形成了以院士、博士及高级专业领军人才为核心的国家级联合创新团队，团队规模可以和国际一流机器人公司媲美。2015年，新松参加由猎聘网主办的“非凡雇主”活动，荣获“极客非凡雇主”奖。大众对新松这一雇主品牌的认可和肯定，将进一步推动新松吸引更多的优质人才。[④]

2. 重视研发投入

没有投入就不会有产出，在科技行业尤其如此。新松非常重视研发投入，严格执行“研发必须走在市场前面”的理念，每年将营业收入的6%至10%投入研发，为企业自主创新提供强大的资金保障。目前，新松公司每年专利申请量逾百项，公司自主技术及产品不断打破国外技术垄断，工业机器人系列产品荣获“中国名牌产品”称号。

---

① 刘国栋：《新松机器人：除了创新别无选择》，新华网，2014年10月14日，http：//epaper.syd.com.cn/syrb/html/2014－12/31/content_1048969.htm。

② 陈祎森：《新松机器人：专业“双创”空间激发创新活力》，中国工业报，2016年5月5日，http：//www.cinn.cn/xw/ztzl/shuangchuangzaigongqi/357031.shtml。

③ 杨琳：《新松机器人徐方：技术创新叫响中国智造》，腾讯大辽网，2016年5月3日，http：//ln.qq.com/a/20160503/017983.htm。

④ 《新松公司2015年十大事件》，新松机器人官网，2016年1月5日，http：//www.siasun.com/news/2015news.html。

3. 不断加大自主创新

就产业发展而言，中国经济发展进入新常态，要把机器人产业提升到中高端，就必须在开放中推进自主创新。就企业自身而言，要在激烈的市场竞争中取得先机，就必须有自己的核心技术。新松坚持把自主创新放在增强企业核心竞争力的首要位置，大力推动产品、技术创新，形成以自主核心技术、领先产品及行业系统解决方案为一体的完整产业链，屡次打破国外技术封锁，有效提升了企业的品牌影响力。

4. 大力推动智能制造

以智能制造为核心竞争的时代已经来临，作为机器人行业的领跑者，新松踏实做技术，坚持抓创新，由过去内涵式增长转向内涵加外延双轮驱动式发展，由产品与技术提供者，向建立创新产业链、聚合社会创新能力转变，推进了生产线自动化改造、自动仓储物流、机器人自动化的应用，优化了工厂工艺流程，打造了行业领先的数字化、自动化、智能化工厂，以持续的技术创新分享智能制造红利，增强了市场竞争能力。

二　潍柴动力股份有限公司

（一）企业基本情况

1. 企业介绍

潍柴动力股份有限公司（以下简称“潍柴动力”）成立于2002年，是由潍柴集团联合境内外投资者创建而成，属于潍柴集团控股的子公司。潍柴动力是中国内燃机行业第一家A+H股的上市公司，拥有动力系统（发动机、变速箱、车桥）、整车整机、液压控制和汽车零部件四大产业协同发展的商业模式，是国内汽车行业拥有工程机械行业核心技术和产品的全产业链企业。截至2016年3月30日，潍柴动力公司的资产总额达1148.7亿元，全球范围内共拥有4.2万名员工。公司在2015年实现了737.2亿元的销售收入，创造了30.8亿元的利润，在2015年中国企业500强排行榜中名列第70位。[①]

---

① 《潍柴动力简介》，潍柴动力股份有限公司官网，访问时间：2016年6月5日，http://www.weichaipower.com/about/channel/about_01.shtml。

2. 产品介绍

潍柴动力的主要产品包括全系列发动机、重型和轻型汽车、工程机械、液压产品、汽车电子及零部件等。作为国内商用车、工程机械、船用、发电行业实力最强的发动机供应商，潍柴动力主要生产蓝擎 WP 系列、WD615 系列和 226B 系列的客车用柴油机；蓝擎 WP 系列、潍柴 WD12 系列和 WD615 系列及 226B 系列的卡车用柴油机；潍柴 WP12C 系列、WD12（618）系列、WD10（615）系列和潍柴道依茨 WP4/WP6（226B）系列的船用柴油机；装载机、推土机、挖掘机和汽车起重机等工程机械用发动机；潍柴道依茨 226B 系列农用柴油机；WD10/12、WP10/12、WP13 潍柴动力品牌的陆用船用柴油发动机，WP4、WP6 船用柴油发动机，M26 系列柴油发电动力机等。

（二）技术创新情况

1. 技术创新理念

潍柴动力以“绿色动力、国际潍柴”为公司发展的使命，以“客户满意”为主要宗旨，形成了“责任、沟通和包容”于一体的企业文化。潍柴动力坚持以技术创新引领市场发展的产品发展理念，公司的发展愿景是成为以整车整机为龙头，以动力系统为核心，全球领先，拥有核心技术且可持续发展的国际化工业装备企业集团。

2. 技术创新规划及目标

创新是潍柴之魂。“十三五”期间，潍柴动力的科技创新目标是“打造最具成本竞争力、最具核心技术竞争力、最具品质竞争力的产品，坚持创新驱动，挑战全球第一”。① 围绕这一目标，提出了技术创新五大战略：一是打造全球最好的产品，向高端迈进；二是打造行业顶级研发中心，成为先进技术引领者；三是打造卓越科技管理体系，释放体制机制活力；四是打造开放合作创新模式，整合全球资源为我所用；五是打造人才集聚高地，建立薪火相传的梯次队伍。争取在研发、试验、试制及制造等各环节都走在

① 《创新实现战略价值 科技成就动力梦想——潍柴集团科技创新“四大成就”与“五大思路”》，潍柴新闻网，2016 年 2 月 4 日，http：//www. wfnews. com. cn/index/2016 - 02/04/content_ 1629229. htm。

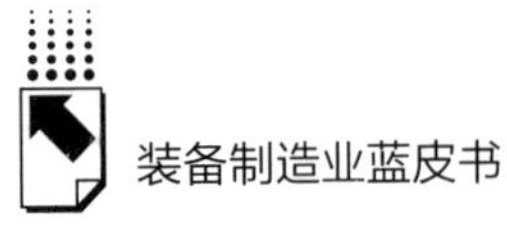

行业前列，成为中国动力行业顶级品牌，作全球动力领域先进技术的引领者。

3. 技术创新工作开展情况

（1）重视人才引进与培养，打造科技创新人才聚集地

潍柴公司成立了专业化招聘团队，多次赴欧美顶尖人才聚集地走访，引进先进技术领域的优秀人才，累计引进中高端人才300多人，企业科技人才数量突破2000人。其中1人入选国家“百千万人才工程”，6人入选国家“千人计划”，9人被评为“泰山产业领军人才”，11人享受国务院政府特殊津贴，15人被评为山东省首席技师。潍柴公司还为创新人才搭建了新能源、ECU电控技术研究所等事业发展平台，成立了劳模创新工作室和首席技师工作室，推动全员创新。企业每年技术革新成果达3000多项，以员工命名的现场改善项目60余项，创造效益近亿元。一批本土的潍柴人依托企业人才培养平台，已经成长为内燃机行业重要的研发力量。

（2）注重创新基础建设，建立持续研发创新体系

潍柴动力注重基础性研发，把资源集中在关键技术的突破上，建成了行业内唯一的内燃机可靠性国家重点实验室、国家级企业技术中心及国家商用车动力系统总成工程技术研究中心；建成了国内规模最大、功能最全、能力最强的发动机研发试验基地，达到国际同行业领先水平。通过多个高水平实验室，潍柴动力建立了完整的持续研发创新体系和成果共享机制，并构建一套数字化协同共享研发机制，可聚集全球智慧为新产品研制服务。

（3）大力开展“众创”，构建研发共同体

潍柴动力立足自身发展需求，充分利用社会资源，发挥“众创空间”优势，于2013年联合产业价值链上下游60余家有研发能力的零部件供应方企业，共同成立了“潍柴产品研发共同体”，并在此基础上建立了产品研发协同机制。同时，潍柴坚持全球资源为我所用，在美国、法国、德国、意大利建立了研发中心，与国内上海、扬州、潍坊、重庆、株洲五大研发平台实现了高效协同；联合美国麻省理工学院、我国清华大学、AVL等，牵头成立了内燃机可靠性国际技术创新联盟、商用汽车与工程机械新能源动力系统产业技术创新战略联盟，构建了以动力总成为核心的产业众创生态圈，形成了以潍柴为中心的产业链众创平台，使潍柴站在了国际技术最前沿。

（4）打造智能制造工厂，全力推进“两化”深度融合

为应对智能制造、3D打印、新能源产业等新技术的涌入，潍柴动力积极开展智能制造工厂项目，采用云计算、大数据和新型人机交互等先进信息技术，对产品车间里的核心装备和生产线进行智能化升级改造，实现工厂内部所有生产现场信息互联互通，通过集成与优化企业的虚拟设计系统，为企业的技术创新提供源源不断的动力。利用智能管理与决策分析平台，统一分析生产车间的信息数据，不断优化产品的虚拟设计、工艺管理WPM、质量管理QMS和供应链SCP等各环节，全面提升了科技创新和生产管理精细化水平。

4. 技术创新成果

依靠强大的创新能力，潍柴动力承担和参与了18个国家级“863项目”、科技支撑计划、国际合作计划及科技攻关项目，陆续推出国内第一台拥有完全自主知识产权的高速大功率蓝擎发动机、第一套自主ECU电控系统等；主持和参与制定国家、行业标准65项，累计获得授权专利2056项，其中，发明专利322项，科技创新成果获多个国家级重大奖项。研制的“WP10/WP12系列重型高速发动机及关键技术”获得了中国机械工业科技进步特等奖；“重型高速柴油发动机关键技术及产业化”项目荣获国家级科技进步二等奖；“7L低排放柴油机关键技术研究及产业化”项目获2015年中国机械工业科技进步奖一等奖。企业先后被评为自主创新典型企业、国家创新型企业，在2015年（第十二届）“中国500最具价值品牌”价值榜中，潍柴动力品牌价值超过201.08亿元，居机械制造组榜首①。

（三）技术创新经验总结

1. 重视创新人才培养和激励

为了持续创新，潍柴动力高度重视人才队伍建设。一是加大力度引进海内外高端人才，完善科技创新环境，构建人才集群，为企业创新提供人力保障。二是注重创新人才的自主培养，分层分类开展各类培训班次1700余项，自主

① 央视财经：《公司2015年中国品牌价值榜：伊利居食品加工类榜首》，新浪财经网，2015年12月12日，http://finance.sina.com.cn/china/20151212/130924002161.shtml。

开发内部培训的电子化课程 104 门，为员工提供职能管理、信息技术、精益生产及研发和服务等课程①，帮助员工优化知识结构，提高创新水平。三是重视对创新人才的激励。在建立全方位薪酬福利体系的基础上，每年投入大量资金用于员工奖励，设立了科技创新奖，建立了涵盖特殊人才百万年薪、高端人才解决家属工作、海外人才特别探亲假等制度的综合激励体系，极大地提高了员工的创新积极性。

2. 重视研发投入

潍柴动力高度重视产品研发创新，始终保持比较高的研发投入，每年研发费用占比超过 5%，2015 年研发投入金额为 32.5 亿元，达到国际领先企业水平，使企业在低迷的市场中保持了较好的发展。为了在行业中继续保持领先地位，未来潍柴动力将继续加大研发投入、降本增质，拉大与竞争对手的差距。

3. 打造了协同、开放、互利共赢的研发体系

面对市场竞争日益激烈和科学技术发展日益迅速的趋势，潍柴动力通过搭建资源共享和数据贯通的产品协同研发平台，构建协同开放、互利共赢的研发体系，实现了跨国家、跨地区、跨企业的发动机产品协同研制的“众创”愿景，使产品研发创新的过程不受时间和空间的约束，提高了技术创新的效率和质量。

三　深圳侨云科技股份有限公司

（一）企业基本情况

1. 企业介绍

深圳侨云科技股份有限公司/深圳侨云电子有限公司（以下简称侨云）成立于 1991 年，专注于连接器、线束行业，是集研发、生产与营销于一体的具有国内领先技术的配套企业。侨云以“质量第一，信誉第一，用户第一”为宗旨，经过 20 多年的发展，已成为世界领先的电器和电子连接线需

---

① 潍柴动力股份有限公司，《潍柴动力股份有限公司 2015 年度社会责任报告》，潍柴动力股份有限公司官网，2016 年 3 月 30 日，http：//www.weichaipower.com/public/up2016/20160331a07.pdf。

求系统供应商，主要为家用电器、汽车、电脑、工业仪表设备、通信和数据连接类电子及医疗设备等，提供以内部为主、外部为辅的连接器及线束产品，侨云能为所有的连接器、线束领域需求者提供完整的技术服务和产品。

侨云拥有行业领先的瑞士 KOMAX、PS、君权全自动机裁切设备和立式塑胶成型机多台，半自动压着设备几百台，并配备了拥有多元化测试仪器的专业实验室，2008 年侨云被确定为“深圳市宝安区民营成长计划工程企业”，2011 年建造落成了自主经营、占地面积达 35000 多平方米的“侨云工业园”。

2. 产品介绍

侨云专业设计制造端子连接器及汽车线束、电源线、信号传输线等接插件系列产品，广泛应用于消费电子（家电、玩具、游乐）、电脑、汽车、通信和办公网络设施及工业自动化行业。侨云产品主要包括用于液晶电视及显示器信号传输，用于各工控机柜电源连接的工业设备用线，用于打印机、投影设备、网络分析仪等设备的通信设备用线，用于血氧机及 X 光机的医疗器械用线，用于冰箱压缩机、车载电脑音视频输出信号的车载类产品，以及新能源汽车用线。其中，新能源汽车用线作为侨云的核心产品，主要包括 BMS 电池管理系统用线及动力电池总成部分用连接线束、电控线束；电池管理系统（BMS）主要就是为了能够提高电池的利用率，防止电池出现过度充电和过度放电，延长电池的使用寿命，监控电池的状态；动力电池总成部分用连接线束包含高压盒、电池箱、高/低压线及热管理附件。

（二）技术创新情况

1. 技术创新理念

侨云以“做好手中的每件产品，高品质是对客户负责，是制造者应尽职责与使命”的理念，以“永续工作，共求发展”为公司的宗旨，坚持以技术创新引领市场的产品发展理念，关注专业线束制造，为客户创造价值。

2. 技术创新规划及目标

技术创新是侨云未来可持续发展的根本，它不断开展技术创新，突破和提高现有研发技术水平，致力于线束的高品质、低成本要求，努力成为“技术引领、行业一流”的线束加工企业。汽车线束作为侨云的核心产品，新能源汽车的快速发展，为汽车重要零部件的线束行业带来了新机遇，但同时也面临着技术挑战。侨云的汽车线束研发，不仅要满足汽车的各种性能要求，而且要实现整车同步研发设计，它未来将朝着数字化、模块化、网络化、集成化、方向发展。

3. 技术创新工作开展情况

（1）多渠道选拔和吸引高技术人才

侨云与深圳、东莞多家人才市场、国内外招聘网站建立合作关系，为公司的发展提供人才保障及智力支持；同时，公司内部为创新人才提供良好的发展平台及提升空间，为每位创新人才设立明确的职业发展规划及机会，并且每年设立专项奖金对表现突出的人员进行奖励。

（2）重视对创新人才的激励

侨云推行全员绩效考核体系，对工作时效、工作品质及创新能力各方面优秀的人才，建立绩效体系，量化经营目标，形成全方位评价激励机制。实施岗位绩效工资制改革，制定了灵活多样的工资分配形式，使全部员工能够共享创新成果，激发创新活力。近年来，研发人员收入年均增长率达10%。

（3）与线束加工设备企业合作，共同开发创新

侨云与厦门海普锐、君权、昆山广钛、中山信宜德等线束设备加工企业，与连接器供应商安费诺及广东顺科开展合作，定期安排人员进行技术交流，积极拓展视野，积极利用同行间的技术及资源，推动自我创新。通过一系列合作，对于线束加工过程中的特殊加工工艺共同探讨，确定最佳加工方案，为侨云培养了一批线束加工及研发人才，取得了大量技术创新成果，有力地推动了科技成果的转化和应用。

4. 技术创新成果

侨云与厦门海普锐科技股份有限公司合作，共同开发研制出国际一流的并打端子机，实现并线裁线、压接一起的先进制造工艺，大大提升了生产效率，降低生产成本，每年为公司节省成本15万元左右。

在新能源线束加工方面，先后完成了端子压接设备的创新，由传统的变频电机改为伺服电机，确保端子压接状态的稳定性及良好的延展性。同时，开展对压接后的端子的温度升、电压降、剖面及压缩比的测试及检验方法的研究，

包括对加工成线束成品后的导通、气密测试，已形成公司内部的加工及检验标准，确保企业在新能源线束加工行业的领军地位。

（三）技术创新经验总结

1. 重视人才队伍建设

侨云将人才视为公司的最大财富，不仅善于发掘人才，更善于培养人才，成就人才，帮助员工发掘自我职业潜能。目前，企业内研发人员数量占企业总人数的 30%。

2. 不断加大自主创新

线束加工行业竞争激烈，只有不断地推进自主创新，才能建立自己的加工工艺及标准，大力推动技术创新，才能在市场中占有一席之地，得到客户的认可，同时，提升企业在行业中的品牌影响力。

3. 打造自动化及智能化生产

侨云通过与线束设备加工供应商的交流，对工厂工艺流程加以改进，积极推进自动化及智能化生产，以持续的技术创新分享智能制造红利，增强了自己的市场竞争能力。

四　中能东道集团

（一）企业基本情况

1. 企业介绍

中能东道集团是一家集新能源动力总成的研发与生产，新能源汽车设计，整车生产与销售，核心零部件的研发、生产、销售和服务的专业化高新技术企业，是中国首个致力于新能源汽车技术研发、资源集约整合、集群化创新的发展平台。

集团下设新能源汽车产业设计研究院、新能源汽车设计院、新能源汽车技术研究院、中能东道商学院、新能源汽车生产基地及动力总成生产基地、全国通路运营中心等机构，为全面发挥系统集成技术优势及科研成果转化，联合众多中小制造企业和社会群体形成了新能源汽车产业军团。

中能东道集团从创立至今，以“行大道、民为本、利天下”为己任，以新能源汽车产业为载体，有效整合产业链资源，与众多技术研究机构、上下游生产企业及各级政府形成牢固的战略联盟，完成了多元化资本运营模式构建，建立了具有全球领先优势的动力总成 + 系统，以创新的商业模式构建了新能源汽车整合运营服务体系，推出了民族电动汽车品牌——“U 能电动汽车”，以“引领行业发展，推动产业升级转型，参与制定行业新标准”为发展目标，致力于构建社会型产业生态系统，努力开创新能源产业平台化战略运营的共生之路。

2. 产品介绍

中能东道集团自主研发的 U 能系列纯电动汽车，以整车控制子系统、电驱动子系统、电源子系统、辅助系统等四大系统创新优势，集成创新拥有了上千项纯电动乘用车自主知识产权和国际先进技术专利。

同时，在电机和电池管理系统、电机控制、整车优化策略，以及对各环节和子系统进行监测、管控、协调的整车控制系统方面获技术性突破，使 U 能电动汽车拥有一次充电行驶超过 500 公里的续航能力，突破了续航里程短、充电不方便、不安全等产业技术发展瓶颈，打破发达国家对汽车核心技术的垄断，形成自主创新的动力总成品牌，成为中国新能源汽车产业走向世界的开路先锋，同时，全面激活了中国新能源汽车市场，开启了绿色出行的新时代。

（二）技术创新情况

1. 技术创新理念

中能东道集团以“引领行业发展，推动产业升级转型，参与制定行业新标准”为发展目标，依靠万众创新，加强协同攻关，打造开放共享的创新平台，突破核心技术壁垒，迎接我国新能源汽车产业发展的新挑战。在新能源汽车消费市场逐步发展的背景下，中能东道集团潜心打磨核心技术，同时，提高全球优势技术资源的整合力度，实施集成创新驱动，走新能源产业平台化战略的共生之路。

目前，已经掌握整车控制系统、动力电池系统、整车集成和整车轻量化方面的核心技术，以及相应的试验验证能力。通过多形式、多层次产品技术的研发与资源共享，优化合作，加快科研产品的产能转换，形成专业化、产业化相互促进、共同发展、多方共赢的发展态势，有力地保障了企业的高效远转及保障产品的先进性、可靠性、高品质。

2. 技术创新规划及目标

中能东道集团以“构建价值共生型汽车产业系统”为目标，以中能动力总成研究院为科研核心，不断开发和引进足够支撑优质产品的相关技术，为客户创造最大价值，同时，将全球新能源产业链的优秀资源加以整合“为我所用”，努力保持行业“技术先导”的地位，提高行业的话语权。

2015 年以来，中能东道集团以动力总成为核心优势，建立绍兴、芜湖动力总成产业基地、合肥电机研发生产基地及四川绵阳的整车生产基地。同时，与天津市滨海新区、四川绵阳安州区、贵州省贵安新区、沈阳沈北新区、沈阳市欧盟经济技术开发区、安徽省芜湖县等政府签订了合作协议，形成了以技术创新为主导的产业战略联盟。

3. 技术创新工作开展情况

中能东道集团与国内多家知名科研机构形成产学研一体化战略合作，并建立多方联动、资源互通的优质平台，从而在设计、动力研发及智能化等领域实现新能源汽车技术的不断突破，实现产业联创、共创共赢的发展目标。并遵循国家政策，推动关键领域技术的突破与创新，加强和促进产业结构调整，完善行业标准，探索创新产业模式，打造产业航母，推动能源革命与新能源汽车行业的全面升级。

中能东道集团依靠科技创新的思路和引领行业的自主技术，率先在国内建立动力总成系统研究院，有效发挥科研技术优势和产业集群创新优势，积极实现科研成果的有效转化。该研究院的科研定位，旨在对新能源、新材料、新环境、新交通、新经济的创新发展，研究和开发国际先进的电动汽车整车、关键系统、集成应用技术和产业化技术等。积极探索前沿科学，不断推动交叉学科的发展，形成具有自主知识产权的科研成果，持续实现科研成果的产业化，打造全球领先的新能源汽车动力总成系统技术研发中心与产业孵化中心。

研究院以领先和前瞻技术为依托，创建一支专注于国际国内新能源技术为发展方向的交通应用技术研发团队，打造研发与产业链互动的平台模式，依据科研、技术和人才优势，前瞻性布局新兴产业发展的高新技术，整合突破关键技术和共性技术，推动技术集成创新。研发团队包括国家工程院院士、国际顶尖科研专家、国际著名大学教授、国内外顶级车企的总工程师和设计师、国内外科研院校博士导师及动力电池、驱动电机、电控系统等领域的权威专家，构建全球领先的集群化技术与产业设计发展平台，全面推动中能东道集团新能源汽车产业的产、学、研、用一体化进程。带动新能源汽车产业领域的产业孵化、技术转移、技术服务和技术培训。

4. 技术创新成果

2014 年至今，中能东道集团立足资源、产业、聚群等优势，抢抓机遇，凝心聚力，夯实基础，开拓创新，全力推进新能源产业建设，开创了崭新的发展局面。中能东道集团所属的中能动力总成系统研究院的技术成果不断转化，以“三电”技术为核心的动力总成系统，已获得业内的高度认可，同时，积极推进电动汽车的动力深度电气化、整车智能网联化、车身结构轻量化，以超级跑车及微型智能车为重点的科研项目正在全面推进。

三年的时间，中能东道实现了从追随者到引领者、从梦想者到先行者、从倡导者到开拓者、从行业创新者到国际竞争者角色的转变，成为民族新能源汽车产业发展的先行者。

（三）技术创新的具体实施

1. 坚持市场导向，激发企业的活力

加大科研投入，形成产、学、研、用的主体优势，提升集团增效的内生动力；加大新能源汽车产业链建设布局，通过联合技术攻关、建立产品联盟，强化“三大电”“五小电”等关键核心技术与产业链资源的掌控。

2. 全面打通、整合产业链体系

积极推动新能源汽车产业化和商业化进程，调动各种资源，促使产品制造与服务、金融、信息化的深度融合；以新科技、创新投融资平台，引导创业投资和社会资本进入技术创新领域，为企业提供多元化的投融资服务。

3. 打破行业壁垒，优化市场环境

以自有核心技术打破电动汽车充电难、续航里程短的技术短板，解决行业难题，实现行业领先。

4. 搭建公共平台，完善创新体系

加大对新能源汽车售后市场的商业推广，提高汽车的流动性和使用价值；在布局长远发展和人才培养上下功夫，加大对前沿技术的探索和对共性关键技术的研究，建立稳定、持续的人才支持体制。

5. 建立协同创新合作机制，调动社会各界参与的积极性

发扬与政府主管部门、行业组织及相关企业之间的创新合作精神，形成系统化、完整化战略理念和产业化、集群化战略布局，构建民族产业创新联合体，促进市场的互融互通，建立科学的国际化发展体系，加强国际合作，推进国际交流。

（四）技术创新经验总结

新能源汽车产业的发展离不开技术创新的支持，在经济全球化的时代背景下，如果没有核心技术支撑自身产业的发展，将会被市场淘汰。

从 U 能电动汽车的崛起到新型智能化汽车的研发，凝聚了中国汽车人的厚望，并期待中国新能源汽车能真正实现“弯道超车”。中能东道集团正在新形势、新常态下实现产业变革，以“众创、众筹、共享”的市场创新体系，引领行业价值链和绿色智能出行的升级。

作为致力于中国新能源汽车产业创新发展的企业，中能东道集团牢牢抓住改革机遇，不断实现模式创新、技术创新、服务创新，通过政策引导、市场拉动而完善政策体系，加快国际化进程，以科技进步和创新带动新能源汽车及整个产业的健康快速发展，以中国新能源汽车产业的创新，不断向世界一流的企业迈进。

（五）产业生态系统运营创新经验总结

中能东道集团传承五千年中华文明，结合现代前沿科技，实现系统集成创新，以新能源汽车产业为载体，构建社会型产业生态系统。统一思想，统筹兼顾，形成关联企业交叉持股的共生共创共享的利益共同体、事业共同体、命运共同体。中能东道集团已经具备文化引领、产业聚合、资本推动的条件，将为中小企业的抱团发展做出积极的探索。

专题篇

Special Reports

B.13 2015年装备制造业热点事件回顾与解析

吕汉阳*

摘 要： 本章选取了五件发生在2015年的装备制造业热点事件进行回顾与解析，这五件热点事件分别为《中国制造2025》的持续推进、《关于推进国际产能和装备制造合作的指导意见》的出台、民用航空装备领域取得重大突破、汽车产业加快转型升级、智能制造装备产业的再赢发展契机，这五件事不仅对2015年装备制造业发展产生深远影响，而且对未来制造业的发展方向和发展模式都会产生深远影响。

关键词： 中国制造2025 国际产能合作 大飞机 新能源汽车 智能制造装备

* 吕汉阳，副研究员，机械工业经济管理研究院产业经济研究所采购研究中心副主任。

一 《中国制造2025》持续推进

自2015年5月《中国制造2025》发布以来，围绕制造业提质增效这一核心目标，结合《中国制造2025》的九大任务和制造业创新中心建设、智能制造、工业强基、绿色制造、高端装备创新等五大工程实施，工信部（或联合其他部委）出台了《〈中国制造2025〉重点领域技术路线图》（2015年9月）、《首台（套）重大技术装备推广应用指导目录》（2015年10月）等一系列政策文件，《中国制造2025》持续推进。

（一）《〈中国制造2025〉重点领域技术路线图》发布

2015年9月，《〈中国制造2025〉重点领域技术路线图（2015版）》正式发布。《〈中国制造2025〉重点领域技术路线图（2015版）》提出了十大重点领域、23个重点创新方向。对十大重点领域的发展趋势、目标、重点进行了研究。每个重点方向又分出若干重点产品（见图13－1）。路线图分为从2015年到2025年、展望2030年的详细技术路线图，每个重点发展方向统一按照五个维度进行分析及描绘，分别是需求、目标、发展重点、应用示范重点、战略支撑与保障。

《〈中国制造2025〉重点领域技术路线图》提出的未来重点领域技术方向、目标和重点，具有指导性和参考性。《〈中国制造2025〉重点领域技术路线图》对于指导企业和科研机构、金融机构、各级政府部门的工作具有重要意义。企业及科研机构应充分调研市场，结合自身特点确定本单位的发展方向及重点；金融机构应充分利用自身掌握的金融手段、工具，对与路线图中涉及的产品、技术相关的企业给予重点支持，引导市场资源向国家战略重点聚集。各级政府部门应将路线图视为设计公共政策的有力工具，充分运用自身掌握的各种资源支持重点领域。

（二）各地政策落地对接《中国制造2025》

各地政府积极落实《中国制造2025》强国战略。国家发布《中国制造

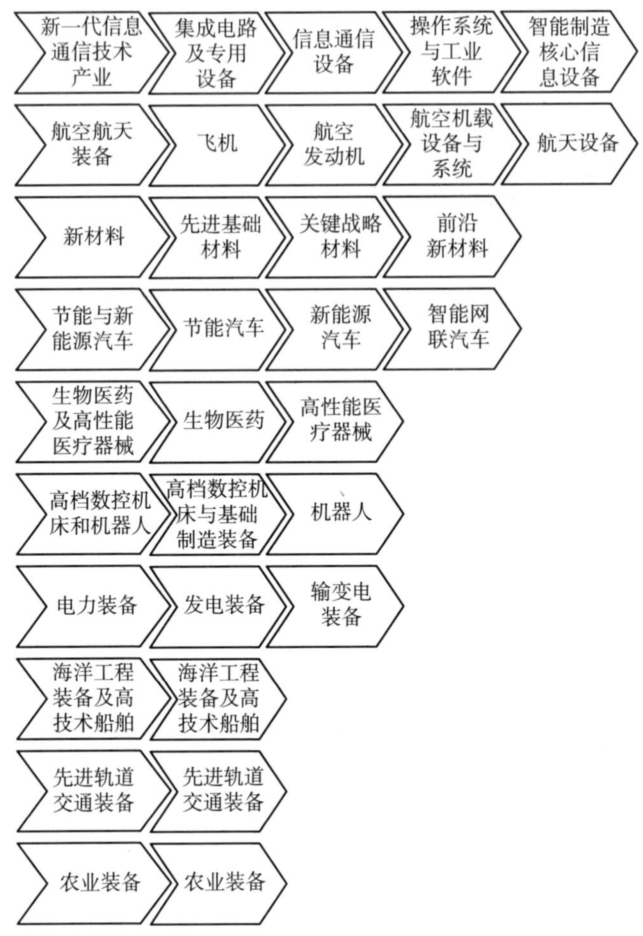

图 13－1　《中国制造 2025》重点领域及方向

2025》之后，各地政府积极结合资源禀赋优势，按照中央的总体部署和工作安排，推动强国战略的贯彻实施。目前，已有河北、山西、辽宁、吉林、江苏、浙江、安徽、福建、江西、河南、湖北、湖南、广东、四川、甘肃、北京、天津、广西、宁夏、新疆、山东、上海 22 个省区市相继出台对接《中国制造 2025》的措施，推动制造业的转型升级。从城市来看，济南、南京、镇江、泉州、三明、株洲、广州、深圳、佛山、成都等十余个城市也陆续出台了行动计划或实施方案。

“围绕十大重点领域，依托区域优势，构建具有地方优势的现代产业体系”成为各省份对接《中国制造2025》的主要着力点。

从发展任务看，各地围绕《中国制造2025》中提到的九大战略任务进行了中期部署。上海以推进机器人应用为主要突破口，积极以应用示范、突破瓶颈、智造标准、智造平台、产业基金等任务为抓手推进《中国制造2025》的落地。辽宁省确定四大重点工程，结合150项重大项目，落实《中国制造2025》的省内推进工作。四川省提出加快智能制造装备研制，这些都成为《中国制造2025》地方推进政策的亮点。

从政策保障来看，《中国制造2025》主要围绕深化改革、营造环境等八大方面加以战略支撑和保障，积极推动市场主体、要素价格、市场准入、金融环境等粗放式、规模化经济发展所积累问题的解决。从地方版的政策保障来看，各地均结合了本地的产业结构特点及所处工业阶段进行了细化，力求政策有效落地。江苏省提出基于整合财政专项资金、吸收国有和社会资本建立300亿元左右的产业投资基金；广东省则提出建立发展创业投资基金，更好地促进制造业创新创业。

从地方政府角度分析，《中国制造2025》战略的推进落实仍面临多种难题。《中国制造2025》战略推进需要跨部门的有效协同，建立并完善政策协同机制，充分发挥金融、财税、科技、产业、人才等不同政策的功能，有效形成政策合力，这需要更高一级的顶层设计和跨部委统筹。同时，在国家逐步收紧地方传统政策手段、减税、财政资金补偿、低地价等传统政策措施的形势下，难以支撑战略落地，如何依托产业基金、多层次金融市场、负面清单、指导目录等多种创新方式推动中高端环节集聚，仍是摆在地方政府面前的难题。

发布一年来，《中国制造2025》战略受到社会各界的高度关注和广泛认同，地方政府也非常重视，积极推动并贯彻落实该战略，但仍存在统筹不足、抓手不够等问题。具体来说，除产业投资基金、重大项目等利用财政资金实施的政策措施外，政策保障仍以务虚为主。《中国制造2025》的发布，使各地区、各部门更加充分认识到建设制造强国的重要意义，各领导纷纷组织部门机构健全工作体制，研究制订实施方案，细化政策措施，充分对接《中国制造2025》，确保落实各项任务。

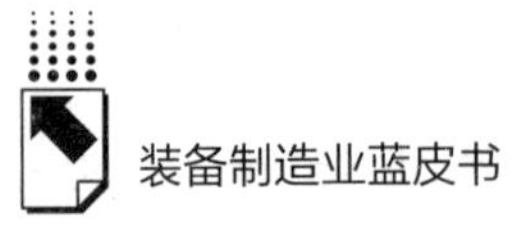

二　《关于推进国际产能和装备制造合作的指导意见》出台

（一）发布背景

我国随着经济综合实力的快速提升，已进入工业化的成熟期。长三角、珠三角、环渤海等经济发达地区拥有大量的优势产业和富余产能。我国发达地区依托国际产能合作向外输出优势产能，实现从为各国制造一般商品的世界工厂向为全球提供先进装备的生产基地的转变，扩大了市场对象。加快国际产能合作，对于我国发达地区企业实现企业国际化、产品国际化，增强自身的国际竞争优势，加快转型创新步伐，都具有相当重要的意义。对于处于高增长阶段的中西部地区及东北地区，以基础性工业产品为主开展国际产能合作具有较大的发展机会。"一带一路"沿线地区大多是发展中国家，资源较为丰富，劳动力成本较低，基础设施建设不够完善，对钢铁、水泥、玻璃等基础原材料产品需求量大，以这些产品的国际产能合作为切入点，盘活国际、国内两个市场两种资源，对于培育欠发达地区经济新增长点，提升开放型经济发展水平，参与全球市场竞争和价值链重构都具有重要意义。

（二）内容解析

1. 主要内容

《关于推进国际产能和装备制造合作的指导意见》（以下简称《意见》），包括提高中国企业"走出去"的能力和水平，加强政府引导和推动，加大政策扶持、引导力度，强化服务保障和风险防控等。《意见》主要包括以下内容：第一、二部分明确重要意义和总体要求，第三部分为重点任务，第六、七部分对政策支持、服务保障等作出较为全面详细的规定。

2. 推进措施

我国各级政府部门陆续推进装备制造领域国际产能合作。政策推出后，我国各级政府部门陆续开展工作推进装备制造领域的国际产能合作，中国国际产能和装备制造合作"路线图"和"项目清单"进一步明晰，国家发改委联合外交部分别对60多个国家进行国别调查，最终确定了45个产能合作重点国家，我国装备制造国际产能合作的“一轴两翼”① 布局正逐渐形成。

截至2015年底，我国已与17个国家建立了双边产能合作机制。中国与哈萨克斯坦已经开展产能合作的项目达52个，中国与非洲在产能合作方面，充分考虑了非洲工业化进程，实现装备和产能集群式“走出去”，中国与欧洲各国积极创新装备与产能合作方式，实现多方共赢局面②。

从推进路径看，境外经贸合作区成为优选载体。据商务部统计，中国正在全球50个国家建立118个经贸合作区，其中有77个分布在“一带一路”沿线的23个国家。这些境外经贸合作区成为中国企业对外投资合作、产业集聚的平台，其中部分园区将作为产能合作示范基地。

从地方层面看，地方政府陆续建设合作机制，推进国际产能和装备制造发展。目前，国家发改委与湖北、河北、江西等省签订合作框架协议，吉林等省市也都有针对性地制订出台了国际产能合作的具体方案。

（三）对装备制造业的影响

“一带一路”战略的提出和逐步推进，为中国企业与沿线国家和地区经贸及文化多层次、宽领域合作交流带来前所未有的战略机遇。当前，世界经济面临艰难复苏的严峻形势，国际贸易增速比前几年大幅下降，国际投资跌宕前行，全球经济进入新格局。与此同时，全球新一轮产业转移也在加快，亚投行的顺利设立及运行，印证了全球基础设施建设及产业链的投资与合作仍具有广阔的发展空间。中国已成为世界装备制造业大国，具备处于全球产业链中端的突出优势，一大批产业和装备处于国际先进水平，性价比高，符合发展中国家的需要和承接能力。中国开展以装备制造业为核心的国际产能合作，既有利于优化自身产业结构，推进经济结构改革，又能够帮助其他发展中国家提升产业能力和水平，加快工业化进程。

---

① “一轴两翼”是指以中国周边国家为“主轴”，以非洲、中东和中东欧国家为“西翼”，以拉美国家为“东翼”。

② 王璐：《2020年重点领域装备出口翻番》，经济参考报网，2015年12月16日，http：//dz.jjckb.cn/www/pages/webpage2009/html/2015-12/16/content_13377.htm。

三　民用航空装备领域取得重大突破

（一）大型客机 C919首架机从中国商飞公司总装下线

2015 年 11 月 2 日，中国自主研制的 C919 大型客机首架机总装下线，这标志着我国成为世界上少数掌握研发制造大型客机能力的国家。

1. C919计划持续推进

2015 年 11 月 2 日，经过七年的努力，继高铁、核电之后，中国装备制造业的“第三驾马车”——自主研制的 C919 大型客机首架机总装下线，标准航程型设计航程为 4075 公里，可满足航空公司对不同航线的运营需求。C919 采用的是由 CFM 公司研制的 LEAP－1C 发动机。C919 被称为中国制造的首款大型客机，是中国自主设计，具有完全自主知识产权。

目前，C919 首架机已完成总装下线，在 2016 年上半年首飞，但真正用于航线仍需一段时间。首飞之后需经测试合格后才会大规模生产，目前生产线设计产能为 2000 架。

C919 大型客机订单数量持续增加，带动了我国装备制造产业的发展。截至 2015 年 11 月，C919 大型客机国内外用户数量为 21 家，总订单数达到 517 架。

2. C919大型客机对我国装备制造业意义重大

C919 正式下线对我国航空装备特别是民用航空装备领域具有非常重要的意义。在经济方面，可以打破欧美航空巨头的垄断，使中国民航不再依赖波音及空客客机。可为国家节省大量外汇，同时在民用航空装备领域成功地实现了本地化供应，拉动众多民用航空装备企业实现快速增长。在军事方面，C919 改装成大型军用特种飞机的潜力巨大。在社会效益方面，C919 项目能带动上下游产业发展，增加就业，促进地方经济发展。在技术方面，引入 LEAP－1C 发动机，尤其是发动机生产线的引入，对国产军用发动机涡扇 20、涡扇 10（已用于歼 10/歼 11 战斗机）的性能和可靠性提升有很大的借鉴意义。在国际方面，C919 也是中国参与先进制造业国际合作的成果，是开放中国的一张名片。

（二）中国首架支线客机 ARJ21 –700成功投入载客运营

2015 年 11 月 29 日，ARJ21 – 700 新支线飞机正式交付使用，投入载客运营，这是我国国内航线首架喷气式支线客机，标志着我国初步具备了喷气式支线客机的研制能力和适航审定能力。

ARJ21 – 700 是 ARJ21 新支线飞机系列的基本型，ARJ21 新支线飞机除基本型外还有货运型、公务机型，它是我国首次按照国际民航规章自行研制、具有自主知识产权的中短程新型涡扇支线飞机。ARJ21 新支线飞机座级为 78 ~ 90 座，航程为 2225 ~ 3700 公里，主要适用于中心城市向周边中小城市辐射型航线。

ARJ21 – 700 支线客机的成功交付是继 C919 大型客机总装下线后航空工业的又一大突破，通过该架客机的研制，中国航空科研管理人员加强了飞机研制的技术管理和质量管理，攻克了一大批重大试验课题，同时掌握了一大批关键试飞技术。

（三）波音首个海外工厂将落户中国

2015 年 9 月，在中国国家主席习近平抵达西雅图开始对美国进行国事访问的第一天，美国波音公司就与中国商用飞机有限公司签署了关于在中国建立 737 飞机完工中心合作文件，中美双方将共同出资建立合资公司。该项目是中美两国航空工业企业的高等级合作，同时也是波音公司首次将其总装生产系统的一部分延伸到海外。这意味着，继欧洲空中客车 A320 总装线落户天津后，全球两大飞机制造巨头都将有机型在华组装。

目前，波音中国工厂最有希望落户浙江舟山。为争取波音项目落地，舟山市规划了航空产业园，并为此准备逾两年。按照方案，未来该组装厂将位于朱家尖岛，该岛毗邻机场和港口，具备地理优势。

中国与波音公司的合作不断加强。目前，中国运营的所有民用喷气飞机中，约有一半是波音飞机。据波音公司介绍，中国参与了所有波音机型的制造，主要合作伙伴包括西安飞机工业（集团）有限责任公司、沈阳飞机工业（集团）有限公司、成都飞机工业（集团）有限责任公司、上海飞机制造有限公司。今后波音公司组装厂若落户中国，不仅有利于中国公司参与波音配件供应链，带动更多就业岗位，提升中国企业核心竞争力，也将大大提高中国大飞机制造的整体水平，尤其是航空发动机的制造水平，有利于中国跻身高端制造业大国行列。

（四）民用航空装备产业发展仍需法律及政策支持

航空制造业作为国家工业实力的体现，是国家工业制造的核心产业。在“工业4.0”和《中国制造2025》的驱动下，我国民用航空装备工业目前正处于转型升级发展的关键时期。虽然近年来我国民用航空产业取得了显著进步，但我国至今仍未形成适用于民用航空产业发展的法律文件，这也在一定程度上制约了产业的发展。相关法律的匮乏，导致民用航空产业在设计及管理方面缺失明确的指引，只能把产业政策作为发展依据，导致产业发展不稳定。航空产业是一个投资高、风险大、周期长的产业，仅依靠产业政策作为指引依据，当面对众多不确定因素时很难保证产业持续稳定发展。加之缺少必要的法治保障，也势必会干扰我国高端装备制造业“走出去”的进程。未来我国将加大航空产业的研发和基础设施建设的投资力度，提高适航技术能力和加快适航体系建设，推进重点民用航空产品产业化，加快低空空域改革。为此，我国应加快出台《民用飞机行业发展条例》等相关法律文件的制定，结合产业政策布局，进一步促进民用航空装备的大力发展，促进我国民用航空产业的持续发展。

四　汽车产业加快转型升级

2015年，我国汽车产销超过2450万辆，连续七年成为世界第一汽车产销大国。但简单的规模扩张和销量增长，早已不是汽车业发展的主要目标。推动产业升级、实现制造业服务化转型，已成为行业共识。

过去五年中，汽车业以新能源汽车技术、“互联网+”、汽车后市场、国际化发展为突破口，重构并升级了产业价值链和业务链，大大提高了生产效率；依托转型升级，我国汽车业的自主开发正渐入佳境，自主品牌竞争力提升明显；若干“僵尸”汽车企业退出市场，加速了落后产能的淘汰。中国汽车业正逐步实现转型升级、由大变强。

（一）新能源汽车转型升级促发展

在经历了近几年爆发式增长后，我国新能源汽车市场已经成为全球最大的新能源汽车市场。据公安部交管局统计，截至2015年底，我国新能源汽车保有量达58.32万辆，与2014年相比增长了169.48%；2015年新能源汽车产销分别为340471辆和331092辆，同比分别增长3.3倍和3.4倍，我国已成为新能源汽车第一大国。

1. 国家和地方政策密集出台

我国新能源汽车的跨越式发展离不开政策的大力支持，2015年我国对新能源汽车的支持政策逐步加码，政策布局逐步从补贴向新能源汽车上游的制造，下游的上牌、充电、应用等环节延伸，有力地推动了新能源汽车的发展（见表13-1）。

2015年国家密集出台了对新能源汽车的鼓励政策，地方政府也相应出台了新能源汽车的利好政策，使国内汽车厂受到很大鼓舞。无论从中央政策还是地方政策，引导发展新能源汽车都是大势所趋。国家对于新能源汽车尤其是纯电动汽车的推广支持，对消费者们来说是好消息，随着未来产业升级速度的加

表13-1　2015年国家发布的新能源汽车政策

部门	文件标题	内容
科技部	国家重点研发计划新能源汽车重点专项实施方案（征求意见稿）	到2020年，建立起完善的电动汽车动力系统科技体系和产业链
交通部	关于加快推进新能源汽车在交通运输行业推广应用的实施意见	争取当地人民政府支持，对新能源汽车不限行、不限购
工信部	汽车动力蓄电池行业规范条件	锂离子动力蓄电池单体企业年产能力不得低于2亿WH，金属氢化物镍动力蓄电池单体企业年产能力不得低于1kWH时，超级电容器单体企业年产能力不得低于500WH。系统企业年产能力不得低于10000套或2亿WH
财政部、科技部、工信部、国家发改委	关于2016~2020年新能源汽车推广应用财政支持政策的通知	2017~2020年除燃料电池汽车外，其他车型补助标准适当退出，其中：2017~2018年补助标准在2016年基础上下降20%，2019~2020年补助标准在2016年基础上下降40%

续表

部门	文件标题	内容
财政部、工信部、交通部	关于完善城市公交车成品油价格补助政策　加快新能源汽车推广应用的通知	现行城市公交车成品油价格补助中的涨价补助以2013年作基数，逐年调整，到2019年将减少60%。另外，城市公交车成品油价格补助中的涨价补助数额与新能源公交车推广数量挂钩
财政部、国家税务总局、工信部	关于节约能源，使用新能源车船车船税优惠政策的通知	对新能源车船免征车船税，对节能车船减半征收车船税
国务院	中国制造2025	将“节能与新能源汽车”作为重点发展领域

资料来源：各部门官方网站。

快，以及新能源汽车所占在售新车的比例进一步增加，国家补贴甚至是地方补贴都可能变成历史，但围绕新能源汽车产业的政策还是会日益全面和深入。

2. 新能源汽车车企发力制定新战略

2015年，国内新能源汽车市场比较乐观，自主品牌和外资品牌都发布了相关的新能源汽车战略规划。和此前相比，各车企在制定新能源汽车战略规划时，目标更明确，更有的放矢，其针对性和发展方向更明确，新能源汽车市场发展更有章可循。

（1）自主品牌车企战略多样化

2015年初，北京新能源汽车股份有限公司（以下简称“北汽新能源”）公布了“卫蓝计划2.0”战略规划；同时，还提出了充电业务战略规划，旨在解决电动汽车应用中的充电问题。

2015年3月，长安汽车发布“2025新能源发展战略”。计划到2020年，新能源车型将占长安自主品牌车型的7%～10%，到2025年，长安汽车将分三个阶段，向市场推出34款全新产品，覆盖目前所有车型。并且，长安汽车将使用插电式混合动力及纯电动两条技术路线。

2015年4月，上海汽车集团股份有限公司（以下简称“上汽”）发布了“绿芯战略”，在未来两年将推出多款插电混动产品。同月，比亚迪也推出了“542”战略，继续发展具有强大竞争优势的插电式混合动力产品。此外，比亚迪还将实行“74”全市场战略，让新能源汽车产品覆盖公交、出租等领域。

2015 年 10 月，广州汽车集团股份有限公司（以下简称广汽）推出“153”新能源发展战略，明确今后将以纯电驱动和混合动力车型产品作为发展的重点方向。

（2）外资品牌重视服务与创新，加速进入中国市场

面对 2014 年市场下滑的不利局面，2015 年 3 月美国的特斯拉汽车公司调整战略，着力提升售后服务。升级后的售后服务，使车主能更好地享受到特斯拉全行业独有的“空中升级”“远程诊断”，以及近乎“零保养”和“价格透明”的维修等售后体验。同年 4 月，大众汽车更加注重新能源汽车的国产化，在未来五年内，大众汽车和生产设施将更加具有“绿色、环保、可持续性”。9 月，宝马发布“BMW 创新出行服务中国战略”，该战略更重视宝马产品的创新性。随该战略启动的还有宝马即时充电 TM，到 2016 年底，即时充电 TM 充电桩将达到 1000 个，宝马成为在国内施行新能源汽车充电基础设施规划的第一个车企。此外，10 月沃尔沃在整个车系中引入插电式混合动力系统，在战略规划中更加重视新能源，沃尔沃制定的该项战略将成为汽车行业最全面的电动化战略之一。

2015 年是新能源汽车发展最快的一年，车企纷纷在新能源上发力，并推出自己的发展战略，这充分表明各车企逐鹿新能源汽车市场的决心，也反映出新能源汽车市场的发展前景一片大好。此前，新能源汽车的推行大都只是响应国家政策，仅有几家传统车企投向新能源汽车市场。但是随着新能源汽车越来越受到重视，传统车企也逐渐重视新能源汽车，纷纷制定相应战略，促进新能源汽车与传统车型共同发展。大型车企还加大了对新能源汽车的研发力度，更着眼于汽车产业链上下游的发展。在各大车企新战略的助推下，国内新能源汽车正蓬勃发展。

（二）“互联网 +”深度融合汽车产业

互联网与汽车的结合已经从营销、渠道、运营、产品四个维度全面展开。例如，上汽与阿里巴巴合资设立 10 亿元的“互联网汽车基金”，打造“跑在互联网上的汽车”；北京汽车集团和乐视网宣布合作；腾讯、富士康及和谐汽车共同签订了协议，主攻“互联网 + 智能电动车”。同时，车联网产业链也逐

渐进入汽车行业。对于新能源汽车产业而言，在大环境的变迁下，不仅是新能源汽车整车厂、4S 店与互联网的结合，面对蓬勃发展的售后市场，甚至一些大的汽车零部件企业都将加大对售后市场的投入，它们在增加网点的同时，也在网络平台上建立了旗舰店。

我国尽管在新能源汽车市场的培育上已领先世界，但技术实力不强，也使企业的发展受制于人。在此次产业升级的大背景下，将具有时代意义的新能源汽车与“互联网 +”相结合，无疑可以为“弯道超车”助力。但是，未来电商的模式，以及思维方式和经营手段都有望进一步发展成熟，真正实现购车模式上的转变，而不是所谓的基于互联网思维的转变。互联网应用于新能源汽车产业，还应重点转型和升级制造业、服务业，改造用户体验和互联网思维结合的模式。

（三）智能制造驱动汽车产业升级

我国已成为世界上公认的汽车生产大国，目前，世界重要汽车品牌都在我国设厂生产，我国自主生产的汽车也在发展壮大。从汽车行业整体发展趋势来看，智能制造是大方向，在 2015 年国务院印发的《中国制造 2025》规划中已经把“节能与新能源汽车”列为十大重点突破领域之一。

2015 年，汽车智能生产逐步发展。7 月，工业和信息化部公布了《2015 年智能制造试点示范项目名单》，其中重庆长安汽车股份有限公司和上海国际汽车城（集团）有限公司成为智能制造试点示范公司。长安汽车在产品研发、工艺制造、营销服务和基础应用方面都体现了智能化，重点打造具有网络化、智能化的高效生产模式，在整个生产过程中，生产系统运行着大量生产数据及设备的实时数据，通过由“智能机器” +“智能标签” +“生产数据云”构成工业互联网形式，实现车间产品、设备、物料全面互联。上海国际汽车城（集团）有限公司联合上汽集团、同济大学共同建设了中国首个智能网联汽车试点示范区，为无人驾驶、自动驾驶和 V2X 网联汽车提供了约 30 种场景的测验。

目前，中国智能网联汽车产业粗具雏形，在向前发展的同时也面临着一些问题。在汽车智能互联方面，存在智能互联汽车的架构与标准、新型安全隐患等问题；从智能车研发方面看，存在着智能车研发的投入高、周期长、缺人才、技术壁垒多、核心算法失控和集成验证能力弱等问题；在道路基础设施建设方面，存在着与智能汽车缺乏协同发展，导致智能驾驶难以实现的问题；在国际合作方面，存在跨国汽车公司垄断加强，国产轿车品牌缺失，核心汽车配件依赖进口及技术消化吸收较弱等问题。

虽然汽车产业在智能化应用方面还存在问题，但随着深度渗透的技术创新局面的逐步形成，新的科技革命和产业变革正在加快孕育。汽车产品技术在围绕“安全、环保、节能”的主旋律下，将向“电动化、智能化、轻量化”转型。此外，为了加强生产者和消费者之间的互动，更好地满足消费者需求，新一轮科技革命和产业变革将推动汽车生产方式向“大规模定制化”转型。此外，还应结合商业服务和互联网，抓住汽车制造产业的首尾两端，实现汽车制造的中国制造。未来在《中国制造 2025》和“十三五”规划的推动下，汽车智能制造将获得良好的发展空间和机遇。

五　智能制造装备产业再赢发展契机

（一）《国家智能制造标准体系建设指南》发布

2015 年 12 月，我国发布了《国家智能制造标准体系建设指南（2015 年版）》（以下简称《建设指南》）。《建设指南》提出构建由生命周期、系统层级和智能功能三个维度的智能制造标准体系，并由此提出了“5 + 5 + 10”的智能制造标准体系框架。

为贯彻落实《中国制造 2025》，我国开始启动智能制造标准系统构建工作。由工业和信息化部和国家标准化管理委员会共同组建和领导的国家智能制造综合标准化工作组负责智能制造标准体系建设和规划。成立的专门工作组将逐步推动智能制造标准化工作，同时充分发挥地方主管部门、行业协会和学会的作用，运用统计在标准化管理中的支撑作用，通过培训、咨询等手段推进对标准的宣传与实施。但我国智能制造标准化工作目前仍处于推进阶段，有些技术标准尚属空白，实际水平与发展动力与先进制造业强国差距较大，并且我国不少现行制造业标准是 20 世纪 80 年代确立的，老化滞后问题突出，标准更新速度缓慢，同时，由于企业标准匮乏，在当前的标准化管理体制下，企业的自主性、积极性被抑制，无法发挥主体作用，标准体系还有待完善，因此，智能制造领域标准制定工作任重道远。

（二）智能制造试点示范启动实施

2015 年 3 月，为落实制造强国战略部署，工信部下发了《2015 年智能制造试点示范专项行动实施方案》，决定自 2015 年启动实施智能制造试点示范专项行动。

智能制造试点示范专项行动总体思路为：自 2015 年起，通过三年时间的探索努力，瞄准制造的关键环节，在流程制造、离散制造、智能装备和产品、智能制造新业态新模式、智能化管理、智能服务六个方面试点示范专项行动，形成并推广有效的经验与模式，加速智能制造的发展进程。

在智能制造试点示范专项行动的基础上，将不断总结、推广有效的经验和模式，形成地区、行业、企业协同推进，系统集成商、装备制造商、研究机构、用户联合实施，推动智能制造的良好氛围，使智能制造试点示范发挥好引领、推广、带动三个作用。让试点示范企业成为制造企业的“领头羊”，把试点示范企业应用成功的技术、经验，推广到还处在工业 2.0 和 3.0 阶段的企业，使它们加速向 4.0 迈进。通过试点示范，带动智能制造装备产业的快速发展，加快装备制造业向中高端发展①。

智能制造是新一轮工业革命的核心技术，是国民经济发展特别是工业发展的基础。中国智能制造需求旺盛但供应不足，通过这几年的发展，虽然带动了企业对智能制造的需求，关键的零部件和智能制造装备方面也取得了巨大的进展，数字化车间、数字化工厂的建设也在点上取得了一些突破。但是我们国家的装备制造业的 70% 还是依赖进口，过程装备应用比例不到 30% 。因此，我国还是需要发展国产的装备制造业，加快落实《中国制造 2025》的重要核心战略。

① 苗圩在全国智能制造试点示范经验交流会上发表三点意见，中研网，2016 年 7 月 28 日。

B.14

装备制造业军民融合产业发展策略研究

李亚亚*

摘　要：本章首先阐述我国军民融合产业发展的历史轨迹和新态势，通过分析国外发达国家军民融合发展的成功经验，归纳其对我国发展军民融合产业的借鉴意义，然后分析我国装备制造业“军转民”产业发展的“依托型”“互动型”和“嵌入型”三种模式，以及“民参军”产业发展的军地共建园、科技园和项目储备库模式。在此基础上，指出我国装备制造业军民融合产业发展中的主要问题：顶层统筹与政策制度不够完善，产业内部融合度低，产业结构不合理，军民协同创新机制仍未形成和资本市场参与不足等。最后从政策、创新和产业三方面提出我国装备制造业军民融合产业发展的相关策略。在政策策略方面，要加强装备制造业军民融合产业的顶层设计，消除产业壁垒，促进区域融合；在创新策略方面，不仅要引进高端人才，加强科研投入，还要积极促进双向成果转化，实现军、校、企、科研机构的创新联动发展；在产业策略方面，要重点推进装备制造业军民融合产业集群的建设工作，延长产业链条，提高附加价值。

关键词：装备制造业　军民融合　军转民　民参军　发展策略

* 李亚亚，助理研究员，就职于机械工业经济管理研究院产业经济研究所。

一 军民融合产业发展概况

（一）军民融合的内涵

关于军民融合的概念，目前还没有一个统一的界定，2009 年 7 月 24 日，中共中央政治局就发展中国特色的军民融合发展道路进行研究时，将军民融合定义为："军民融合是指国防和军队建设在更大范围、更深层次上融入社会经济体系里，在经济、科技、教育和人才等方面实现资源双向有效利用和顺畅转移的发展方式。"可以从以下几方面理解军民融合的主要内容①：第一，军民融合要求重点发展军民两用技术，致力于实现军民两用技术的商业化和产业化发展。第二，军民融合要加强技术转移。包括"军事技术转民用"（Spin-off）和"民用技术转军用"（Spin-on）。第三，在国防部武器装备采办的全过程中深入推进军民一体化发展。第四，在各部门不同的管理层上开展管理体制和运行机制的改革工作，持续推进管理活动领域的军民融合。第五，在产业链分工层次上推进军民融合，一方面，在最终产品层次上，实现可两用的产品和技术；另一方面，在分系统层次上，实现可两用的产品部件、技术及价值。

（二）军民融合发展的历史沿革及新态势

1. 军民融合发展的历史沿革

（1）军民分离阶段（1949～1977）

在新中国成立之初，我国军用工业与民用工业作为两个独立的体系，归属不同的部门管理，相互之间关联度很低。自 1956 年 1 月毛泽东同志在最高国务会议上提出军民融合的思想，要求国防工业注重军民两用技术的发展，此后我国进行了军民融合的初步尝试，许多军工企业开始涉足民用领域。但由于国内外形势的变化，军工企业民用生产线纷纷关停并转，军民产业分离。到

① 中国科技发展战略研究小组：《中国科技发展研究报告 2004～2005》，知识产权出版社，2005，第 98 页。

1978 年，军工民品产值在总产值中的比重不足 8%。[①] 相关部门直接领导、管理军工企业，以计划指令的形式确定企业生产的品种与数量。

（2）军转民阶段（1978～1991）

在我国改革开放初期，国际形势趋于缓和，经济建设成为国家战略的中心任务。1982 年，邓小平同志提出："军民结合、平战结合、军品优先、以民养军"的中国开展军民融合模式的十六字方针。[②] 同时随着裁军规模的扩大，军队日常生产任务的减少，许多军工企业难以为继，"军转民"成为许多企业不得已的选择。并且由于缺乏市场经验，军工企业民品生产陷入混乱、盲目的困境。为此，国家在军用工业领域进行了大力改革，本着为国民经济服务的原则，在军用物资的科研与生产领域引入合同制计划指令管理模式，即在计划指令的基础上，引入市场机制，采取以计划为主，市场为辅的发展模式，进一步规范、促进了"军转民"工作的顺利开展。

（3）双向转化阶段（1992～2006）

1998 年，江泽民同志明确指出，要按照邓小平同志提出的军民结合、寓军于民的发展方针，不断调整和完善国防动员体制，进而提升我国国防动员的能力。[③] 该时期，我国军民工业进入双向转化阶段。同时，随着经济发展水平的不断提升，民用产品与技术有了较大发展，成为军用工业不可或缺的组成部分，军民双向转化领域不断拓宽，合作程度不断深化。

（4）军民融合阶段（2007 年至今）

2007 年 10 月，胡锦涛为军民融合发展指明了方向，在十七人报告中明确提出，要建立和完善军民结合和寓军于民的武器装备科研生产体系，建立军队人才培养体系及军队保障体系，走中国特色的军民融合式发展道路。[④] 在军民融合阶段要全面推进科技、教育等各领域的融合，不断提高军用工业的生产能力与市场化水平，积极引导民用工业全面进入军工领域，深入探索两者融合的管理模式，将国防建设与经济建设有机地结合起来。

---

① 怀国模：《中国军转民实录》，国防工业出版社，2006，第 8 页。

② 中国人民解放军总政治部：《邓小平新时期军队建设思想学习纲要》，解放军出版社，1997。

③ 任民：《改革开放以来国防动员建设的经验》，《学习时报》2008 年 9 月 28 日。

④ 胡锦涛：《在十七大上报告中论社会主义文化大发展大繁荣》，《人民日报》2011 年 10 月 21 日。

2. 军民融合发展的新态势

（1）融合程度不断深化

随着我国把军民融合发展作为一项国家战略，2014 年 3 月 11 日，习近平总书记在十二届全国人大二次会议上指出：“既要发挥国家主导作用，又要发挥市场的作用，努力形成全要素、多领域、高效益的军民融合深度发展格局。”[①] 现阶段，我国军民融合的程度不断深化，从国防科工领域的军民融合扩大到多领域和全要素的融合，不仅参与军民融合的企业种类增多，并且参与军民融合的行业领域也在不断扩充。基本实现由国家主导，统一组织实施融合计划，按照军民两地的需求运用市场机制或法制政策手段开展军民融合工作。

（2）军地主动参与的新局面

中国人民解放军总装备部及总部机关，各区军兵种均积极参与军民融合发展模式，使得军民融合发展呈现生动活泼的新局面。以海军为例，其与北京市政府签订了合作协议，共同创建蓝鲸军民融合创新园，不仅服务于海军装备现代化建设，还促进了园区内本地企业的发展，改变了过去由地方独建军民融合产业基地的局面，为军民融合的发展和实践开创了崭新模式。并且地方政府纷纷出台关于促进军民融合发展的指导意见或扶持政策，积极建立军民融合产业基地或科技园区，截至 2016 年，在国家新型工业化产业示范基地框架下，已经有 33 家工业园区（集聚区）被认定为国家级军民融合示范基地，20 多个省（区、市）出台了军民融合产业发展规划或军民融合实施意见，通过设立军民融合专项资金或其他渠道支持军民融合产业的发展。

（3）混合所有制得到突破

我国积极推进国防科技工业体制改革，确定了股份制改造、引入非公有制经济和发展民品三大路径。2015 年 8 月，党中央和国务院印发《关于深化国有企业改革的指导意见》，明确规定了推进国有企业股份制改革的要求，为国企改革指明了前进的方向。[②] 2015 年 9 月，国务院发布《关于国有企业发展混合所有制经济的意见》，提出了国有企业发展混合所有制经济的总体要求和分

① 李清：《习近平出席解放军代表团全体会议》，新华网，2014 年 3 月 11 日，http：//news.xinhuanet.com/politics/2014－03/11/c_ 126252709.htm。

② 中共中央国务院印发《关于深化国有企业改革的指导意见》，《人民日报》2015 年 9 月 14 日。

类，以及分层推进国有企业混合所有制改革的具体实施手段[①]。同年 10 月，国务院又发布了《关于改革和完善国有资产管理体制的若干意见》，明确了实施国有资产管理体制改革的主要措施。[②] 此后，在国防领域，我国形成了社会各种资本积极参与国防建设的良好局面，军工企业或集团公司上市融资和发行债券的活动更加频繁。

（三）国外军民融合对我国的借鉴意义

1. 国外军民融合产业发展的概况及其相关模式

军民融合是世界发达国家采取的共同发展战略和政策取向之一，美国、日本、俄罗斯、以色列和英国均制定了一系列政策措施促进军民融合。下面主要以美国和英国等为代表的“军民一体化”模式，以日本为代表的“寓军于民”模式、俄罗斯的“先军后民”模式，以及以色列的“以军带民”模式做出简要概括。

（1）“军民一体化”模式

该模式是指通过军政部门和企业开展合作，实现军民两用技术和资源的双向转移，致力于促进国防建设与经济发展的良性互动。[③] 美国开展的“军民一体化”模式主要是基于国家制定的法律法规，通过与军政部门的协调，设置专门机构负责和管理其军民一体化科技计划，注重培育军民结合型的创新主体。

（2）“寓军于民”模式

该模式也被称为“以民掩军”或“先民后军”的模式，主要是依靠民间企业发展军事武器装备，国家制定相应的政策方针鼓励军民两用技术的发展，大力扶持可生产武器装备的民用企业，日本政府将军用产品产值占企业总产值 1/10 以上的企业都归类为重点发展的军工企业，并从经费、政策和管理多方面给予政策优惠。[④]

---

① 《国务院关于国有企业发展混合所有制经济的意见》（国发〔2015〕54 号），2015 年 9 月 23 日。

② 《关于改革和完善国有资产管理体制的若干意见》（国发〔2015〕63 号），2015 年 10 月 25 日。

③ 黄薇：《美国国防科技工业调整的做法和特点》，《学习时报》2006 年第 3 期。

④ 姚广宁：《国有军工企业军民融合研究》，西北大学博士学位论文，2008，第 42 页。

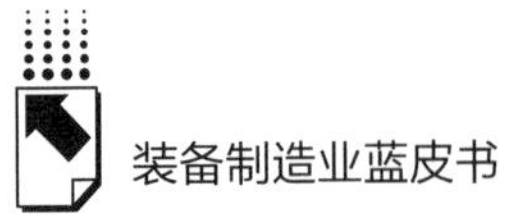

（3）“先军后民”模式

该模式是一种通过国防工业来带动国民经济的做法，通过制定相关法律政策，大力推行国防工业军转民的实施，积极强调和发展军民两用技术，促进军民融合。俄罗斯不仅鼓励军民两用技术的国际合作，还建立了军民联合集团，充分利用先进的国防科工领域的研制能力，生产大量高质量且富有竞争力的民用品，加速科技成果的产品化，加强军民两用技术的出口。

（4）“以军带民”模式

以色列由于处于特殊的地理与安全环境，其军事工业非常发达，主要开展“以军带民”的军民融合模式。该模式坚持用先进的军工技术带动国民经济的发展，强调国防高科技是立国之本①。通过该模式，以色列成为中东地区军事强国，大力开展军事防务贸易，军火贸易成为以色列的重要经济支柱。以色列政府还将部分军工企业转为民用企业，通过实行国防工业私营化等方式促进军民融合，大力激发企业利用国防投资研制民用产品。

2. 国外军民融合产业发展对我国的借鉴意义

（1）根据我国国情和军情合理确定军民融合的发展模式

为了协调国防建设与经济建设的共同发展，军民融合要根据具体的国情和特定的历史阶段全面考虑。例如，日本因“二战”战败，军事技术的发展受到国家环境和相关法律的制约，才选择了优先发展高科技，以提高经济实力和国防工业潜力的“以民掩军、寓军于民”模式。我国在制定军民融合战略定位时，一定要根据我国所处的国际环境和军事需要，以及经济发展水平等多方面因素进行综合分析，形成中国特色的军民融合模式。

（2）注重顶层设计，建立完善的军民融合法律制度和工作机制

军民融合是由国家主导，需要由国家顶层做出统筹规划，明确发展目标和方向，由政府和军队共同组织、管理、推动和控制。同时，需要加强军民融合的立法工作，制定国家扶持政策和相应的实施意见，规范各部门开展军民融合的行为，依法推进军民融合模式的建设工作，以消除军民融合的阻力和避免军民融合的风险，以获得最大效益。

---

① 杨勇：《甘肃省国防科技工业军民融合管理体系研究》，兰州大学硕士学位论文，2010，第22页。

(3) 明确军民融合范围，合理开展军民融合项目

虽然我国军民融合的程度不断深化，融合领域和企业的范围不断拓展，但必须明确军民融合模式并不适用所有的技术项目。为使军民融合战略取得突破，实现资源效益的最大化，应该选用军民两用技术和产品优先发展军民融合模式。根据现阶段我国的军民融合的发展情况，核电、航空航天和船舶等行业领域都比较适合开展军民融合发展模式。而军用专门性强、保密性高的国防产品都不太适合军民融合发展。

(4) 加强产学研合作力度，推进军民两用技术的转移

政府要鼓励企业、高校和科研院所通过产学研合作模式参与国防科技重大项目，建立技术创新合作伙伴关系，整合企业、高校和科研院所的研发能力，重点研发高附加值、高技术含量和高利润率的产品，实现高端领域关键技术的重大突破。同时，要积极推进军民两用技术的转移，建立军民融合的资源共享平台，统筹研发兼顾军民两用的产品或技术。

二　装备制造业军民融合发展现状

(一) 装备制造业军民融合产业的发展概况

1. 装备制造业军民融合产业发展的政策环境

《国民经济和社会发展第十二个五年规划纲要》(2011 年) 首次独立成章论述“推进军民融合式发展”，并提出“建立具有中国特色的军民融合式发展体系”。在党的十八大报告中，军民融合发展方式更是得到了进一步的强化，军民融合在思想认识、军地主动性和社会参与度等方面都呈现出新的发展态势。在这些政策的推动下，我国军民融合产业化发展取得了较大的进步，并在信息技术产业和装备制造业等领域积累了一些具有发展潜力和产业化前景的技术成果。

2. 装备制造业军民融合产业发展的具体情况

军民融合产业是利用国防科技优势，发展军民两用产品或技术的新兴产业或高技术产业。随着军民两用技术的发展，以军民融合的方式应用于我国装备制造业，主要包括核工业、航空航天工业、船舶工业与海洋工程装备业、电子

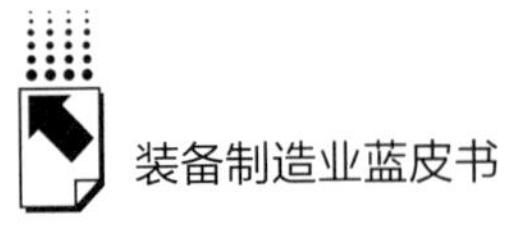

信息工业等领域。①

（1）核工业技术装备军民融合发展成果突出

核工业是典型的军民融合产业，无论是核电的反应堆技术与核动力技术反应堆堆芯和燃料组件等多个技术环节，还是核燃料元件生产环节都是军民两用的基础环节，并且核工业的装备制造、仪器仪表、仪控系统、材料、化工等配套领域也军民通用。以中国核工业集团公司和中国核工业建设集团公司为例，其军民融合成果显著，不仅研制了先进压水堆核电机组“华龙一号”和球床模块式高温气冷堆等先进核电工程建设项目，实现了以自主研发为基础的自主建设和运营，还将在海外开工建设多台机组，推进核电走出国门的战略步骤。

（2）航空航天制造产业在军民融合产业中占有重要地位

航空航天制造业作为国防工业的支柱产业和主导产业，以及典型的高技术产业，其利用军用和民用科研生产能力，形成优势互补，实现航空航天制造工业的军民融合发展已经成为国内外航空航天产业发展的趋势。国内军工中央级企业在军民融合发展方面，在政策的引导下，逐步完善体制机制改革，加强军民良性互动，推动军民融合重点项目，军民融合业务和产品不断更新拓宽。以中国航天科技集团、航天科工集团和航空工业集团为例，不仅研制了先进的航天粉煤加压气化装置，新舟 60 飞机，3000 马力大功率液力变速器，A312 系列直升机，还成功制造了燃气轮机（R0110、QD128 等民用燃机，1600kW 车载燃气轮机）、输变电和先进石油钻采设备等。

（3）船舶工业与海洋工程装备军民融合发展成果斐然

以中国船舶工业集团公司为例，其军民融合范围不断拓宽，融合层次持续加深，融合效益稳步提高，为我国发展海洋经济、维护海洋权益、建设海洋强国提供了坚实的装备保障和有力的技术支撑。中船集团通过军民融合方式，在“海洋开发装备”“海洋运输装备”和“动力机电装备”② 等七个方面有着显著的成果，不仅打造了包括昆明舰、蚌埠舰等在内的一批性能优良的武器装备，研制了从 1000 吨到 1 万吨的海监船、渔政船和缉私船等海洋执法装备，

---

① 本报告中军民结合型产业分类参考《国务院　中央军委关于建立和完善军民结合　寓军于民武器装备科研生产体系的若干意见》（国发〔2010〕37 号）。

② 王智辉：《中船集团军民融合发展成果斐然》，《中国船舶报》2015 年 7 月 15 日，http：//maric. com. cn/component_ news/news_ detail. php？ id = 20251。

并且还建造了包括“海洋石油981”号3000米深水半潜式钻井平台、大型液化天然气（LNG）船、全系列船用主机等先进的船舶和海洋工程装备，为提升我国经略海洋的能力锻造了一批“大国重器”。

（4）电子信息产业军民融合成果显著

电子信息产业里的新兴信息技术在军用和民用需求方面都具有较强的通用性。在实施军民融合模式过程中，以中国电子科技和中国电子信息产业集团为代表的军工央企在技术装备制造领域成果斐然。其中，中国电子科技集团不仅研制了我国第一款完全自主创新的高性能通用数字信号处理器“魂芯一号”（代号BWDSP100），还自主研发了牧羊人—2000型空中交通管制自动化系统，后者打破了国外厂商长期以来对中国民航空管系统领域的垄断，实现了空管系统的国产化。中国电子信息产业集团公司也成功推出核心基础芯片自主可控FPGA，解决了我国大规模集成电路发展的技术瓶颈问题，意味着国产芯片的产业化进入了新阶段。

（二）装备制造业军民融合产业发展的相关模式

1. “依托型”发展模式

“依托型”发展模式是指行业的自身资产专用程度比较高，且广泛依赖国防科技工业。[①] 例如，核电行业对国防科技工业具有高度的依赖性，无论是核电的技术还是设备都具有高度的资产专用性，并且军方在核技术的研发水平和应用方面处于领先地位，因此，核电领域在开展军民融合时应采取“依托型”的发展模式。

2. “互动型”发展模式

“互动型”发展模式指的是行业的资产专用性比较低，但对国防科技工业具有高度的依赖性。[②] 例如，新能源汽车在发展前期多依靠国家的大力投入进行研发，并且生产新能源汽车所需的设备在军用和民用领域具有高度的相似性，因此，将军用领域的先进技术转化为民用，能够为后续的研究与发展提供

---

① 王月：《战略性新兴产业军民融合式发展研究》，硕士学位论文，国防科学技术大学，2011，第48页。

② 王月：《战略性新兴产业军民融合式发展研究》，硕士学位论文，国防科学技术大学，2011，第48页。

强大的资金保障。反过来，将最先进的民用技术应用于国防科工领域，能够促进国防技术的发展。因此，新能源汽车等对国防科技工业具有高依赖性，但对专用性较低的产业而言，应该采取“互动型”的军民融合发展模式。

3. “嵌入型”发展模式

“嵌入型”发展模式指的是资产专用性和对国防科工的依赖性都比较低的产业。[①] 例如，在新材料的研发和应用方面都领先于国防科技工业，且新型材料和高性能材料在民用和军用两方面都具有高程度的通用性，这在实施军民融合过程中，军用部门应该根据自身的需求嵌入民用需求中，采取“嵌入型”的军民融合发展模式。

（三）装备制造业军民融合产业基地的发展状况

1. 装备制造业军民融合产业基地整体发展概况

截至2016年6月，在国家新型工业化产业示范基地框架下，我国已有33家工业园区（集聚区）被认定为国家级军民融合示范基地，20多个省份出台了军民融合产业发展规划或军民融合实施意见，通过设立军民融合专项资金或其他渠道支持军民融合产业的发展，进一步完善基地布局，形成东、中、西部协调发展的良好格局。

2. 国家级装备制造业军民融合产业基地发展状况

（1）国家级基地建设总体状况

截至2016年6月，我国共分7批，先后认定了33个国家级军民融合产业示范基地，分布在湖南、安徽、贵州、湖北、四川、北京、甘肃、河北、河南、黑龙江、江苏、江西、辽宁、内蒙古、陕西、上海、云南、浙江、重庆等20多个省、自治区和直辖市。

从区域分布看，33家基地中有25家基地分布在中部和西部省份，同时在东北老工业基地、民营经济发达的上海、浙江等地也布局了8家，军民融合产业基地的东中西部协调发展格局基本形成。从行业领域看，33家基地主要涉及航空航天、船舶和兵器等多个领域。

---

① 王月：《战略性新兴产业军民融合式发展研究》，国防科学技术大学硕士学位论文，2011，第48页。

（2）典型基地建设状况

陕西航天基地，成立于2006年11月，由陕西省政府、西安市政府与中国航天科技集团公司合作共同建设。主导产业：民用航天产业、太阳能光伏产业、半导体照明产业、服务外包和创意产业。截至2012年底，以航天及军民融合产业、卫星及应用产业、新能源产业、新一代信息技术产业为主导的四大产业集群初步形成，已经成为陕西省和西安市新型工业发展的重点区域。2015年，西安航天基地实现规模以上工业增加值增速为22.40%；战略性新兴产业增加值增速为26.3%；完成固定资产投资115.41亿元；利用内资41.08亿元，增速为14.50%；利用外资3980万美元，增速为13.70%；工业招商引资完成29.62亿元，增速为14.00%；限额以上消费品零售总额增速为30.70%；外贸进出口额为7.50亿美元。①

四川绵阳科技城，拥有以中国工程物理研究院为代表的大型军工科研机构18家，以西南科技大学为代表的高等院校14所，国家重点实验室8个，国家工程技术研究中心5家，国家企业技术中心6家，“两院”院士26名，各类专业技术人才20.7万人，基地还拥有以长虹、九州等为代表的大中型骨干企业70余家。基地有四川省智能电视、北斗卫星导航、新能源汽车、信息产业等13个战略性新兴产业联盟。基地的主导产业有：电子信息、汽车及零部件、食品及生物医药、冶金机械、材料新能源和化工环保、三网融合与物联网、非动力核技术应用、节能环保。2015年，绵阳科技城共实现二三产业增加值1201.00亿元，同比增长9.5%，其中工业增加值为773.19亿元，同比增长9.6%，规模以上的工业增加值同比增长10.7%。②

3. 省市级装备制造业军民融合产业基地发展状况

（1）省市级基地建设总体状况

据统计，截至2015年，有23个省（区、市）设立军民融合专项资金，出台产业发展规划或紧密融合实施意见，或通过其他渠道支持军民融合产业发展。

（2）典型基地建设状况

河北省有6家省级军民结合产业园区。2012年，河北省邯郸经济技术开

① 《西安航天基地年度工作报告》，《西安航天基地导报》2016年2月22日，http：//paper. xcaib. com. cn/paper. asp? Aid = 2495&Fid = 554。

② 四川省绵阳市统计局：《绵阳市2015年国民经济和社会发展统计公报》，四川省绵阳市统计局网站，2016年1月25日，http：//tjj. my. gov. cn/bmwz/942947781935366144/20160307/1579032. html。

发区被工业部认定为国家级军民融合产业园区，2015 年，河北固安工业园区（新兴产业示范区）被认定为国家级军民融合产业园区。此外，河北省还有鹿泉经济开发区（石家庄信息产业基地）、定州市唐河循环经济产业园区、泊头工业区、威县经济开发区、宁晋县光电科技产业园、涞水经济开发区六个园区被河北省国防科工局、省商务厅、省财政厅认定为河北省军民融合产业示范区。[①] 在“十二五”期间，河北省财政每年从河北省产业发展专项资金中安排 5000 万元，扶持军民融合项目建设和产业化发展。结合河北省工业聚集区建设，每年评定 2 ~3 个省级军民融合产业示范园区；结合国家新型工业化示范基地评选，每年推荐 1 ~2 个申报国家级军民融合产业示范园区。

湖南省目前共有株洲航空产业园区、平江工业园、湘潭雨湖区新型工业化军民融合产业示范基地等三个国家级军民融合示范基地，其军民融合产业的基础较好。湖南省还设立了“湖南省军民融合产业发展专项资金”，2011 年、2012 年省财政厅分别安排省军民融合产业发展专项资金 2000 万元，2013 年安排 3000 万元，2014 年增加至 5000 万元。据统计，湖南军民融合产业 2014 年共计完成工业增加值 486. 70 亿元，同比增长 17. 10%，全省军民融合产业实现主营业务收入 1541. 40 亿元，同比增长 12. 40%，利润 63 亿元，同比增长 1. 50%。[②] 同时，湖南省北斗卫星导航应用示范园、江麓军民融合高端装备制造产业园、益阳轻型特种装备产业园等基地建设项目也在全力推进中。

三　装备制造业“民参军”产业发展状况

（一）装备制造业“民参军”产业发展的总况

1. 装备制造业“民参军”产业发展的政策环境

装备制造业的“民参军”指的是民口企事业单位参与国防和军队建设，

① 《河北日报》：《河北省认定七个军民结合产业示范园区》，河北新闻网，2013 年 10 月 12 日，http：//hebei. hebnews. cn/2013 -10/11/content_ 3529567. htm。

② 湖南省经济和信息化委员会：《2014 年省军民融合产业发展专项资金绩效评价报告》，湖南省经济和信息化委员会网站，2015 年 9 月 3 日，http：//www. hnjxw. gov. cn/xxgk_ 71033/gzdt/gzdt/201509/t20150903_ 2836641. html。

包括武器装备研制和后勤装备研制等。自从国家发布《国务院关于鼓励和引导民间投资健康发展的若干意见》[①] 鼓励和引导民间资本进入国防科技工业领域之后，国家国防科技工业局、中国人民解放军总装备部联合发布《关于鼓励和引导民间资本进入国防科技工业领域的实施意见》,[②] 在确保安全的原则上，吸引和鼓励民间资本进入国防科技工业领域，明确了民间资本进入国防科技工业的四项领域（武器装备科研生产、国防科技工业投资建设、军工企业改组改制和军民两用技术开发）。2014 年总装备部联合国家国防科技工业局和国家保密局共同发布了《关于加快吸纳优势民营企业进入武器装备科研生产和维修领域的措施意见》,[③] 明确了“民参军”的总体思路和工作目标，还对现阶段的工作制度提出了改进方向。国防科工局还印发了《2016 年国防科工局军民融合专项行动计划》,[④] 提出优化军工结构，扩大军工开放的思想，进一步深化技术、产品和资本的“民参军”发展。

2. 装备制造业“民参军”产业发展的具体情况

根据 2015 年国防科工局和总装备部联合公布的新版武器装备科研生产许可目录,[⑤] 以“民参军”的方式应用于我国装备制造业，主要包括核武器与军用动力、军用航空器等 11 个大类，共计 755 项。截至 2016 年 3 月，我国已有 1000 多家民营企业获得武器装备科研生产许可证，比“十一五”末增加了 127%[⑥]。

---

① 国务院办公厅：《国务院关于鼓励和引导民间投资健康发展的若干意见》（国发〔2010〕13 号），中国政府网，2010 年 5 月 13 日，http：//www. gov. cn/zwgk/2010 – 05/13/content_ 1605218. htm。

② 国防科工局总装备部：《关于鼓励和引导民间资本进入国防科技工业领域的实施意见》，法制网，2012 年 11 月 20 日，http：//www. legaldaily. com. cn/Civil-military-integration/content/ 2012 – 11/20/content_ 5365910. htm? node = 67474。

③ 总装备部、国防科工局、国家保密局：《关于加快吸纳优势民营企业进入武器装备科研生产和维修领域的措施意见》（装计〔2014〕809 号），江西省人民政府网，2014 年 5 月 20 日，http：//www. jiangxi. gov. cn/ztbd/jiangxipolicy/StateCouncil/201408/t20140820_ 1057128. htm。

④ 国家国防科技工业局：《2016 年国防科工局军民融合专项行动计划》（科工计〔2016〕204 号），2016 年 3 月 16 日，http：//www. sastind. gov. cn/n157/c6357580/content. html? from = timeline&isappinstalled = 0。

⑤ 国防科工局：《武器装备科研生产许可目录（2015 年版）》，中核集团官网，2015 年 9 月 8 日，http：//www. cnnc. com. cn/publish/portal0/tab426/info93618. htm。

⑥ 赵竹青、邱学雷：《千余家民营企业获武器装备科研生产许可证》，人民网，2016 年 3 月 11 日，http：//scitech. people. com. cn/n1/2016/0311/c1007 – 28192181. html。

根据工业和信息化部与国防科工局联合发布的《民参军技术与产品推荐目录(2015年度)》,[①] 此"民参军"目录主要针对海军装备的建设需求,围绕新型船舶机电设备、水下无人潜航器、新型电子信息技术和新型船舶制造技术等9个领域,共征集799项技术及产品信息,涉及全国22个省(自治区、直辖市)的352家民企单位,并且将向海军和以舰船研制为主的军方单位推荐共享此"民参军"目录。关于装备制造业"民参军"的典型发展成果,有关专家分析认为,[②] 像高德红外、威海广泰和银河电子等具有自主知识产权且研发生产能力强的民营企业将受益于新版目录的放开,生产典型的"民参军"产品。

(二)装备制造业"民参军"产业发展的相关模式

1. 军地共建园区模式

军地共建园是指整合军地双方的特色资源,由地方和军方共同创建的军民融合创新园区,致力于持续推动军民两用技术的双向转化。例如,2012年8月,海军和北京市签订了合作协议,共同创建蓝鲸军民融合创新园,园区位于北京市亦庄经济技术开发区,占地300余亩,并在建设阶段就已经开展军民项目的转化工作。现阶段,蓝鲸军民融合创新园取得了初步成效,已经促成15家企业的项目转化合作,首批80多家企业已提出入园申请。[③] 2015年蓝鲸军民融合创新园落户江苏无锡和江宁等地,蓝鲸园管委会分别与无锡市政府和北科建集团共同建设蓝鲸无锡园,与南京市江宁区政府和同方股份公司共建蓝鲸南京同方园。军地共建园区模式有助于发挥地方经济和科技发展的优势,为科技型企业等单位提供开放式的合作渠道,促进技术创新和军民融合成果的双向转化,既服务于海军装备现代化建设,又促进了园区本地企业的

① 中华人民共和国工业和信息化部:《民参军技术与产品推荐目录(2015年度)》,2015年12月3日, http://www.miit.gov.cn/n1146285/n1146352/n3054355/n3057613/n3057618/c4479376/content.html。

② 中华人民共和国工业和信息化部:《民参军技术与产品推荐目录(2015年度)》,2015年12月3日, http://www.miit.gov.cn/n1146285/n1146352/n3054355/n3057613/n3057618/c4479376/content.html。

③ 汤一原:《检验军民融合成果共商创新发展》,《北京日报》2014年4月30日, http://bjrb.bjd.com.cn/html/2014-04/30/content_175051.htm。

发展。

2. 科技园区模式

中国国防科技工业企业管理协会与湖北武汉的东湖开发区开展合作，建立中国国防科技园，该科技园位于武汉“光谷”，占地3000亩，主要汇聚了以光纤、激光、软件、电子信息为主题的高新企业产业群，业务主要为航天和航空科技、电子信息和光机电一体化等六大领域①。该园区自2013年初成立以来，已经开展了军地联合攻关和联合试验的工作，实现了技术提案、测试、验证和运用等系统流程，为“民转军”成果的输出和军用领域装备制造业发展提供了科技支撑。目前，该国防科技园区研制的包括高德红外公司的“非制冷型红外探测器”在内的160多项民用技术已经通过科技成果转化②，直接应用于军方，对提升部队战斗力起到促进作用。

3. 项目储备库模式

2014年1月6日，北京市国防科学技术工业办公室开展了征集“民参军”项目入库的工作③。“民参军”项目入库指的是民用企事业单位以高新技术项目或产品项目向北京市国防科学技术工业办公室进行申报，由其进行项目审核，合格的项目即可进入北京“民参军”项目储备库。项目储备库模式不仅构建了“民参军”项目的储备机制，还通过对项目的征集和储备，搭建了“民参军”产品的平台，组织项目推介和供需双向对接，为军队装备制造业通用领域提供了竞争性的产品采购渠道，推动民用技术参与国防领域的建设。

（三）装备制造业“民参军”产业发展的重点成果

1. 非制冷红外探测器在军事中的应用

红外热像仪在军事上有着重要的应用，广泛应用于军事夜视侦察、武器瞄

---

① 徐生：《武汉东湖光谷全力向国家级军民融合产业示范基地迈进》，《解放军报》2015年4月11日，http：//www. 81. cn/jfjbmap/content/2015 - 04/11/content_ 107386. htm。

② 刘文全、彭晓缘：《武汉国防科技园成为拥军工作新地标》，《中国国防报》2014年1月16日，http：//www. mod. gov. cn/big5/mobilize/news_ 19. htm，2016年7月13日。

③ 国家航空航天产业处：《北京市国防科学技术工业办公室关于征集军转民、民参军项目入库的通知》（京军工函〔2014〕1号），北京市经济和信息化委员会官网，2014年1月6日，http：//www. bjeit. gov. cn/jxdt/tzgg/111449. htm。

具和夜视导引及红外搜索等多个领域,[①] 已成为现代战争中的关键装备，并且还是一种典型的军民融合类的高新技术产品。作为红外热像仪的核心产品部件，红外探测器的研究与发展始终是军工领域关注的重点。由于制冷型红外探测器的成本原因，非制冷型的红外探测器的研制亟须开展。以前只有欧美、日本和以色列等少数几个国家具备产业化生产红外探测器的能力，其核心技术被严格限制输出。但是在 2013 年 4 月，国内唯一红外全产业链的企业——高德红外公司实施非制冷型红外探测器项目，取得了一定的研究成果，并且于 2015 年 1 月批准生产，使得我国红外技术达到了国际领先水平。该项目的成果针对我国国防领域和民用市场，研制了低成本、高性能和高可靠性的非晶硅非制冷型红外探测器，打破了国外少数企业在该领域的垄断地位，改变公司核心器件以往严重依赖国外进口的局面，并且实现了成本的较大幅度下降。该公司已获得总装备部核发的某类新型完整武器系统总体研制资格，成为首家进入完整武器系统总体研制领域的民营企业。

2. 无人机在军事中的应用

无人机在军用领域主要应用于军事情报侦察、军事诱饵、监视战场、电子对抗和军事测绘等任务。根据最新发布的推荐《民参军技术与产品推荐目录(2016 年度)》的通知，无人机系统被纳入 2016 年度“民参军”目录的重点领域，这标志着无人机产业已经成为我国军民融合发展的主要方向之一。[②] 山东威海广泰公司是从事空港地面设备及专用装备研发与制造的专业公司。该公司的客户群体包括海、陆、空、火箭军，以及森警、武警等军兵种市场。[③] 威海广泰拥有解放军总装备部颁发的《装备承制单位注册证书》，并且还被编入《中国人民解放军装备承制单位名录》。威海广泰可以在承制资格许可下参与军队的采购活动，还能够利用自身的技术和制造优势，全面深入参与军品市

① 王延斌:《“火眼金睛”是怎样炼成的?》,《科技日报》2014 年 7 月 9 日，http://digitalpaper.stdaily.com/http_ www.kjrb.com/kjrb/html/2014 -07/09/content_ 268629.htm? div = -1。

② 姚燕清:《无人机成“民参军”重点发展领域》，中国证券网，2016 年 6 月 7 日，http://www.cnstock.com/shujupd/shujusjjj/201606/3812404.htm。

③ 韩庆:《威海广泰：被低估的民参军潜力股》，中证网，2014 年 8 月 27 日，http://www.cs.com.cn/gppd/tzpj/201408/t20140827_ 4494232.html。

场。该公司于2015年9月通过发行股份和募集资金相结合的方式，收购天津全华时代航天科技发展有限公司（下称“全华时代”），取得全华时代69.34%股权，而全华时代是集军用、民用无人机及无人机应用服务于一体的一家民营企业。例如，其研制的“边境巡查无人机”是一种包含了预警、监控、震慑和取证功能的专门为边境巡查研制的无人驾驶飞机，已经在我国边防巡查领域得到了迅速应用和广泛的推广。该无人机可以自动起飞、盘旋和降落，能够在超低空、地空、中高空的高度进行飞行，空中鸟瞰扫描，具有侦察面广、抗干扰能力强等特点。

3. 3D打印技术在军事中的应用

3D打印技术是通过对材料的逐层添加，制造出三维物体的数字化增材制造技术，为制造业的发展带来了变革，其在军事领域的主要应用包括飞行器零部件制造、无人机和模型飞机制造、装备保养和维修更换、太空制造和军事电子等方面。银邦股份公司是一家以研制金属复合材料为基础的新材料企业，自2012年进入3D打印业务之后，积极加入军工等潜力市场。银邦通过其合资公司飞而康已经构建了包括航空、医疗和模具三个3D打印业务领域，并且在钛合金粉方面处于国内垄断地位[①]。在“民参军”方面，银邦公司与相关兵器研究所达成合作策略，共同研发复合装甲材料和海洋装备用材料，为高端装备制造业的发展提供了方向。

四 装备制造业军民融合产业发展中存在的问题

（一）军民融合顶层统筹与政策制度不够完善

虽然我国装备制造业在军民融合上进行了诸多实践和探索，取得了比较好的融合成果和效益，但同时仍然存在融合深度不够的问题。国家层面军民融合协调管理体制仍未形成，军民融合相关的法律法规制度仍未建成体系，难以有效保障和支撑装备制造业军民融合工作的开展。在国家统筹层面，一方面是军

---

① 《3D打印龙头股：银邦股份》，南方财富网，2015年6月15日，http：//www.southmoney.com/tuijian/201506/351426.html。

方有关部门对军民融合发展的思想认识和推进力度制约了军民融合工作的发展，直接影响军民融合深度推进；另一方面是权责不明确，多头管理，这不仅导致军民对接工作难以有效开展，影响军民通用技术和成果的相互转移，而且会带来大量重复建设的军民融合项目的问题，形成资源闲置浪费、综合利用率不高的现象。在政策制度层面，一方面是国家没有明确制定军民融合发展的法律法规，目前所有出台的政策文件均是“意见”或“办法”等，没有规范军民融合发展的法律；另一方面是各级政府和军方单位所颁布的推进军民融合发展的意见不能有效实施，上下级政府缺乏沟通，部门之间难以协调交流，致使部分发展意见难以具体操作，甚至出现政策更新滞后的现象，这都严重影响了军民融合发展的深度和广度。

（二）产业内部融合度低

我国装备制造业中的各子行业的产业关联度较弱，其上下游企业之间没有形成较好的产业链，各企业之间无法起到相互促进和推动作用，没有明确的产业分工和协调网络体系，很多中间产品和零部件都需要通过进口来满足生产需求，装备制造业整体竞争力有待提升。现阶段，我国军民融合装备制造业已经涌现出一些知名度较高的企业集群，像陕西的北斗导航全产业链基地和汉中航空产业园，前者已经引进企业100家，带动云计算、互联网和大数据等战略性新兴产业聚集，形成年产值100亿元以上的国家级重点军民融合产业基地；① 后者也形成了包含飞机设计研制、试飞运营及培训服务等“一条龙”的完整产业体系。但是，在全世界的竞争环境中，我国装备制造业主要处于“有规模，缺实力，有数量，缺巨人”的状态，装备制造业产业集群的数量多但强者少，且在高端行业领域，其产品和技术缺乏核心竞争力。

（三）产业结构不合理

按照《国民经济行业分类（GB/T4754－2011）》，装备制造业包括金属制

① 西咸新区管委会：《北斗产业基地落户西咸新区沣东新城》，2014年4月17日，http://www.xixianxinqu.gov.cn/aboutx/fenqu/fengdong/2014/0417/2639.html。

品业、通用设备制造业、专用设备制造业等八大类①，而以军民融合方式应用于我国装备制造业的主要包括核工业、航空航天工业、船舶工业与海洋工程装备业、电子信息工业等领域。② 在所有的装备制造业军民融合产业中，非军工产业比重过大，且一般加工制造业和资源密集型产业的比重比较大，高端制造业和生产性服务业的发展相对滞后。并且在我国的装备制造业军民融合产业里，没有形成以核心企业或制造基地为中心向上下游延伸的产业链条，各行业之间的有效整合不够，产业集群的竞争力不强，主导产业链不长。

（四）军民协同创新机制仍未形成

随着经济社会的发展，市场对装备制造业的要求逐渐提高，低技术含量和低附加值的装备制造业产品已经不能满足现阶段社会发展的需要，亟须提升整体的核心技术研发能力，研制出科技含量和附加值高的装备制造业产品。由于军民协同创新体制仍未形成，军民相互独立的科研系统不能实现资源共享，导致科技研发能力和成果的闲置浪费。并且高校和科研机构介入装备制造业军民融合的力度还不够，装备制造业的核心技术研发能力不强。国家明确规定从事军用装备制造业的科研机制和从事民用产品的科研机制要有所区分，但军民协同创新尚没有明确的规定，军民协同创新应该由哪个部门协调管理也不明确。在军民融合操作的问题上，军民技术的转移尚没有明确的程序，军用技术转民用缺乏一定的内在动力，而民用技术转军用的关键环节和实际渠道仍不够畅通，军用技术和民用技术的相互转移还需要具体的完善和推进。

（五）资本市场参与不足

资本融合是装备制造业军民融合产业发展面临的较高层次的问题，更是我国所有军民融合产业发展建设的方向。我国在 2007 年就已经发布《关于推进

① 中华人民共和国国家统计局：《国民经济行业分类（GB/T 4754 - 2011）》，2013 年 10 月 23 日，http：//www. stats. gov. cn/tjsj/tjbz/hyflbz/。

② 本报告中军民结合型产业分类参考《国务院　中央军委关于建立和完善军民结合　寓军于民武器装备科研生产体系的若干意见》（国发〔2010〕37 号）。

军工企业股份制改造的意见》[①] 和《军工企业股份制改造实施暂行办法》,[②] 鼓励境内资本参与企业股份制改造，解决军工企业在市场经济环境下所面临的融资难、市场失灵和创新活力不足等问题。但由于行业和军用技术特殊性及所有制的界限问题，融资手段还比较单一，没有充分利用社会各方面的力量进行装备制造业军民融合产业的发展建设。并且军工企业在改制、重组和上市等方面，在军工企业资产证券化方面发展比较缓慢，不能有效地利用资本市场，成为制约军工产业发展的瓶颈。

五 装备制造业军民融合产业发展的相关策略分析

（一）政策策略分析

1. 加强顶层设计，消除产业壁垒

在国家的宏观政策层面，政府从制度和法律上需要借鉴国外经验，在国家战略层面和军事及社会经济战略层面统筹规划装备制造业军民融合产业，明确装备制造业军民融合的发展目标，并制定相关的国家扶持政策，促进发展军民两用的装备制造业技术和产品。政府还需要鼓励和引导民用企业加入军民两用技术的生产研发和合作中，对参与军民融合的民企给予和军工国企一样的优惠税收政策，以消除产业壁垒，加快融合速度，促进军民两用技术和成果的转移。

2. 促进区域融合，实现协调发展

面对产业内部军民融合度低，产业结构不合理的问题，国家装备制造业为实现深层次的军民融合，需要开展全面深化改革。国家和军队应该统筹装备制造业军民融合发展规划，地方规划要做到与装备制造业军民融合整体发展规划

① 国防科学技术工业委员会、国家发展和改革委员会、国务院国有资产监督管理委员会：《关于推进军工企业股份制改造的指导意见》（科工法〔2007〕546 号），中央政府门户网站，2007 年 6 月 22 日，http：//www. gov. cn/gzdt/2007 -06/22/content_ 658417. htm。

② 国防科工委关于印发《军工企业股份制改造实施暂行办法》的通知，中华人民共和国国防科学技术工业委员会文告，2007 年，第 12 期，第 6 ~12 页。

相衔接，更要加强对发展规划的实施和落实情况的监管，实施监督检查反馈问责机制，开展各省市的优势资源互补和区域资源优化配置战略，实现全国装备制造业的军民融合协调发展。

3. 加强扶持力度，促进企业壮大

国家和政府要加强对装备制造业重点行业和高端领域的科技研发投入和政策支持力度，重点培育具有国际竞争力的大企业或基地作为推动装备制造业发展的主导力量。在此基础上，加快装备制造业军民融合产业的集群化发展，吸引知名的军工企业和优秀民企加入产业集群，有助于形成完整的装备制造业军民融合产业链，发挥装备制造业企业的集聚效应。

（二）创新策略分析

1. 引进高端人才，健全人才培养机制

引进和培养装备制造业领域的优秀人才是带动我国整体装备制造业升级的重要措施。一方面要自己培养装备制造业的高端人才，利用军工类高等教育资源为部队和军工企业及装备制造的研究院培养专业技术过硬、科研能力强的优秀人才；另一方面还要吸引国外高端技术研发领域的人才，加强与外国的科研合作与交流，国家应公派优秀的技术人员出国学习和培养，致力于引进国外先进的装备制造业经验。此外，装备制造业的军民融合企业也应该注重对员工技术和能力方面的培养，提升企业员工的专业技术水平和研发能力。

2. 加强科研投入，促进双向成果转化

现阶段，我国装备制造业军民融合产业处于快速发展的阶段，许多军民两用技术取得了突破性成果，国家不仅应加大对装备制造业领域军民两用技术的研发投入，而且应该在财政性科技投入方面大力支持新技术的应用推广，发挥财政资金对激励自主创新和成果转移的引导作用。另外，完善军民科研互动机制，建立军民融合资源共享平台，统筹研发兼顾军民两用的装备，避免资源的重复配置；同时要加强军民融合技术的双向转移，逐步建立起装备制造业军民融合技术或产品的转移体系，完善技术转移工作的法律和制度，可以通过科技企业孵化器、军民融合基地和产业集群，以及高端装备制造业技术产业化专项推进等措施促进我国科技成果的迅速转化，从而提升整体装备制造业的竞争力。

3. 促进军、校、企、科研机构创新联动发展

在引进高端人才和加强科研投入的基础上，加快技术创新是我国装备制造业发展的必然途径。提升高端技术装备和关键零部件的研发能力，研制关键领域的核心技术和产品，实现军队、装备制造业企业、高校和科研院所在基础性、应用性和关键性技术或产品领域的研发合作，建立多方参与的装备制造业军民融合技术研发中心，致力于在高端装备制造业领域形成独特的技术优势，从而促进军、校、企、科研机构创新联动发展。

（三）产业策略分析

1. 健全产业集群，实现协同发展

装备制造业的产业或企业集群化发展是实现军民融合的有效渠道，国家应该重点推进装备制造业军民融合的重点产业基地和集群的建设。在军民融合资源基础比较好、发展比较成熟的重点地区或行业积极开展装备制造业军民融合产业基地建设的试点工作，促进企业聚集和产业结构转型升级。健全和完善配套的基础设施，提高产业基地和集群的承载能力及装备制造业技术保障能力，致力于形成产业集群健全、聚集效应明显、区域协同发展的装备制造业产业格局。

2. 引入资本市场，强化资源配置

装备制造业的发展需要更多的资本投入，对于高端装备制造业技术领域，其研发周期长、风险大，更需要大量的资本作为支撑。为此，首先，国家应改善装备制造业领域的投融资环境，推进投融资体制改革和制度创新，降低外部社会资本进入装备制造业领域的门槛，对民间资本及知名外国资本给予一定的优惠政策。其次，政府不仅要鼓励大型金融机构向具有发展潜力和信用等级的民用装备制造业企业贷款，还要支持大中型装备制造业企业进入资本市场，通过上市融资或发行债券等方式筹集资金，进而增强我国装备制造业企业的发展实力。最后，政府要加大招商引资的力度，对于重点企业和高端项目，要利用多元化的招商平台，积极开展专业化招商工作，强化招商的风险控制，注重引入资本的质量。

3. 延长产业链条，提高附加价值

我国装备制造业产业链的整合升级是提高产业国际竞争力的必然要求，政府应该关注包括横向、纵向和混合三方面装备制造业的整合。横向整合是指产

业链条中某一环节上对多个企业进行合并或重组；纵向整合是指对产业链上、中、下游的企业进行合并或重组；混合整合是指科学地包括前两者[①]。我国的不同地区应该基于其装备制造业军民融合产业发展的现状，对装备制造业的产业链开展整合，延长产业链条，形成具有规模优势的装备制造业产业链。另外，要重视装备制造业领域生产环节中前端、中端和后端的所有附加值，对采购研发生产、加工组装和销售服务等所有环节都需要关注，同时，要加快发展生产性服务业，促使装备制造业由生产型制造向服务型制造的转变升级，向两头逐渐延伸产业链，从整体上提高装备制造业的附加价值。

① 范忠宏：《论装备制造业产业链整合：以沈阳装备制造业为例》，《会科学辑刊》2009 年第 6 期，第 124～126 页。

皮书起源

“皮书”起源于十七、十八世纪的英国，主要指官方或社会组织正式发表的重要文件或报告,多以“白皮书”命名。在中国,“皮书”这一概念被社会广泛接受,并被成功运作、发展成为一种全新的出版形态，则源于中国社会科学院社会科学文献出版社。

皮书定义

皮书是对中国与世界发展状况和热点问题进行年度监测，以专业的角度、专家的视野和实证研究方法，针对某一领域或区域现状与发展态势展开分析和预测，具备原创性、实证性、专业性、连续性、前沿性、时效性等特点的公开出版物，由一系列权威研究报告组成。

皮书作者

皮书系列的作者以中国社会科学院、著名高校、地方社会科学院的研究人员为主，多为国内一流研究机构的权威专家学者，他们的看法和观点代表了学界对中国与世界的现实和未来最高水平的解读与分析。

皮书荣誉

皮书系列已成为社会科学文献出版社的著名图书品牌和中国社会科学院的知名学术品牌。2016 年，皮书系列正式列入“十三五”国家重点出版规划项目；2012~2016 年，重点皮书列入中国社会科学院承担的国家哲学社会科学创新工程项目;2017 年,55 种院外皮书使用“中国社会科学院创新工程学术出版项目”标识。

中国皮书网

发布皮书研创资讯，传播皮书精彩内容
引领皮书出版潮流，打造皮书服务平台

栏目设置

关于皮书：何谓皮书、皮书分类、皮书大事记、皮书荣誉、
皮书出版第一人、皮书编辑部

最新资讯：通知公告、新闻动态、媒体聚焦、网站专题、视频直播、下载专区

皮书研创：皮书规范、皮书选题、皮书出版、皮书研究、研创团队

皮书评奖评价：指标体系、皮书评价、皮书评奖

互动专区：皮书说、皮书智库、皮书微博、数据库微博

所获荣誉

2008 年、2011 年，中国皮书网均在全国新闻出版业网站荣誉评选中获得“最具商业价值网站”称号；

2012 年，获得“出版业网站百强”称号。

网库合一

2014 年，中国皮书网与皮书数据库端口合一，实现资源共享。更多详情请登录 www.pishu.cn。

权威报告·热点资讯·特色资源

皮书数据库

ANNUAL REPORT(YEARBOOK) DATABASE

当代中国与世界发展高端智库平台

所获荣誉

● 2016年，入选“国家‘十三五’电子出版物出版规划骨干工程”

● 2015年，荣获“搜索中国正能量 点赞2015”“创新中国科技创新奖”

● 2013年，荣获“中国出版政府奖·网络出版物奖”提名奖

● 连续多年荣获中国数字出版博览会“数字出版·优秀品牌”奖

WWW.PISHU.COM.CN

成为会员

通过网址www.pishu.com.cn或使用手机扫描二维码进入皮书数据库网站，进行手机号码验证或邮箱验证即可成为皮书数据库会员（建议通过手机号码快速验证注册）。

会员福利

● 使用手机号码首次注册会员可直接获得100元体验金，不需充值即可购买和查看数据库内容（仅限使用手机号码快速注册）。

● 已注册用户购书后可免费获赠100元皮书数据库充值卡。刮开充值卡涂层获取充值密码，登录并进入“会员中心”—“在线充值”—“充值卡充值”，充值成功后即可购买和查看数据库内容。

社会科学文献出版社 SOCIAL SCIENCES ACADEMIC PRESS (CHINA) 皮书系列

卡号：1491728963304048

密码：

数据库服务热线：400-008-6695

数据库服务QQ：2475522410

数据库服务邮箱：database@ssap.cn

图书销售热线：010-59367070/7028

图书服务QQ：1265056568

图书服务邮箱：duzhe@ssap.cn

S 子库介绍
Sub-Database Introduction

中国经济发展数据库

涵盖宏观经济、农业经济、工业经济、产业经济、财政金融、交通旅游、商业贸易、劳动经济、企业经济、房地产经济、城市经济、区域经济等领域，为用户实时了解经济运行态势、 把握经济发展规律、 洞察经济形势、 做出经济决策提供参考和依据。

中国社会发展数据库

全面整合国内外有关中国社会发展的统计数据、 深度分析报告、 专家解读和热点资讯构建而成的专业学术数据库。涉及宗教、社会、人口、政治、外交、法律、文化、教育、体育、文学艺术、医药卫生、资源环境等多个领域。

中国行业发展数据库

以中国国民经济行业分类为依据，跟踪分析国民经济各行业市场运行状况和政策导向，提供行业发展最前沿的资讯，为用户投资、从业及各种经济决策提供理论基础和实践指导。内容涵盖农业，能源与矿产业，交通运输业，制造业，金融业，房地产业，租赁和商务服务业，科学研究，环境和公共设施管理，居民服务业，教育，卫生和社会保障，文化、体育和娱乐业等 100 余个行业。

中国区域发展数据库

对特定区域内的经济、社会、文化、法治、资源环境等领域的现状与发展情况进行分析和预测。涵盖中部、西部、东北、西北等地区，长三角、珠三角、黄三角、京津冀、环渤海、合肥经济圈、长株潭城市群、关中—天水经济区、海峡经济区等区域经济体和城市圈，北京、上海、浙江、河南、陕西等 34 个省份及中国台湾地区 。

中国文化传媒数据库

包括文化事业、文化产业、宗教、群众文化、图书馆事业、博物馆事业、档案事业、语言文字、文学、历史地理、新闻传播、广播电视、出版事业、艺术、电影、娱乐等多个子库。

世界经济与国际关系数据库

以皮书系列中涉及世界经济与国际关系的研究成果为基础，全面整合国内外有关世界经济与国际关系的统计数据、深度分析报告、专家解读和热点资讯构建而成的专业学术数据库。包括世界经济、国际政治、世界文化与科技、全球性问题、国际组织与国际法、区域研究等多个子库。

法律声明

“皮书系列”（含蓝皮书、绿皮书、黄皮书）之品牌由社会科学文献出版社最早使用并持续至今，现已被中国图书市场所熟知。“皮书系列”的LOGO（）与“经济蓝皮书”“社会蓝皮书”均已在中华人民共和国国家工商行政管理总局商标局登记注册。“皮书系列”图书的注册商标专用权及封面设计、版式设计的著作权均为社会科学文献出版社所有。未经社会科学文献出版社书面授权许可，任何使用与“皮书系列”图书注册商标、封面设计、版式设计相同或者近似的文字、图形或其组合的行为均系侵权行为。

经作者授权，本书的专有出版权及信息网络传播权为社会科学文献出版社享有。未经社会科学文献出版社书面授权许可，任何就本书内容的复制、发行或以数字形式进行网络传播的行为均系侵权行为。

社会科学文献出版社将通过法律途径追究上述侵权行为的法律责任，维护自身合法权益。

欢迎社会各界人士对侵犯社会科学文献出版社上述权利的侵权行为进行举报。电话：010－59367121，电子邮箱：fawubu@ssap.cn。

社会科学文献出版社